Ferdinand Lassalle

Reden und Schriften

Lassalle, Ferdinand

Reden und Schriften

ISBN: 978-3-86741-514-9

Auflage: 1
Erscheinungsjahr: 2010
Erscheinungsort: Bremen, Deutschland

© Europäischer Hochschulverlag GmbH & Co KG, Fahrenheitstr. 1, 28359 Bremen (www.eh-verlag.de). Alle Rechte beim Verlag und bei den jeweiligen Lizenzgebern.

Ferdinand Lassalle
Reden und Schriften

Inhaltsverzeichnis

Meine Assisen-Rede	7
Über Verfassungswesen	74
Was nun? Zweiter Vortrag über das Verfassungswesen	96
Macht und Recht	119
Arbeiterprogramm	124
Offenes Antwortschreiben an das Zentralkomitee zur Berufung eines allgemeinen deutschen Arbeiterkongresses zu Leipzig	156
Zur Arbeiterfrage	182
Rheinische Rede	199
An die Arbeiter Berlins	228
Ronsdorfer Rede	249

Meine Assisen-Rede

gehalten vor den Geschwornen zu Düsseldorf am 3. Mai 1849 gegen die Anklage die Bürger zur Bewaffnung gegen die Königliche Gewalt aufgereizt zu haben

Meine Herren!

Mein Rechtsbeistand hat vorzugsweise den ersten Teil der Verteidigung, die Verteidigung als solche, geführt; erlauben Sie, dass ich nunmehr zu dem zweiten Teil derselben, zu der Anklage, übergehe, zu der Anklage, die ich der gegen mich gerichteten Anklage entgegenschleudern muss. Denn hier, wie oft, ist Recht und Unrecht der streitenden Parteien so ineinander gewoben, dass das eine von dem andern nicht zu trennen ist. Des Staatsanwalts Recht ist mein Unrecht; mein Recht ist sein Verbrechen. Es ist nicht möglich, diese Verteidigung zu führen, – und wenn es möglich wäre, so bin ich vor dem Richterstuhle freier Männer dessen nicht benötigt, – es ist nicht möglich, diese Anklage zu widerlegen, ohne das Verbrechen aufzuzeigen, dessen Corpus Delicti der Anklageakt bildet.

Zuvor eine Erklärung. Der Anklageakt erlaubt sich, es gleichsam als eine Belastung Ihnen zu insinuieren, dass ich erklärt habe, ein Revolutionär aus Prinzip zu sein. Der Anklageakt hat kein Recht, dies zu bemerken, ihn kümmern nur meine Handlungen, nicht meine Prinzipien, meine Gesinnungen, die mich nicht verteidigen, nicht belasten können. Ich hätte nicht geglaubt, dass der Anklageakt mit so großer Naivität eingestehen werde, dass es sich heute um nichts als um einen Tendenzprozess, um eine Gesinnungsverfolgung handelt. Ich aber, meine Herren, werde Ihnen stets mit Freuden bekennen, dass ich meiner inneren Überzeugung nach auf durchaus revolutionärem Standpunkt stehe, dass ich meiner inneren Überzeugung nach ein entschiedener Anhänger der sozialen demokratischen Republik zu sein die Ehre habe.

Dennoch werde ich mich heute bei meiner Verteidigung nicht auf diesen Boden stellen; dem öffentlichen Ministerium nicht mit Argumenten entgegentreten, welche demselben entlehnt sind. Denn wie leicht es auch wäre, meine Verteidigung von diesem Standpunkt herab mit Erfolg zu führen, ich würde den Angriff nicht mit seiner ganzen Schärfe führen können. Denn das öffentliche Ministerium erkennt diesen Standpunkt nicht an und braucht ihn nicht anzuerkennen, es steht faktisch und gesetzlich auf einem ganz anderen Boden. Man kann aber keinen Gegner ernsthaft treffen und verwunden, wenn man auf wesentlich verschiedenem Standpunkt mit ihm steht. Die Waffen erreichen sich dann nicht und jeder ficht ins Leere. Man kann einen Gegner von diametral verschiednem Standpunkt aus wohl widerlegen, indem man die Unwahrheit seiner Grundprinzipien aufzeigt; aber man kann ihn dann nicht beschämen, ihm keine Inkonsequenz, keinen Verrat an den Prinzipien nachweisen, zu denen er sich selbst bekennt oder scheinbar doch bekennen muss.

Im Interesse des Angriffs also und seiner schneidenden Schärfe will ich mich herbeilassen, auf den Standpunkt herabzusteigen, auf welchem selbst zu stehen der Staatsprokurator als Behörde in einem konstitutionellen Staat mindestens äußerlich behaupten muss, auf den streng konstitutionellen Standpunkt, und meine Verteidigung rein von diesem Boden aus zu führen.

Ich bin angeklagt, meine Herren, die Bürger zur Bewaffnung gegen die königliche Gewalt aufgereizt zu haben. So lautet die Kategorie des Artikel 87, gegen welche ich verbrochen haben soll. Die Tatsache selbst, die man mir zur Last legt und von der man behauptet, dass sie unter die Kategorie des Artikel 87 falle, ist dem Anklageakt zufolge die, dass ich im November zu Neuß in einer Volksversammlung die politische Lage des Staats auseinandergesetzt und aufgefordert habe, sich bereitzuhalten, die Nationalversammlung auf ihren Aufruf mit den Waffen in der Hand zu unterstützen; das heißt also, dass ich in jenen Novembertagen, als infolge unerhörter Ereignisse das ganze Land sich in zwei große Lager teilte, als das Land am Rand des Bürgerkrieges schwebte und jeder sich um das Banner scharte, wo seiner Überzeugung nach das Recht zu wohnen schien, auch meinerseits Partei ergriffen habe.

In solchen Fällen überhaupt Partei zu ergreifen und Gut und Blut für seines Herzens Wollen in die Schanze zu schlagen, das, meine Herren, ist an sich des Mannes erste Pflicht. Schon Solon, der weiseste Gesetzgeber des Altertums, hatte ein Gesetz erlassen, dass derjenige Bürger als ein Verräter des Vaterlandes zu betrachten sei, der in einer solchen Spaltung des Staates nicht Partei ergreife.

Nicht Partei ergreifen, das heißt: keine Überzeugung haben oder sie verleugnen. Nicht Partei ergreifen, das heißt, in einer schmachvollen Gleichgültigkeit gegen die höchsten Interessen, welche das Herz der Menschheit durchzucken, die eigene Ruhe und Behaglichkeit den gewaltigen Fragen vorziehen, von denen das Wohl und Wehe des Vaterlandes abhängt, und so die Pflichten verraten, welche wir dem Vaterlande schulden. Die Geschichte hat Verzeihung für alle Irrtümer, für alle Überzeugungen, sie hat keine für Überzeugungslosigkeit. Auch ich erfüllte diese Bürgerpflicht, oder auch ich beging dies Verbrechen nach der Logik des Staatsanwalts, Partei zu ergreifen. Sehen wir, wie beschaffen der Rechtstitel der Partei war, zu der ich mich geschlagen habe.

Am 18. März hatte das Volk von Berlin eine Revolution vollbracht. Bis dahin war der preußische Staat ein absoluter Staat gewesen, das heißt, die Privatdomäne eines Einzelnen, wo nur der Wille dieses einzelnen herrscht. Ein absoluter Staat unterscheidet sich dem Prinzip nach in nichts von einer asiatischen Despotie, nur dass faktisch die Zivilisation eine mildere Praxis des Absolutismus in Europa herbeigeführt hatte. Es ist gleichwohl nur eine schöne

Humanität, keine rechtliche Notwendigkeit des absoluten Herrn, wenn er die Gesetze, die er gab, bestehen lassen, sich selbst danach bequemen will. Am 18. März erkämpfte das Volk von Berlin den konstitutionellen Staat.

Das Grundprinzip des konstitutionellen Staats ist, dass in ihm nicht mehr der Wille des Monarchen herrsche, dass er vielmehr der Ausdruck des allgemeinen Geistes, des gesamten Volkswillens sei, der sich durch die Volksrepräsentation zur Geltung zu bringen habe.

Demgemäß wurde der siegreichen Berliner Bevölkerung versprochen, eine Nationalversammlung einzuberufen, welche die Verfassung festzustellen habe.

Aufgrund des Wahlgesetzes vom 8. April trat diese konstituierende Versammlung zusammen.

Diese Versammlung war, als sie zusammentrat, ihres revolutionären Ursprungs, wie bekannt, sehr uneingedenk. Die Linke zählte kaum 40 Mitglieder.

Das erste Wesentliche, womit das Ministerium Camphausen debütierte, war, dass man eine Theorie unterschob, wodurch man die ganze Frucht des Märzkampfes reinweg eskamotierte; ich meine die Vereinbarungstheorie.

Das Ministerium Camphausen trat mit der Behauptung vor, dass die Versammlung die Verfassung nicht festzustellen, sondern mit der Krone zu vereinbaren habe.

Dieser Vereinbarungsstandpunkt war, wie auf der Hand liegt, von vornherein nichts anderes, als die prinzipielle Wiedereinschwärzung des Absolutismus in den konstitutionellen Staat.

Es war durch dieselbe dem König von vornherein ein absolutes Veto vorbehalten. Er konnte die Verfassung annehmen und auch ablehnen.

Wenn in vielen konstitutionellen Staaten der Krone ein Veto zusteht, so ist dies in einem einmal konstituierten Staat etwas durchaus Verschiedenes, denn teils ist das königliche Veto in solchen Staaten beschränkt und nicht absolut; es erlischt, wenn die Volksvertretung in einigen Sitzungsperioden das Gesetz wiederholt; teils stützt sich jenes Veto in jenen Staaten auf die Verfassung selbst, welche die Krone damit bekleidet, während bei uns nicht abzusehen war, worauf die Krone diesen Rechtsanspruch stützen wollte, da keine Verfassung da war, die ihr denselben verlieh, die Verfassung vielmehr erst durch jene Volksrepräsentation geschaffen werden sollte.

Endlich ist ein Veto wohl möglich einer konstituierten Versammlung gegenüber; einer konstituierenden Versammlung gegenüber ist es ein Unding. Zwei Souveräne existieren nicht in einem Staat, so wenig, wie zwei Sonnen am Himmel. Das Widersinnige des Vereinbarungsstandpunktes liegt auf der Hand. Der König brauchte also nur immer und immer wieder die von der Versammlung beschlossenen Gesetze zu verwerfen, um damit das Zustandekommen der Konstitution für ewige Zeiten zu verhindern, um Preußen für ewige Zeit de facto in dem Zustande eines absoluten Staates zu erhalten.

Die Vereinbarungstheorie hat nur solange einen oberflächlichen Anschein von Menschenverstand, als man annimmt, die beiden Kontrahenten würden auch in der Tat die Gemütlichkeit haben, sich zu verständigen und übereinstimmenden Willens sein. Aber in dem Worte »Vereinbarung« selbst liegt auch die Möglichkeit des entgegengesetzten Falles, die Möglichkeit der Nichtvereinigung. Wenn man diesen Fall setzt, kommt der Unsinn des Vereinbarungsprinzips zutage. Denn im Falle der Uneinigkeit, wer sollte dann rechtlich entscheiden zwischen Krone und Versammlung? Einen Obmann zwischen beiden gab es nicht. Die Versammlung war vielmehr selbst schon sozusagen der Obmann zwischen Krone und Volk. Wer also, frage ich, sollte dann entscheiden? Also die Gewalt! Wenn aber die Gewalt entscheiden sollte, so musste der Märzkampf wieder beginnen; die ganze Frucht der Märzrevolution war also verloren, sie selbst umsonst gewesen, der Friedensschluß am 19. März von einem Frieden zu einem Waffenstillstand herabgesetzt! Die Vereinbarungstheorie war auch ein Betrug. Die Berliner Bevölkerung legte am 19. März, als sie unter Waffen stand, die Waffen weg, weil ihr die Erfüllung ihrer Forderungen verheißen war.

Hätte die Krone einen Vereinbarungsanspruch behalten wollen, so hätte der König, statt jenes Versprechen abzulegen, dem Volke damals sagen müssen: Legt eure Waffen weg, ich will's mit euch versuchen, will eine Vertretung aus euch berufen und sehen, ob ich mich mit ihr vereinbaren kann. Ich werde unterdes Regimenter herziehen, die Besatzungen verstärken, mich tüchtig vorbereiten, und kommt die Vereinbarung nicht zustande, so wollen wir dann, wenn ich also gerüstet, wieder anfangen, wo wir heute stehen geblieben.

Dann aber, meine Herren, Sie werden es mir zugeben, – auf solchen Vorschlag hin hätte das Berliner Volk die Waffen nicht abgelegt; es hätte den Augenblick benutzt und festgehalten. Es glaubte, einen Frieden zu schließen, und schloss nur einen Waffenstillstand, den der Feind nach besserer Rüstung und ohne Aufkündigung zu brechen von vornherein gesonnen war.

Die Vereinbarungstheorie des Ministeriums Camphausen schwärzte also von vornherein das absolute Recht der Krone wieder ein in den konstitutionellen Staat. Sie war nur die theoretische Vorbereitung dessen, was wir später praktisch erleben sollten.

Die Versammlung, wie gesagt, damals noch äußerst schwach und unentschieden, ließ sich diese Eskamotage des prinzipiellen Standpunktes, auf dem sie stand, ruhig gefallen, sie war von da an eine Vereinbarerversammlung.

Urteilen Sie, meine Herren, wie viel reaktionäre Übergriffe, wie dreistes Zurschautragen konterrevolutionärer Absichten erforderlich sein mussten, um die Majorität selbst dieser Versammlung gleichsam gegen ihren eigenen Willen zu zwingen, sich mälig mehr und mehr zur Linken zu schlagen. Das Ministerium Camphausen stürzt und das Ministerium Hansemann kommt an die Reihe.

Ich will Sie nicht, meine Herren, mit einer langen Darstellung unserer kurzen konstitutionellen Geschichte aufhalten, welche nichts war als die schrittweise Vorbereitung der Kontrerevolution.

Nur auf einen schneidenden Kontrast will ich Sie aufmerksam machen, der unerhört und ohne Beispiel dasteht in der parlamentarischen Geschichte konstitutioneller Länder. In konstitutionellen Ländern muss das Ministerium bekanntlich der Ausdruck der Majorität der Versammlung sein, wie diese wiederum dafürgehalten wird, den Ausdruck des Volkswillens zu bilden. Ein Ministerium, welches nicht der Kammermajorität entspricht, hat keine Möglichkeit der Existenz.

Je mehr nun aber die Nationalversammlung auf die Linke rückt, desto entschiedener tritt die Krone mehr und mehr auf die äußerste Rechte. Seltsame Progression! Die Linke, in der Majorität geblieben, stürzt ein Ministerium – und statt nun wenigstens ein aus dem Zentrum gegriffenes Ministerium zu bilden – tritt an seine Stelle ein Ministerium, stets unendlich mehr der Rechten angehörend als sein Vorgänger. Dieser Hohn, mit dem es bei uns der Krone beliebte, allen konstitutionellen Prinzipien ins Angesicht zu schlagen, findet sich bei jedem Ministerwechsel von Neuem bestätigt.

Auf Camphausen folgt Hansemann, insofern allerdings, wie es sich nannte, ein Ministerium der Tat, als es während seiner kurzen Verwaltung tatsächlich die Grundlagen zur Kontrerevolution legte, die sein Vorgänger theoretisch vorbereitet hatte.

Wie lange vorher prämeditiert der spätere Staatsstreich war, wie wenig er aus späteren, aktuellen Veranlassungen, entsprang, wie sehr er vielmehr die Frucht eines sorgfältigen Kalküls gewesen, zeigt außer dieser ganzen Handlungsweise der Krone die Äußerung eines Mitgliedes der äußersten Rechten der gegenwärtigen Kammer, die Äußerung des Oberstleutnants v. Griesheim, welche von den öffentlichen Blättern berichtet wurde, man habe den Malmöer Waffenstillstand mit Dänemark abgeschlossen, um Wrangel und seine Truppen nach Berlin ziehen und sie für die Nationalversammlung disponibel machen zu können. Und das war noch unter Hansemann!

So verriet man schon damals an den Marken des Reichs die Ehre Deutschlands, um die Truppen gegen den gesetzgebenden Körper führen zu können!

Das Ministerium Hansemann wurde, wie Sie wissen, wiederum von der Linken gestürzt, bei Gelegenheit des Schulze-Steinschen Antrages, den reaktionären Gesinnungen im Heere entgegenwirken zu wollen.

Die Krone ließ das Ministerium Hansemann ihrerseits gern fallen.

So reaktionär sich dieses Ministerium auch erwiesen hatte, so war es in einem einzigen Punkte doch seinem revolutionärem bürgerlichen Ursprung treu geblieben. Es begünstigte die Interessen der Industrie auf Kosten des großen Grundbesitzes. Ein bäuerliches Ablösungsgesetz, wie es uns das Ministerium Manteuffel für Schlesien gebracht hat, welches den kleinen bäuerlichen Besitzer mit gebundenen Händen den großen Grundherren überantwortet, ein Ablösungsgesetz für die ganze Monarchie, wie man es eben jetzt durch die Partei Kleist-Retzow in der zweiten Kammer vorlegen zu lassen gedenkt, und durch welches neben den Interessen des kleinen Grundbesitzes auch noch die der Industrie und des Kapitals an den großen aristokratischen Grundbesitz verraten werden, wären unter jenem Ministerium eine Unmöglichkeit gewesen. Ein solches Ministerium konnte die Kamarilla nicht brauchen und so ließ man es gerne fallen.

Die Linke hatte das Ministerium Hansemann gestürzt, und an seine Stelle trat ein Ministerium Pfuel, Eichmahn, Dönhoff! Schon damals ging ein Schrei des Unwillens durch das ganze Land, Männer jetzt am Ministertisch zu sehen, bekannt wegen ihrer streng reaktionären Richtung, Männer, welche die Grundpfeiler der alten Bürokratie und des abgetanen Absolutismus gewesen waren. Die Nationalversammlung ergriff ein Gefühl der Verwunderung ob dieses Spottes, den man öffentlich mit ihr trieb. Sie erinnern sich, wie gleichzeitig eine neue bedeutungsvolle Militärwürde geschaffen, wie Wrangel zum Oberbefehlshaber aller Truppen in den Marken ernannt wird, wie er mitten in der Hauptstadt des Landes, als stände er dem Feinde gegenüber, in einer Anrede an die Soldaten von seinen haarscharf geschliffenen Schwertern, von der Kugel in dem Lauf spricht, wie er die Truppen zum Blutdurst harangiert! Dem Präsidenten der Nationalversammlung, Grabow, der an der Spitze einer Deputation der Kammer dem König zu seinem Wiegenfest gratuliert, antwortet derselbe die rätselhaften Worte: »Behalten Sie einen starken Kopf, denn ich habe einen starken Arm!« Worte, die deutlich genug auf die bevorstehende unheilschwangere Katastrophe hinwiesen.

Gleichzeitig hatte die Nationalversammlung das bekannte Jagdgesetz erlassen und war dadurch einem der dringendsten Bedürfnisse des Bauernstandes gerecht geworden, hatte aber dadurch zugleich auf eine empfindliche Weise den Säckel der Herren und Junker geschmälert. Die Kamarilla schrie Zeter! Schon da sprach man von einer Verweigerung der königlichen Sanktion für das Jagdgesetz. Aber ein Wunder ereignet sich, Pfuel, der alte preußische General, meinte es in seiner Weise ehrlich mit dem Konstitutionalismus. Er will seine Hand zu keinem Staatsstreiche, zu keiner Kammerauflösung, zu keinem Verbrechen hergeben.

In der Kammer erfolgt eine dringende Interpellation über das Ausbleiben der Sanktion des Jagdgesetzes: Ein entsprechender Antrag wird zum Beschluss erhoben. Es gibt keine Zeit zum Aufschub; das Jagdgesetz wird genehmigt.

Da begeht die Versammlung auch noch das große Verbrechen, zu beschließen, dass Adel und Orden abgeschafft sein sollen. Das wollte die Krone nimmer genehmigen. Lieber sollte der Bürgerkrieg über das Land hereinbrechen, lieber die Revolution von Neuem entfesselt, lieber die erst erlassene gesetzliche Ordnung der Dinge, der Rechtszustand des ganzen Volkes eingestoßen werden, als die Säule des absoluten Thrones, den Adel, als das große Korruptionsmittel, die Titel und Orden, verlieren! In Wien ist unmittelbar die Konterrevolution geglückt, Wien ist erobert, der Sitz des Reichstages verlegt, Galgen und Standrecht aufgerichtet, der Belagerungszustand verhängt; man beschloss, von dem großen Lehrmeister Windischgrätz zu lernen.

Pfuel will, wie gesagt, seine Hand zu keinem Verbrechen leihen; er ist ehrlich genug, in der Kammer dafür zu stimmen, Wien durch Vermittlung der Reichsgewalt Hilfe zu bringen. Er muss seine Entlassung geben. Das Portefeuille wird in bereitwilligere Hände gelegt; ein natürlicher Sohn eines früheren Königs, General Brandenburg, wird zur Ministerpräsidentur berufen.

Sie wissen, meine Herren, welche Aufregung, welche Bestürzung diese Wahl vermöge der Persönlichkeit, auf die sie fiel, im Lande, wie in der konstitutionellen Versammlung hervorbrachte, hervorbringen musste. Diese Wahl war nichts anders als ein offen der Versammlung hingeworfener Fehdehandschuh, der trotzige Degen des Kriegers in die Waagschale des Rechts und des gesetzlichen Volkswillens geschleudert!

Die Kammer votiert eine Adresse an den König; sie schickt eine Deputation aus ihrer Mitte an ihn, um ihn zu beschwören, von dieser Wahl abzustehen, welche Thron und Land mit Gefahr bedrohe.

Man hat diesen Schritt für unkonstitutionell finden, man hat in ihm eine Überhebung ihrer konstitutionellen Befugnisse, die Verletzung des Grundsatzes finden wollen, dass die Krone in der Wahl ihrer Minister formell unbeschränkt ist. Meine Herren, gleichviel, ob dieser Schritt der konstitutionellen Praxis entspricht oder nicht, das steht jedenfalls fest, dass die Versammlung durch diesen Schritt nur ihre Schonung, ihre Rücksicht, ihre weichliche Sentimentalität für die Krone in einem größeren Maße selbst vielleicht bekundete, als sich mit ihrer Würde vertrug.

Eine gesetzgebende Versammlung, der ein Ministerium nicht ansteht, in einem wahrhaft konstitutionellen Staate, wo der durch die gesetzlich gewählten Repräsentanten sich aussprechende Volkswille Gesetz ist – in einem solchen Staate, sage ich, zerbricht eine gesetzgebende Versammlung ein Ministerium, das ihr nicht ansteht, mit einem einzigen Votum! Ohne sich zu einer Bitte herabzulassen, ohne sich von ihrem kurulischen Stuhl zu erheben, schleudert sie es durch die Wucht einer Abstimmung in das Nichts zurück!

Aber die Berliner Versammlung wollte dem königlichen Herzen nicht wehe tun. Sie wollte nicht durch einen brüsken Sturz des Ministeriums die Empfindlichkeit des Monarchen wecken. Es war ihr vor allem, und mehr als um die eigene Würde, um die entente dordiale, um das gemütliche Einverständnis mit dem königlichen Herzen zu tun. Im schwarzen Frack und mit der Supplikantenmiene begab sie sich in das königliche Schloss. Sie bat, wo sie verfassungsmäßig hätte entscheiden können. Gewiss, meine Herren, welchen Vorwurf man auch der verblichenen Nationalversammlung machen mag, der Vorwurf trifft sie sicher nicht, dass sie verletzend und herb, anmaßend und unversöhnlich gewesen sei. Die Geschichte wird ihr wahrhalten, dass sie alle Mittel, alle Möglichkeiten der Versöhnung weit über das Maß erschöpft hat.

Nur jenen andern Vorwurf wird ihr das Volk, wird ihr die Geschichte in alle Ewigkeit zu machen haben, dass sie in übertriebener Versöhnungslust, in schwächlicher Gemütlichkeit, in unselbständigen Vereinbarungsgelüsten allzu lange verharrte, dass sie erst zur Hälfte aus ihrem Schlummer erwachte, als es zu spät war, als die Kontrerevolution bereits geharnischt und gerüstet dastand, und dass sie so durch passive Komplizität das Unheil verschuldete, welches jetzt über das Vaterland heraufgeführt ist.

Jene Deputation hatte indes keinen Erfolg. Schonungslos stieß die Krone die nochmals zur Versöhnung dargereichte Hand zurück. Es war beschlossen, die Würfel sollten geworfen werden, Graf Brandenburg blieb.

Wenn ich, meine Herren, diese kurze Rekapitulation der Hauptmomente in der parlamentarischen Geschichte Preußens Ihnen vorgetragen habe, so geschah es, um Ihnen zu zeigen, wie lange und planmäßig vorbereitet, wie mit den Haaren herbeigezogen die folgenden Ereignisse waren. Die kommenden Gräuel sind nicht das Resultat einer plötzlichen Kollision, die nicht zu vermeiden war, sie entschuldigen sich durch keine Macht der Umstände, durch kein letztes Recht der Notwehr vonseiten der Krone, durch kein Äußerstes, zu dem man unversöhnlich sie gezwungen.

Louis XVI., der von seinem Volk streng gerichtet worden, kann die Geschichte vieles vergeben.

Durch eine revolutionäre Versammlung zur Verzweiflung getrieben, unerbittlich und ohne Schonung zum Äußersten gedrängt, tat er manchen Schritt, welcher das Äußerste entschuldigt und den im nächsten Augenblick er schon bereute. Selbst seine Feindseligkeiten gegen das Volk waren mehr die Konsequenzen seiner Lage als die Verbrechen seines Willens. Ganz andres, weit Schwärzeres liegt in Preußen vor.

Ein freiwilliges, ein sorgsam ausgesponnenes, monatelang Schritt vor Schritt vorbereitetes Komplott ist es gewesen, welches die Freiheit des Landes vernichtet hat. Ohne Not, durch keinen Angriff jener ehrerbietigen Versammlung provoziert, riss die Krone den Degen aus der Scheide und zwang uns in die entsetzliche Alternative, den Bürgerkrieg zu wagen, die unbewehrte Brust den Feuerschlünden preiszugeben, oder aber das Schmachvollste zu dulden.

Eine elende Konspiration war es, deren Opfer Sie, ich, wir alle wurden!

Hätte die Versammlung ihrerseits je eine Feindseligkeit gegen die Krone beabsichtigt, einen Konflikt mit derselben herbeiführen wollen, sie hätte ganz anders gerüstet, unbezwinglich dagestanden. Dann hätte die Versammlung in jener Zeit, wo sie die Macht hatte, statt jenes bürokratischen Bürgerwehrgesetzes, welches die Volksbewaffnung zum Kindergespött macht eine wirkliche Bürgerwehr geschaffen; sie hätte 60 000 Proletariern und Kleinbürgern der Kapitale die Flinte in die Hand gedrückt und sich so eine reelle Macht geschaffen, imposant genug, jeden Angriff, jeden Gedanken eines Angriffs im Keime zu ertöten.

Die Krone also, sage ich, war unwankend entschlossen. Die Deputation der Versammlung wird ohne Resultat entlassen. Graf Brandenburg erhält das Ministerportefeuille und eröffnet die Kammersitzung damit, dass er einen Kabinettsbefehl vorlegt, nach welchem die konstituierende Versammlung hiermit verlegt und vertagt sei.

Sie wissen, man nahm für diesen ganz unerhörten Handstreich zum Vorwand, die Versammlung sei nicht frei und stehe unter der Herrschaft des Berliner Pöbels, der das Haus umlagere. Es war ein elender Vorwand, sage ich, denn gerade an jenem Beispiele, das man für denselben anführte, am Beispiele des 30. Oktober, hatte sich das Gegenteil bewährt. Am 30. Oktober hatte sich bei Gelegenheit der Abstimmung über den Antrag, Wien zu Hilfe zu eilen, die Berliner Bevölkerung in Masse vor dem Schauspielhaus eingefunden und legte da ihr hohes Interesse für den Antrag kund. Wie wenig aber die, Versammlung in ihrer Abstimmung von diesem äußern Einfluss irgend gerührt war, zeigt sich daran, dass sie gerade damals den Antrag der Linken verwarf und nur für eine ohnmächtige Fürsprache für Wien bei der noch ohnmächtigeren Zentralgewalt zu stimmen sich nicht scheute.

Vor allem aber hatte die Krone das Recht nicht, die Versammlung gegen ihren Willen zu vertagen und zu verlegen. Dieser Versuch steht ohne Beispiel da in der Geschichte! In wirklich konstitutionellen Ländern, in Frankreich selbst unter Louis Philipp, in England, seitdem ein Parlament dort existiert, würde ein solcher Kabinettsbefehl der Krone, der die Kammer aus Paris oder London in irgendeine Winkelstadt jagen will, nicht die Sturmglocken haben ertönen lassen. Nein, man hätte die Sache nicht ernsthaft genommen, unter einem unsterblichen Gelächter hätte man die Minister nach Charenton oder Bedlam zur Kur geschickt.

Vollends einer konstituierenden Versammlung aber gegenüber war dieser Befehl ein Akt des Wahnsinns! Woher nahm die Krone das Recht, der Versammlung überhaupt zu befehlen? Wenn die Krone überhaupt der Versammlung befehlen konnte, wo endete dieses Recht, wo fand es seine Grenzen? Wenn die Versammlung unter dem absoluten Befehl der Krone stand, wie sollte sie da einen gesellschaftlichen Kontrakt in freier Vereinigung mit ihr zustande bringen; die Abschließung eines solchen setzt die Selbständigkeit beider Teile voraus. Entweder die Versammlung war allein souverän und die Krone musste schweigend abwarten, welche Rechte ihr die Versammlung in der Verfassung übertragen würde – oder aber die Versammlung war nach der Theorie der Krone eine bloße Vereinbarerversammlung. Aber auch dann war sie mindestens die Mitinhaberin der Souveränität, die sie mit der Krone teilte; als freier Kontrahent mit ihr war sie gleichberechtigt mit der Krone.

Zwei vereinbarende Kontrahenten sind notwendig unabhängig voneinander und selbständig gegeneinander, sonst ist das freie Vereinbaren zu Ende, und der Gehorsam herrscht und der Befehl. Die Krone konnte selbst vom Vereinbarungsstandpunkte aus die Versammlung so wenig suspendieren und verlegen, wie die Versammlung den anderen gleichberechtigten Kontrahenten, die Krone, vertagen und verlegen konnte. Wohin hätte es in seinen Konsequenzen auch führen sollen, wenn die Krone ein solches Recht gehabt? Vom Rechtsboden aus muss man konsequent sein, meine Herren, oder man heuchelt.

Hatte die Krone das Recht, die Versammlung zu vertagen und zu verlegen, so hatte sie dies Recht auch unbeschränkt; denn es gab kein Gesetz, welches dasselbe auf gewisse Grenzen beschränkte, zeitlich und örtlich einengte; die Krone also hätte dann die Versammlung auf ein Jahrhundert auf einmal, oder stets von 14 Tagen zu 14 Tagen vertagen und das Zustandekommen der Verfassung so unmöglich machen können, ohne das Recht zu verletzen. Die Krone hätte die Versammlung von Berlin nach Brandenburg, da angelangt, nach Elberfeld, von da nach Danzig etc. verlegen, und von da endlich sie eine permanente und lehrreiche Reise von einer preußischen Festung in die andere anstellen lassen können, ohne das Recht zu verletzen?

Das alles, meine Herren, ist schon hunderttausendmal von andern ausgesprochen worden; das alles sind sicherlich sehr triviale Konsequenzen, aber so trivial sie sind, so wahr sind sie.

Endlich, meine Herren, es ließ sich das den Herren vom Rechtsboden auch schwarz auf weiß durch ein positives Pergament nachweisen.

In dem Wahlgesetz vom 8. April ist zwar Berlin nicht ausdrücklich als Sitz der Vereinbarungsversammlung bestimmt, aber in dem § 13 des Wahlgesetzes vom 8. April heißt es ausdrücklich, dass die Vereinbarungsversammlung außer dem Beruf, die Verfassung festzustellen, auch noch die seitherigen rechtsständischen Befugnisse etc., die Befugnisse des Vereinigten Landtages ausüben sollte und mit den Rechten desselben intermistisch bekleidet sei.

Für den Vereinigten Landtag aber war durch das Patent vom 3. Februar 1847 Berlin ausdrücklich und gesetzlich als Sitzungsort bestimmt.

Vermöge gesetzlicher Notwendigkeit war also für die Vereinbarungsversammlung, also für den Nachfolger und Vertreter des Vereinigten Landtags, die außer ihren höheren Rechten und ihrer bevorzugteren Stellung auch alle die kleineren Rechte ihres Vorgängers nach ausdrücklicher gesetzlicher Bestimmung mit übernahm, Berlin die Residenz geworden. Ein Gesetz, wie Sie wissen werden, kann nur durch ein anderes Gesetz entkräftet und abgeändert werden, nie durch einen Kabinettsbefehl, zu einem solchen neuen Gesetz aber war nach § 6 des Gesetzes vom 6. April die Zustimmung ebendieser Vereinbarungsversammlung nötig, die man unbefragt vertagen und verlegen wollte.

Jener Kabinettsbefehl, durch welchen die Versammlung suspendiert und nach Brandenburg verbannt werden sollte, war also eine flagrante und insolente Rechtsverletzung.

Was wird mir der Mann in der Robe dort, der Staatsprokurator, der offizielle Wächter des Gesetzes, auf alles dies zu entgegnen wissen? Ich denke, gar nichts!

Da erwachte das Ehr- und Rechtsgefühl in der Versammlung. Mit einer ungeheuren Majorität erklärt sie die Krone hierzu nicht berechtigt, erklärt sie, dass das Ministerium der Krone einen schlechten Rat erteilt, sie tagt weiter. Mit einer einzigen Schwenkung tritt das gesamte Zentrum auf die Linke Seite, Männer aus der Rechten selbst, Männer wie Bornemann, der frühere Justizminister, wie Grabow, Harassowitz, Gierke, schließen sich der Erklärung an, eine Masse der höchsten richterlichen Beamten, Gerichtspräsidenten, sogar Verwaltungsbeamte, Land- und Regierungsräte verwandeln sich in Brutusse und treten pflichtgemäß der Krone gegenüber!

Jetzt erteilt das Ministerium der Bürgerwehr Berlins den Befehl, die Nationalversammlung gewaltsam aufzulösen. Dieser Akt ist so beispiellos in der Geschichte Europas, er ist so voll von einem so schneidenden, so preußischen Hohne, dass er wohl einen Augenblick betrachtet zu werden verdient. Man hat auch anderwärts schon, wie zum Beispiel in Wien, königliche Truppen gegen die Nationalversammlung geführt. Gut, das ist ein Verbrechen; es ist kein Hohn; man weiß, die Soldateska ist gewohnt, nichts zu verehren als das Kommando ihrer Generale.

Aber die Bürgerwehr, meine Herren, war, wie die Nationalversammlung selbst, das Produkt der Märzrevolution und ihr Ausdruck. Im konstitutionellen Staat wird, weil man weiß, wie wenig auf Fürstenwort zu bauen ist, in der Nationalgarde, in der Bürgerwehr, eine bewaffnete Garantie für die errungene Freiheit geschaffen. So hatte auch unsere Bürgerwehr vermöge des Gesetzes vom 17. Oktober hauptsächlich die Bestimmung, die bestehende gesetzliche Freiheit, das heißt also die im März erkämpften Gesetze und Verheißungen zu schützen. Wie aber die Bürgerwehr ein notwendiges Produkt und Ausdruck der Märzrevolution, so war die Nationalversammlung ihrerseits die oberste und lebendige Personifikation der Märzrevolution. Sie war der höchste gesetzliche Ausdruck derselben, die Quelle selbst aller Gesetze und bestehenden

Freiheit. Bürgerwehr und Nationalversammlung, das ist identisch, das ist nur der doppelte Ausdruck eines und desselben Gedankens, das ist wie Hand und Seele eines Körpers. Und nun befahl man – gestehen Sie, es war ein genialer Einfall – der Bürgerwehr selbst, mörderisch die eigne Hand gegen die eigne Brust zu zücken!

Wenn in Frankreich zur Zeit der ärgsten Erniedrigung, unter den besten Jahren Louis Philipps, der Pariser Nationalgarde ein solcher Befehl erteilt worden wäre, bei Gott, ich glaube, der verstockteste Epicier, der friedlichste Tütendreher wäre zum Löwen geworden und hätte geschworen, dass nur Blut solche Beleidigung abwäscht!

Ich kenne nur eine Parallele hierfür. In der Türkei, wie Sie wissen, wenn ein Mann dem Sultan unbequem geworden ist und dies mit seinem Leben büßen soll, wird er nicht etwa hingerichtet. Der Sultan schickt dem Manne die seidne Schnur mit dem Befehl, sich selber zu erdrosseln, und im angestammten Gehorsam schreitet er sofort zur Selbstentleibung.

Also man geruhte der Berliner Bürgerwehr den Befehl zu erteilen, sich selber zu entleiben!

Aber Rimpler, der Chef der Berliner Bürgerwehr, und die versammelten Führer der Bürgerwehr erklären einstimmig, dass sie nur bereit wären, ihre Bajonette für, nie gegen die Nationalversammlung zu verwenden. Verbrecher waren es, meine Herren, nach dem Anklageakt! Welch großer Verbrecherhaufe, diese Berliner Bürgerwehr! Die Bürgerwehr weigert sich? Das wars, was man gewollt, weshalb man jenen Befehl ihr erteilt hat. Sofort wird die Bürgerwehr, weil sie sich nicht zu dem schmachvollsten Selbstmord hatte gebrauchen lassen wollen, durch königliche Kabinettsordre aufgelöst. So wurde das zweite Hauptinstitut konstitutioneller Freiheit ohne jedes Gesetz und Recht zu Boden gerannt. Der § 3 des Bürgerwehrgesetzes vom 17. Oktober gab der Krone das Recht, die Bürgerwehr aufzulösen, aber, wie es ausdrücklich in diesem § 3 heißt, nur aus »wichtigen, in der Auflösungsordre anzugebenden Gründen«. Jetzt wurde als solcher wichtiger Grund im Sinne dieses Gesetzes angegeben, dass die Bürgerwehr sich geweigert, ein Attentat gegen die Nationalversammlung zu begehen. Vergebend fragt man sich, mein Gott, warum zu soviel Gewalt noch soviel Heuchelei? Man wollte und musste die Bürgerwehr auflösen, es war klar; man konnte die Waffen nicht in den Händen eines Volkes lassen, welchem man das Ärgste zuzufügen im Begriff war.

Gut, warum, da man doch entschlossen war, das Recht einzig und allein aus den Kanonenmündungen zu schöpfen, warum löste man die Bürgerwehr nicht einfach ohne Angabe jedes weiteren Grundes auf? Warum ließ man sich zu dieser elenden Komödie herab, ihr einen Befehl zu erteilen, zu dem man kein Recht hatte, einen Befehl, den zu erfüllen ein Verbrechen gewesen wäre und in ihrer Weigerung einen gesetzlichen Rechtsgrund finden zu wollen? Warum diese elende Farce, die jedes Kind durchschaut? Warum, warum, frage ich, warum zu soviel Gewalt noch soviel Heuchelei? Doch das ist preußisch. Viele Regierungen haben Gewalt geübt, doch während man uns das Schwert in die Brust stößt, dabei noch ausrufen: »Und das von Rechts wegen!« das ist preußisch!

Weiter! weiter! Legen wir immer tiefer die Finger in die blutigen Wundmale, in den zuckenden Leichnam des Vaterlandes! Durchglühen wir uns zu heiligem patriotischem Hass durch das Angedenken daran. Vergessen wir nichts, nie, niemals! Vergisst je ein Sohn den, der seine Mutter geschändet? Von der gewesenen Freiheit sind jene schrecklichen Erinnerungen alles, was uns geblieben, die einzigen blutigen Reliquien!

Bewahren wir sie auf, diese Erinnerungen, sorgfältig auf, wie die Gebeine gemordeter Eltern, deren einziges Erbe ist der Racheschwur, der sich an diese Knochen knüpft!

Der Belagerungszustand wird über Berlin ausgesprochen. Die Pressfreiheit und das freie Vereinigungsrecht, für immer garantiert durch das Gesetz vom 6. April, diese Grundrechte des Volks, werden aufgehoben. Die gesetzliche Freiheit ist damit von Grund aus konfisziert.

Mit welchem Recht, meine Herren, konnte man diese Grundrechte aufheben? Die Gesetze aufheben, die sie garantieren? Ein Gesetz lässt sich, wenn das Gegenteil nicht durch es selbst ausdrücklich bestimmt ist, nur wieder durch ein Gesetz aufheben. Seit wann war General Wrangel Gesetzgeber Preußens geworden? Wie ist ein General befugt zu einem Akte, zu welchem Krone samt Staatsministerium ohne die Zustimmung der Volksrepräsentanten nicht befugt ist?

Alle Welt wurde es unumwunden für eine sanglante Rechtsverletzung und also – denn die Verletzung des öffentlichen Rechts ist nach dem Gesetz ein Kriminalverbrechen – für ein Verbrechen erklären, wenn man, ohne den Belagerungszustand auszusprechen, Gesetze aufheben wollte. Was in aller Welt aber ändert der Belagerungszustand gesetzlich hieran? Zunächst, was ist der Belagerungszustand selbst in gesetzlicher Hinsicht? Auf welcher gesetzlichen Grundlage beruht er? Kann der Staatsprokurator mir ein Gesetz zeigen, auf welches man ihn gründen kann? Ich würde ihm für diese Erweiterung meiner gesetzlichen Kenntnisse sehr dankbar sein. Ich glaube, es wird ihm nicht gelingen.

Das Staatsministerium war vor Kurzem genötigt, den Berliner Belagerungszustand vor der gegenwärtigen zweiten Kammer rechtfertigen zu sollen. Es hat zu diesem Zweck der Kammer eine Denkschrift überreicht, von der Sie also leicht annehmen können, dass sie alles enthält, was irgend zur juristischen Begründung des Belagerungszustandes gesagt werden kann. Und wie rechtfertigt diese Denkschrift gesetzlich den Belagerungszustand? Durch Bezugnahme auf die oktroyierte Verfassung vom 5. Dezember, worin er erwähnt wird. Wie kann man aber eine Handlung, die im November vollbracht worden, durch ein Gesetz vom 5. Dezember rechtfertigen wollen?

Und was sagt endlich diese oktroyierte Verfassung über den Belagerungszustand? Sie sagt, dass es in Bezug auf den Belagerungszustand bei den bisheran bestehenden gesetzlichen Bestimmungen verbleibe. Welches sind aber diese bisheran bestehenden gesetzlichen Bestimmungen? Es gibt keine. Es ist Lüge, nackte Lüge.

Die ministerielle Denkschrift sagt sehr naiv: Die bestehenden gesetzlichen Bestimmungen über den Belagerungszustand finden sich im § 9 der Einleitung zum Militärstrafgesetzbuch und im § 18 der Militärstrafgerichtsordnung. So? Und was findet sich da? Der § 9 der Einleitung zum Militärstrafgesetzbuch lautet: »Die in diesem Gesetzbuch für den Kriegszustand erteilten Vorschriften sollen auch in Friedenszeiten Anwendung finden, wenn bei außerordentlichen Vorfällen der kommandierende Offizier bei Trommelschlag oder Trompetenschall hat bekannt machen lassen, dass diese Vorschriften für die Dauer des eingetretenen außerordentlichen Zustandes angewendet werden würden.«

Also der Offizier kann, wenn er trommeln lässt, die im Militärstrafgesetzbuch für Kriegszeiten erteilten Vorschriften auch im Frieden anwenden, aber nur seinen Soldaten gegenüber, wie außer dem § 9 selbst noch der § 1 des Militärstrafgesetzbuch zeigt, der ausdrücklich besagt: »Die Vorschriften des Militärstrafgesetzbuches finden nur auf solche Personen Anwendung, welche der Militärgerichtsbarkeit unterworfen sind, das heißt Soldaten, Militärbeamte, pensionierte Offiziere etc.« Also über die Soldaten kann der Offizier den sogenannten Belagerungszustand verhängen, aber wo sehen Sie in diesem Paragraphen irgendetwas davon, dass er über die Bürger, dass er über eine ganze Stadt verhängt werden kann? – Der andere Paragraph, auf den sich die ministerielle Denkschrift beruft, § 18 der Militärstrafgerichtsordnung besagt nur, dass in Kriegszeit – aber nicht im Falle von Aufruhr – auch diejenigen Bürger dem Militärgerichtsstand unterworfen sein sollen, welche auf dem Kriegsschauplatze den preußischen Truppen durch eine verräterische Handlung Gefahr oder Nachteil bereiten. Aber abgesehen davon, dass das nur für Kriegszeit gilt, dass weder Berlin noch Düsseldorf ein Kriegsschauplatz war, abgesehen davon, dass diese Bestimmung durch die §§ 5 und 8 der Habeas-Korpus-Akte ausdrücklich aboliert ist, würde also hierdurch nur eine Änderung in dem Gerichtsstand einzelner eines Vergehens beschuldigter Personen eintreten. Aber steht in diesen Paragraphen ein Wort davon, dass man ein Recht zu dem habe, was man bei uns unter Belagerungszustand versteht? Dass man eine ganze Stadt außer dem Gesetz erklären kann, dass man alle Bürger entwaffnen, dass man alle Gesetze suspendieren, dass man das freie Vereinigungsrecht und die Pressfreiheit aufheben, die Zeitungen unterdrücken, die Bürgerwehr auflösen darf?

Die Unmöglichkeit, meine Herren, den Belagerungszustand auf irgendein Gesetz gründen zu wollen, ist so kolossal, dass selbst die Rechte sie hat anerkennen müssen, dass im Zentralausschuss der gegenwärtig aufgelösten zweiten Kammer selbst die Rechte, sag ich, obwohl sie seltsam genug für die Fortdauer des Belagerungszustandes als einer Maßregel zur Selbsterhaltung stimmte, einstimmig hat erklären müssen, dass der Belagerungszustand eine durch kein Gesetz erlaubte Gewaltmaßregel sei.

Der Belagerungszustand ist also, weit entfernt, durch irgendein Ausnahmegesetz begründet zu sein, nichts anders als die prinzipielle Verhöhnung der Gesetze, als die prinzipielle Proklamierung des Faustrechts. Seine bloße Proklamierung ist ein Verbrechen.

Es ist bekanntlich ein Plagiat, das man den Franzosen entlehnt. Im Jahre 1831 wurde in Paris der Belagerungszustand ausgesprochen; aber der Kassationshof in Paris kassierte ihn als ungesetzlich. Im Junikampfe vorigen Jahres proklamierte ihn Cavaignac. Aber die konstituierende Versammlung Frankreichs hatte damals, wie Sie wissen, eine Diktatur in die Hände Cavaignacs gelegt.

So war also unter der einzigen Bedingung der Verantwortlichkeit sein Wille allerdings Gesetz. Wer aber hatte bei uns dem General Wrangel, wer dem Hohenzoller eine Diktatur übertragen?!

Endlich, wenn der Belagerungszustand an sich gesetzlich gerechtfertigt wäre, wie er es nicht ist, woher soll ihm juristisch die Wirkung kommen, alle möglichen Gesetze beliebig aufheben zu können? Ich wiederhole es, ein Gesetz kann nur durch ein Gesetz aufgehoben werden, wenn der Fall nicht ausdrücklich im Gesetz anders bestimmt ist. So enthält zum Beispiel die Habeas-Korpus-Akte vom 24. September, welche zur Sicherung der persönlichen Freiheit erlassen ist, im § 8 die Bestimmung: »Im Falle eines Krieges oder Aufruhrs (das heißt also eben in den Fällen, in welchen man den Belagerungszustand erlassen zu können vermeint) kann, wenn die Volksvertretung nicht versammelt ist, durch Beschluss und unter Verantwortlichkeit des Staatsministeriums die zeit- und distriktweise Suspendierung der §§ 1 und 6 des gegenwärtigen Gesetzes ausgesprochen werden.«

Das ist also klar, die §§ 1 und 6 jenes Gesetzes können im Falle von Krieg und Aufruhr suspendiert werden, aber auch nur durch Beschluss des Gesamtstaatsministeriums, nicht durch Proklamation eines Generals.

Aber eben weil das Gesetz sagt, die §§ 1 und 6 können im Falle eines Krieges und Aufruhrs suspendiert werden, so ist dadurch erwiesen, dass die übrigen Paragraphen jenes Gesetzes selbst im Falle eines Krieges und Aufruhrs nicht suspendiert werden können. Unter diesen übrigen Paragraphen befindet sich auch ein § 5, welcher lautet: »Niemand darf von einem andern, als dem im Gesetz bezeichneten Richter gerichtet werden. – Ausnahmsgerichte und außerordentliche Kommissionen sind unstatthaft. Keine Strafe darf angedroht oder verhängt werden, als in Gemäßheit des Gesetzes.«

Dieser § 5 ist also, wie das Gesetz selbst sagt, selbst im Falle eines Kriegs und Aufruhrs nicht zu suspendieren. Die Proklamation des Belagerungszustandes in Berlin durch Wrangel, wie auch die hierorts erlebte durch Drygalski, verordnete aber die Niedersetzung von Kriegsgerichten für Zivilpersonen; also von Ausnahmegerichten, die selbst für Aufruhr und Kriegszeit ausdrücklich untersagt sind.

Die Habeas-Korpus-Akte ist also das dritte Bollwerk gesetzlicher Freiheit, das man offen mit Füßen trat, ohne die geringste Möglichkeit irgendeiner juristischen Beschönigung. Auch noch in anderer Weise wurde sie verletzt. Die §§ 1 und 6, von denen der erste bestimmt, dass eine Verhaftung, der andere, dass eine Haussuchung nur infolge eines richterlichen Befehls zulässig sei, hätten können suspendiert werden durch Beschluss und unter Gesamtverantwortlichkeit des Staatsministeriums. Sie wurden es aber nicht, weil man sonst demselben § 8 zufolge, der es gestattete, die Volksvertretung sofort hätte wieder versammeln müssen. Da sie nicht suspendiert waren, durfte keine Verhaftung und Haussuchung ohne richterlichen Befehl stattfinden. Oder weiß es der Staatsanwalt anders, so mag er uns darüber belehren.

Nichtsdestoweniger wurden täglich in Berlin, wie bekannt, die massenhaften Verhaftungen, Haussuchungen nach Waffen Haus für Haus durch Militär und Polizei, ohne jeden richterlichen Befehl vorgenommen.

Das erbitterte selbst Männer der entschiedensten Rechten. Milde, der frühere Minister, erklärte in öffentlicher Zuschrift dem Ministerium, es sei eine Schmach, die Habeas-Korpus-Akte so öffentlich mit Füßen getreten zu sehen. Das Ministerium antwortete ihm, es sei nicht seine Schuld, sondern die des Generals Wrangel, der dafür verantwortlich sei.

Militärhaussuchungen und Verhaftungen dauerten indes täglich fort, und es ist mir nichts von einer Kriminaluntersuchung bekannt geworden, welche das Ministerium gegen den General Wrangel in dem konstitutionellen Rechtsstaat Preußen wegen jener eingestandenen Verbrechen, die sich täglich wiederholten, eingeleitet hätte. Die Nationalversammlung hatte den Belagerungszustand für ungesetzlich und wirkungslos erklärt. Die Gerichte selbst schlossen sich dem damals, als es noch ungewiss war, wer Sieger bleiben würde, an. Der Instruktionssenat des Kammergerichts gab alle diejenigen, welche wegen Zuwiderhandlung gegen den Belagerungszustand verhaftet worden waren, frei, weil der Belagerungszustand ungesetzlich und ungültig sei.

Der vierte Grundpfeiler der Freiheit, unantastbarer als jeder andere, war die Pressfreiheit. Durch das Gesetz vom 17. März war die Zensur für ewige Zeiten abgeschworen worden. Was tat man jetzt? Man führte die Zensur zunächst nicht wieder ein, aber man tat Schlimmeres, man unterdrückte die Zeitungen im Ganzen. Was war die Zensur, meine Herren? Die teilweise Unterdrückung des Rechtes, seine Meinung frei zu äußern. Der Zensor strich den Zeitungen diese oder jene Aufsätze halb oder ganz. Diese teilweise Unterdrückung des freien Meinungsrechtes also war für immer und ohne Ausnahme abgeschafft. Jetzt unterdrückte man die Zeitungen im Ganzen. Statt der teilweisen Repression des freien Wortes die totale Zensur, die Zensur auf ihre höchste, terroristische Spitze getrieben, die radikale Wegrasierung aller missfälligen Zeitungen.

So hielt die Krone ihr eigenes Anathem gegen die Zensur, so verstand man die konstitutionelle Freiheit! Welch herrlicher Fortschritt des konstitutionellen Staates gegen den absoluten! Später wurde übrigens die Zensur auch formell wieder eingeführt. In Düsseldorf hat sie der General von Drygalski auf einige Tage ins Leben gerufen. In Erfurt aber und in Kreuzburg hat sie monatelang bis vor Kurzem bestanden!

Ein fünftes unantastbares Lebensrecht eines freien Volkes war das freie Vereinigungsrecht, feierlich gewährt durch das Gesetz vom 6. April.

Aufgrund des Belagerungszustandes, das heißt, wie wir gesehen haben, aufgrund der gesetzlosen Willkür, aufgrund des proklamierten Faustrechts schloss man auch dies Asyl der Freiheit. Der Belagerungszustand, wie gezeigt, beruht auf keinem Gesetz. Beruhte er auf einem solchen, so hätte er doch nicht die Wirkung haben können, gesetzlich anerkannte Rechte, wie das der Vereinigung, aufzuheben, da ihm diese Wirkung durch kein Gesetz zugesprochen. Wäre ihm diese Wirkung aber auch durch ein früheres Gesetz zugesprochen gewesen, so war sie durch das Gesetz vom 6. April aufgehoben. Denn dies verordnet in seinem § 4: »Alle das freie Vereinigungsrecht beschränkenden, noch bestehenden gesetzlichen Bestimmungen werden hiermit aufgehoben.«

Trotz dieser dreifachen und sechsfachen gesetzlichen Unmöglichkeit wird überall, wo die moderne Schreckensherrschaft, genannt Belagerungszustand, proklamiert wird, das Vereinigungsrecht vernichtet, Versammlungen, Klubs, Assoziationen geschlossen und, wo 10 Menschen beieinanderstehen, die wilde Jagd auf sie eröffnet. Unterdes ist die Kunde der unerhörten Vorfälle in die Provinzen gedrungen. Die Vertreter der Städte eilen nach Berlin, das königliche Herz zu beschwören und werden wie die Gassenbuben abgewiesen. Ein Adressensturm erhebt sich durch das ganze Land.

Nicht nur Volksversammlungen, nicht nur die friedlichen konstitutionellen Vereine, selbst die Gemeindevorsteher, Magistrate, Stadtverordneten, Kollegien aller Städte erlassen Beifalls- und Huldigungsadressen an die Nationalversammlung. Die städtischen Kollegien von Berlin, Breslau, Königsberg, Köln, Düsseldorf, aus jeder großen und kleinen Stadt, aus jedem Winkel Preußens, sprechen der Versammlung ihren Dank aus für die Wahrung der Volksrechte, fordern sie auf, ihrer ruhmvollen Entschließung treu zu bleiben. Verbrecher, moralische Verbrecher, sind es, meine Herren, nach der Logik des Anklageaktes, diese städtischen Behörden von nah und fern, diese Gemeindevertreter ihrer eigenen Stadt!

Die Bürgerwehren aller Städte versammeln sich und votieren begeisterte Adressen an die Nationalversammlung. Alle diese Adressen wiederholen stereotyp die Erklärung: Die Nationalversammlung sei die einzige Behörde, welche auf gesetzlichem Boden geblieben sei und die daher allein auf gesetzliche Geltung Anspruch machen könne; alle diese Adressen schließen stereotyp mit dem feierlichen Schwur, ihrer Pflicht eingedenk, mit starker Hand, mit Gut und Blut der Nationalversammlung beistehen zu wollen. Alle diese Bürgerwehren, die besitzende Klasse der Nation, friedliche Männer, Gewerbe- und Handeltreibende, die Ruhe liebend, welche der Besitz erfordern, sie ließen damals – das Ehrgefühl wog vor – so kriegerischen Ruf ertönen; Verbrecher sind sie vor den Augen und nach der Logik des Staatsanwalts. –

Zu einem einzigen Verbrecherhaufen ist vor den Augen des einzigen Gerechten, unserer gottbegnadeten Regierung, die ganze Bevölkerung geworden, und es ist nur konsequent, wenn demzufolge die Regierung das ganze Land in ein Gefängnis umgestaltet hat. Nie hatte sich der Wille des Landes so imposant, so einmütig ausgesprochen. Umsonst, die Regierung war entschlossen, taub zu bleiben gegen die Stimme des Landes, taub, bis sie sich in Flintenschüssen dereinst Luft macht. Sie wissen, was sich indes in Berlin des weiteren zugetragen. Mit Kanonen und Bajonetten umlagert General Wrangel das Schauspielhaus.

In feierlicher Prozession begibt sich die Nationalversammlung an ihr Lokal und findet es verschlossen und von Militär besetzt. Sie erklärt, dass ihr rohe Gewalt widerfahren. Sie tagt in andern Lokalen, die ihr die städtischen Behörden Berlins zur Disposition stellen. Man wagt selbst das Unerhörte, sie durch Waffengewalt auseinandertreiben zu lassen! Die gesetzliche Volksvertretung gesprengt durch die Bajonette, das heißt, meine Herren: der Hochverrat in seinem letzten fürchterlichsten Grad, der Hochverrat in seiner höchsten denkbaren Vollendung! Der Major, der das getan, verflucht sich selbst und wird zur Strafe für diese Sentimentalität auf eine Festung geschickt.

Da schleudert die Nationalversammlung die Anklage des Hochverrats, die Anklage des gewaltsamen Verfassungsumsturzes gegen die Minister. Es erheitert fast, meine Herren, mitten unter diesen Erinnerungen einen Blick auf die Illusionen zu werfen, welche jene Herren sich damals machten.

In der Sitzung der Nationalversammlung, in welcher die Anklage gegen das Ministerium beschlossen wurde, äußerte man das Bedauern, dass noch kein Gesetz existiere, welches das in konstitutionellen Staaten gewöhnliche exzeptionelle Verfahren gegen die Minister, wonach die Volksvertretung sie selber richtet, regle, denn in Ermanglung dieser Exzeptionsgesetze war das Allgemeine Landrecht und die königlichen Gerichte der zuständige Richter.

Harassowitz, der Präsident des Berliner Kriminalgerichts, ein Mann der entschiedenen Rechten, der aber gleichfalls bei jenem Konflikt der Krone gegenübergetreten und für die Anklage gegen das Ministerium stimmte, erhob sich erzürnt über diesen Zweifel, den man in die Unparteilichkeit preußischer Gerichte zu setzen wagte.

Seien Sie überzeugt, meine Herren, sagte er, die preußischen Gerichte werden diesem Hochverrate gegenüber ihre Schuldigkeit zu tun wissen. Der gute Mann! Es zeigte sich sehr bald, wie preußische Gerichte ihre Schuldigkeit verstehen!

Die Nationalversammlung schickte dem Berliner Staatsanwalt die Anklage mit der Aufförderung, seine Pflicht zu tun. Der Berliner Staatsanwalt, Herr Sethe, ergriff die Ausflucht – als wenn der § 91 des Allgemeinen Landrechts nicht vorhanden gewesen wäre – der Nationalversammlung zurückzuschreiben, es sei noch kein Gesetz vorhanden, welches den Hochverrat von Ministern, den Quellen aller Gnaden und Gehalte, bestrafe.

Kurze Zeit darauf sahen wir denselben Staatsanwalt eifrig beschäftigt, Requisitorien gegen die gesetzgebende Nationalversammlung wegen des Steuerverweigerungsbeschlusses auszuarbeiten, obwohl bekanntlich Deputierte wegen ihrer Voten gesetzlich unangreifbar!

Oh, über die Staatsanwälte, meine Herren!

Das Berliner Stadtverordnetenkollegium denunzierte bei demselben Staatsanwalt den General Wrangel, weil er, obgleich die Habeas-Korpus-Akte nicht suspendiert worden, gegen den § 6 dieses Gesetzes ohne richterlichen Befehl täglich gewaltsame Haussuchungen bei Berliner Bürgern und selbst Stadtverordneten vornehmen ließ. Das Stadtverordnetenkollegium verlangte die Einleitung der Kriminaluntersuchung. Der Staatsanwalt Sethe antwortete diesmal, zu derselben sei die Erlaubnis der dem General vorgesetzten Behörde, also des Ministeriums, nötig. Aber der § 9 der Habeas-Korpus-Akte bestimmt ausdrücklich, es sei keine vorgängige Genehmigung der Behörden nötig, um öffentliche Zivil- und Militärbeamte wegen Verletzung der Habeas-Korpus-Akte zu verfolgen.

Oh, über die Staatsanwälte, meine Herren!

So fingen die Justizbeamten schon damals an, den Stiefel der Gewalthaber zu küssen und, dem Beispiele der Krone folgend, alle Gesetze offen mit Füßen zu treten. – Es sollte bald noch besser kommen!

Indessen wird in Berlin die Versammlung noch dreimal durch Militärgewalt auseinander getrieben und fasst nun endlich den Steuerverweigerungsbeschluss. Dass die Versammlung hierzu gesetzlich berechtigt war, geht, abgesehen von allem andern, aus dem § 6 des Gesetzes vom 6. April hervor, worin es heißt, dass den Vertretern des Volks die Zustimmung zu allen Gesetzen sowie zur Festsetzung des Staatshaushaltsetats und das Steuerbewilligungsrecht zustehe. Es folgt endlich die Berechtigung und Notwendigkeit dieses Beschlusses schon einfach aus dem früheren, nach welchem das Ministerium des Hochverrats für schuldig erklärt worden.

Einem hochverräterischen Ministerium, welches den Bürgerkrieg provozierte, um sich aufrecht zu halten, zu steuern, ihm die Mittel zur Existenz, zum Bürgerkrieg, zur Unterdrückung der Gesetze zu liefern, das hieß an und für sich, sich selbst im juristischen Sinne zum Komplizen des Hochverrats machen!

»Was die Zweckmäßigkeit der Steuerverweigerung betrifft«, sagt in jener Sitzung der Berichterstatter der Nationalversammlung, der Oberlandesgerichtspräsident Kirchmann, der noch vor wenigen Tagen gegen jene Maßregel gestimmt hatte, »so bin ich jetzt der Ansicht, dass die Handlungen und Maßregeln der Regierung zu einem solchen Extrem von Gewalt, List und Ungerechtigkeit vorgeschritten sind, dass wir mit einem solchen Netz von Gewalt und Hinterlist umstrickt sind, dass uns in diesem Augenblick nichts übrig bleibt, als zu diesem äußersten Mittel zu greifen, selbst für den Fall, dass wir die Anarchie in das Land werfen sollten.«

Kurz darauf wird, um mit diesem Sündenregister zu Ende zu kommen, nachdem die Rechte zu Brandenburg zu tagen begonnen hatte und gerade in dem Augenblicke, als die Linke sich bereit erklärt hatte, sich nach Brandenburg zu begeben, die Vereinbarungsversammlung für aufgelöst erklärt.

Dass man zu dieser Auflösung auch nicht den leisesten Anschein eines Rechtes hatte, das, meine Herren, geht unwiderleglich aus dem Wahlgesetz vom 8. April hervor, in dessen letztem Paragraph es heißt: »Die aufgrund des gegenwärtigen Wahlgesetzes zusammentretende Versammlung ist dazu berufen, die künftige Staatsverfassung durch Vereinbarung mit der Krone festzustellen.« Also diese aufgrund des Gesetzes vom 8. April von Ihnen gewählte, diese und keine andere Versammlung war unabänderlich und allein zu der Vereinbarung der Verfassung berufen.

Gleichwohl löste man die Versammlung auf, ja statt eine neue aufgrund desselben Wahlgesetzes zusammentreten zu lassen, oktroyierte man eine Verfassung, das heißt man kassierte den ganzen öffentlichen Rechtszustand mit einem Strich, man war es müde, den Rechtsorganismus des Landes langsam zu rädern, indem man ihm ein Glied nach dem andern, Gesetz für Gesetz in Stücke brach. Mit einem Griff warf man ihn in die Rumpelkammer und setzte offen an seine Stelle das sic volo sic jubeo und die Beredsamkeit der Bajonette. Meine Herren, es handelt sich bei der Aburteilung dieser Dinge und heute besonders um das Recht, das geschriebene Recht. Nach dem § 6 des Gesetzes vom 6. April durfte und konnte ausdrücklich die Krone kein Gesetz erlassen ohne die Zustimmung der Volksvertreter; ja schon lange vor der Märzrevolution, nach dem Patent vom 3. Februar 1847, durfte die Krone kein Gesetz mehr erlassen, ohne es dem vereinigten Landtag vorgelegt zu haben, an dessen Zustimmung sie zwar nicht gebunden, aber zu dessen Anhörung sie verpflichtet war.

Was kümmerte dieser ganze elende Rechtsbodenstandpunkt die Krone? Hatte man kein Recht, so hatte man Besseres als das. Man hatte in Berlin den Belagerungszustand, Wrangel, 60 000 Mann Soldaten und soundso viel Hundert Kanonen. Man hatte in Breslau, Magdeburg, Köln, Düsseldorf, soundso viel Soldaten, soundso viel Kanonen. Das sind Gründe, eindringliche, die jeder begreift!

Und sollte der Rechtsbruch ja zu einigen Verwirrungen führen, einige Konsequenzen und selbst für spätere Zeiten einige Ungelegenheiten erzeugen, so hatte man ja seine Gerichte, seine Gerichte und seine Staatsanwälte, die alles schon ins rechte Gleis bringen würden!

Meine Herren! Als die Nachricht von allen diesen Verbrechen, von der zahllosen Reihe dieser Attentate auf unsere Gesetze in die Provinzen drang, von dem ungesetzlichen Belagerungszustand, von dem Bruch der Gesetze über die Bürgerwehr, über die Pressfreiheit, über die freie Vereinigung, von dem Bruch der Habeas-Korpus-Akte, von der Sprengung der Nationalversammlung durch die Bajonette – was, meine Herren, was konnte und musste das Land da tun? Ich frage Sie, wohlgemerkt, nicht von dem Standpunkte der Volkssouveränität und der Menschenrechte, nicht einmal vom Standpunkte der Ehre aus, nein vom Rechtsbodenstandpunkt, vom streng juristischen Standpunkt des geschriebenen Rechts aus, was anders war das heiligste Recht, die höchste Pflicht des Landes, als die Sturmglocke ertönen zu lassen, die Flinte von der Wand zu reißen und die Barrikade zu besteigen?

Und wie vor allem soll die Erfüllung dieser gebieterischen Pflicht ein Verbrechen bilden? Der Artikel 87 des Code pénal allerdings qualifiziert es als ein Verbrechen, sich gegen die autorité imperiale, die kaiserliche oder königliche Gewalt zu bewaffnen. Im Code pénal ist dies auch ganz vernünftig, denn er ist publiziert worden unter Napoleon, das heißt also unter einer absoluten Regierungsform. In einem absoluten Staat da ist der Wille des absoluten Herrn das einzige, das höchste Gesetz. L'etat c'est moi, der Staat, das bin ich, sagte Louis XIV. und konnte er sagen. Die Person des Monarchen ist da die lebendige Verfassung; wer sich gegen seinen Willen erhebt, begeht das Verbrechen des Verfassungsumsturzes. In einem konstitutionellen Staate dagegen ist die Verfassung das Gesetz, das einzige was gilt.

Es gibt hier gar keine königliche Autorität (autorité imperiale), wenn sie sich irgendwie vom Gesetz entfernt. In einem konstitutionellen Staat gibt es nur das Ansehen, die Hoheit der Gesetze. Sie locken in einem konstitutionellen Staat mit der königlichen Autorität keinen Hund vom Ofen. Eine königliche Ordre zum Beispiel, wenn sie nicht von einem Minister unterschrieben, ist völlig ungültig und wirkungslos. Wer sie ausführt, kann wegen dieses Formfehlers allein auf ein Verbrechen angeklagt werden.

Um wie viel mehr ist ein königlicher Befehl, wenn auch formell kontrasigniert, ist alles königliche Ansehen wirkungslos, wenn es dem Inhalte der Gesetze selbst feindlich gegenübertritt!

In allen konstitutionellen Staaten ist es selbstredend nicht nur das erste Recht, sondern auch die erste Pflicht des Bürgers, mit den Waffen in der Hand gegen jeden gewaltsamen Umsturz derselben einzustehen. Diese Pflicht ist absolut; sie ist natürlich ganz ebenso vorhanden, wenn das Verbrechen des gewaltsamen Umsturzes der Verfassung von der Regierung als wenn es vom Volke verübt wird. Der unter absoluter Regierungsform entstandene Artikel 87 des Code pénal von der autorité royale wird daher in jedem konstitutionellen Staate durch diese erste Lebensbedingung eines konstitutionellen Staates modifiziert und nie da anwendbar sein, wo der gewaltsame Umsturz der Verfassung von der Regierung selbst ausgegangen und die Bewaffnung der Bürger gegen die königliche Gewalt nur den Schutz der Verfassung zum Zwecke gehabt hat. Ohne die Anerkennung dieses Grundsatzes kann kein konstitutioneller Staat bestehen, kann kein konstitutioneller Staat auch nur gedacht werden, da die Regierung eine jede Verfassung bequem und ohne Gefahr konfiszieren könnte, wenn die Verteidigung derselben den Bürger zum Verbrecher stempelte.

Auch in Preußen ist dies sogar zum Überfluss, da es sich von selbst versteht, ausdrücklich anerkennt, durch das Bürgerwehrgesetz vom 17. Oktober vorigen Jahres, dessen § 1 als Prinzip aufstellt: Die Bürgerwehr hat die Bestimmung, die verfassungsmäßige Freiheit zu schützen, das heißt also natürlich auch, da der Satz absolut und ohne Einschränkung hingestellt ist, gegen gewaltsame Angriffe von oben wie unten zu schützen.

Die Bürgerwehr ist sogar ein Institut, welches recht eigentlich und fast allein zu dem Zwecke geschaffen ist, die Verfassung gegen die königliche Gewalt zu wahren; denn um Unordnungen zu steuern, hat man die Polizei; um Revolutionen des Volks zu unterdrücken, hat man das Heer. Um eine bewaffnete Garantie gegen Revolutionen der Könige zu haben, erfand man die Bürgerwehr, gab ihr zu diesem Zwecke die Waffe, übte sie im Gebrauch derselben.

Also der Schutz der Gesetze, wenn dieselben von der Regierung bedroht sind, mit bewaffneter Hand, ist das erste und letzte Recht, die heiligste Pflicht, die wahre Feuerprobe des Bürgers.

Dieser Satz ist noch nie zu leugnen versucht worden. Wird ihn der Staatsanwalt ableugnen wollen? Brauchen Sie eine Autorität, meine Herren? »Ein jeder Bürger wird wissen«, sagt in der Sitzung der Nationalversammlung vom

26. September der damalige Minister Eichmann, der ehemalige Oberpräsident, bekannt als eine der reaktionärsten Stützen der alten Bürokratie – »ein jeder Bürger wird wissen«, sagt der Minister Eichmann, »dass er unangreifbar in dem Schutz seiner Freiheit ist. Handelt es sich darum, dass die Freiheit des Volkes angegriffen ist, so wäre dies eine traurige Zeit. Dann wird eine andere Ordnung der Dinge eintreten, worüber wir hier nicht zu sprechen haben, dann tritt das Recht der Selbstverteidigung ein.« So der Minister! Sie werden gestehen müssen, meine Herren, dass es eine gute Autorität ist, auf die ich mich beziehe.

Was der Minister hier als das unnehmbare Recht jedes Einzelnen, als das Recht der Selbstverteidigung ausspricht, das ist zugleich seine Pflicht, denn in einem Staat ist der Einzelne nicht nur für sich, er ist zugleich für alle da; es ist seine Aufgabe, die gesetzliche Freiheit aller, es ist seine Pflicht, die sittliche Grundlage des Staats gegen Gewalt zu schützen.

Ich frage Sie, wie ist es bei der Klarheit dieser Grundgesetze allen konstitutionellen Lebens, die selbst dem Verstocktesten einleuchten müssen, auch nur möglich, wie ist es denkbar, eine Anklage aufgrund der Gesetze gegen die Bürger einzuleiten, welche ein leuchtendes Beispiel von Gesetzestreue, von Hingebung für das Gesetz gegeben haben, welche zum Schutze der Gesetze pflichtschuldigst die Waffen ergreifen und ihr Leben einzusetzen bereit waren?

Woher nimmt man, ich bitte Sie, den unerhörten Mut; woher die metallene Stirn zu diesem unverschämten Gaukelspiel einer auf den Kopf gestellten Welt? Dieselbe verbrecherische Rotte, welche alle Gesetze des Landes, welche die ausdrücklich als Grundlagen der Verfassung proklamierten Gesetze vom 6. und 8. April und so viele andere zu Boden gerannt hat, stellt die guten Bürger, eben weil sie die Gesetze gegen jene Revolution schützen wollten, auf die Anklagebank und klagt sie der Gesetzverletzung an?

Oder habe ich vielleicht meinerseits damals die Verfassung des Landes umstürzen wollen? Habe ich in meinen Reden aufgereizt, den Thron umzustürzen, die Republik zu proklamieren? Das wagt selbst der Anklageakt nicht einmal zu behaupten.

Nein, meine Herren, Sie haben es gehört aus dem Munde aller Zeugen, selbst der Belastungszeugen. Ich habe nur aufgefordert, die errungenen gesetzlichen Freiheiten zu schützen, die Nationalversammlung zu verteidigen. Alle meine Plakate und Aufrufe wiederholen mit aller Kraft, deren ich fähig war, die Aufforderung, die Gesetze zu verteidigen, sie zu achten. Alle meine Reden, wie Ihnen die Zeugen sagten, hallten immer und immer von dem Rufe wider: »Wir müssen uns erheben mit dem Schwert in der einen, mit dem Gesetz in der andern Hand.« Den persönlichen Parteistandpunkt, die eigene Überzeugung selbst, ich wußte sie zurückzudrängen vor der gemeinsamen Pflicht gegen das Vaterland, vor der Gefahr, in der die gemeinsame Freiheit schwebte. Ich wandte mich an die Arbeiter, ich beschwor sie, nicht etwa sich dem Gedanken hinzugeben, die Gelegenheit benutzen zu wollen, um hier eine Republik zu proklamieren, ein Gedanke, der hier in einer Provinzstadt Wahnsinn gewesen wäre. »Verschwinden müssen«, sagte ich ihnen, »vor der gemeinschaftlichen Gefahr alle Parteistandpunkte, alle Parteiwünsche. Wer jetzt von euch daran denken könnte, hier die Republik zu proklamieren, er würde einen Verrat an der gemeinsamen Sache begehen, denn er würde den Apfel der Zwietracht in die Reihen der Bürger schleudern, die sich jetzt wie ein Mann um das beleidigte Gesetz scharen müssen; er würde dem gemeinsamen Feinde, der Kontrerevolution, die besten Dienste leisten.«

Ich wandte mich an die Bürger und sagte ihnen: »Und verratet auch ihr nicht euer eigenes Interesse, lasst eure Tatkraft nicht lähmen durch eine grundlose Furcht, welche man unter euch zu verbreiten sucht. Es ist wahr, ich und meine Partei, wir hängen vor allem an der sozialen Reform, der höchste Ausdruck unserer Überzeugungen ist die soziale Republik. Aber nicht jetzt ist der Augenblick, unsere Theorien zu verwirklichen; ihre Verwirklichung gehört der Zukunft an. Jetzt verlangt der Proletarier weiter nichts, als euch eure Freiheiten, eure Rechte, eure Gesetze schützen zu helfen. Er verlangt weiter nichts als seinen Verdiensten um euch ein neues hinzufügen zu dürfen, als eine neue Inschrift zu graben auf die Säule seiner Großtaten, damit er dereinst bei der großen Abrechnung vor euch treten kann und sagen: Wie ich euch mit meinem Blute die Freiheit erkämpft habe im März 1848, so habe ich sie mit meinem Blute für euch verteidigt im November.« Und trotz alledem scheut man sich nicht, eine Anklage gegen mich zu erheben?

Man klagt mich an, die Gesetze des Landes haben schützen zu wollen? Seltsames Verbrechen!

Es gehört zu dieser Anklage ein seltener, ein nicht beneidenswerter Mut, der Mut der höchsten Schamlosigkeit!

Es ist gar nicht möglich, die Anklage aufzurichten, es ist nicht möglich, sie mit einem Wort zu begründen, ohne sich eines Kapitalverbrechens gegen unsere Staatsverfassung schuldig zu machen.

Denn da jener tausendfache Gesetzbruch der Krone im November, den ich Ihnen aufgezeigt habe, nicht geleugnet werden kann, da nicht geleugnet werden kann, dass die Krone eine Versammlung auflöste, zu deren Auflösung sie nicht befugt war, dass sie, ohne ein juristisches Recht hierzu zu haben und mit einem Eingriff in die gesetzgebende Prärogative des Volkes, ein Verfassung oktroyierte, dass die Krone somit eine gewaltsame Revolution vollbrachte; gleichviel selbst, ob diese Revolution, worauf es hier gar nicht ankommt, eine zu entschuldigende oder gar anerkennenswerte und heilsame war; selbst eine heilsame Revolution bleibt vom juristischen, vom gesetzlichen Standpunkte aus immer eine Revolution – da also anerkanntermaßen, sage ich, die Krone eine Revolution vollbracht hat, wie kann man die Bürger, welche die Gesetze gegen die revoltierende Krone schützen, gesetzlich anklagen wollen? Man kann sie nur dann anklagen, wenn man behauptet – und diese Behauptung wird, eingestanden oder nicht, der Anklage immer zugrunde liegen – wenn man behauptet: Die Krone ist absolut, ihre Autorität ist an kein Gesetz gebunden, und wenn sie hundertmal alle Gesetze umstoße, ihre Willkür ist das alleinige, das höchste Gesetz. Aber wer das sagt, sagt, dass Preußen ein absoluter Staat sei, wie er es vor dem März 1848 gewesen.

Eine Behörde, die das sagt, begeht, da sich Preußen für einen konstitutionellen Staat ausgibt, selbst das Verbrechen des Hochverrats. Und das sagt der Anklageakt, das sagen die Gerichtshöfe, die mich hierher geschickt, das sagt der Staatsprokurator, der die Anklage souteniert. Sie alle begehen das Verbrechen, die Krone für absolut zu erklären.

Wie sehr legal und berechtigt damals eine bewaffnete Erhebung des Volkes gewesen wäre, das, meine Herren, ist selbst in höchsten und allerhöchsten Kreisen anerkannt worden.

»Meine Feinde sind feig gewesen«, sagte der König kurz darauf einer gutgesinnten Deputation, »sie haben sich nicht erhoben.«

Also nicht aus Legalität ist das Land ruhig geblieben. Selbst die Krone wusste sich zu sagen, dass der Kampf sehr legal gewesen wäre. Nein, meine Feinde sind feig gewesen, heißt es! Zu der Misshandlung fügt man noch den Schimpf. Verdienen wir wirklich, dass man uns diesen Schimpf ins Antlitz wirft? Sind wir wirklich eine Nation von Feiglingen, meine Herren?

Ja, es war die Pflicht des Landes, den Kampf zu beginnen und diese Pflicht ist annoch unerfüllt geblieben, ja, wir wären eine Nation von Feiglingen, wenn wir dieser Pflicht vergessen könnten, wenn nicht in unserm Herzen der Schwur brennte, sie zu lösen! Das Land wurde damals überrumpelt, überfallen. Es trug die zentnerschweren Ketten, vorüber war der günstige Augenblick der Tat, ehe es aus der Bestürzung zur Besinnung kommen konnte.

Es ist ein schweres Opfer um den Bürgerkrieg! Die Bürger eines Landes sind kein diszipliniertes Heer, das die erste Untat, das erste Alarmzeichen aus den Kasernen auf die Barrikaden ruft. Monatelanger Vorherentschließung braucht es, wenn im günstigen Augenblick der Bauer den Pflug, der Handwerker die Werkstatt, der Bürger blühend Weib und Kind verlassen und die friedliche Brust dem Kugelregen bieten soll.

Jede Revolution ist monatelang im Herzen der Gesellschaft vorher gemacht gewesen, ehe sie unter Flintensalven ins Leben trat. An jedem Beispiel der Geschichte wird sich Ihnen das bestätigen! Nicht die Bankettfrage ist es, die Louis Philipp gestürzt hat. Als Frankreich sich innerlich geschworen, das Regiment der Korruption und Heuchelei nicht mehr zu dulden, als Millionen unbewusst

Genossen dieses Eids geworden waren, da, bei einer unbedeutenden Gelegenheit, die man sonst tausendmal erduldet hätte, zog man das Schwert.

Ehe die Barrikaden nach außen in die Höhe steigen sollen, muss im Innern des Bürgers lang zuvor der Abgrund gegraben sein, der die Regierungsform verschlingt, muss im Herzen der Gesellschaft die Ordnung der Dinge verflucht und verschworen sein!

Und weil sie dieses geschichtliche Gesetz nicht kennen, so rühmen sich diese Idioten, ein freies Volk bezwungen zu haben und wollen gar noch durch den Scheinerfolg des Augenblicks ihr Recht erweisen!? Aber seit dem November ist er zerrissen, der staatliche Kontrakt, gebrochen jedes Bündnis, in jedes Mannes Innern flammt der Hass; nichts Sittliches ist mehr in diesem Staatsverband! Die Bajonette sind sein einziger Kitt! Vom November 1848 wird die Geschichte in alle Ewigkeit die echte deutsche Revolution datieren, und man wird staunen, staunen über das unversöhnliche Gedächtnis des Volkes!

Selbst die morsche lahme Krücke des Rechtsbodens, die einzige Waffe, mit der man bisheran sich gegen das unerbittliche Bedürfnis der Völker stemmen konnte, hat man verloren! Es ist im Völkerleben der Rechtsboden ein schlechter Standpunkt, denn das Gesetz ist nur der Ausdruck und geschriebene Wille der Gesellschaft, nie ihr Meister. Hat sich der gesellschaftliche Wille und Bedürfnis geändert, so gehört der alte Kodex in das Museum der Geschichte, an seine Stelle tritt das neue Abbild, das neue Konterfei der Gegenwart.

Aber endlich, wenn auch ein falsches Prinzip, so war der Rechtsboden doch noch immer ein Prinzip; als solches hatte er in sich eine sittliche Macht, wenn auch eine überlebte. Es ist eine bekannte Tatsache um die hartnäckige Achtung der Völker vor dem Gesetz, selbst wo das Gesetz offenbar schlecht ist.

Aber was will man jetzt dem stürmischen Bedürfnis der Gesellschaft entgegenstellen? Den Rechtsboden hat die Krone selbst von sich gestoßen; sie hat selbst, indem sie eine Revolution aus eigenem Bedürfnis vollbracht, am schlagendsten die Berechtigung der Revolution überhaupt, die alleinige Berechtigung des Bedürfnisses, seine unendliche Souveränität und Erhabenheit über das Gesetz anerkannt. Was will sie jetzt dem Volke antworten, das sein Bedürfnis geltend machen will? Nicht einmal mehr mit der moralischen Macht des Rechtsbodens kann man der Revolution entgegentreten!

Er ist für ewige Zeiten verloren. Mir und den Meinen gehört er jetzt an! Wir haben ihn seit dem November mit Beschlag belegt. Die Revolution ist vom Rechtsbodenstandpunkte aus zur juristischen Notwendigkeit geworden. Die Erinnye des gemordeten Rechtsbodens schreit jetzt mit dem Bedürfnis der Völker um die Wette zu den Waffen.

Und was soll den status quo, der so sein eigenes Prinzip, den Gegnern abgetreten hat, noch länger schützen? Die Bajonette? Aber die Bajonette sind eine schlechte Waffe, wenn sie kein Prinzip verteidigen.

An einem schönen Frühlingsmorgen wird die Riesenfaust des Volkes ihre Bajonette geknickt haben, wie der Sturm ein Rohr knickt.

Man hat gesagt, der bewaffnete Widerstand sei damals deshalb illegal gewesen, weil er weitergegangen, als die Nationalversammlung selbst, weil die Nationalversammlung nur zu passivem Widerstand aufgefordert habe.

Gesetzt, die Nationalversammlung hätte in der Tat nur zu passivem Widerstand aufgefordert, was folgte daraus? Entweder die bewaffnete Erhebung war damals das Recht des Landes, weil die Krone den sozialen Kontrakt, das Gesetz gebrochen hatte, und dann ist es gleichgültig, ob die Nationalversammlung, was ohnehin gesetzliche Pflicht war, noch ausdrücklich anordnete – oder die Krone war in ihrem Recht, die bewaffnete Erhebung gegen sie somit ein Verbrechen. Dann konnte die Nationalversammlung, wenn sie dieselbe dekretierte, dies Verbrechen nicht in ein Recht verwandeln; sie konnte nur zum Komplizen desselben werden.

Der passive Widerstand, meine Herren, das müssen wir selbst unsern Feinden zugeben, der passive Widerstand der Nationalversammlung, er war jedenfalls ein Verbrechen. Von den zwei Sachen eine! Entweder die Krone war bei jenen Maßregeln in ihrem Rechte – und dann war die Nationalversammlung, indem sie sich dem gesetzlichen Rechte der Krone widersetzte und die Zwietracht ins Land warf, allerdings eine Rotte von Aufwieglern und Empörern, oder aber jene Maßregeln der Krone waren unrechtmäßige Gewalt – dann musste die Freiheit des Volkes aktiv mit Leib und Leben geschützt werden, dann musste die Nationalversammlung das Land laut zu den Waffen rufen! Dann war jene seltsame Erfindung des passiven Widerstandes ein feiger Verrat an dem Volke, an der Pflicht der Versammlung, die Rechte des Volkes zu schützen.

Wenn auch ich, worauf Sie heute wiederholt aufmerksam gemacht wurden, in allen meinen Reden aufforderte, nur auf den Ruf der Nationalversammlung zu den Waffen zu greifen und diesen Ruf erst abzuwarten, so geschah dies damals nicht aus einem juristischen Bedenken, als wenn wir erst durch den Aufruf der Nationalversammlung jenes Recht erlangten. Das Recht stand mit und ohne Nationalversammlung! auf unserer Seite. Es geschah aus einem faktischen Bedenken. Denn ein Kampf konnte nur von Wirkung sein, wenn sich das Land auf allen Punkten erhob, diese Einmütigkeit, diese Gleichzeitigkeit der Erhebung war nur zu erwarten, wenn der Aufruf von der Nationalversammlung ans ganze Land ging. Düsseldorf konnte nicht den Kampf beginnen; dies wäre Wahnsinn gewesen; diese Stadt gibt keinen Ausschlag. Sie konnte nur, wenn die Nationalversammlung den Kampf begonnen, mit in die Reihe der Kämpfer treten. Dies, meine Herren, und keine juristische Verklausulierung war der einzige Grund, weshalb ich stets auf den Aufruf der Nationalversammlung hinwies.

Der passive Widerstand der Nationalversammlung, ich wiederhole es, war ein Verrat, er war zugleich eine der seltsam absurdesten Erfindungen, welche je das Licht der Welt erblickt; er sichert seinen Erfindern auf ewig das Erbteil eines unauslöschlichen Gelächters zu, das die Geschichte an ihre Namen knüpfen wird.

Denn mit welchem Hohngelächter würde man nicht ein großes Volk brandmarken und es aus der Reihe der Völker streichen, welches von einem, fremden Eroberer angegriffen, statt auch nur den Versuch zu machen, seine Freiheit mit den Waffen in der Hand zu schützen, sich begnügt, eine bloße Rechtsphrase, einen feierlichen Protest, den passiven Widerstand dem Eroberer entgegenzusetzen?

Noch dreimal hassenswerter als der äußere Feind ist der innere, der des Landes Freiheit niedertritt, noch dreimal verfluchenswerter als der fremde Fürst ist der eigene, der gegen des eigenen Landes Gesetze sich empört. Noch dreimal größer als die Schmach, einer fremden, großen Nation zu erliegen, ist die Schmach eines Volkes, das eines einzigen Mannes Beute wird!

Der Einzelne, meine Herren, wenn ihm von einem Staat, von einer Masse Gewalt geschieht; ich, wenn ich von Ihnen verurteilt würde, kann mit Ehren passiven Widerstand leisten; ich kann mich in mein Recht einwickeln und protestieren, da ich die Macht nicht habe, es zur Geltung zu bringen. Wie aber der Begriff Gottes nicht gedacht werden kann ohne das Prädikat der Allmacht, so liegt im Begriffe eines großen Volkes zugleich, dass seine Kraft seinem Rechte angemessen sein muss, dass es die Kraft haben muss, das, was es als sein Recht erkannt hat, wirklich zu schützen.

Ein Einzelner, von zehn zur Türe hinausgeworfen, kann protestieren und sich mit seiner Schwäche, dass er nicht widerstand, entschuldigen. Nun bitte ich Sie, denken Sie sich aber das klägliche Schauspiel eines großen Volkes, welches sich mit seiner Schwäche entschuldigt, dass es sein Recht zu verteidigen nicht versucht!

Ein Volk kann unterliegen der Gewalt, wie Polen unterlag – aber es erlag nicht, ehe das Schlachtfeld das Blut seiner edelsten Söhne getrunken hatte, bis seine letzte Kraft niedergemäht war; es widerstand, bis es erschöpft den letzten Todesseufzer ausstieß, es ergab sich nicht, es starb!

Dann, wenn alle Kraft gebrochen, dann kann ein solcher Völkerleichnam sich begnügen mit dem passiven Widerstand, das heißt mit dem Rechtsprotest, mit Dulden und Tragen, mit dem Groll in der Brust, mit dem tief verschlossenen stillen Hass, der mit gekreuzten Armen wartet, bis ein rettender Augenblick die Erlösung bringt. Dieser passive Widerstand hinterher, nachdem alle Mittel des aktiven Widerstandes gebrochen sind, das ist der höchste Grad ausharrenden Heroismus! Aber der passive Widerstand von vornherein, ohne auch nur einen Schwertstreich zu wagen, ohne einen einzigen Augenblick an die frische Kraft zu appellieren, das ist das Schmählichste, der höchste Unverstand und die größte Feigheit, die man je einem Volke zugemutet hat.

Der passive Widerstand, meine Herren, das ist der Widerspruch in sich selber, es ist der duldende Widerstand, der nicht widerstehende Widerstand, der Widerstand, der kein Widerstand ist. Der passive Widerstand, das ist wie Lichtenbergs Messer ohne Stiel, dem die Klinge fehlt; das ist wie der Pelz, den man waschen soll, ohne ihn nass zu machen.

Der passive Widerstand, das ist der bloße innere böse Wille ohne äußere Tat. Die Krone konfiszierte die Volksfreiheit, und die Nationalversammlung dekretierte zum Schutz des Volkes den bösen Willen!

Unbegreiflich würde es sein, wie die allergewöhnlichste Logik es zuließ, dass eine gesetzgebende Versammlung sich mit solcher unvergleichlichen Lächerlichkeit beflecken konnte, dass sie nicht lieber offen sich den Befehlen der Krone unterwarf – unbegreiflich würde es sein, wenn es nicht zu begreiflich wäre!

Der passive Widerstand ist das Produkt von folgenden Faktoren:

Die klar erkannte Schuldigkeit, pflichtgemäß widerstehen zu müssen, und die persönliche Feigheit, nicht auf Gefahr von Leib und Leben widerstehen zu wollen, diese beiden Potenzen erzeugten in ekelerregender Umarmung in der Nacht vom 10. November das schwindsüchtige Kind, die hektische Geburt des passiven Widerstandes.

Aber gerade dieser logische Widerspruch in dem Begriffe des passiven Widerstandes hatte zur Folge und musste zur Folge haben, dass die Nationalversammlung auch durchaus nicht die Linie des passiven Widerstandes eingehalten, dass sie vielmehr den aktiven Widerstand ganz direkt provoziert hat.

Denn die Beschlüsse eines gesetzgebenden Körpers sind nicht wie Aussprüche eines Philosophen- und Juristenkollegiums, welche nur theoretische Bedeutung haben, ein Gutachten abgeben oder philosophische Axiome feststellen sollten. Sie sind Dekrete, welche praktische Geltung haben sollen, welche nicht nur auf theoretische Wahrheit, sondern wirkliche Ausführung Anspruch machen.

Wenn also die Nationalversammlung beschließt, die Auflösung der Bürgerwehr, die Entwaffnung der Bürgerwehr ist ungesetzlich, was heißt das anders als: Ihr braucht und sollt euch nicht entwaffnen lassen, ihr könnt und sollt eure Waffen behalten und sie verteidigen, wenn man sie euch abnimmt?

Wenn die Nationalversammlung beschließt, das Ministerium ist nicht berechtigt, Steuern zu erheben, was heißt das. anders als: Ihr braucht und sollt, ihr dürft nicht steuern; ein schlechter Bürger, ein Verräter des Landes, ein Komplize der Minister ist der, welcher steuert; und folglich: Ihr müsst euch der zwangsweisen Erhebung der Steuer gewaltsam widersetzen.

Der Steuerverweigerungsbeschluss unterscheidet sich au fond in gar nichts von einem direkten Aufruf zu den Waffen. Halten Sie für möglich, dass dies der

Nationalversammlung entgangen sein sollte? Die Nationalversammlung wusste sehr gut, dass man die Steuern, wenn sie ausblieben, aus Geldbedürfnis zwangsweise eintreiben würde. Die Nationalversammlung musste aber zugleich wünschen und wollen, dass ihr Beschluss ausgeführt würde, dass sie Sieger bliebe. Zum Spaß und um dem Staatsanwalt Gelegenheit zu Kriminalverfolgungen zu geben, hatte sie denselben nicht erlassen. Folglich wünschte, wollte und dekretierte die Nationalversammlung im Fall der unausbleiblichen, zwangsweisen Steuereintreibung den bewaffneten Widerstand, die Revolution. Dies ist, dünkt mich, sehr klar.

Der Steuerverweigerungsbeschluss im Munde einer Nationalversammlung ist also ganz äquivalent mit einem positiven Aufruf zu den Waffen.

Warum aber ergriff die Nationalversammlung dann nicht lieber dies letztere rapide Mittel, welches der Begeisterung keine Zeit ließ, einzuschlafen? Warum dekretierte sie nicht offen die Erhebung in Masse?

Die Antwort liegt in dem Vorigen.

Die Nationalversammlung legalisierte die Revolution und wollte sie. Wäre die Revolution eklatiert, die Nationalversammlung hätte sich die Ehre derselben zugeschrieben. Während sie aber den Kampf legalisierte und heraufbeschwor, wollte sie zugleich für das etwaige Misslingen desselben gedeckt sein. Sie wollte eine solche Position einnehmen, dass man sie der Komplizität an demselben nicht juristisch beschuldigen könne.

Sie wusste, dass Berlin von Truppen erdrückt war, dass man sie im Falle eines direkten Aufrufs zu den Waffen, selbst wenn hinterher die Revolution in den Provinzen glückte, unmittelbar beim Kopfe nehmen würde, der Mord Blums zeigte ihr die Energie, der Fürsten fähig sind. – Das ist das Geheimnis des passiven Widerstandes.

Man behauptet, dadurch, dass das Volk aufgrund des Wahlgesetzes vom 6. Dezember wählte, oder jedenfalls durch die Adresse der zweiten Kammer, sei die oktroyierte Verfassung und also auch die vorgesehenen Schritte der Krone als eine rettende Tat anerkannt und nachträglich legalisiert worden.

Gesetzt gar, dem wäre so, wie kann das die Stellung der gegenwärtigen Anklage bessern? Denn grade in diesem Argument liegt ja selbst die Anerkennung, dass die Handlungen der Krone nicht an sich selbst rechtsgültig, dass sie vielmehr rechtswidrige Gewalt waren und erst durch die Vollziehung des Wahlaktes – am 6. Februar oder durch die Kammerabstimmung – im März Rechtsgültigkeit empfangen haben. Unter dieser Voraussetzung würde es dann allerdings ein Verbrechen sein, sich gegenwärtig gegen die oktroyierte Verfassung zu bewaffnen, nachdem sie durch Volk und Kammer angeblich anerkannt und so rechtsgültig geworden ist. Aber was ändert diese Anerkennung im März an dem juristischen Charakter von Handlungen, die wir im November begangen haben! Grade wenn man sich auf die angebliche Anerkennung von

Volk und Kammer im Februar und März beruft und hieraus die Legalität für jene Revolution der Krone herleiten will, so liegt hierin das klarste Eingeständnis, dass im verflossenen November, als die Anerkennung der Gewaltmaßregeln der Krone, das heißt die Billigung des gewaltsamen Umsturzes der alten Verfassungsgrundlage vom 6. und 8. April, vom Volk noch nicht erfolgt war, jeder das gute Recht hatte, sich zum Schutze des damals bestehenden Rechtszustandes, sich zur Abwehr des von der Krone vollbrachten Verfassungsumsturzes zu waffnen.

Wenn dieser Verfassungsumsturz, wenn die oktroyierte Charte späterhin als gültig anerkannt wurde, so kann dies keine rückwirkende Folgen haben auf Handlungen, die vollbracht wurden, als jener Umsturz noch keine rechtliche Gültigkeit besaß und nichts als eine rohe Gewalt war.

Nichts ist endlich ridiküler, nichts lahmer, als die Behauptung, das Volk habe die oktroyierte Verfassung anerkannt, indem es nach dem Modus des Wahlgesetzes vom 6. Dezember die Wahlen zu den gegenwärtigen Kammern vollzog.

Hat denn das Volk erst durch das Wahlgesetz vom 6. Dezember das Wahlrecht erhalten, dass man behauptet, in der Ausübung der Wahl liege die Anerkennung des Titels, durch welchen ihm das Wahlrecht verliehen worden?

Durchaus nicht! Denn abgesehen davon, dass das allgemeine Stimmrecht ein angebornes natürliches und ewiges Recht des Volkes ist, das es somit gar nicht erwerben kann, das ihm nur während der absoluten Monarchie durch eine gewaltsame Usurpation vorenthalten war, abgesehen hiervon hatte das Volk jedenfalls durch das Gesetz vom 8. April das allgemeine Stimmrecht erworben.

Als es somit am 6. Februar wählte, übte es nur ein Recht aus, welches ihm bereits durch das Gesetz vom 8. April erworben war, welches es also durchaus nicht erst durch das Wahlgesetz vom 6. Dezember erhielt. Das Wahlgesetz vom 6. Dezember gab dem Volke nichts Neues, es schränkte nur das ihm bereits gesetzlich zustehende Wahlrecht widerrechtlich ein. Aufgrund seines für immer durch die Märzrevolution und das Gesetz vom 8. April erworbenen Stimmrechts wählte das Volk am 6. Februar. Dass es die Einschränkungen respektierte, die ihm das neue Wahlgesetz vom 6. Dezember auferlegte, darin liegt keine Anerkennung, denn dazu war es durch Polizei und Militär gezwungen. – Sollte das Volk sich des verkümmerten Überbleibsels von Wahlrecht, welches ihm nach der königlichen Novemberrevolution geblieben war, nicht bedienen? Sollte es seinen Gegnern ganz freies Feld lassen und gar nicht mehr auf dem Kampfplatz erscheinen? Durch welchen Trugschluss will man den Unsinn uns plausibel machen, dass, weil das Volk wählte, um Organe, um Vorkämpfer zu haben, die ihm die geraubte Freiheit wiedererkämpfen helfen, es den Raub dadurch anerkannt habe? Ich nehme das erste beste Beispiel, meine Herren, das mir in die Hände fällt. Wenn mir ein Räuber im Schlummer eine kostbare Damaszenerklinge von der Seite reißt und mir seine schlechte Keule dafür liegen lässt, wenn ich auffahre, die Keule ergreife, dem Räuber nachsetze, um ihn damit totzuschlagen und mein Eigentum wiederzuerlangen habe ich, weil ich die Keule gebrauchte, damit anerkannt, dass sie rechtmäßig gegen jenen Damaszener eingetauscht worden sei? Das Wahlgesetz vom 6. Dezember war die schlechte Keule, die der Räuber verächtlich liegen ließ und die, um irgendeine Waffe zu haben, das Volk aufhob, den ungleichen Kampf zu beginnen!

Die zweite Kammer hat allerdings mit einer absoluten Majorität von sieben Stimmen die oktroyierte Verfassung anerkannt. Aber wie eine kurze Betrachtung zeigt, ist diese Art von Anerkennung noch nichtssagender und gewichtsloser als die erste, auf die man sich beruft. Es ist wahr, es gibt Umstände und Lagen, in welchen das höchste Recht das höchste Unrecht und umgekehrt ist. Es gibt Lagen, in welchen das Wohl des Staates erheischen kann, seine Gesetze zu zertrümmern. Ein Verfassungsumsturz, der das höchste Verbrechen im Staate bildet, kann unter Umständen zum höchsten Verdienst werden. Die Krone, meine Herren, behauptet bekanntlich, dass dieser Fall hier vorliege, sie macht darauf Anspruch, durch jenen gewaltsamen Bruch der Gesetze das Vaterland gerettet zu haben.

Wie gesagt, die Möglichkeit einer solchen Argumentation an sich kann man nur vom verstockten juristischen Standpunkte aus, kann man nicht von meinem Standpunkt aus bestreiten.

Gut, meine Herren, glaubte die Krone wirklich in dem Fall zu sein, die Gesetze verletzen zu müssen, um das Vaterland zu retten, glaubte sie, dass die Nationalversammlung dem Willen des Volkes nicht entspräche – wollte sie einen Appell an das Volk einlegen – gut, hätte sie dann immerhin die Nationalversammlung auflösen mögen, obgleich ihr dieses Recht nicht zustand. Aber dann hätte sie auch in der Tat an das Volk appellieren, dann hätte sie aufgrund desselben Wahlgesetzes vom 8. April eine neue Vereinbarungsversammlung einberufen müssen, um den wahrhaften Willen des Landes zu vernehmen. Wie aber konnte sie eigenmächtig eine Verfassung erlassen?

Behauptet man die Unzulänglichkeit der alten Gesetze, deren Anwendung oft unmöglich geworden, das Bedürfnis nach neueren angemessenen Bestimmungen hätte den Erlass provisorischer Gesetze erfordert – gut, ich will selbst so weit gehen zu sagen, mochte man dann selbst eine Verfassung vorläufig oktroyieren, aber man musste der Volksvertretung wenigstens die Revision derselben vorbehalten. Sie werden behaupten, dies sei geschehen, indem ja eben die gegenwärtigen Kammern zur Revision berufen wären! Aber es gibt keinen Irrtum, der größer und leichter zu zerstören wäre als dieser.

Denn dann hätte die revidierende Versammlung nach dem Wahlmodus und aufgrund desselben Gesetzes vom 8. April zusammentreten müssen, aufgrund dessen die Nationalversammlung zusammengetreten war, das heißt als eine einzige, durch das allgemeine, an keinen Zensus geknüpfte Stimmrecht erwählte Versammlung. Hätte man diesen Weg ergriffen, dann hätte vielleicht alles noch friedlich verlaufen können. Hätte diese nach dem Wahlmodus vom 8. April entstandene revidierte Versammlung die oktroyierte Verfassung anerkannt, dann allerdings war die Rechtsgültigkeit der Verfassung abgeurteilte Sache, dann hatte das Land selbst die Taten der Krone legalisiert und gutgeheißen.

Indem aber die Krone zugleich das Wahlgesetz umstieß und ein neues oktroyierte, indem sie durch die Einschaltung des scheinbar kleinen Wortes »selbständig« in dasselbe der willkürlichen Auslegung der verschiedenen Landräte die Möglichkeit bot, ganze Massen von Wählern zurückzuweisen, die früher stimmberechtigt gewesen waren, indem sie den Landräten ferner die Vollmacht erteilte, ganze Wahlkreise beliebig zu zerreißen und durch die Repartierung derselben künstliche Majoritäten zu schaffen, von welchem Manöver zum Beispiel gerade unsere Stadt handgreifliche und traurige Erfolge erlebt hat, indem sie endlich mit Verletzung des Gesetzes vom 8. April ein Zweikammersystem einführte und, was die eine Kammer betrifft, Wahlfähigkeit und Wählbarkeit an einen beträchtlichen Zensus knüpfte, hat sie sich dem Tribunal des Landes entzogen, vor dem sie sich wegen ihrer rettenden Tat, wenn es ihr hiermit Ernst wäre, hätte verantworten müssen, sie hat nicht nur das Gesetz gebrochen, sie hat zugleich den Richter totgeschlagen, der darüber zu urteilen hatte! Denn es ist klar, dass eine Verfassungsrevision, welche von zwei Kammern vorgenommen wird, deren Übereinstimmung zu einem Gesetz erforderlich ist und deren eine zensusgeboren ist, tausendmal illiberaler ausfallen muss, als eine von einer ungeteilten, keinem Zensus entstammenden Versammlung, wie die frühere war, vollbrachte Revision.

In einem konstitutionellen Staate ist der wirkliche Regent der Wähler, die Wählerklasse. Denn der Wähler wählt den Wahlmann, der Wahlmann den Deputierten, und dieser beschließt die Gesetze, stürzt und bildet die Ministerien. Die Wählerklasse ist also in letzter Instanz der wirkliche Regent, die Quelle des Gesetzes, die lebendige Verfassung. Wer daher die gesetzliche Wahlfreiheit umstößt, beschränkt, wer einen Zensus einführt, den Beschluss der zensuslosen Deputierten an die Zustimmung der Zensusdeputierten bindet, der hat die Regentenklasse des Landes gestürzt, er hat einen gewaltsamen Verfassungsumsturz vollbracht, dem sich durch keine Revision Legalität verleihen, der sich durch nichts mehr in die alten Fugen einrenken lässt. Denn der neue revidierende Körper ist nicht mehr der Vertreter des früheren Volks, er ist der Vertreter und Ausdruck einer Klasse. Die revidierende Versammlung, weit entfernt durch die Revision den Flecken der illegalen Geburt von der Verfassung zu tilgen, muss durch das mit Verletzung des Gesetzes vom 8. April eingeführte Zweikammersystem und durch den anderweitigen an der Wahlfreiheit begangenen Raub die materiell nachteiligen Folgen der geraubten Freiheit in die Revision selbst hinübertragen und die Folgen des Verfassungsumsturzes so verewigen.

Der revidierte Körper, selbst ein Produkt und Kind der Kontrerevolution, deren Vaterschaft er in seinen Gesinnungen, Majorität etc. durch den Wahlmodus, nach dem er entstanden, notwendig mehr oder weniger an sich tragen muss, kann natürlich das Kontrerevolutionäre an der Verfassung nicht ausgleichen. So beruht es zum Beispiel in England selbst auf konstitutionellem Herkommen, dass das Ministerium in Zeiten der Gefahr auf seine Verantwortung hin die Gesetze überschreiten darf. Aber es muss dann vor das Parlament hintreten und eine Indemnität fordern. Billigt das Parlament die Motive des Ministeriums, so erteilt es die Indemnität. Billigt es dieselben nicht, so erfolgt die Anklage gegen das Ministerium. Aber das würde in England keinem Ministerium einfallen, diese Befugnis, sich unter gewissen Umständen auf seine Verantwortlichkeit über die Gesetze zu erheben, so zu verstehen, dass es das Parlament auflöste, nach einem neuen, von ihm selbst oktroyierten Wahlgesetz ein neues einberiefe und so selbst die Bedingung der Verantwortung illusorisch machte, indem es sich von dieser seiner eigenen inkompetenten Kreatur eine Indemnität erteilen ließe.

Ich wiederhole, das Land hätte durch eine nach dem früheren Wahlgesetz erzeugte Versammlung die Revolution der Krone sanktionieren können. Aber die Revolution durch einen von der Revolution selbst erzeugten Körper revidieren, das heißt die Revolution durch die Revolution, die Oktroyierung durch die Oktroyierung selbst heiligsprechen lassen wollen. Indem die Krone zu allem andern auch noch das Wahlgesetz vom 8. April umstieß, hat sie das Tribunal des Landes umgestoßen, dem sie zur Rechenschaft verpflichtet war, hat sie die Behauptung, im Interesse der öffentlichen Wohlfahrt gehandelt zu haben, selbst als eine elende Täuschung eingestanden, hat sie eingestanden, eine Revolution gegen das Land zum königlichen Profit gemacht zu haben, hat sie jede Möglichkeit friedlicher und gesetzlicher Reorganisation abgebrochen und die Revolution zur unvermeidlichen Notwendigkeit gemacht.

Die oktroyierte Verfassung, hundert- und hundertmal anerkannt von dem inkompetenten Forum der oktroyierten Kammern, wird deshalb in alle Ewigkeit nichts sein als das Denkmal eines königlichen Meineids!

Endlich, meine Herren, in welcher Weise hat die zweite Kammer die Verfassung anerkannt? Selbst unter der Rechten ist nicht eine Stimme laut geworden, welche behauptet hätte, dass der Erlass derselben ein rechtlicher, nach den Gesetzen möglicher gewesen sei.

Wie im Zentralausschuss selbst die Rechte den Belagerungszustand einstimmig als ungesetzlich anerkannt hat und dennoch für seine Aufrechterhaltung ausdrücklich als für eine Art der Selbsterhaltung sprach, so hat man die Handlungen der Krone anerkannt als eine sogenannte rettende Tat, als durch die Wohlfahrt des Landes geboten. Hierin, dass man keinen andern Namen, keine andere Form für diese Anerkennung finden konnte, liegt das beste Eingeständnis, dass die Krone eine Revolution vollbracht. Das öffentliche Wohl ist stets der Rechtstitel gewesen, auf den sich noch alle revolutionären Parteien, jede nach ihrer Auslegung, berufen haben. Man hüte sich! Mit der Berufung aufs öffentliche Wohl ist das Prinzip aller Revolutionen heiliggesprochen, die Permanenz der Revolution entfesselt. Der Ausschuss für das öffentliche Wohl, das comité du salut public war es, das in Paris 1793 den Schrecken organisierte und die Revolutionstribunale schuf! Das öffentliche Wohl hat in Paris die Junibarrikaden erbaut! Aufs öffentliche Wohl beruft sich der Proletarier, wenn er die Hand nach Ihrem Besitze streckt! Aber wenn die Handlungsweise der Krone selbst durch das öffentliche Wohl gerechtfertigt wäre, so war dennoch der Widerstand dagegen, als Schutz des zur Zeit faktisch und rechtlich bestehenden Rechtszustandes, in seinem vollen Rechte. Ein Beispiel wird hinreichen, dies zu erweisen. Am 18. März vorigen Jahres wurde in Berlin gleichfalls eine Revolution gemacht und zwar, da sie siegte, eine solche, von der vollkommen zugegeben wurde und noch heute zugegeben wird, dass sie eine durch das öffentliche Wohl erforderte, dass sie eine rettende Tat des Volks war.

Wenn nun am 19. März das siegreiche Volk jene Soldaten, die auf es geschossen und sich gegen seine rettende Tat aufgelehnt hatten, vor ein Tribunal geschleppt hätte, hätten diese Leute, obgleich das Blut des Volkes an ihren Fingern klebte, obgleich die Revolution eine anerkanntermaßen vom öffentlichen Wohle gebotene gewesen war, durch die Gerichte gerichtet werden dürfen? Nein, jene Soldaten waren formell als Verteidiger des zur Zeit bestehenden Rechtszustandes in ihrem formellen Rechte! Das Faktum der glücklich vollbrachten Revolution konnte keine rückwirkenden Folgen haben und diejenigen im juristischen Sinne zu Verbrechern stempeln, welche den gesetzlich bestehenden, obgleich faulen, morschen und fluchwürdigen Rechtszustand verteidigten.

Hätte man gleichwohl jene Soldaten vor ein Gericht gestellt, so wäre dies eine Proklamation der Schreckenstheorie gewesen. Denn das ist eben das Prinzip des Schreckens, dem neuen Gesetz, den neuen Rechtszustand rückwirkende Folgen zu geben, die Besiegten zu Verbrechern zu stempeln.

Und das eben, meine Herren, ist des Pudels Kern, das ist die wahre Bedeutung dieser Anklage gegen uns und so viele andere, dass sie unter der Maskerade des Gesetzes die Schreckensherrschaft aufrichtet. Ich habe die Ehre gehabt, den Richtern selbst, die mich hierher gewiesen haben, dieses in einem kurzen Memoire zu beweisen. Erlauben Sie, dass ich Ihnen dasselbe vorlese, und mögen Sie entschuldigen, wenn Sie des Zusammenhanges wegen einige Argumente in demselben wiederholt finden, die ich heute bereits berichtet habe.

»Herr Instruktionsrichter.

Die neuesten Ereignisse bestimmen mich, Ihnen folgende Erklärung abzulegen und den unten artikulierten Antrag an Sie zu richten.

Ich bin beschuldigt, durch Reden an öffentlichen Orten und Plakate die Bürger zur Bewaffnung gegen die königliche Gewalt aufgereizt und den Bürgerkrieg zu erregen versucht zu haben. Artikel 87, 91 und 102 des Strafgesetzbuches. Wenn es bei meiner Verhaftung noch zweifelhaft sein konnte, ob ich unter Voraussetzung der Wahrheit der Fakta, welche mir die Beschuldigung zur Last legt, mich in meinem Rechte befunden habe oder nicht, so ist durch die neuesten Ereignisse jeder nur mögliche Zweifel beseitigt, jeder gesetzlich sein wollende Vorwand zu meiner und vieler aríderen Verfolgung unmöglich gemacht.

In allen konstitutionellen Staaten ist es selbstredend nicht nur das erste Recht, sondern auch die erste Pflicht des Bürgers, mit den Waffen in der Hand für die Aufrechterhaltung der Verfassung gegen jeden gewaltsamen Umsturz derselben einzustehen. Diese Pflicht ist absolut; sie ist ganz ebenso vorhanden, wenn das Verbrechen des gewaltsamen Umsturzes der Verfassung von der Regierung, als wenn es vom Volke verübt wird.

Die unter einer absoluten Regierungsform entstandenen und deshalb auch absolut hingestellten Artikel 91 und 87 des Code pénal (soweit sie von der bewaffneten Auflehnung gegen die königliche Gewalt und dem Bürgerkriege handeln) werden daher in jedem konstitutionellen Staate durch diese erste Lebensbedingung eines konstitutionellen Staates modifiziert und nie da anwendbar sein, wo der gewaltsame Umsturz der Verfassung von der Regierung selbst ausgegangen und die Bewaffnung der Bürger gegen die königliche Gewalt nur den Schutz der Verfassung zum Zweck gehabt hat. Ohne die Anerkennung dieses Grundsatzes kann kein konstitutioneller Staat bestehen, da die Regierung eine jede Verfassung bequem und ohne Gefahr konfiszieren könnte, wenn die Verteidigung derselben den Bürger zum Verbrecher stempelte.

Auch in Preußen ist dies anerkannt durch das Bürgerwehrgesetz vom 17. Oktober dieses Jahres, dessen § 1 als Prinzip aufgestellt: ›Die Bürgerwehr hat die Bestimmung, die verfassungsmäßige Freiheit zu schützen‹, das heißt also natürlich auch, Herr Instruktionsrichter, da der Satz absolut und ohne Einschränkung hingestellt ist, sie gegen einen gewaltsamen Angriff der Regierung selbst zu schützen. Wie dies für die Bürgerwehr als solche eine ausdrückliche, gesetzliche Pflicht und Bestimmung ist, so wird es für jeden Bürger ein heiliges Recht und eine Pflicht des Patriotismus sein. Wenn es also außer Zweifel stände, dass von der Regierung ein gewaltsamer Verfassungsumsturz beabsichtigt wurde, so ist die Bewaffnung dagegen, zu der ich provoziert haben soll, statt gegen irgendein Strafgesetz zu verstoßen, vielmehr ein unveräußerliches Recht, die erste und heiligste Pflicht des Bürgers gewesen.

Gegenwärtig aber steht der vonseiten der königlichen Gewalt beabsichtigte Umsturz der Verfassung außer Zweifel, denn er ist durch die königlichen Patente vom 5. Dezember vollbracht!

Wenn Preußen bisher noch keine vollendete Verfassung hatte, so hatte es bereits doch in aller Form sanktionierte Grundgesetze seiner Verfassung. Als solche ›Grundgesetze‹ waren ausdrücklich in der Gesetzsammlung (S. 87) die Gesetze vom 6. und 8. April dieses Jahres bestimmt worden.

Der § 6 des Gesetzes vom 6. April besagte: ›Den künftigen Vertretern soll jedenfalls die Zustimmung zu allen Gesetzen zustehen.‹

Das Gesetz vom 8. April setzte einen Wahlmodus fest und bestimmte in § 13: ›Die aufgrund des gegenwärtigen Gesetzes zusammentretende Versammlung ist berufen, die künftige Staatsverfassung durch Vereinbarung mit der Krone festzustellen.‹

Beide angeführte Grundsätze der Verfassung – der nicht geringen Zahl anderer nicht zu gedenken – sind durch die vom Könige oktroyierte Charte verletzt.

Der etwaige Einwand, die Oktroyierung sei, da im Artikel 112 der neuen Verfassung eine Revision derselben durch die Volksvertretung in Aussicht gestellt ist, nur eine vorübergehende und keine definitive Maßregel, das definitive Ende sei vielmehr eine Vereinbarung in Form der Revision, ist unwahr. Dieser Einwand wäre dann vielleicht möglich gewesen, wenn die Revision von einem Körper ausgeübt würde, der auf die im Wahlgesetz vom 8. April vorgezeichnete Weise aus dem Volke hervorginge, wenn die Versammlung zur Revision der Verfassung ebenso nach dem Wahlmodus vom 8. April zusammenträte wie die bisherige Vereinbarungsversammlung. – Dem ist nicht so.

Die Revision erfolgt vielmehr in Kammern, und für die erste derselben ist sowohl die Eigenschaft zu wählen, als gewählt zu werden, an hohe Vermögensbedingungen gebunden. Die Revision also, vorgenommen durch eine Versammlung, deren Zweiheit, deren Entstehungsmodus und Wahlprinzipien den bisher bestehenden Gesetzen über Volksvertretung durchaus widerstreben und das bisherige Wahlrecht auf das Wesentlichste beeinträchtigen, kann den gewaltsamen Verfassungsumsturz nicht ausgleichen, sie vermehrt ihn nur, sie macht ihn definitiv. Die revidierende Versammlung, weit entfernt, durch die Revision der Flecken der illegalen Geburt von der Verfassung zu tilgen, muss durch das mit Verletzung des Gesetzes vom 8. April eingeführte Zweikammersystem und durch den mit Verletzung desselben Gesetzes an der Wahlfreiheit begangenen Raub die materiell nachteiligen Folgen der geraubten Freiheit in die Revision selbst hinübertragen und den Verfassungsumsturz so verewigen.

Was also vorliegt, ist ein unbezweifelbarer, definitiver Verfassungsumsturz, der, da er sich zu seiner Aufrechterhaltung auf die bewaffnete Macht stützt, natürlich auch ein gewaltsamer Umsturz ist.

Unter diesen Umständen würde ich es für einen beißenden Spott auf die Gesetze erachten müssen, wenn die oben angeführte Beschuldigung gegen mich und andere auch nur einen Tag länger festgehalten würde.

Was vorliegt, ist eine gewaltsame Änderung des bisheran bestehenden Rechtszustandes, ist somit eine vom König glücklich vollbrachte Revolution.

Es bleibt hierfür gleichgültig, ob diese Revolution, wie man behauptet, eine verzeihliche und gerechtfertigte, ob sie eine heilsame und anerkennenswerte sei oder nicht; in allen diesen Fällen bleibe sie immer vor wie nach: eine Revolution.

Wird man ohne eine schamlose Verhöhnung des Gesetzes mich oder andere gesetzlich deshalb verfolgen können, weil sie den bestehenden Rechtszustand, die bestehenden Gesetze gegen eine gewaltsame Revolution zu verteidigen beabsichtigten?

Zugegeben selbst – was ich für meine Person weit entfernt bin zuzugeben; doch ist es natürlich, dass ich hier nur von solchen Prinzipien ausgehe, deren Anerkennung ich selbst bei Beamten voraussetzen kann, aber auch bei allen Beamten, die nicht ein gewissenloses Spiel mit dem Gesetze treiben, voraussetzen muss – zugegeben selbst, sage ich, dass die oktroyierte Charte jetzt, wo das Land ihre Verkündigung angehört hat, ohne sich zu erheben, jetzt, wo sie ein Fait accompli ist, mit dem Rechte einer jeden glücklich vollbrachten Revolution gegenwärtig gesetzliche Geltung habe und einen neuen Rechtszustand bilde, so würde hieraus nur folgen, dass die Strafgesetze auf diejenigen anwendbar wären, welche von jetzt ab gegen diesen neuen Rechtszustand, gegen diesen durch den Erfolg legalisierten Gewaltstreich ihre Waffen kehren, aber keinesfalls kann das Faktum dieser glücklich vollbrachten Revolution rückwirkende Folgen haben, keinesfalls können diejenigen den Strafgesetzen verfallen sein, welche, ehe diese neue Verfassung ein fait accompli war und in Tagen, wo der bisherige Rechtszustand noch faktisch wie rechtlich gültig bestand, zur Verteidigung desselben sich waffneten.

Am 18. März hatte das Volk seinerseits eine siegreiche Revolution vollbracht. Wenn das Volk tags darauf die Soldaten, welche am 18. auf es gefeuert haben vor ein Richtertribunal geschleppt hätte, würden sich Richter gefunden haben, um in den Formen des Gesetzes diese Soldaten zu verfolgen und zu richten?? Zur Ehre des preußischen Richterstandes hoffe ich: Nein! Denn jene Soldaten waren als Verteidiger des bis dahin bestehenden Rechtszustandes in ihrem formellen Recht.

Und die königliche Gewalt sollte bereitwilligere Richter finden, unter der erheuchelten Form des Rechtes und auf den Vorwand einzelner Gesetze diejenigen zu verfolgen, welche die Basis aller einzelnen Gesetze, die vorhandenen und damals faktisch wie rechtlich gültigen Verfassungsgrundlagen gegen die – damals beabsichtigte und begonnene, jetzt vollbrachte – Revolution der Regierung zu verteidigen sich anschickten oder verteidigt haben??!

Die Geschichte zeigt auch ein Beispiel von solchen ›rückwirkenden‹ Folgen einer Revolution.

Als am 10. August 1792 in Paris die Konstitution von 1791 zerschmettert und die Republik geschaffen worden war, wurden diejenigen vor Revolutionstribunale gestellt, welche in dem Kampf des 10. August die damals bestehende Konstitution und das Königtum verteidigt hatten.

Aber man fügte zu der Gewalt nicht die Heuchelei. Man hüllte die Gewalttat nicht in die gesetzliche Form. Nicht vor die bestehenden Gerichtshöfe schleppte man die Verteidiger des Königs und der Konstitution! Man schuf freie »Revolutionstribunale«. In freier, offener, revolutionärer Form trat man auf. Man erlog keine Gesetzlichkeit. Nicht auf Gesetzesfloskeln, im Namen des ›salut public‹ dekretierte man die Todesurteile.

Die preußischen Gerichtshöfe, welche länger mich und andere unter der Maske des Gesetzes aufgrund dessen verfolgen, dass wir pflichtschuldigst den vorhandenen Rechtszustand gegen einen gewalttätigen Umsturz zu verteidigen bereit waren, beflecken sich nicht nur mit ganz derselben Gewalt, welche man an jenen Revolutionstribunalen gerügt hat, sie erkennen nicht nur das Prinzip derselben an und geben somit vom richterlichen Forum herab den Völkern eine fürchterliche Lehre; sie machen sich auch noch außerdem der Verächtlichkeit schuldig, die Augendienerei der Gewalt in die Formen des Rechts zu hüllen und den ehrwürdigen Namen des Gesetzes durch ein unwürdiges Gaukelspiel zu entweihen.

Mögen die rheinischen Gerichtshöfe sich offen als ›Revolutionstribunale‹ proklamieren – und ich bin bereit, sie anzuerkennen und ihnen Rede zu stehen. Revolutionär von Prinzip weiß ich, welche Art von Berechtigung eine siegreiche Macht, wenn sie offen und unverkappt auftritt, beanspruchen darf.

Aber ich werde nie ohne Widerspruch dulden können, dass man die sanglanteste Gewalt in der scheinheiligen Form rechtens verübe, dass man unter der Ägide des Gesetzes selbst das Gesetz zum Verbrechen und das Verbrechen zum Gesetz stempele. Ich werde mich wenigstens nie zum Komplizen eines solchen Spiels machen können.

Was ich in dem bisheran Gesagten entwickelt habe, fasst sich in die zwei Worte zusammen: Durch den in den Patenten vom 5. und 6. Dezember von der königlichen Gewalt vollbrachten, oben nachgewiesenen gewaltsamen Verfassungsumsturz ist es evident geworden, dass diejenigen Bürger, welche auf die Vorspiele zu diesem Umsturz hin, die in den königlichen Maßregeln vom 9. November etc. lagen, zu einer Verteidigung der bestehenden Verfassungsgrundlagen und daher zu einer Bewaffnung gegen die königliche Gewalt zu diesem Zwecke provoziert haben, sich in ihrem förmlichen Rechte befanden und nur ihre Bürgerpflicht erfüllt haben.

Es kann somit von einer Fortsetzung der Verfolgung gegen mich und andere auf die Beschuldigung hin: ›zur Bewaffnung gegen die königliche Gewalt und zum Bürgerkrieg provoziert zu haben‹, nicht die Rede sein.

Ich ersuche Sie daher:

›Der königlichen Ratskammer ungesäumt unter Vorlegung dieses Protestes Bericht abzustatten, damit dieselbe die Zurückweisung der Verfolgung und meine sofortige Freilassung beschließen könne.‹

Sollte dies nicht eintreffen, sondern wider alles Erwarten und gesetzliche Möglichkeit die Fortsetzung der Verfolgung beschlossen werden, so finde ich mich genötigt, Ihnen Folgendes zu erklären:

Der Säbel ist zwar der Säbel, aber er ist nie das Recht. In Richtern, welche sich dazu herbeilassen würden, Bürger deshalb, weil sie die Gesetze verteidigen wollten, aufgrund eben der Gesetze, deren Schutz sie sich weihten, zu verfolgen; in Richtern, welche einer Nation den Schutz ihrer Gesetze zum Verbrechen anrechnen – werde ich nicht mehr Richter, sondern – und mit mir vielleicht die Nation – nur noch Seiden der Gewalt erblicken können.

In strenger Konsequenz dessen und alles oben Gesagten ist es mir nicht möglich, mich in der gegen mich erhobenen Beschuldigung irgendeinem angeblich richterlichem Verhör zu unterziehen, irgendeine Frage zu beantworten und so die formelle Rechtsbeständigkeit eines gewalttätigen Verfahrens anzuerkennen und mich zum Komplizen einer Gesetzesverspottung zu machen. Ich werde in meinem Kerker alles erdulden, was der Säbel, die Formen des Rechts entweihend, über mich verhängt; ich werde lieber dulden, dass mein Prozess, indem ich verschmähe, Aufklärungen in faktischer Hinsicht zu geben, welche alle etwaigen Belastungsgründe sofort beseitigen würden, die nachteiligste Gestalt für mich annehme, als durch Erteilung von Antworten und sonstiger Vollziehung irgendeiner Prozedurförmlichkeit meinerseits eine Rolle in dem Rechtsgaukelspiel übernehmen, welches der Gewalt aufzuführen beliebt. Ich fühle mich hierzu verpflichtet, um nicht meinerseits ein Haarbreit von dem Boden meines Rechtes zu weichen und um den Behörden klar und deutlich die Beschaffenheit unserer gegenseitigen Lage zum Bewusstsein zu bringen.

Ich kann unmöglich den rheinischen Justizbehörden die Verlegenheit ersparen, wenn sie die Verteidigung des Gesetzes zum Verbrechen und den Umsturz desselben zum Recht proklamieren, wenn sie mit dem gesetzlosen Terrorismus von Revolutionstribunalen verfahren wollen, sich auch offen und ehrlich als solche zu gerieren.

Jedenfalls war es mir Pflicht, den rheinischen Justizbehörden klar und deutlich die Heuchelei zu entwickeln, welche in einer Fortsetzung einer gesetzlich sein sollenden Prozedur wider mich und andere auf die oben angegebene Beschuldigung hin nach den neuesten Ereignissen liegen würde und ihnen die Versicherung zu erteilen, dass sich die Nation über die Heuchelei dieses Verfahrens nicht täuschen wird.

Geschrieben im Gefängnis zu Düsseldorf, 11. Dezember 1848.
F. Lassalle«

Ja, meine Herren, die preußische Kontrerevolution erfand die Vereinigung zweier Systeme, die jedes einzelne für sich die Völker sonst schon massakriert haben, deren Vereinigung aber bisheran unerhört war in der Geschichte. Sie vereinte die Theorie des Schreckens mit dem Jesuitismus des Rechtsscheins.

Das Volk, das deutsche wie das von Frankreich, war großmütig gewesen wie immer. Nach der Februarrevolution in Paris, nach der Märzrevolution in Berlin und Wien nahm es keine Rache an seinen Peinigern. Es achtete auf das formelle Recht derer, die es bekämpft hatten, es schuf keine Schreckenstribunale mehr wie 1793 in Frankreich.

Anders die Kontrerevolution. Die preußische Kontrerevolution, blutdürstig und verfolgungswütig, wie es die Kontrerevolution stets ist, wollte sich nicht begnügen, gesiegt zu haben, sie wollte vernichten – zu feig, um die Herrschaft des Schreckens, das Standrecht mit nobler Offenheit zu proklamieren, wie man es in Wien getan, ergriff sie von allen Auswegen den niederträchtigsten, abscheulichsten: Sie hüllte das Bajonett in die Toga des Richters!

Wie aber, werden Sie fragen, wie fanden sich Richter, die sich hergaben zu dieser schamlosen Entweihung des Rechts, zu dieser infamen Henkerrolle? Die Kontrerevolution brauchte Verurteilungen – sie fand Richter, welche verurteilten.

Es gibt solche Männer überall in der Geschichte, Männer, die um jeden Preis dem herrschenden Systeme dienen, zu jedem Schanddienst für es fähig sind. Hören Sie, was die Geschichte darüber sagt: Ich zitiere einen anerkannten Geschichtsschreiber, Herrn von Lamartine: »Männer«, sagt Herr von Lamartine in seiner Geschichte der Revolution über die Schreckensherrschaft – »Männer, unfähig im Allgemeinen der Sache, zu der sie mitwirken wollten, edler, zu dienen, Männer, die keine Intelligenz hatten, um sie der Revolution zu leihen, sie liehen ihr Gewissen. Sie unterzogen sich der letzten aller Rollen, um nur eine zu haben, eine rohe und stupide Rolle. Sie gaben sich freiwillig zu einem organisierten Mordinstrumente her. Sie fanden ihre Ehre in dieser Entwürdigung. Der Tod war nötig nach ihnen im Drama der Revolution. – Sie willigten ein, die Rolle des Todes zu spielen. Es gibt solche Menschen überall in der Geschichte. Wie man findet Holz, Feuer, Eisen, um ein Schafott zu erbauen, so findet man Richter, um Besiegte zu verurteilen, Staatsprokuratoren, um die Opfer zu verfolgen, Henker, um sie zu morden!!«

Bei uns war es der Richterstand, der diese Rolle übernahm und vergessen Sie nicht, meine Herren, ich wiederhole es nochmals, den unermesslich weiten Unterschied, der jene Schreckensmänner von den Richtern unserer Tage trennt. Jene begingen keinen Meineid, denn sie urteilten nicht nach bestehendem Gesetz; sie urteilten nach ihrer freien Überzeugung von dem öffentlichen Wohl und aufgrund eines extra zu diesem Zwecke erfundenen Gesetzes, dessen Maschen so weit waren, dass es die Welt in sich fasste. Heute fügt man die Hypokrisie zu der Gewalt; man behauptet zu urteilen aufgrund der bestehenden Gesetze. Eine Verurteilung von damals bedeutete eingestandenermaßen nichts anderes, sollte nichts anderes bedeuten als: Du bist ein Feind des herrschenden Systems.

Die Verurteilung von heute soll bedeuten: Du bist ein Verbrecher!

Nie wird die Geschichte, nie wird das Volk vergessen, mit welcher Bereitwilligkeit, mit welchem unglaublichen und grenzenlosen Servilismus nach den Novemberereignissen die Gerichte herbeistürzten, um die Rolle der Opferschlächter im Dienst der Gewalt zu übernehmen! Die Novemberereignisse haben bei dem namenlosen materiellen Unglück, das sie über das Land gebracht haben, das Verdienst, uns um viele und große Illusionen ärmer; um viele Erfahrungen reicher gemacht zu haben. Sie haben uns gezeigt, wie weit die Fäulnis bereits um sich gegriffen hat in unserem Staatsorganismus. Man glaubte bis dahin noch an einen unabhängigen Richterstand.

Kaum hatten die Novemberereignisse für die Krone entschieden, so zeigte sich, dass das Richtschwert der Gerechtigkeit nichts als ein Fechterdegen in den Händen von Regierungsgladiatoren war. Wir haben gesehen, wie der höchste rheinische Gerichtshof, der rheinische Kassations- und Revisionshof, wie das höchste Forum der alten Provinzen, das geheime Obertribunal, wie die Oberlandesgerichte von Münster, Ratibor, Bromberg gegen ihre Mitglieder und Präsidenten Esser, Waldeck, Temme, Kirchmann, Gierke, Bornemann, Adressen, teils an diese selbst, teils an den Justizminister erließen, um mit offener Verhöhnung des Gesetzes, welches erklärt, dass die Richter nur durch vom Gesetz vorgesehene Vergehen im Rechtswege absetzbar und suspendierbar sind, den Justizminister zu veranlassen, jene Männer wegen ihrer Abstimmungen als Abgeordnete aus ihrem Amte zu entfernen oder sie selbst durch moralischen Zwang zum Austritt zu zwingen; wir haben gesehen, wie selbst ein Justizministerium Rintelen diesem Terrorismus der Gerichte gegenüber eine verhältnismäßige Gesetzlichkeit zu beobachten wusste, indem es sich trotz jener Provokationen nicht verleiten ließ, jene Männer ihres Amtes zu entheben.

Wir haben gesehen, wie das Oberlandesgericht zu Münster seinen eigenen Präsidenten, Temme, in den Kerker warf und zwar wegen seiner Abstimmungen als Abgeordneter, wegen welcher er gesetzlich nicht verfolgt werden kann. Wir haben gesehen, wie es wieder aus einem letzten Rest von Anstands- und Schamgefühl grade der Verwaltungsbehörde, gegen deren Willkür die Gerichte angeblich als Schutz dienen sollen, das Justizministerium Rintelen sein musste, welches die Freilassung Temmes anordnete. Wir haben gesehen, wie, um den Servilismus aus einer freien Kunst zu einer ökonomischen Notwendigkeit zu machen, man soweit ging, im Geheimen Obertribunal vorzuschlagen, die Abschaffung des Gesetzes von der Unabsetzbarkeit der Richter vom Justizministerium zu verlangen. Wir haben gesehen, wie die Mitglieder des Oberlandesgerichts zu Arnsberg von ihrem Direktor verlangten, gegen den Geheimen Justizrat Kindermann eine Untersuchung einzuleiten, weil er als Wahlmann für einen Kandidaten der Linken gestimmt hat. Wir haben gesehen, wie das Kriminalgericht zu Halberstadt, in aller Form rechtens und in gesetzlich hinreichender Zahl versammelt, einen Schlosser freisprach, der des großen Verbrechens beschuldigt war, einem nach Berlin abziehenden Landwehrmann zugerufen zu haben, er möge dort nicht auf seine Brüder schießen, und wie die übrigen Mitglieder des Gerichts hinterher den Senat zwangen, das in gesetzlicher Form gefällte Urteil wieder umzustoßen und an seine Stelle ein verurteilendes zu setzen. Wir haben gesehen, wie das Oberlandesgericht zu Münster ein Dutzend oder mehr von den Mitgliedern des westfälischen Kongresses ohne Grund in den Kerker warf, ohne Grund, warum gerade diese und nicht noch andere und sie ebenso ohne Grund nach viermonatiger Kerkerhaft wieder entließ. Wir haben gesehen, wie in Magdeburg, Breslau, Halberstadt, Erfurt massenhafte Verurteilungen zu 6, 10, 14 Jahren Zuchthaus die Reihen der Patrioten, der Dezembergefangenen lichtete. Was Wunder, dass der Anklagesenat von Köln keinen Misston in diese Harmonie bringen wollte und mich auf diese Bank verwies!

Das Volk hat das alles gesehen, es begreift die fürchterliche Blutlehre, die ihm vom richterlichen Forum aus gegeben wird, und das Andenken daran hat sich unvertilgbar wie fressend Feuer in sein Inneres eingebrannt!

Einst wird man mit Tränen voll Angst, mit Tränen voll Blut diese Urteile wegwaschen wollen aus den Blättern der Geschichte; es wird vergeblich sein. Das alte Sittengesetz: Aug' um Auge, Zahn um Zahn regiert ewig das Leben der Völker. Mit dem Maße, mit dem du misst, mit dem soll dir gemessen werden, heißt das Prinzip, welches wie ein Sühne fordernder Geist durch die Geschichte schreitet. Oh, um in der ministeriellen Sprache zu reden: »Wir verkennen nicht die hohe Bedeutung der Novemberereignisse für die Geschichte Preußens!« Oh – über die ewigen Toren! Der Blindeste kann es sehen. Es drängt die Welt mit Allgewalt in eine neue Phase. Es kam nur darauf an, den Übergang so menschlich, so unblutig als möglich zu machen. Das Volk hatte es eingesehen, es war großmütig genug, es zu wollen. Es verlangte die Abschaffung der Todesstrafe. In Paris, Wien, Berlin nach den siegreichen Revolutionen fiel kein Opfer außer im Kampfe; kein Kerker wurde geöffnet. Und kaum hat die Konterrevolution in Paris, Wien, Berlin auf einen Augenblick den Sieg davongetragen, entfaltet sie hier wie dort wie überall das Panier der Schreckensherrschaft.

Nun wohl, die Machthaber von heut werden ihren Willen haben. Aber die Machthaber von heut werden die Verbrecher von morgen sein!

Einst werden die Novemberverhaftungen aus ihren Gräbern steigen und dieselbe Rolle in der Geschichte Preußens spielen, welches das Gemetzel vom Champ de mars in der Frankreichs gespielt hat. Wie im Konvent die Schreckensmänner jeden Gedanken von Milde und Versöhnung immer und immer mit dem Angedenken an das blutige Gemetzel des Champ de mars zurückschlugen, so werden die Novemberbrigaden das fürchterliche Losungswort einer sehr nahen Zukunft sein. Es geht ein finsterer Geist durch dieses Haus, und er wird keine Ruhe finden, ehe er gesühnt wird. Keine Schuld wuchert so schnell, kein Samen geht so bald auf wie die Blutschuld.

Oder glauben Sie, meine Herren, dass, weil in Preußen noch keine Guillotine aufgeschlagen worden, weil man hier noch nicht wie in Wien zu Pulver und Blei verurteilt, weil man sich begnügt, unsere Existenz durch die Verbannung zu zerbrechen und uns Mark und Bein in den Kerkern zu dürren, dass deshalb weniger bei uns der Schrecken herrscht als in Österreich.

Der Mut der preußischen Konterrevolution hat sich allerdings noch nicht bis zur Höhe des Schafotts erhoben, aber das System, das bei uns herrscht, ist tausendmal schrecklicher und verabscheuungswürdiger als in Österreich. Sie glauben, ich übertreibe?

Oh, ich übertreibe durchaus nicht.

Es ist wahr, Blut ist geflossen in Österreich, entsetzlich viel Blut, dass das Meer erschreckt sich fragt, warum die Donau so rot zu seinen Fluten strömt. Aber wenn für den Einzelnen der Tod das Schlimmste ist, so ist er nicht das Verderblichste für das Schicksal eines Volkes.

Tausende sterben auf einem Schlachtfelde ohne schreckliche Wunde für das Gemeinwohl. In Wien verurteilt das Kriegsgericht zu Pulver und Blei, aber es tritt damit nur das sinnliche Glück des Einzelnen zu Boden, es korrumpiert nicht die Rechtsidee des ganzen Volkes. Man handelt offen. Man hat durch offenes Blutvergießen das Salzkorn des Hasses in das Herz des Volkes gestreut; aber man hat es gerade dadurch frisch erhalten und vor Fäulnis bewahrt. Ich will an einem Beispiele mich klarmachen.

Sie alle wissen, welches Entsetzen in Deutschland der Tod Blums erregt hat. Sein Tod war's nicht, der diesen Eindruck machte. Sicherlich, wäre Blum auf einer Barrikade gefallen, die er verteidigte, man hätte darin ein trauriges Ereignis, kein öffentliches Unglück in so hohem Maße gefunden. Es ist natürlich, dass man auf einer Barrikade fallen kann. Was Deutschland so empörte, war, dass er in der Form des Rechts, wenn auch des Standrechts, getötet wurde. Indes, genaugenommen, ist wenig Unterschied zwischen der Kugel eines Kroaten und dem Urteil von Kroatengeneralen. Jedermann weiß, dass eine standrechtliche Verurteilung durch Militärpersonen auf keine Rechtsweise Anspruch machen kann, dass sie sich in nichts von einem Kämpfertode unterscheidet.

Nun denken Sie sich aber einmal den Fall, dass man in Wien Blum und Messenhauser und so viele andere vor den gewöhnlichen bürgerlichen Richter oder gar vor eine Jury gestellt hätte und dass diese zu dem Verbrechen sich hergegeben, jene Männer zu verurteilen! Und sagen Sie sich, wie tausendfach größer noch in diesem Falle das Entsetzen und die sittliche Empörung Europas gewesen wäre!

Das aber wagte man in Wien dennoch nicht. Man traute den Bürgern dort nicht die Niederträchtigkeit zu, sich mit dem Blute derer zu beflecken, die sie verteidigt hatten. Man knechtete die Bürger Wiens, aber die Schande eines solchen Ansinnens hat man ihnen nicht angetan. Zehnmal machiavellistischer ist die Politik, die man bei uns verfolgt. Bei uns begnügt man sich nicht, zu vernichten, das Leben und sinnliche Glück des Einzelnen zu zertreten, nein, man will auch noch moralisch imponieren! Man will sich Ihre Autorität, die Autorität der Geschworenen leihen, um das Rechtsbewusstsein des ganzen Volkes zu verwirren, zu depravieren, zu korrumpieren. Man will eine Verurteilung aus dem Munde des Volkes selbst, aus dem Munde von Geschworenen, um durch diese Verurteilung es aller Welt als eine chose jugée, als eine abgeurteilte Sache, beweisen zu können, dass die absolute Willkür der Krone vom Volke selbst heiliggesprochen, indem der Widerstand gegen diese absolute Willkür vom Volke selbst als ein Verbrechen verdammt wurde.

Man wagt, man wagt, man wagt zu hoffen, Sie, meine Herren, unabhängige Bürger, gleichviel welcher Meinung und Partei Sie angehören, würden, auf den Knien liegend vor dem Götzen der Gewalt, sich bereitfinden lassen, die Männer zu verurteilen, welche gerade Ihre Rechte, die Gesetze, die Ringmauer Ihrer bürgerlichen Sicherheit gegen Ihre Unterdrücker verteidigt haben!

In allen Zeiten, wo die Gewalt herrschte und eine feindliche Partei ohne Rechtsgrund vernichten wollte, musste sie Ausnahmegerichte, besondere Mordinstrumente dazu erfinden, die gewöhnlichen Gerichte hätten sich nicht dazu hergegeben. So erfand man 1793 die Schreckenstribunale, unter der Restauration die Prevotalhöfe, in Wien das permanente Kriegsgericht; jetzt in Bourges den Nationalgerichtshof.

Preußen ist der erste Staat der Welt, wo man der Nation den Schimpf antut, die Bürgerklasse selbst für fähig zu halten, sich zum Komplizen einer volksfeindlichen Regierung herzugeben. Man hebt bei uns die gewöhnliche Gerichtsbarkeit nicht auf. Man lächelt süffisant und sagt, bei uns bedarf es dessen nicht! Ihr braucht nicht an die Kette gelegt zu werden. Geht, geht, geht frei herum, ihr seid ja doch Bediente, ihr werdet feig genug sein, euch zu unsern Mordinstrumenten herzugeben. Wie der Sultan dem Manne den Strick zur Selbsterdrosselung schickt, wie man in Berlin mit nie da gewesenem Hohne von der Bürgerwehr verlangte, sie solle das Bajonett gegen die Nationalversammlung wenden, das heißt, einen Selbstmord an sich selbst vollziehen, so verlangt man jetzt ganz mit demselben, nur in Preußen möglichen Hohn von Ihnen, von dem Volke, es solle sich selbst verurteilen.

Oh, meine Herren, wenn ich die Verachtung, die Beleidigung bedenke, die man Ihnen erweist, indem man eine Verurteilung Ihnen abzuverlangen, von Ihnen zu erwarten wagt, ich erröte vor Indignation in Ihrer Seele, in Ihrem Namen!

Mein Platz ist schön und ehrenvoll. Mich verfolgt man nur, mir erweist man die Ehre, mich gefährlich zu finden, mich will man nur vernichten. Man beleidigt, man verhöhnt mich nicht. Aber Ihr Platz, meine Herren – die Rolle, deren man Sie für fähig hält – – oh, die Insulte, die man Ihnen ins Antlitz schleudert, ist tödlich!

Die rheinischen Geschwornen, meine Herren, haben diesen Schimpf nicht verdient. Die Haltungsweise der Geschwornen der Rheinprovinz hat das öffentliche Ministerium durch nichts zu seinen kühnen Erwartungen berechtigt. Im Gegenteil, mitten unter allen den Gewalttätigkeiten, welche dem kurzen Freiheitsrausche im März gefolgt sind, die Geschichte muss es mit Befriedigung anerkennen, haben die Geschwornen der Rheinprovinz gezeigt, dass sie ihre Stellung begriffen haben, ein Bollwerk der Freiheit gegen die Willkür und Verfolgungssucht der Bürokratie zu bilden; dies war sogar schon vor den Novemberereignissen der Fall. Seit dem März 1848 hat die Rheinprovinz eine zahllose Menge politischer Prozesse erlebt, aber noch keine einzige, ich sage, noch keine einzige Verurteilung hat in der Rheinprovinz durch Geschworne stattgefunden. In Düsseldorf sind Wulff und Freiligrath, in Köln Gottschalk, Annecke, Esser, Marx, Engels, Korff, Valdenaer in Trier trotz aller Anstrengungen des öffentlichen Ministeriums freigesprochen worden. Immer und immer wieder stürmte das öffentliche Ministerium gegen diese Schranken an – es hat noch keine, nicht eine Beute davongetragen.

Was gab dem öffentlichen Ministerium den Mut, gerade in Bezug auf die Novemberereignisse, wo eine Verurteilung eine vollständige Unmöglichkeit ist, eine solche zu hoffen? Glaubte es auf die Niedergeschlagenheit und moralische Ermattung rechnen zu können, welche der Sieg der Reaktion den Bürgern einflößen würde? Es hat sich jedenfalls in dieser Rechnung sehr verrechnet. Es hat bereits ein Novemberprozess vor rheinischen Geschwornen stattgefunden, und der Ausgang war, wie er nicht anders sein konnte. Ja, meine Herren, dieser ganze heutige Prozess ist bereits abgeurteilt. Ich bin bereits freigesprochen worden, als ich in der Person von Marx, Schneider und Schapper vor zirka zwei Monaten vor der Kölner Jury stand. Karl Marx, Schapper und der jetzige Deputierte Schneider standen vor den Assisen, weil sie in der »Neuen Rheinischen Zeitung« vom 19. November folgenden Aufruf unter ihrer Namensunterschrift erlassen hatten:

»1. Nachdem die preußische Nationalversammlung selbst die Steuerverweigerung beschlossen hat, ist ihre gewaltsame Eintreibung überall durch jede Art des Widerstandes zurückzuweisen.

2. Der Landsturm zur Abwehr des Feindes ist überall zu organisieren. Für die Unbemittelten sind Waffen und Munition auf Gemeindekosten oder durch freiwillige Beiträge zu beschaffen.«

Aufgrund dieses Aufrufes wurden sie vor die Assisen gestellt. Erlauben Sie zunächst, dass ich Sie hierbei auf die unvergleichliche Willkür aufmerksam mache, mit welcher die Prokuratur bei ihren Verfolgungen verfährt, und auf die Leidenschaftlichkeit, mit welcher man gerade mich verfolgt, worauf ich später noch ausführlicher zurückkommen werde.

Sie sehen nämlich, dass in diesem Aufruf dazu aufgefordert wird, die Waffen zu ergreifen und den Landsturm zu organisieren. Gleichwohl wurden Marx und Genossen nicht, wie ich, angeklagt, gegen § 87 verstoßen, das heißt zur Bewaffnung gegen die königliche Gewalt aufgefordert zu haben, sie wurden nur angeklagt, gegen den Artikel 209 verstoßen, zum bewaffneten Widerstande gegen das Militär und die Beamten aufgefordert zu haben. Dieser Unterschied in der Anklage ist in seinen Folgen enorm. Das Vergehen, auf das man in Köln die Anklage richtete, zog als ein bloßes Vergehen keine Vorhaft und nur einige Monate Gefängnisstrafe nach sich, während man die Anklage gegen mich auf ein Kapitalverbrechen gerichtet hat, welches die Vernichtung der ganzen bürgerlichen Existenz nach sich zieht.

In der Tat, wenn unter den vorliegenden Umständen irgendeine Anklage überhaupt möglich wäre, so wäre nur jene Anklage zur Aufforderung zum Widerstande gegen die bewaffnete Macht und die Beamten möglich, wie man sie gegen Marx gerichtet hat. Denn da die Bewaffnung, zu der von mir wie in jenem Aufruf der »Neuen Rheinischen Zeitung« provoziert wurde, keinen Umsturz der königlichen Gewalt, der Verfassung und Staatsform zum Zwecke hatte, so kann die Anklage am allerwenigsten auf den Artikel 87 basiert werden, dessen Begriff den Umsturz der königlichen Oberhoheit, des Thrones, in sich fasst. Da meine Reden, wie auch der Aufruf der »Neuen Rheinischen Zeitung« nichts davon enthalten, den Thron zu stürzen, sondern nur die Nationalversammlung und das Volk gegen die Regierung in ihren gesetzlichen Rechten zu schützen, so liegt, wenn hier überhaupt von einer Anklage die Rede sein könnte, nur die Anklage eines Widerstandes gegen die Beamten und die öffentliche Macht vor. Bei Marx in Köln erkannte man dies an und richtete die Anklage bloß hierauf. Warum aber erhob man gegen mich die Anklage eines Kapitalverbrechens? Doch in Düsseldorf wurde damals der Belagerungszustand deklariert, eine Belagerung braucht Verhaftungen, Verhaftungen schwere Verbrechen, und so wurde denn die Beschuldigung gegen mich auf den Artikel 87 fundiert.

Vielleicht aber wurde die Kölnische Prokuratur auch von einem anderen Motive geleitet, vielleicht glaubte sie, eine so geringe Verurteilung von der Jury leichter erlangen zu können als eine so schwere – wie dem auch sei, obgleich Marx und Genossen offen eingestanden, dass sie mit dem Worte »Feind« in jenem Aufruf die Krone gemeint hatten, was auch nicht füglich hätte geleugnet werden können, obgleich jener Aufruf in der »Neuen Rheinischen Zeitung« auf das Unmittelbarste und Direkteste, ganz so wie es das Strafgesetz erheischt, zur Ergreifung der Waffen, zu Organisierung des Landsturmes aufforderte – trotz alledem wurden Marx, Schapper und Schneider einstimmig von der Jury freigesprochen!

Wie kann, wie darf in seinem eigenen Interesse, im Interesse des öffentlichen Rechtsbewusstseins, das öffentliche Ministerium nach diesem Präzedenzfall die Anklage gegen mich auch nur einen Augenblick aufrecht halten! Wie darf es auf meine Verurteilung antragen?

Was gewinnt das öffentliche Ministerium dabei, wenn seinem Antrage stattgegeben würde? Von der einen Seite meine Verurteilung. Gut! Aber von der andern Seite, was soll aus dem öffentlichen Rechtsgefühl, was soll aus der Achtung des Volkes vor der Rechtsprechung, was soll aus seiner Achtung vor dem Geschwornenurteil werden, wenn ein und dieselbe Handlung in Köln erlaubt, in Düsseldorf ein Verbrechen ist? Wenn nicht aus wirklicher Achtung vor dem Geschwornenurteil, so hätte schon um der gewöhnlichsten Klugheit willen das öffentliche Ministerium nach jenem Präzedenzfall die Anklage fortfallen lassen müssen. Denn wenn hier verdammt wird, was fünf Meilen weiter freigesprochen, muss nicht durch diesen schneidenden Gegensatz die ohnehin durch die Handlungen der Behörden so erschütterte Achtung des Volkes vor dem Gesetz in ihren Grundtiefen zerstört werden?

Muss es sich dann nicht sagen, dass selbst das Geschwornenurteil, statt ein Ausspruch der Gerechtigkeit, ein Produkt der Willkür und des Zufalls sei? Würde es sich den schlagenden Kontrast der Verurteilung von hier mit der Freisprechung von dort anders erklären können, als dass hier reaktionärere Persönlichkeiten gesessen haben, die ihre Parteileidenschaft in ihr Urteil gelegt haben? Wird nicht gerade durch das öffentliche Ministerium so der Hass der Bürger gegeneinander angefacht und der letzte Rest von Zutrauen eingerissen?

Aber was kümmert die systematische Untergrabung des öffentlichen Rechtsgefühls, was kümmert die Vernichtung der Achtung vor dem Gesetze, wovon man sonst soviel zu schwatzen weiß, die radikale Unterminierung aller sittlichen Grundlagen im Volksbewusstsein, was kümmert das alles die Staatsprokuratur, wenn sie ein Opfer will?

»Es tost der See und will sein Opfer haben.«

Nichts bildet einen lehrreicheren Kontrast zu diesen Verfolgungen um jeden Preis als die Straflosigkeit, mit welcher von den Beamten alle möglichen Verbrechen vollbracht werden, und die Unbeweglichkeit, mit welcher die Prokuratur ihnen zuschaut. Wenn ich Ihnen aufzählen wollte, wozu ich Tage brauchen würde –, wie viele schreiende Rechtsverletzungen, wie viele von den Gesetzen mit den schwersten Strafen belegte Verbrechen seit dem November in jeder Stadt Preußens von den Beamten, von Militär- und Polizeibehörden täglich vollbracht worden sind, ohne dass je ein Staatsprokurator deshalb die Feder in die Tinte getaucht hat – Sie würden erschrecken über den total rechtlosen Zustand, in dem wir leben.

Doch ich will mich beschränken, vor der eigenen Tür zu kehren, nur einiges von dem zu berühren, was hier in Düsseldorf unter Ihren eigenen Augen vorgefallen ist. Sie erinnern sich jener Proklamation, durch welche es dem General v. Drygalski und Herrn v. Spiegel gefiel, den Belagerungszustand über Düsseldorf zu verhängen.

Abgesehen von der Proklamation des Belagerungszustandes überhaupt, welche an sich, wie gezeigt, da kein Gesetz sie gestattet, ein Verbrechen ist, sind bei Gelegenheit jener Belagerung nicht mehr und nicht weniger als fünf schwere Verbrechen begangen worden.

Der Artikel 114 des Code pénal bestimmt, dass jeder Akt irgendeiner Behörde, welcher willkürlich die persönliche Freiheit verletzt oder die bürgerlichen Rechte eines oder mehrerer Bürger beeinträchtigt, ein Kriminalverbrechen sei, welches mit lebenslänglicher dégradation civique bestraft werde.

Sehen wir jetzt, wie oft Herr v. Drygalski und Herr v. Spiegel, wenn das Gesetz eine Wahrheit und nicht bloß ein Mordinstrument im Dienste der Beamtenverschwörung wäre, hätten degradiert werden müssen.

1. Herr v. Drygalski erklärt in seiner Proklamation die Bürgerwehr für aufgelöst. Es stand ihm aber nicht die Befugnis zu, die Bürgerwehr aufzulösen, denn nach § 3 des Bürgerwehrgesetzes vom 17. Oktober hat ausdrücklich nur der König durch Kabinettsordre das Recht hierzu. Dies war also ein willkürlicher Eingriff in die bürgerlichen Rechte und in die Konstitution des Landes. Dies ist vom Ministerium sogar anerkannt worden; denn bald darauf erschien zu großer Verwunderung der Stadt eine königliche Kabinettsordre, welche die schon aufgelöste Bürgerwehr nochmals für aufgelöst erklärte. Man würde sich diese Blöße nicht gegeben haben, wenn man sich nicht selbst hätte gestehen müssen, dass die Drygalskische Auflösung ungültig, weil ungesetzlich sei;
2. Erlaubte sich Herr v. Drygalski, die Waffen der Bürgerwehr zu konfiszieren, während es im § 3 des Zusatzgesetzes zum Bürgerwehrgesetz ausdrücklich heißt: Die Waffen sollen jedenfalls bis zum Zustandekommen der neuen Gemeindeordnung in dem Besitze der Gemeinden verbleiben;
3. Hat Herr v. Drygalski ohne jede Berechtigung das freie Vereinigungsrecht aufgehoben und sich damit eines Verbrechens gegen das Gesetz vom 6. April schuldig gemacht;

4. Hat Herr v. Drygalski Haussuchungen nach Waffen etc., obwohl die Habeas-Korpus-Akte nicht suspendiert worden war, ohne richterlichen Befehl vornehmen lassen und sich dadurch einen willkürlichen Eingriff in die persönliche Freiheit und ein Verbrechen gegen § 6 der Habeas-Korpus-Akte zuschulden kommen lassen;
5. Hat Herr v. Drygalski in seiner Proklamation Kriegsgerichte gegen Zivilpersonen eingesetzt und sich dadurch eines schweren Verbrechens gegen § 5 der Habeas-Korpus-Akte schuldig gemacht, welcher, wie das Gesetz ausdrücklich zeigt, selbst in Fällen von Krieg und Aufruhr nicht suspendiert werden darf und der besagt: »Ausnahmegerichte sind unstatthaft. Keine Strafe darf angedroht werden als in Gemäßheit des Gesetzes.«

Jede einzelne dieser fünf Maßregeln hätte, dem Gesetz zufolge, dégradation civique nach sich ziehen müssen. Da aber, wie die Proklamation zeigte, jene Maßregeln nicht von Herrn v. Drygalski allein, sondern von ihm in Übereinstimmung mit dem Regierungspräsidenten getroffen worden waren, so lag sogar der Fall des Artikel 124 vor, welcher besagt, dass, wenn eine Übereinstimmung zwischen Zivil- und Militärbefehlshabern stattgefunden hat, um Maßregeln zu verordnen, welche gegen die Gesetze gerichtet sind, die Strafe sogar die der Deportation, das heißt die schwerste nach der Todesstrafe sei.

Nun, sämtliche Offiziere der Bürgerwehr reichten bei der hiesigen Prokuratur eine Denunziation ein und trugen auf Einleitung einer Kriminaluntersuchung gegen Spiegel und Drygalski aufgrund aller dieser Verbrechen an. Das öffentliche Ministerium konnte auch nicht die Ausflucht gebrauchen, dass eine Erlaubnis der höheren Behörde nötig sei, denn abgesehen von allem Übrigen bestimmt der § 9 der Habeas-Korpus-Akte ausdrücklich: Es ist keine solche Erlaubnis nötig, um öffentliche Zivil- oder Militärbeamte wegen Verletzung der Habeas-Korpus-Akte zu verfolgen.

Was tat das öffentliche Ministerium? Es drückte fest beide Augen zu, es küsste das Schwert der Gewalt, es warf die Denunziation ruhig unter den Tisch und hat bis heute noch den Denunzianten nichts geantwortet.

Wer von Ihnen, meine Herren, zweifelt auch nur einen Augenblick, dass, wenn später zufällig die Sache der Nationalversammlung gesiegt hätte, dasselbe öffentliche Ministerium mit demselben Feuereifer, mit dem es heute mich verfolgt, seine Requisitorien gegen v. Spiegel und Drygalski geschleudert und Ihnen mit enormem Pathos von der verletzten Volksfreiheit, von der durch rohe Gewalt beleidigten Würde des Gesetzes etc. vordeklamiert haben würde?

Was soll ich Ihnen nach diesem einen massiven Beispiel, das für Tausende gilt, von der unerträglichen Willkürherrschaft, von den unerhörten Polizeiübergriffen erzählen, die bis zur wahnsinnigsten Quälerei ausarteten und die ruhigsten Bürger zur Wut gebracht haben?

Was soll ich Ihnen, die Sie alles miterlebt haben, wiederholen, wie Herr v. Faldern nicht nur die Volksversammlungen, nein, auch die Wahlversammlungen trotz des Artikel 128 der Oktoberverfassung stürmte, wie das öffentliche Ministerium, an das man sich wandte, die Verfolgung ablehnte aufgrund eines Gesetzes, das dahin passte wie die Faust aufs Auge, wie Herr v. Faldern Ihnen das Illuminieren, Ihren Töchtern das Singen verbot, wie am 18. März 14 Kolben von den Gendarmen auf den Rücken des ruhig spazierenden Volkes zerbrochen wurden, wie die Soldaten bald eine Frau totschlugen, bald die ruhigsten, friedlichsten Bürger anfielen, misshandelten, verwundeten, und wie immer und ewig jede Beschwerde fruchtlos blieb?

Und nach alledem wagt dasselbe öffentliche Ministerium, statt das Licht des Tages zu scheuen und sich in den fernsten Winkel seiner Aktenschränke, selbst da noch schamrot, vor dem Angesicht der Bürger zu verbergen, hier vor Sie hinzutreten und eine Anklage zu erheben und das Wort »Gesetz« zu entweihen, indem es dasselbe in seinen Mund nimmt?

Ja, meine Herren, wir leben unter einer Säbelherrschaft, die keine Grenzen kennt, die nicht Recht, nicht Freiheit, nicht Besitz, nicht Leben schont.

Soll ich Sie daran erinnern, welche Wunden der ungesetzliche und willkürliche Belagerungszustand dieser Stadt geschlagen, wie man jetzt schon seit länger denn einem halben Jahre den Belagerungszustand in Berlin aufrecht hält und den Wohlstand der Kapitale halb vernichtet hat, wie Hunderte von Familien täglich noch Berlin verlassen, wie Handel und Gewerbe eingehen, wie man bald, als handelte es sich um eine Kleinigkeit und nicht um den Ruin von Familienvätern, einem Buchhändler den Laden schließt, weil er eine verbotene Zeitschrift verkauft, den Wirten die Wirtschaft nimmt, weil sie demokratische Gesinnungen haben, wie man ansässige Bürger polizeilich aus Berlin ausweist, wie Wrangel noch ganz kürzlich den Befehl erlässt, es werde jeder Offizier, der, wenn Soldaten beleidigt werden, nicht sofort zum Einhauen kommandiere, es werde also jeder Offizier, der nicht wegen einer Gebärde, eines Witzwortes, einer schiefen Miene Bürgerblut vergießen lassen wolle, vor ein Kriegsgericht gestellt werden; soll ich Sie daran erinnern, wie das Ministerium durch den jetzigen Pressgesetzentwurf Ihnen selbst die Wohltaten des französischen Rechts entreißen will, wie man die Artikel des Landrechts von der Majestätsbeleidigung, von der Erregung von Missvergnügen gegen die Regierung – jene sauberen Artikel, gegen welche das Rheinland 30 Jahre lang gekämpft – hier einschwärzen, wie man, indem man dem rheinischen Gesetz zuwider, selbst nicht öffentliche, selbst am Familientische getane Äußerungen für strafbar erklärt, die Spionage bis in Ihr eigenes Haus organisieren, Sie selbst in dem Asyl des Familienlebens belagern will, wie man Ihnen so die letzten Reste von Freiheit entreißt, die Sie nicht einmal der Revolution, nein, der Zeit napoleonischer Tyrannei verdanken?

Das, meine Herren, sind die Segnungen, die die Kontrerevolution schon bis jetzt über Sie gebracht hat und vor denen ich Sie hatte bewahren wollen. Dass ich Sie davor bewahren wollte, das soll mein Verbrechen sein.

Erlauben Sie jetzt, nachdem wir hinlänglich die rechtliche Monstrosität der heutigen Anklage gegen uns betrachtet, dass ich die Anklage gegen mich im Speziellen beleuchte, dass ich Sie auf die grenzenlose Wut aufmerksam mache, mit welcher man gerade mich persönlich verfolgt.

Es ist allgemein bekannt, mit welcher beispiellosen Erbitterung, aus Gründen, die gleichfalls ein öffentliches Geheimnis sind, das öffentliche Ministerium der Rheinprovinz nun seit drei Jahren schon mich poursuiviert. Die heutige Prozedur ist, von den vielen Korrektionsprozessen ganz abgesehen, nicht mehr und nicht weniger als bereits der dritte Kriminalprozess, den man mir an den Hals geworfen hat! Nach der Hauptniederlage, die ich in achttägiger Schlacht dem öffentlichen Ministerium in Köln im August vorigen Jahres beizubringen die Ehre hatte, hätte ich billig erwarten dürfen, die Hitze der Verfolgungsschlacht gegen mich um etwas abgekühlt zu sehen. Ich irrte mich. Kaum drei Monate vergingen und ich befand mich wieder in den Kerkern der Justiz! Da jene Niederlage nicht genügte, das öffentliche Ministerium zu friedlicheren Gesinnungen zu bekehren, so ist es mir Pflicht, mich zu bemühen, die heutige noch entscheidender zu machen. Sie werden nicht von mir verlangen, dass ich der Würde meiner Sache, der Würde des Landes soviel vergeben soll, Ihnen auseinanderzusetzen, was ich mit leichter Mühe könnte, wie auch meine Neußer Rede – abgesehen selbst von dem Bisherigen – keinen direkten Aufruf zu den Waffen im Sinne des Artikel 102 enthält. Ich will, ich mag auf keinen andern Grund hin von Ihnen freigesprochen sein, meine Herren, als auf jenen souveränen, dass der Aufruf zu den Waffen damals das Recht und die Pflicht des Landes war. Ich würde diesen Tag als einen verlorenen erachten, wenn ich aus anderen Gründen freigesprochen würde. Aber darauf muss ich Sie aufmerksam machen, wie unbegreifliche Blößen man sich durch diese Anklage gegen mich gibt, in wie seltsame Widersprüche man sich verwickelt, wie man gerade bei mir verfolgt, was bei allen andern zu keiner Verfolgung Anlass gibt. Denn was legt mir der Anklageakt überhaupt zur Last, was nicht von aller Welt, von der ganzen Nation im November laut ausgesprochen worden wäre? Man müsse die Nationalversammlung mit starker Hand unterstützen, man müsse sich rüsten etc.; wer aus dieser Versammlung, wer von Ihnen, meine Herren, wer hat das damals nicht gesagt?

Und warum warf man gerade mich deshalb in den Kerker? Der Anklageakt legt mir zur Last, dass ich in Neuß aufgefordert, man möge eine Kommission zur Beschaffung von Waffen bilden. Aber wenn dies ein Belastungspunkt ist, dann habe ich in Düsseldorf jedenfalls unendlich mehr getan. Hier habe ich wirklich mit andern eine Kommission zu diesem Zwecke gebildet, gedruckte Subskriptionslisten ins Publikum erlassen, wo ich zu Beiträgen von Geld und

Waffen zur Bekämpfung der Regierung aufgefordert – also das getan, wozu ich in Neuß nur angeraten. Dies Aktenstück lag dem Anklagesenat vor. Gleichwohl fand er hierin keinen Anklagepunkt. Warum, meine Herren? Weil den Düsseldorfer gedruckten Aufruf außer mir noch eine Reihe der angesehensten Bürger hiesiger Stadt, der Stadtrat Reinarz, Spohr, Schoof, Matthis etc. etc. unterschrieben hatten, weil auf der Subskriptionsliste in der Verwirrung jener Zeit selbst so ruhige Bürger wie der Bankier Cleff unterzeichnet hatten; weil man diese alle als Komplizen mit mir auf diese Bank hätte stellen müssen, wenn man diesen Aufruf als ein Verbrechen qualifizieren wollte. Das aber wollte natürlich die Regierung und ihre Schleppenträgerin, die Themis, nicht; man wollte mich isolieren, um wenigstens die Chance zum Gewinn zu haben. Aus diesem noblen Grunde erklärt man die Aufforderung in Neuß für verbrecherisch, während man dieselbe Aufforderung, ja die Ausführung derselben in Düsseldorf für erlaubt erklärt.

Diese noble Taktik der Gerichte lässt sich noch weiter verfolgen. Sie wissen, man hatte mit mir Cantador eingezogen. Die Ratskammer hatte ihn gleichfalls wie mich verwiesen. Der Anklagesenat gibt ihn zu seiner eigenen großen Verwunderung frei, während er mich verweist. »Warum« erfährt man aus dem Urteil des Anklagesenats nicht. Der Anklagesenat erklärt »in Erwägung, dass Lassalle hinreichend belastet, dass Cantador nicht hinreichend belastet ist« etc. etc. Die Gründe aber für das eine wie das andere bleiben ein Geheimnis. Die Reden Cantadors waren gedruckt in den Zeitungen erschienen; Cantador hatte sie anerkannt. Die Reden waren mindestens ebenso direkte Aufreizungen als die Meinigen. Wie wäre es auch anders möglich gewesen! Empfand er doch ebenso lebhaft als ich die Schmach, die man dem Lande ins Antlitz warf. Er ist Chef der Bürgerwehr; er lässt die Bürgerwehr sich permanent erklären; Tag und Nacht lässt er Kugeln gießen; er entbietet die Bürgerwehren der Umgegend zu einer bewaffneten Schau, er nimmt ihnen den Schwur ab, die Sache der Nationalversammlung verteidigen zu wollen bis auf den letzten Mann. Er sagt ihnen wörtlich, wie folgt:

»Nicht auf uns wird die Verantwortung des Blutes kommen, das vergossen wird. Nichts ist heiliger als der Anblick eines Volkes, das für sein Recht kämpft. Freudig werden wir in diesem Kampfe als freie Männer den letzten Tropfen unseres Blutes vergießen. Wehrmänner! Alle Tage kann der Aufruf der Nationalversammlung ergehen, alle Tage der Angriff auf uns erfolgen. Dann werde ich Sie aufrufen, meine Herren, und Schande dem, der da fehlt in unseren Reihen. Er ist ein Verräter an der Sache der Freiheit und des Gesetzes. Schwören Sie mir, meine Herren, wie ich es Ihnen hier schwöre, dass Sie lieber fallen wollen bis auf den letzten Mann, als weichen in der Verteidigung unseres guten Rechts.«

Ist das nicht ganz dasselbe und zehnmal mehr, als ich in Neuß gesagt?

Warum riss man also einen Mann von meiner Seite, der in jeder Beziehung der Ehre würdig war, diesen Platz mit mir zu teilen? Aber es war natürlich! Man konnte sich keinen Augenblick dem Gedanken eines glücklichen Ausganges hingeben, wenn man den Stolz Düsseldorfs mit mir auf diese Bank geschickt! Man entließ Cantador, damit Sie desto sicherer mich verurteilen mögen!

Und glauben Sie, dass hiermit die Verfolgungssucht gegen mich ihr Ende erreicht hätte? O Gott behüte! Die Justiz ist vorsichtig. Sie sagt sich, dass trotz alledem und alledem dieser Prozess ein übles Ende nehmen müsse, sie beschließt, sich den Rücken zu decken. Sie macht zu diesem Zwecke eine nagelneue Erfindung, die ich Ihnen kurz erwähnen muss, damit Sie sehen, welchen Höhepunkt von Schamlosigkeit die Wut der preußischen Gerechtigkeit erreichen kann. Sie wissen, meine Herren, dass niemand wegen derselben Handlung zweimal angeklagt werden kann. Nun, mich verweist man aufgrund der Neußer Rede vor die Assisen, indem man mich beschuldigt, in derselben zur Bewaffnung gegen die königliche Gewalt aufgereizt zu haben. Und für den Fall, dass ich freigesprochen werde, verweist mich Ratskammer und Anklagesenat aufgrund meiner gleichartigen Düsseldorfer Reden und aufgrund derselben Neußer Rede, wegen der ich heute vor Ihnen stehe, vor das Korrektionsgericht, indem man mich beschuldigt, darin zum gewaltsamen Widerstand gegen die Beamten und die bewaffnete Macht aufgereizt zu haben. (Vergehen nach Artikel 209, 217.) Aufgrund derselben Rede, derselben Handlung werde ich zweimal angeklagt. Und wenn es selbst nicht dieselbe Rede gewesen wäre, die eine Handlung ist ein notwendiger Teil der andern. Wer da auffordert, sich gegen die königliche Gewalt zu erheben, der muss auch notwendigerweise eo ipso auffordern, der bewaffneten Macht und den Beamten Widerstand zu leisten. Denn die bewaffnete Macht und die Beamten sind ja die Delegierten, die Träger der königlichen Gewalt, sie sind die Gefäße, in denen die königliche Gewalt allein existiert; es ist gar nicht menschenmöglich, das höhere Verbrechen zu begehen, gegen die königliche Gewalt sich zu erheben, ohne zu diesem Zwecke auch das geringere zu begehen, den Beamten und der öffentlichen Macht Widerstand zu leisten. Indem man mich also des höheren Verbrechens des Artikel 87 anklagte, ist hierin die Anklage auf Aufforderung zum Widerstand gegen die Beamten schon enthalten. Der Widerstand gegen die Beamten ist nur ein Teil jener höheren Anklage, um die es sich heute handelt, er ist nur die Weise, das Verbrechen des Artikel 87 zu exekutieren. Nichtsdestoweniger, trotz aller rechtlichen Unmöglichkeit, beschließt Ratskammer und Anklagesenat, mich erst auf das ganz höhere Verbrechen anzuklagen und dann, im Fall der Freisprechung, auf einen Teil desselben, das im Ganzen schon notwendig enthalten ist.

Was würden Sie sagen, meine Herren, wenn man einen Dieb vor die Assisen stellte, weil er zum Beispiel in einen Garten eingebrochen und, freigesprochen, ihn zuchtpolizeigerichtlich wegen Zerstörung von Umzäunungen verfolgte?

Aber er musste die Umzäunungen zerstören, wenn er stehlen wollte, er war bereits des Diebstahls angeklagt und kann somit nicht wegen der einzelnen Teile jener Handlung, da er sich über das Ganze bereits verantwortet hat, verfolgt werden. Ein ganz analoger Fall wurde schon einmal vom Kassationshof entschieden. Eine Frau war des Kindesmords angeklagt und, von der Jury freigesprochen, wird sie korrektionell wegen Verheimlichung der Schwangerschaft verfolgt und verurteilt. Der Kassationshof kassierte mit Indignation das Urteil, denn die Verheimlichung der Schwangerschaft war ein integrierender Teil des Kindesmords, und da sie schon wegen des ganzen Verbrechens freigesprochen, konnte sie nicht mehr wegen der einzelnen Teile, die zur Exekution desselben gehörten, verfolgt werden.

Nach dieser nagelneuen Erfindung, welche die Gerichtshöfe in meinem Prozess gemacht haben, könnte man jeden, der einen Aufstand gegen die königliche Gewalt wirklich gemacht hat, zum Beispiel etwa Struve, hinterher, wenn er deshalb etwa freigesprochen wäre, des gewaltsamen Widerstandes gegen die Beamten und die öffentliche Macht anklagen; denn es wird keinem Menschen möglich werden, einen Aufstand gegen die landesherrliche Gewalt wirklich zu machen, ohne zugleich den Beamten Widerstand zu leisten, das Militär zu bekämpfen etc. etc.

Was kümmerte die ganz unwidersprechliche Klarheit dieser einfachsten Rechtsprinzipien den Kölner Anklagesenat, wenn es sich darum handelte, mich zu verfolgen? Die Gerichte wollten den Rücken gedeckt haben.

Und zwar nicht vor Geschworne, die über alle politischen Vergehen richten sollen, verweist man mich wegen des zweiten Vergehens; nein, man behauptet, dass im November Aufforderungen, die Steuern zu verweigern und den Beamten Widerstand zu leisten, kein politisches, sondern ein gemeines Vergehen gewesen sei, und verweist mich deshalb vor das Korrektionsgericht, vor königlich bezahlte Richter, meine Herren.

Man lässt mir nur die Alternative, mich von den Geschwornen verbannen oder von den königlichen Richtern in den Kerker werfen zu lassen, ihre Freisprechung heute, meine Herren, ist keine Freisprechung für mich. Sie ist nur ein neues Verweisungsurteil. Sie wirft mich nur der Charybdis königlich preußischer Gerechtigkeit in die Arme, der ich nicht entgehen werde.

Und beachten Sie, meine Herren, welche Willkür durch den Widerstreit der Gerichtsurteile selbst sich kundtut. Die Ratskammer fand zirka ein Dutzend Handlungen von mir aus, wegen derer sie mich aufgrund des Artikel 87 vor die Geschwornen wies. Ich hatte eine Adresse für eine Volksversammlung an die Nationalversammlung entworfen; die Ratskammer fand, dass dieselbe ein Verbrechen gegen den Artikel 87 bilde, und verwies mich deshalb; aber dann hätte sie auch notwendig die ganze Volksversammlung, welche die Adresse genehmigt und unterzeichnet, als Komplizen mit mir vor die Assisen schicken müssen! Im Auftrage der Bürgerwehr und der Landwehrmänner hatte ich zwei andere Adressen abgefasst. Die Ratskammer fand gleichfalls, dass der Erlass dieser Adressen ein Verbrechen gegen den Artikel 87 sei. Aber dann hätte sie vor allem die ganze Bürgerwehr, die mich zu dieser Adresse beauftragt, die die von mir nur entworfene Adresse unterzeichnet, abgesandt und ebenso alle Landwehrmänner verhaften müssen. Der Anklagesenat sah ein, dass, wenn man auf diesen Anklagepunkten beharren wolle, man notwendigerweise ganz Düsseldorf auf diese Bank als Komplizen stellen müsse, und er ließ diese Anklagepunkte fallen. Die Ratskammer hatte mich ferner aufgrund meiner sämtlichen in Düsseldorf gehaltenen Reden vor die Assisen geschickt und nebenbei auch aufgrund der Neußer Rede, diese aber so schwach gefunden, dass sie mich eventuell darauf vor das Korrektionen verwies. Der Anklagesenat drehte die Sache gerade herum. Worin die Ratskammer ein Verbrechen gegen den Artikel 87 gefunden, darin fand der Anklagesenat bloß ein Vergehen gegen den Artikel 219; worin die Ratskammer ein Vergehen gegen den Artikel 219 gefunden hatte, findet der Anklagesenat ein Verbrechen gegen den Artikel 87. Wegen sämtlicher in Düsseldorf gehaltener Reden, wegen deren mich die Ratskammer vor die Assisen schicken wollte, entbindet mich der Anklagesenat dieser Anklage und schickt mich bloß vor das Korrektionell, und wegen der Neußer Rede, wegen deren mich die Ratskammer vor das Korrektionell schickte, wegen dieses einzigen Punktes schickt mich der Anklagesenat vor die Assisen!

Es ist ein schönes Ding, meine Herren, um solche Zwitterverbrechen, wegen derer sich die Gerichtshöfe in den Haaren liegen müssen, was für ein Verbrechen sie eigentlich sein, gegen welchen Gesetzartikel sie verstoßen haben sollen.

Dass sie irgendein Verbrechen sein sollen, sein Müssen das natürlich war im Rat der Götter vorausbeschlossen. Es war nur schwer zu finden, welches?

Und, meine Herren, haben Sie sich nicht schon von selbst die Frage aufgeworfen, wie war es möglich, dass diese Untersuchung wegen einer Neußer Rede, eine Untersuchung, deren Resultate Ihnen hier durch Zeugenaussagen in einer Stunde geliefert worden sind, sechs Monate währen, wie dieser Mann sechs Monate, vom 22. November bis in den Mai gefangen sitzen konnte?

Ich will Ihnen das Geheimnis mitteilen, meine Herren, wie man bei dem rheinischen Strafverfahren, berühmt wegen seiner Schnelligkeit und Kürze, eine Untersuchung zieht. Ich rede gar nicht davon, dass man zunächst, um Zeitverlust zu gewinnen, eine Masse der unwichtigsten Punkte in die Untersuchung zog, von denen zuletzt, wie Sie am Anklageakt sehen, bloß einer übrig blieb; ich rede nicht davon, dass man stets 30 Zeugen – viel über 100 Zeugen sind wohl vernommen worden – über einen Punkt verhörte, der durch drei ebenso hinlänglich konstatiert worden wäre; ich rede nicht davon, dass man zwei bis drei Haussuchungen bei mir anstellte, um Ledru-Rollin'sche Briefe und Gott weiß was für weitverzweigte Verschwörungspläne zu entdecken, von denen man natürlich nichts entdeckt hat und die nur in der Einbildung des Instruktionsrichters spukten; ich rede nicht davon, dass man eine Menge der nichtswürdigsten Denunziationen durch Vermittlung der Herren v. Drygalski und v. Faldern erhielt und infolge derer eine Menge von Bürgern in ihren Häusern mit Haussuchungen überfiel, um Waffen, Pulver, Blei, Höllenmaschinen und Gott weiß was alles noch zu finden, wovon man nichts gefunden hat. Ich rede nicht davon, meine Herren, nein, die Sache, die ich Ihnen jetzt mitzuteilen habe, ist ernster, bei Weitem ernster!

Ich mache den Vertreter des öffentlichen Ministeriums ausdrücklich aufmerksam, dass ich eine sehr ernsthafte Beschuldigung jetzt avancieren muss gegen den stellvertretenden Oberprobkurator, welcher meine Untersuchung bis hierher geführt und an der Schwelle dieses Saales sich zurückzuziehen für gut befunden hat. Möge sein unschuldiger Vertreter, den ich bedaure ob der Last, die man ihm aufbürdet, sorgsam zusehen, ob er den Fakten, die ich Ihnen jetzt aktenmäßig vortragen werde, widersprechen und seine Vorgesetzten schützen kann.

Trotz aller Verschleppung, meine Herren, war nämlich die Untersuchung nach einer zehnwöchigen Dauer am 5. Februar glücklich geschlossen.

Am 5. Februar fand mein Schlussverhör statt, noch an demselben Tage übersandte der Instruktionsrichter die Akten an den Staatsprokurator von Ammon mit der Erklärung, dass die Untersuchung geschlossen sei und dass der Staatsprokurator seinen Antrag vor der Ratskammer nehmen möchte.

Nach den gesetzlichen Fristen hätte nach drei Tagen der Beschluss der Ratskammer, nach zehn andern der des Anklagesenats erfolgen müssen und mein Prozess hätte daher den gesetzlichen Bestimmungen zufolge noch vor die vorige Assisi gebracht werden müssen und mit der größten Bequemlichkeit gebracht werden können.

Da werde ich am 6. Februar noch einmal vor den Instruktionsrichter beschieden. Er zeigt mir an, dass eine neue Indizien sich ergeben, dass ihm nämlich soeben von dem Staatsprokurator v. Ammon mein in dem Anklageakt zitierter Brief an den Landmann Stangier in Schönstein zugegangen sei, worin ich diesen aufgefordert, für den Fall, dass es in Düsseldorf zum Kampfe komme, den Zuzug von einigen Hundert Landleuten zu bewirken – dass dieser Brief, – der beiläufig so ganz und gar nichts zur Sache tat, dass weder Ratskammer noch Anklagesenat ihn unter die Belastungsgründe aufgenommen oder ihm die geringste Aufmerksamkeit geschenkt haben – nun eine neue nachträgliche Vernehmung im Schönsteirischen, nämlich die des Adressaten, ernötigte und dass deshalb die schon geschlossene Untersuchung von Neuem aufgenommen werden müsse. Diese nachträgliche Vernehmung war erst am 19. Februar vor sich gegangen, und nun war die Zeit glücklich versäumt, die

Sache vor die vorige Assisi zu bringen. Ich wiederhole, am 5. Februar war meine Untersuchung geschlossen worden; am selben Tage sendet der Instruktionsrichter dem Staatsprokurator von Ammon die Akten, um seinen Antrag vor der Ratskammer zu nehmen; am 6. Februar, wie die Akten ausweisen, schickt der Staatsprokurator dem Instruktionsrichter den in Rede stehenden Brief mit einer Denunziation des Altenkirchener Landrats Hilgers, welcher denselben eingesandt hatte, und trägt darauf an, die Untersuchung dieses Briefes wegen von Neuem aufzunehmen.

Wenn der Staatsprokurator diesen Brief erst am 5. oder 6. Februar bekommen, dann, meine Herren, könnte ich ihm keinen Vorwurf machen, ich könnte nur mein Missgeschick anklagen, dass es ihm den Brief erst in die Hände führte, als die Untersuchung bereits geschlossen war.

Aber, wie die Akten ausweisen, der Brief befand sich mit der Denunziation des Altenkirchner Landrats bereits am 10. Januar in den Händen des Staatsprokurators von Ammon; er ließ ihn 26 Tage, sage 26 Tage, vom 10. Januar bis 6. Februar, in seinem Pulte liegen; er wartet ruhig den Augenblick ab, wo der Instruktionsrichter ihm anzeigen würde, die Untersuchung sei geschlossen, um dann mit diesem Briefe vor ihn hinzutreten und ihm zu sagen: Nun nimm die Untersuchung von Neuem auf!

Wie konnte, wie durfte der Staatsprokurator 26 Tage diesen Brief samt der Denunziation des Altenkirchner Landrats dem Instruktionsrichter verheimlichen und vorenthalten?

Herr v. Ammon, von Bekannten von mir hierüber zur Rede gestellt, antwortete, er habe zuvor Informationen in Bezug auf den Brief anstellen wollen. Er hat nämlich an den Landrat zu Altenkirchen um weitere Auskunft geschrieben und die vorläufige Vernehmung des Stangier requiriert.

Aber dies war zunächst schon an und für sich eine schwere Pflichtverletzung des Staatsprokurators, ein durchaus unbefugter Eingriff von ihm in die Pflichten und Aufgaben des Instruktionsrichters.

Der Artikel 47 der Strafprozessordnung bestimmt ausdrücklich und wörtlich wie folgt:

»Außer den Fällen des flagrant délit ist der Staatsprokurator, wenn er, sei es durch eine Denunziation, sei es auf irgendeinem anderen Wege, unterrichtet wird, dass in seinem Arrondissement ein Verbrechen oder Vergehen begangen worden oder dass eine dessen beschuldigte Person sich in seinem Arrondissement aufhält, gehalten, den Instruktionsrichter zu requirieren, zu befehlen, dass Information eingezogen werde.«

Also das Gesetz sagt ausdrücklich, der Staatsprokurator darf, außer bei flagrant délit, nicht ohne Vermittlung des Instruktionsrichters informieren, er darf selbständig keinen Instruktionsakt vornehmen, sondern, wie ihm eine Denunziation zukommt, ist er gehalten, den Instruktionsrichter zu requirieren, dass die Information angeordnet werde.

Warum machte sich Herr v. Ammon einer so auffallenden Pflichtverletzung, eines vom Gesetz so ausdrücklich untersagten Übergriffs in die Funktion des Instruktionsrichters schuldig? Bei allen anderen Denunziationen, die in dieser Prozedur erfolgten – und es gingen deren in Masse ein – wusste Herr v. Ammon sehr wohl den gesetzlichen Weg zu beobachten, er schickte sie stets unmittelbar und ohne Zeitverlust dem Instruktionsrichter. Warum gerade hier dieser Eingriff in die Aufgabe des Instruktionsrichters?

Das Gesetz hält, wie gezeigt, die Funktionen des Staatsprokurators und Instruktionsrichters scharf auseinander. Es spricht dem Staatsprokurator die Eigenschaft ab, selbst Informationsakte vorzunehmen.

Was sollte auch daraus entstehen, wenn zwei Leute selbständig jeder für sich die Instruktion führen könnten! Das Gesetz hält diesen Unterschied so sehr fest, dass es auch dem Staatsprokurator nicht einmal die Qualitäten verleiht, welche erforderlich sind, um Instruktionsakte vorzunehmen.

Sie wissen, dass die Zeugenaussagen in der Voruntersuchung bereits sämtlich eidlich abgenommen werden müssen. Staatsprokuratoren können nun gesetzlich weder eidlich Zeugenverhöre abnehmen noch eidliche Verhöre requirieren. Dies kann nur durch die Vermittlung des Instruktionsrichters geschehen. Demgemäß requirierte Herr v. Ammon auch nur eine vorläufige staatsprokuratorische Vernehmung des Stangier. Was war die einfache Folge hiervon? Diese Vernehmung lief ein, aber sie konnte nicht hinreichen, weil sie nicht eidlich war. Am 7. Februar musste der Instruktionsrichter noch einmal die eidliche Vernehmung des Stangier requirieren, die nun am 19. Februar einlief, wo es bereits nicht mehr möglich war, den Prozess noch vor die eben eröffnete Assisensession zu bringen. Hätte der Staatsprokurator die Denunziation samt dem Brief als Überführungsstück gleich dem Instruktionsrichter mitgeteilt, so wäre die erste Requisition gleich durch den Instruktionsrichter erfolgt und Stangier somit gleich eidlich vernommen worden, so wären über 3 Wochen, 26 Tage und mir eine zweimonatliche Haft erspart und der Prozess noch in der letzten Session entschieden worden. Aber das gerade war es, was vermieden werden sollte. Wenn der Staatsprokurator diese geniale Erfindung, die Zeugen erst vorläufig staatsprokuratorisch und dann eidlich instruktionsrichterlich vernehmen zu lassen, statt sie in Dilettantenweise bloß auf Stangier anzuwenden, auf sämtliche in der Untersuchung vernommene Zeugen (zirka 120 bis 130) angewendet hätte, so hätte diese Untersuchung notwendig das Doppelte der Zeit, statt 6 Monate ein ganzes Jahr dauern müssen. Glaubte sich aber der Staatsprokurator dennoch zur vorläufigen Information berechtigt, obwohl dies, wie Sie gesehen, nach dem Artikel 47 nicht möglich ist – gut, mochte er immerhin seine Ermittlungen einziehen, warum aber teilte er den Brief, statt ihn in seinem Pulte müßig liegen zu lassen, nicht wenigstens dem Instruktionsrichter zur Einsicht mit, damit dieser gleichzeitig auch seine Ermittlungen einziehen könne?

Und selbst hiervon noch abgesehen – am 19. Januar lief die Antwort des Altenkirchner Landrats auf die von dem Staatsprokurator vorläufig beantragten Ermittlungen ein. Jetzt musste unter jeder Bedingung der Staatsprokurator, nun seine Ermittlungen erfolgt waren, den Brief an den Instruktionsrichter senden. Warum ließ er ihn nochmals 17 Tage in seinem Pulte liegen und schickte ihn erst dann dem Instruktionsrichter ein, als er von diesem hörte, die Untersuchung sei geschlossen? Warum wartete er erst den Schluss der Untersuchung ab, um dann erst durch Einsendung des Briefes den Neubeginn derselben zu ernötigen und so meine Sache über die Assise hinaus zu schleifen?

Ich frage Sie, meine Herren, würde nicht mehr als ein Blinder, würde nicht ein stupider Glaube dazugehören müssen, unter allen diesen Umständen an eine bloße unabsichtliche Nachlässigkeit, was immerhin eine schwere Pflichtverletzung wäre, zu glauben? Liegt hier nicht die absichtlichste, planmäßigste, perfideste Verschleppung auf der Hand?

So, meine Herren, handelt die Robe! Nichts bedaure ich mehr, als dass nicht jener Staatsprokurator, wie es ihm Ehrenpflicht gewesen wäre, mir hier persönlich gegenübersitzt, um, erdrückt von der Schande dieser Enthüllung, zu Boden geschmettert von der Verachtung Ihrer Blicke, die langen Qualen, die er mir zugefügt, durch eine Stunde Pranger abzubüßen!

Als ich hörte, dass der Staatsprokurator Herr v. Ammon, obgleich er meinen Prozess bis hierhergeführt, in meiner Sache nicht zu sitzen beabsichtige, schrieb ich ihm folgenden Brief:

»Herrn Staatsprokurator v. Ammon

Hochwohlgeboren etc. etc. Ich habe in Erfahrung gebracht, dass Euer Hochwohlgeboren beabsichtigen, die Anklage gegen mich einem andern Staatsanwalt zu übergeben.

Ich muss es Euer Hochwohlgeboren auf das Formellste zur Ehrenpflicht machen, die Anklage gegen mich persönlich führen zu wollen. – Ich werde eine ernste Anklage gegen Sie vor den Geschwornen zu erheben haben.

Die Affäre mit dem Stangierschen Brief, den Sie drei Wochen in Ihrem Pulte behielten und dem Instruktionsrichter erst abgaben, als die Untersuchung bereits geschlossen war – ein Umstand, welcher allein Schuld war, dass mein Prozess nicht in der letzten Assisensession erledigt wurde, macht es Ihnen nach allen Begriffen von Ehre zur unabweisbaren Pflicht, mir vor den Geschwornen persönlich hierüber Rede zu stehen und Ihre Rechtfertigungsgründe Mann gegen Mann darzulegen.

Wenn Euer Hochwohlgeboren, nachdem Sie meinen Prozess bis an die Schwelle des Assisensaales geführt, nun plötzlich, was ich noch nicht glauben mag, sich zurückzögen und Ihre Verantwortung einem andern überließen, so würde ich und alle Welt nach der formellen Aufforderung, die ich hiermit an Sie richte, hierin nichts anderes als die eingestandene Unmöglichkeit, sich zu verteidigen, erblicken können.

Euer Hochwohlgeboren etc. etc. Düsseldorf, 24. Mai 1849.« Sie sehen, meine Herren, ich bot alles auf, ich versuchte ihn bei den Haaren vor dies Tribunal zu schleifen; ich versuchte sein Ehrgefühl mit Peitschenhieben aufzustacheln, dass er mir heute Rede stehen möge. Es war vergeblich. Er wird auch so dem öffentlichen Urteil nicht entgehen.

Aber auch damit hat die Verfolgungswut gegen mich ihre Grenzen noch nicht erreicht.

Ich hatte dem Generalprokurator jene pflichtwidrige Handlungsweise des Herrn Ammon denunziert. Statt mir auf meine Beschwerde nur zu antworten, sendet der Generalprokurator dieselbe an das hiesige Parquet mit der Ordre, aufgrund derselben als eine Beleidigung des Herrn v. Ammon eine Untersuchung nach Artikel 222 einzuleiten. Aber, meine Herren, man braucht kein Jurist zu sein, um zu wissen, dass ein Brief, um Anlass zu einer Verfolgung wegen Beleidigung zu geben, entweder an die beleidigte Person selbst gerichtet oder öffentlich verbreitet sein muss. Wie ist es möglich, jemand zu beleidigen in einem Privatbriefe an eine dritte Person?

Endlich, mein Brief an den Generalprokurator war, als an die vorgesetzte Behörde gerichtet, eine Denunziation. Denunziationen sind Pflicht nach dem Gesetz. War der Sachverhalt wahr, so war die Denunziation in der Ordnung. War er nicht wahr, so musste man eine Verfolgung aufgrund des Artikel 347 erheben; aufgrund einer verleumderischen Denunziation, aber nun und nimmermehr aufgrund einer Beleidigung. Hätte man mich indessen aufgrund des Artikel 347 einer verleumderischen Denunziation angeklagt, dann stand es mir zu, den Beweis der Wahrheit zu führen, den ich durch die Akten leicht erbringen konnte und den ich bei der Anklage der Beleidigung nicht erbringen darf. Diese neue Untersuchung war so widersinnig, dass selbst die Ratskammer von Düsseldorf sie verwarf. Aber das öffentliche Ministerium opponierte und der Anklagesenat zu Köln war genial genug, selbst diese wahnsinnige Untersuchung zu genehmigen, sodass ich nun glücklich mit einem dritten Korrektionellprozess behaftet bin.

Ja, meine Herren, wie der Panzer eines Kriegers mit Pfeilen, so bin ich gespickt mit Kriminalverfolgungen! Die vielen Hunde sollen endlich des Wildes Tod sein. Nun, meine Herren, ich fühle hier etwas, das mir sagt, die vielen Hunde werden nicht des Wildes Tod sein.

Ist es der Kraft meines guten Rechtes gelungen, drei Kriminalprozeduren wie Glas zu zerbrechen und meinen Gegnern in das beschämte Antlitz zu werfen, so wird mir das auch noch mit einem Dutzend anderer möglich sein!

Wie viele provisorische Vorhaften ich aber noch auszuhalten haben werde, das mag Gott wissen, und bei diesem Gedanken wird mir in schwachen Stunden manchmal unheimlich zumute.

Und das ist auch in der Tat die noble Absicht unserer würdigen Gerichte, wie ich handgreiflich nachweisen kann, mir durch permanente Vorhaften Geist und Körper zu zerrütten. Ich werde Ihnen das bis zur Evidenz beweisen. Für den Fall meiner Freisprechung heute bin ich, wie ich Ihnen bereits erzählte, vor das Korrektionellgericht verwiesen. Man könnte mich daher heute Abend nach meiner Freisprechung wieder in den Kerker zurückschleppen wollen. Um dies unmöglich zu machen, wandte ich mich an das betreffende Korrektionellgericht, vor das ich verwiesen war, mit dem Antrag, aufgrund des Artikel 114 der Strafprozessordnung eine Kaution zu bestimmen, gegen deren Erlegung ich nach meiner Freisprechung durch Sie in Freiheit zu setzen sei. Der Artikel 114 besagt, das Tribunal kann bei jeder Korrektionellbeschuldigung gegen Kaution in Freiheit setzen.

Da das Tribunal gesetzlich kann, da die Freiheit ein natürliches Recht jedes Menschen ist, so ist es klar, dass es vom Standpunkt der Vernunft und Humanität aus jedes Mal den Beschuldigten gegen Kaution in Freiheit setzen muss, sobald nicht ernste und gewichtige Gründe im Interesse des Prozesses selbst dagegen sprechen.

Im vorliegenden Falle würde es aber selbst dem Scharfsinn preußischer Gerichtshöfe nicht gelingen, auch nur einen Scheingrund ausfindig zu machen, weshalb ich im Prozessinteresse nicht in Freiheit gesetzt werden solle, um so weniger ich, als der Praxis gemäß, wegen dieser Korrektionellbeschuldigung gar nicht eingezogen worden wäre, wenn ich mich auf freien Füßen befunden hätte, und die etwaige Strafe eine sehr geringe ist. Mein Gesuch abzuschlagen, scheint also unmöglich. Diese Unmöglichkeit wird um so unüberwindlicher, als meine gänzlich zerrüttete Gesundheit dem Gericht meine Freilassung, da sie gesetzlich möglich ist, zur wahren Gewissenspflicht macht.

Ich habe dem Gerichte fortlaufend Atteste von Jugend an bis in die neueste Zeit vorgelegt, welche alle bestätigen, dass ich an den bedenklichsten chronischen Krankheiten leide. Ich bestätigte dies ferner durch die Atteste der ärztlichen Militärkommission, die mich dieses inneren Krankheitszustandes wegen vom Militärdienst gänzlich befreite, und endlich tat ich durch Zeugnisse des hiesigen Gefängnisarztes dar, dass dieser mein zerrütteter Gesundheitszustand gerade jetzt – eine natürliche Folge meiner fortwährenden Haften – sich auf das Bedenklichste verschlimmert und unheilbar zu werden drohe. Der Gefängnisarzt verlangte sogar beiläufig bereits vor einiger Zeit, dass mir selbst während der bisherigen Haft Ausfahrten ins Freie zu machen gestattet würden, wozu mir auch in der Tat die Prokuratur die Erlaubnis erteilte, welche mir indes durch die königliche Regierung, trotzdem dieselbe dazu gänzlich unbefugt ist, sofort wieder entzogen wurde.

Unter diesen Umständen hätten die Richter der hiesigen Korrektionellkammer allerdings eine massive Schamlosigkeit und einen erstaunlichen Mut besitzen müssen, wenn sie trotz alledem mein Gesuch offen hätten abschlagen wollen.

Sie hätten dadurch geradezu erklärt, dass Demokraten gegenüber der Schutz der Gesetze nicht bestehe, dass es ihre Absicht sei, da man mir nicht anders an den Hals könne, meine Gesundheit unheilbar zu vernichten, meinen Körper zu zerbrechen. Das konnte man nicht wagen; die Korrektionellkammer ergriff eine Hintertür. Sie erklärte sich zurzeit inkompetent! Weil ich nämlich nur im Falle der Freisprechung heute und nicht im Falle der Verurteilung mit dem Korrektionellprozeß behaftet bin, sagte die Korrektionellkammer, ich müsste erst meine Freisprechung abwarten, ehe sie die Kaution bestimmen könnte. Welche Logik! Ich muss erst meine Freisprechung abwarten, ehe ich gegen die Erlegung der Kaution in Freiheit gesetzt werden kann. Aber was konnte die Korrektionellkammer abhalten, schon im Voraus für den Fall der Freisprechung die Kaution eventuell zu bestimmen! Die Korrektionellkammer stellte, wie gesagt, folgende Logik auf: Da mich die Ratskammer nur eventuell, nämlich für den Fall der heutigen Freisprechung, vor das Korrektionellgericht verwiesen, so sei sie, die Korrektionellkammer, vor der Freisprechung noch gar nicht mit meinem Fall befasst; bis zu derselben wäre also die Ratskammer noch mit demselben saisiert. Ich appellierte gegen diese Inkompetenzerklärung an die Korrektionell-Appellkammer. Aber auch die Korrektionell-Appellkammer trat dieser Logik bei, nach welcher sie zurzeit noch inkompetent und folglich die Ratskammer gegenwärtig das mit der Sache noch befasste Forum sei. Gut! Ich wandte mich demgemäß mit demselben Gesuche an die Ratskammer.

Da, meine Herren – lachen Sie, wenn Ihre Indignation Sie noch lachen lässt – da erklärt sich auch die Ratskammer inkompetent! Es gibt also gar kein kompetentes Gericht für mich! Was aber das Beispiellose dieses Verfahrens noch beispielloser macht, ist, dass dieselben Richter, welche die Korrektionell-Appellkammer bilden, auch zugleich die Ratskammer bilden. Man kann sich also diesen flagranten Widerspruch nicht etwa durch eine juristische Meinungsverschiedenheit erklären wollen! Nein, dieselben Richter, dieselben Personen, welche als Korrektionell-Appellkammer den Ausspruch taten, sie seien inkompetent und Gründe aufstellten, nach denen die Ratskammer kompetent sei, dieselben Richter tun als Ratskammer den Ausspruch, die Ratskammer sei inkompetent, und stellen Gründe auf, nach denen die Korrektionellkammer kompetent wäre. Ich frage Sie, meine Herren, ob irgendjemand von Ihnen bisheran auch nur eine Ahnung gehabt hat, welch beispiellos schmachvollen Verfahrens Richter, Richter, sag ich, fähig sind?! Aber ich wünsche mir Glück, meine Herren, zu allen diesen Leiden, die man auf mich häuft; sie sind mir kein zu teurer Preis für das Gut, das Sie alle dadurch erkaufen. Denn jeder, der heute diesen Saal verlässt, wird für immer wissen, was für eine Bewandtnis es mit preußischen Richtern hat!

In diesen Händen, meine Herren, ruht Ihre Rechtspflege, Ihr Besitz, Ihre Freiheit und Ihr Leben!

Man hat mich, meine Herren, in eine Lage gebracht, dass, läge mir nicht mehr an dem moralischen Sieg der Sache als an dem materiellen Wohle meiner eigenen Person, ich Sie heute mit ausgestreckten Armen um die Gnade einer Verurteilung anflehen würde.

Meine Herren! Ich eile, zu schließen. In drei kurzen Fragen resümiere ich meine Anklage. Möge der Staatsprokurator sie beantworten, wenn er kann – mag er erröten, wenn er es nicht kann!

Die erste Frage lautet: »Sind keine Umstände, ist gar kein Fall denkbar, in welchem es das Recht des Bürgers wäre, sich gegen die königliche Gewalt zu bewaffnen?

Kann der König Ihre Gesetze zertreten, Ihr Vermögen konfiszieren, Ihre Söhne morden, Ihre Weiber schänden, kann er die Verfassung zertrümmern und den absoluten Staat wiederherstellen, ohne dass Sie das Recht haben, sich gegen seine Gewalt zu verteidigen? Wer, meine Herren, würde heute noch so antediluvianisch schamlos sein, mit einem Ja auf diese Frage zu antworten?

Wagt der Staatsprokurator dennoch diese Frage zu bejahen, sagt er, dass kein Fall denkbar wäre, in welchem es zum Recht der Bürger wird, sich gegen die königliche Gewalt zu waffnen, und sagt der Staatsanwalt, dass dieser Gedanke seiner Anklage zugrunde liegt, dann meine Herren, ist hier sein Platz (auf die Verbrecherbank zeigend), dann sagt er, dass Preußen ein absoluter Staat sei, wie er's vor dem März gewesen!

Kann aber nicht geleugnet werden, dass irgendein Fall denkbar ist, in welchem die Erhebung gegen die königliche Gewalt zur Pflicht und zum Recht des Bürgers wird, so frage ich zweitens: Was ist das für ein Fall? Und darauf gibt es nur die eine Antwort: Wenn die Gesetze des Landes durch die königliche Gewalt gebrochen werden, zumal jene ersten und heiligsten Gesetze, jene Palladien der allgemeinen Freiheit, die man nicht antasten kann, ohne den Staat in seinen Grundtiefen einzustürzen, ohne dem Rechte aller Bürger von der Oder bis zum Rhein, gleichsam wie durch einen elektrischen Schlag, eine tödliche Wunde zu versetzen, jene Gesetze über die Bürgerwehr, Pressfreiheit, Assoziation, über die persönliche Freiheit, über die Befugnisse und Unverletzlichkeit der Volksvertretung.

Und dann frage ich drittens: Liegt dieser Fall hier vor? Sind hier die Gesetze auf das Gewaltsamste gebrochen worden? Und dafür beziehe ich mich auf das, was ich Ihnen oben über den Belagerungszustand, über die Auflösung und Entwaffnung der Bürgerwehr, über die Vernichtung der Habeas-Korpus-Akte, über die Aufhebung der Pressfreiheit und des Assoziationsrechts, über die Sprengung der Nationalversammlung durch die Bajonette, über ihre Auflösung, über die Oktroyierung der Verfassung, über den Umsturz des Wahlgesetzes gesagt habe.

Meine Herren, nicht um diese elende Anklage zu widerlegen, die mit drei Worten, wie Sie sehen, vernichtet ist, hab ich gesprochen. Ich werde stets stolz darauf sein, zu den Novembergefangenen gehört zu haben. Aber es war mir Pflicht, die Decke zu reißen von den Wunden des Vaterlandes, die Verbrechen anzuklagen, die man täglich ungescheut begeht; es war mir Pflicht, Ihnen in Umrissen die schmachvolle und unerträgliche Gewaltherrschaft zu zeichnen, die über Preußen hereingebrochen ist und gegen welche die Zeiten vor dem März Zeiten der Freiheit und des idyllischen Glücks zu nennen waren; es war mir Pflicht, Ihnen zu zeigen, wie unter der erlogenen Form des Rechtes, unter dem Heiligenschein der Gesetze – eine Heuchelei, die gar nicht genug gebrandmarkt werden kann – die Schreckensherrschaft bei uns rast und die Richter zu Huren der Gewalt geworden sind! Es war mir Pflicht, die ernste Richterstimme einer sehr nahen Zukunft ertönen zu lassen und Ihnen zuzurufen:

Bürger, seid eingedenk!!!

Und doch ist alles Bisherige nur wie ein Vorspiel zu dem, was kommen soll! Eben jetzt hat man wiederum die zweite Kammer aufgelöst, zum zweiten Mal muss die Volksvertretung verschwinden vor dem Machtwort der Krone. Ein neuer Rechtsbruch ist begangen. Ja, meine Herren, es war nicht einmal das formelle Recht der Krone, wie man dreist behauptet, die zweite Kammer aufzulösen. Der Artikel 112 der oktroyierten Verfassung sagt: »Die gegenwärtige Verfassung soll sofort nach dem ersten Zusammentritt der Kammern einer Revision auf dem Wege der Gesetzgebung unterworfen werden.« Also die Revision sollte von den ersten nach dem Erlass der oktroyierten Verfassung zusammentretenden Kammern vorgenommen werden, und diese Kammern waren somit, bis die Revision vollbracht war, unauflöslich. So, meine Herren, brach man sogar selbst die oktroyierte Verfassung, so häuft man Rechtsbruch auf Rechtsbruch, Meineid auf Meineid! Und warum löste man diese so konservative Versammlung, die sich selbst soweit vergessen hatte, die Verfassung anzuerkennen, auf? Weil sie sich nicht gänzlich zur Drahtpuppe ministerieller Willkür hergeben, weil sie das Land vom Alp des Belagerungszustandes befreien wollte und für die Gültigkeit der Reichsverfassung stimmte. Selbst Frankfurt, selbst der Einheit Deutschlands hat man den Fehdehandschuh offen hingeworfen; die ministerielle Note charakterisiert selbst die Frankfurter Versammlung, die hundertmal die Freiheit um die Fürstengunst verraten, als einen Wühlerhaufen. Oh, das deutsche Volk wird jetzt die bittere Erfahrung machen, was es auf sich hat, eine Nationalversammlung einmal sprengen, das Palladium der Nationalehre einmal ungestraft in den Kot treten zu lassen! Hat man im November mit zitternder Hand, selber staunend über die eigene Kühnheit, eine Revolution gemacht, so hat man jetzt ganz anderen Mut geschöpft, nun man gesehen, wie groß das deutsche Volk im Tragen und Dulden ist, und dreimal tiefer wird man uns den Sporn drücken in die träge Flanke. Hat man euch bis jetzt mit Ruten gegeißelt, so wird man euch von nun ab mit Skorpionen geißeln!

Das Vorspiel ist zu Ende; das Trauerstück fängt an. Man braucht kein Prophet zu sein, um die nächste Zukunft vorherzusehen! Truppen werden konzentriert, die Frankfurter Versammlung zu sprengen, wie dereinst die Berliner. Man wird uns ein Pressgesetz, ein Wahlgesetz mit Zensus oktroyieren, nach Ständen und Steuerklassen werden wir wählen, und der vereinigte Landtag wird auferstehen. Das Angedenken an den März soll ausgelöscht werden aus der Geschichte. Nach Ungarn und Böhmen will man unsere Armeen senden, um vereint mit den Russen die Magyaren zu bekämpfen und so die letzten Freiheitskämpfer zu vernichten; nach Wien ziehen jetzt die Kosakenheere, wie sie bald in dem Rhein ihre Rosse tränken sollen! Aber noch blitzt in den Händen des Magyars das siegreiche Schwert, finster ballt der Proletarier Frankreichs die Riesenfaust, auf dem höchsten Gipfel der Schmach wird auch Deutschland die alte Kraft wiederfinden. Der Tag der Vergeltung naht! Mitten durch die kontrerevolutionären Orgien in den königlichen Schlössern Potsdams grollt bereits wie in der alten Ballade der finster unheimliche Ruf: »Der Henker steht vor der Türe!« So vollständig wie unsere Schmach, so vollständig wird unsere Rache sein!

Indem ich schließe, kann ich die Gedanken, die meine ganze Seele durchdringen, nicht besser ausdrücken, kann ich nicht angemessener von Ihnen Abschied nehmen, als mit den Worten, die einer unser edelsten Dichter einem ähnlich unterdrückten Volke in den Mund legt:

Wir wollen trauen auf den höchsten Gott
und uns nicht fürchten vor der Macht der Menschen.
Jetzt gehe jeder seines Weges still
zu seiner Freundschaft und Genosssame,
wer Hirt ist, wintre ruhig seine Herde
und werb im stillen Freunde für den Bund,
was noch bis dahin muss erduldet werden,
erduldets! Lasst die Rechnung der Tyrannen
anwachsen, bis ein Tag die allgemeine
und die besondere Schuld auf einmal zahlt.
Bezähme jeder die gerechte Wut
und spare für das Ganze seine Rache:
Denn Raub begeht am allgemeinen Gut,
wer selbst sich hilft in seiner eignen Sache.

Über Verfassungswesen

Ein Vortrag, gehalten in einem Berliner Bürger-Bezirksverein 16. April 1862

Vorbemerkung: Die nachfolgende kurze Ausführung war ursprünglich nicht für den Druck bestimmt, sondern infolge einer an mich gerichteten Aufforderung eines hiesigen Bezirksvereines, ihm einen Vortrag zu halten, entstanden. Auf mehrfaches Andringen sehe ich mich veranlasst, denselben unverändert der Öffentlichkeit zu übergeben.

F. Lassalle

Meine Herren!

Es ist die Aufforderung an mich ergangen, dieser geehrten Versammlung einen Vortrag zu halten, und ich habe für denselben einen Gegenstand gewählt, der sich wohl von selbst empfiehlt, weil er vor allen an der Zeit ist. Ich werde nämlich sprechen über Verfassungswesen.

Ich bemerke von vornherein, meine Herren, dass mein Vortrag ein streng wissenschaftlicher sein wird. Nichtsdestoweniger oder richtiger ebendeswegen wird keiner unter Ihnen sein, der diesem Vortrag nicht von Anfang bis Ende folgen und ihn ganz begreifen können wird.

Denn wahre Wissenschaftlichkeit, meine Herren – es ist gut, immer hieran zu erinnern – besteht eben in gar nichts anderem, als in jener Klarheit des Denkens, welche, ohne irgendeine Voraussetzung zu machen, Schritt für Schritt alles aus sich selbst ableitet, sich aber ebendeshalb auch mit zwingender Gewalt des Verstandes jedes nur aufmerksamen Zuhörers bemächtigt.

Diese Klarheit des Denkens bedarf daher bei ihren Zuhörern gar keiner besondern Voraussetzung. Im Gegenteil, da sie, wie bereits bemerkt, in nichts anderem als in jener Voraussetzungslosigkeit des Denkens besteht, welche alles aus sich selbst ableitet, so duldet sie nicht einmal Voraussetzungen. Sie duldet und fordert nichts anders, als dass die Zuhörer keine Voraussetzungen irgendeiner Art, keine festen Vorurteile mitbringen, sondern den Gegenstand, wie oft sie auch bereits über ihn gedacht oder gesprochen haben mögen, von Neuem untersuchen, so, als wüssten sie noch gar nichts Feststehendes von ihm, und sich also mindestens für die Zeit der Untersuchung alles dessen entschlagen, was sie bisher über den Gegenstand anzunehmen gewohnt waren.

Ich beginne also meinen Vortrag mit der Frage: Was ist eine Verfassung? Worin besteht das Wesen einer Verfassung? Jeder Mensch, meine Herren, spricht heutzutage von früh bis abends über Verfassung. In allen Zeitungen, in allen Gesellschaften, in allen Wirtshäusern ist unablässig von Verfassung die Rede.

Und doch, wenn ich diese Frage ernstlich stelle: was ist das Wesen, der Begriff einer Verfassung, so fürchte ich, dass von allen diesen so Sprechenden sehr wenige imstande sein dürften, eine befriedigende Antwort zu erteilen.

Viele würden sich offenbar versucht fühlen, bei dieser Frage nach dem Bande der preußischen Gesetzsammlung pro 1850 zu greifen und da die preußische Verfassung herauszulangen.

Aber Sie sehen sofort, das ist keine Antwort auf meine Frage. Denn was darin steht, das ist nur der besondere Inhalt einer bestimmten, nämlich der preußischen Verfassung, und ist also keineswegs imstande, die Frage zu beantworten: Was ist das Wesen, der Begriff einer Verfassung überhaupt.

Wenn ich diese Frage einem Juristen stelle, so wird er mir hierauf etwa eine Antwort geben, wie folgt: »Eine Verfassung ist ein zwischen König und Volk beschworener Pakt, welcher die Grundprinzipien der Gesetzgebung und Regierung in einem Lande feststellt.« Oder er wird vielleicht noch allgemeiner, weil es ja auch republikanische Verfassungen gegeben hat, sagen: »Eine Verfassung ist das in einem Lande proklamierte Grundgesetz, welches die Organisation des öffentlichen Rechts in dieser Nation feststellt.«

Aber alle diese und ähnliche formelle juristische Definitionen sind ebenso weit entfernt, wie die vorige Antwort, eine wirkliche Antwort auf meine Frage zu bilden. Denn alle diese Antworten enthalten immer nur eine äußerliche Beschreibung dessen, wie eine Verfassung zustande kommt, und was eine Verfassung tut, aber nicht die Angabe: was eine Verfassung ist. Sie geben Kriterien, Erkennungszeichen an, an denen man äußerlich und juristisch eine Verfassung erkennt. Aber sie sagen uns durchaus nicht, was der Begriff, das Wesen einer Verfassung sei. Sie lassen uns deshalb auch in völliger Unklarheit darüber, ob und wann eine bestimmte Verfassung gut oder schlecht, möglich oder unmöglich, dauerhaft oder nicht dauerhaft sein wird. Denn dies alles könnte nur erst aus dem Begriff einer Verfassung hervorgehen. Man muss erst das Wesen einer Verfassung überhaupt kennen, um zu wissen, ob eine bestimmte Verfassung ihm entspricht und wie es mit ihr steht. Hierüber lässt uns aber eben jene juristische, äußerliche Art des Definierens, die sich gleichmäßig auf jedes beliebige Blatt Papier anwendet, welches von einer Nation, oder von einer Nation und ihrem Könige unterschrieben und als Verfassung ausgerufen wird, gleichviel, wie beschaffen der Inhalt dieses Blattes Papier sei, in vollständiger Unklarheit. Erst der Begriff der Verfassung – Sie werden sich davon selbst überzeugen, wenn wir erst zu diesem Begriffe gelangt sein werden – ist der Quell aller Verfassungskunst und Verfassungsweisheit, die sich dann aber auch spielend und wie von selbst aus diesem Begriffe entwickeln.

Ich wiederhole also meine Frage: Was ist eine Verfassung, was ist das Wesen, der Begriff einer Verfassung?

Da wir dies noch nicht wissen – wir müssen es erst gemeinschaftlich suchend finden, meine Herren – so wollen wir eine Methode anwenden, die man überhaupt immer guttun wird anzuwenden, wenn es sich darum handelt, den klaren Begriff von einer Sache zu erlangen. Diese Methode ist einfach, meine Herren, Sie besteht darin, dass man die Sache, deren Begriff man sucht, mit einer andern ihr gleichartigen vergleicht, und nun sucht, den Unterschied klar und scharf zu durchdenken, der beide doch noch voneinander trennt.

Indem ich also jetzt diese Methode anwende, frage ich: Wie unterscheiden sich Verfassung und Gesetz voneinander?

Beide, Verfassung und Gesetz, haben offenbar ein gleichartiges Wesen miteinander. Eine Verfassung soll Gesetzeskraft haben; sie soll also auch Gesetz sein. Aber sie soll nicht bloß Gesetz, sie soll noch mehr als Gesetz sein. Es ist also auch ein Unterschied da. Dass ein solcher Unterschied da ist, dass eine Verfassung nicht ein bloßes Gesetz sein soll, sondern noch mehr als das, ließe sich an hundert Tatsachen zeigen.

So nehmen Sie es nicht übel, meine Herren, wenn neue Gesetze erscheinen. Im Gegenteil, Sie wissen, dass es notwendig ist, dass fast alle Jahre mehr oder weniger neue Gesetze erlassen werden. Und doch kann kein neues Gesetz erlassen werden, ohne das bis dahin bestandene gesetzliche Verhältnis abzuändern. Denn brächte das neue Gesetz keine Änderung in dem bis dahin bestehenden gesetzlichen Zustand hervor, so würde es überhaupt überflüssig sein und gar nicht erlassen werden. Die Veränderung der Gesetze nehmen Sie also nicht übel, Sie betrachten sie vielmehr im Allgemeinen als die regelmäßige Aufgabe der Regierungskörper. Sowie man Ihnen aber an die Verfassung rührt, so nehmen Sie es übel und schreien: Man tastet uns die Verfassung an. Woher kommt dieser Unterschied? Dieser Unterschied ist so unleugbar da, dass in manchen Verfassungen sogar festgesetzt wurde: Die Verfassung solle gar nicht abgeändert werden können; in andern, sie solle nur mit zwei Drittel der Stimmen der gesetzgebenden Körper, statt mit einfacher Majorität abgeändert werden können; wieder in andern: Der gesetzgebende Körper könne gar nicht, auch nicht im Verein mit den sonstigen Regierungsgewalten die Abänderung der Verfassung ausführen, sondern, wenn er eine Abänderung beschlösse, so müsse extra ad hoc, zu diesem Zwecke, eine neue Versammlung vom Lande gewählt werden, um nun über die Abänderung zu entscheiden.

In allen diesen Tatsachen spricht sich somit aus, dass nach dem gesamten Gefühl der Völker eine Verfassung etwas noch viel Heiligeres, Festeres, Unveränderlicheres sein soll, als ein gewöhnliches Gesetz.

Ich nehme also meine Frage wieder auf: Worin unterscheidet sich eine Verfassung von einem gewöhnlichen Gesetz?

Auf diese Frage wird man in der Regel die Antwort erhalten: Eine Verfassung ist nicht bloß ein Gesetz, wie ein anderes auch, sie ist das Grundgesetz des

Landes. Und es ist ganz möglich, meine Herren, dass in dieser Antwort vielleicht das Richtige in unklarer Weise verborgen liegt. Aber in dieser unklaren Weise, welche diese Antwort noch hat, ist mit ihr ebenso wenig gedient. Denn es erhebt sich nun wieder die Frage: Wie unterscheidet sich ein Gesetz von einem Grundgesetz? Wir sind also wieder nur soweit wie zuvor. Wir haben nur einen neuen Namen gewonnen, Grundgesetz, der uns aber zu gar nichts hilft, solange wir wieder nicht zu sagen wissen, welches der Unterschied eines Grundgesetzes und eines andern Gesetzes sei.

Suchen wir also uns der Sache in der Weise zu nähern, dass wir untersuchen, was für Vorstellungen etwa in dem Namen »Grundgesetz« enthalten seien, mit anderen Worten: wie sich etwa ein Grundgesetz und ein anderes Gesetz voneinander unterscheiden müssten, wenn das Erstere seinen Namen Grundgesetz wirklich rechtfertigen soll.

Ein Grundgesetz müsste also:
1. Ein solches Gesetz sein, das tiefer liegt als ein anderes gewöhnliches Gesetz; dies zeigt der Name Grund; es müsste aber auch
2. Um ein Grundgesetz zu sein, eben den Grund der andern Gesetze bilden, das heißt also, das Grundgesetz müsste in den andern gewöhnlichen Gesetzen fortzeugend tätig sein, wenn es eben ihren Grund bilden soll. Das Grundgesetz muss also in den andern gewöhnlichen Gesetzen fortwirken. –
3. Aber eine Sache, die einen Grund hat, kann nicht mehr beliebig oder anders sein; sondern sie muss eben so sein, wie sie ist. Dass sie anders sei, leidet ihr Grund nicht. Nur das Unbegründete und darum auch Zufällige kann so sein, wie es ist, und auch anders. Was aber einen Grund hat, das ist notwendig so, wie es ist. Die Planeten haben zum Beispiel eine gewisse Bewegung. Diese Bewegung hat entweder einen Grund, der sie bestimmt, oder sie hat keinen solchen. Wenn sie keinen hätte, so ist diese Bewegung zufällig und könnte auch jeden Moment eine andere sein. Wenn sie aber einen Grund hat, nämlich, wie die Naturforscher sagen, die Anziehungskraft der Sonne, so ist dadurch schon gegeben, dass diese Bewegung der Planeten durch den Grund, die Anziehungskraft der Sonne, bestimmt und geregelt wird, derart, dass sie nicht anders sein kann, als sie ist. In der Vorstellung des Grundes liegt also der Gedanke einer tätigen Notwendigkeit, einer wirkenden Kraft, welche mit Notwendigkeit das von ihr Begründete zu dem macht, was es eben ist.

Wenn also die Verfassung das Grundgesetz eines Landes bildet, so wäre sie – und hier dämmert uns das erste Licht, meine Herren – ein bald noch näher zu bestimmendes Etwas oder, wie wir vorläufig gefunden haben, eine tätige Kraft, welche alle andern Gesetze und rechtlichen Einrichtungen, die in diesem Lande erlassen werden, mit Notwendigkeit zu dem macht, was sie eben sind, sodass von nun ab gar keine andern Gesetze als ebendiese in diesem Lande erlassen werden können.

Gibt es denn nun aber etwas in einem Lande, meine Herren, – und bei dieser Frage beginnt nun allmählich das volle Licht hereinzubrechen – gibt es denn etwas in einem Lande, eine bestimmende tätige Kraft, welche auf alle Gesetze, die in diesem Lande erlassen werden, derart einwirkt, dass sie in einem gewissen Umfange notwendig so und nicht anders werden, wie sie eben sind?

Ei freilich, meine Herren, gibt es so etwas, und dies Etwas ist nichts andres als – die tatsächlichen Machtverhältnisse, die in einer gegebenen Gesellschaft bestehen.

Die tatsächlichen Machtverhältnisse, die in einer jeden Gesellschaft bestehen, sind jene tätig wirkende Kraft, welche alle Gesetze und rechtlichen Einrichtungen dieser Gesellschaft so bestimmt, dass sie im Wesentlichen gar nicht anders sein können, als sie eben sind.

Ich eile, mich durch ein sinnliches Beispiel ganz verständlich zu machen. Dies Beispiel wird zwar in der Form, in der ich es setze, durchaus nicht möglich sein. Aber abgesehen davon, dass sich später vielleicht zeigen wird, wie dasselbe Beispiel in einer andern Form allerdings ganz möglich ist, so kommt überhaupt gar nichts darauf an, ob das Beispiel eintreten kann, sondern bloß darauf, was wir an ihm lernen wollen, auf die Natur der Dinge, die sich enthüllen würde, wenn es einträte.

Sie wissen, meine Herren, dass in Preußen nur das Gesetzeskraft hat, was durch die Gesetzsammlung publiziert wird. Die Gesetzsammlung wird gedruckt in der Deckerschen Oberhofbuchdruckerei. Die Originale der Gesetze selbst werden in gewissen Staatsarchiven verwahrt, in andern Archiven, Bibliotheken und Magazinen die gedruckten Gesetzsammlungen.

Setzen Sie nun den Fall, dass eine große Feuersbrunst entstände, etwa wie der Hamburger Brand, und dass nun alle diese Staatsarchive, Bibliotheken, Magazine und die Dekkersche Oberhofbuchdruckerei abbrennen und dass dies durch ein merkwürdiges Zusammentreffen der Umstände auch in den andern Städten der Monarchie stattfände und auch in Bezug auf die Bibliotheken der Privatleute, in denen sich Gesetzsammlungen vorfinden, sodass nun in ganz Preußen kein einziges Gesetz in beglaubigter Form mehr existierte.

Das Land wäre dann durch dieses Unglück um alle seine Gesetze gekommen, und es bliebe ihm gar nichts übrig, als sich neue Gesetze zu, machen.

Glauben Sie denn nun, meine Herren, dass man in diesem Fall ganz beliebig zu Werke gehen, ganz beliebige neue Gesetze machen könnte, wie einem das eben konvenierT?

Wir wollen sehen.

Ich setze also den Fall, Sie sagten: Die Gesetze sind untergegangen, wir machen jetzt neue Gesetze, und wir wollen hierbei dem Königtum nicht mehr diejenige Stellung gönnen, die es bisher einnahm, oder sogar: Wir wollen ihm gar keine Stellung mehr gönnen.

Da würde der König einfach sagen: Die Gesetze mögen untergegangen sein; aber tatsächlich gehorcht mir die Armee, marschiert auf meinen Befehl, tatsächlich geben auf meine Ordre die Kommandanten der Zeughäuser und Kasernen die Kanonen heraus, und die Artillerie rückt damit in die Straße, und auf diese tatsächliche Macht gestützt leide ich nicht, dass ihr mir eine andere Stellung macht, als ich will. Sie sehen, meine Herren, ein König, dem das Heer gehorcht und die Kanonen, – das ist ein Stück Verfassung!

Oder ich setze den Fall, Sie sagten: Wir sind 18 Millionen Preußen. Unter diesen 18 Millionen gibt es nur eine verschwindend kleine Anzahl großer adliger Grundbesitzer. Wir sehen nicht ein, warum diese verschwindend kleine Anzahl großer Grundbesitzer einen solchen Einfluss üben soll wie die ganzen 18 Millionen zusammen, indem sie aus sich ein Herrenhaus bilden, welches die Beschlüsse des von der gesamten Nation gewählten Abgeordnetenhauses aufwiegt und verwirft, wenn sie etwas taugen. Ich setze den Fall, Sie sprächen so und sagten: Wir sind alle »Herren« und wollen gar kein besondres Herrenhaus mehr.

Nun, meine Herren, die großen adligen Grundbesitzer könnten dann freilich ihre Bauern nicht gegen Sie marschieren lassen! Ganz im Gegenteil, sie würden wahrscheinlich alle Hände voll zu tun haben, sich vor ihren Bauern zuerst zu retten.

Aber die großen adligen Grundbesitzer haben immer einen großen Einfluss bei Hof und König gehabt, und durch diesen Einfluss können sie nun das Heer und die Kanonen ebenso gut für sich in Bewegung setzen, als wenn diese Machtmittel zu ihrer direkten Verfügung ständen.

Sie sehen also, meine Herren, ein Adel, der Einfluss bei Hof und König hat – das ist ein Stück Verfassung.

Oder ich setze den umgekehrten Fall, König und Adel einigten sich unter sich, die mittelalterliche Zunftverfassung wieder einführen zu wollen, und zwar nicht nur für das kleine Handwerk, wie man dies vor einigen Jahren wirklich zum Teil versucht hat, sondern sie in der Weise einzuführen, wie sie im Mittelalter bestand, nämlich für die gesamte Produktion in der Gesellschaft, also auch für den Groß- und Fabrikationsbetrieb und für die Produktion mit Maschinen. Es wird Ihnen bekannt sein, meine Herren, dass das große Kapital unmöglich unter dem mittelalterlichen Zunftsystem produzieren könnte, dass der eigentliche Groß- und Fabrikationsbetrieb, die Produktion mit Maschinen, unter dem mittelalterlichen Zunftsystem durchaus nicht vor sich gehen könnte. Denn nach diesem Zunftsystem bestanden zum Beispiel überall gesetzliche

Abgrenzungen der verschiedenen, auch der am nächsten miteinander verwandten Arbeitszweige, und kein Gewerbtreibender durfte zwei derselben miteinander verbinden. Der Tüncher dürfte kein Loch verstreichen, zwischen den Nagelschmieden und den Schlossern wurden damals endlose Prozesse über die Grenzen ihrer beiderseitigen Gewerbe geführt, der Kattundrucker würde keine Färber beschäftigen können. Ebenso war unter dem Zunftsystem das Quantum gesetzlich genau geregelt, das ein Gewerbtreibender produzieren konnte, indem nämlich an jedem Ort in jedem Gewerbszweige jeder Meister nur eine gleiche, gesetzlich bestimmte Anzahl von Arbeitskräften beschäftigen durfte.

Sie sehen, dass schon aus diesen beiden Gründen die große Produktion, die Produktion mit Maschinen und einem System von Maschinen, unter der Zunftverfassung nicht einen Tag vorwärtsgehen könnte. Denn diese große Produktion erfordert erstens, als ihre Lebensluft die Verbindung der verschiedenartigsten Arbeitszweige unter den Händen desselben großen Kapitals; zweitens, die massenhafte Produktion und die freie Konkurrenz, das heißt also die unbeschränkte beliebige Anwendung von Arbeitskräften.

Wenn man also nun dennoch die Zunftverfassung heut einführen wollte – was würde entstehen?

Die Herren Borsig, Egells usw., die großen Kattunfabrikanten, Seidenfabrikanten usw. würden ihre Fabriken schließen und ihre Arbeiter entlassen, sogar die Eisenbahn-Direktionen würden dasselbe tun müssen, Handel und Gewerbe würden stocken, eine große Anzahl Handwerksmeister würde hierdurch wiederum, teils gezwungen, teils freiwillig, ihre Gesellen entlassen, diese ganze unendliche Volksmasse würde nach Brot und Arbeit rufend durch die Straßen wogen, hinter ihr stände anfeuernd durch ihren Einfluss, ermutigend durch ihr Ansehen, Vorschub leistend durch ihre Geldmittel die große Bourgeoisie, und es würde so ein Kampf ausbrechen, in welchem keineswegs der Sieg dem Heereverbleiben könnte.

Sie sehen also, meine Herren, die Herren Borsig und Egells, die großen Industriellen überhaupt – die sind ein Stück Verfassung.

Oder ich setze den Fall, die Regierung wollte eine jener Maßregeln ergreifen, welche das Interesse der großen Bankiers entschieden kränken. Die Regierung wollte zum Beispiel sagen, die Königliche Bank soll nicht dazu da sein, wie sie es gegenwärtig ist, den großen Bankiers und Kapitalisten, die ohnehin schon über alles Geld und allen Kredit verfügen und die heutzutage allein auf ihre Unterschriften bei der Bank diskontieren können, das heißt, Kredit erhalten, den Kredit noch billiger zu machen, sondern sie soll gerade dazu da sein, dem kleinen und Mittelmann den Kredit zugänglich zu machen – und man gäbe nun der königlichen Bank eine solche Organisation, die dieses Resultat nach sich zöge – würde das gehen, meine Herren?

Nun, meine Herren, einen Aufstand würde das freilich nicht nach sich ziehen. Aber für die heutige Regierung ginge das auch nicht.

Denn von Zeit zu Zeit, meine Herren, kommt die Regierung in die Lage, solche Geldmittel, solche Massen von Geldmitteln zu gebrauchen, dass sie sie nicht in der Form von Steuern aufzubringen wagt. In diesem Falle greift sie zu dem Ausweg, das Geld der Zukunft aufzuessen, das heißt, Anleihen zu machen und Staatspapiere dafür auszugeben. Hierzu braucht sie die Bankiers. Zwar geht auf die Länge der Zeit der größere Teil der Staatspapiere doch wieder in die Hände der gesamten besitzenden Klasse der Nation und der kleinen Rentiers über. Aber hierzu ist Zeit, oft viel Zeit erforderlich. Die Regierung aber braucht das Geld schnell und auf einen Tisch, oder in wenigen Terminen, darum braucht sie Zwischenpersonen, Vermittler, die ihr einstweilen das gesamte Geld geben und es auf ihre eigne Kappe nehmen, die Staatspapiere, die sie dafür erhalten, im Lauf der Zeit an das große Publikum, noch dazu mit dem Gewinn der Kurssteigerung, welche den Papieren auf der Börse künstlich gegeben wird, abzusetzen. Diese Zwischenpersonen sind die großen Bankiers, und darum darf es die Regierung heutzutage mit ihnen nicht verderben.

Sie sehen also, meine Herren, die Bankiers Mendelssohn, Schickler, die Börse überhaupt – das ist ein Stück Verfassung.

Oder ich setze den Fall, die Regierung wollte zum Beispiel ein Strafgesetz erlassen, welches, wie es deren in China gibt, wenn einer einen Diebstahl begeht, seinen Vater dafür bestraft. Das würde ebenso wenig gehen, denn dagegen würde sich die allgemeine Bildung, das allgemeine Bewusstsein, zu mächtig auflehnen. Alle Staatsbeamte und Geheimräte sogar würden die Hände über den Kopf zusammenschlagen, sogar die Mitglieder des Herrenhauses würden dagegen Einsprache tun, und Sie sehen also, meine Herren, in gewissen Grenzen ist das allgemeine Bewusstsein, die allgemeine Bildung gleichfalls ein Stück Verfassung.

Oder ich setze den Fall, die Regierung entschlösse sich zwar, den Adel, die Bankiers, die großen Industriellen und großen Kapitalisten überhaupt zufriedenzustellen, dagegen aber dem Kleinbürger und Arbeiter seine politische Freiheit zu entziehen. Würde das denn gehen, meine Herren? Ei freilich, meine Herren, das geht eine Zeitlang; das hat sich ja schon gezeigt, dass das geht, und wir werden später noch Gelegenheit haben, einen Blick darauf zu werfen.

Jetzt setze ich aber den Fall so: Man wolle dem Kleinbürger und Arbeiter nicht nur seine politische, sondern auch seine persönliche Freiheit entziehen, das heißt, man wolle ihn für persönlich unfrei, für leibeigen oder hörig erklären, wie es dies im fernen, fernen Jahrhundert des Mittelalters in vielen Ländern in der Tat war. Würde das gehen, meine Herren? Nein, und wenn sich hierüber auch König, Adel und die ganze große Bourgeoisie einten – das ginge doch nicht! Denn in diesem Falle würden Sie sagen: Wir wollen uns lieber totschlagen lassen, ehe wir dies erdulden. Die Arbeiter würden, auch ohne dass Borsig und Egells ihre Fabriken schlössen, auf die Straßen eilen, der ganze kleine Bürgerstand ihnen zu Hilfe, und da ihr vereinter Widerstand sehr schwer zu besiegen sein möchte, so sehen Sie, meine Herren, dass in gewissen alleräußersten Fällen Sie alle ein Stück Verfassung sind.

Wir haben jetzt also gesehen, meine Herren, was die Verfassung eines Landes ist, nämlich: die in einem Lande bestehenden tatsächlichen Machtverhältnisse.

Wie verhält es sich denn nun aber mit dem, was man gewöhnlich Verfassung nennt, mit der rechtlichen Verfassung? Nun, meine Herren, Sie sehen jetzt sofort von selbst, wie es damit steht!

Diese tatsächlichen Machtverhältnisse schreibt man auf ein Blatt Papier nieder, gibt ihnen schriftlichen Ausdruck, und wenn sie nun niedergeschrieben worden sind, so sind sie nicht nur tatsächliche Machtverhältnisse mehr, sondern jetzt sind sie auch zum Recht geworden, zu rechtlichen Einrichtungen, und wer dagegen angeht, wird bestraft!

Ebenso, meine Herren, wird Ihnen jetzt von selbst klar sein, wie man bei diesem Niederschreiben jener tatsächlichen Machtverhältnisse, wodurch sie nun auch zu rechtlichen werden, zu Werke geht.

Man schreibt da nicht hinein: Der Herr Borsig ist ein Stück der Verfassung, der Herr Mendelssohn ist ein Stück der Verfassung usw., sondern man drückt dies auf eine viel gebildetere Art und Weise aus.

Will man also zum Beispiel feststellen: Die wenigen großen Industriellen und großen Kapitalisten in der Monarchie sollen soviel Macht haben und mehr als alle Bürger, Arbeiter und Bauern zusammengenommen, so wird man sich hüten, das in dieser offenen und unverhüllten Form niederzuschreiben. Aber man erlässt ein Gesetz, wie zum Beispiel das oktroyierte Dreiklassenwahlgesetz vom Jahre 1849, durch welches man das Land in drei Wählerklassen einteilt, gemäß der Höhe des Steuerbetrags, den die Wähler entrichten und der sich natürlich nach ihrem Kapitalbesitz bestimmt.

Nach den amtlichen Listen, meine Herren, die im Jahre 1849 von der Regierung nach dem Erlass dieses Dreiklassenwahlgesetzes aufgenommen wurden, gab es damals in ganz Preußen 3 255 600 Urwähler, die in folgender Weise in die drei Wahlklassen zerfallen:

Zur ersten Wählerklasse gehörten in ganz Preußen

153 808 Wähler,
zur zweiten 409 945 Wähler,
zur dritten 2 691 950 Wähler.

Ich wiederhole Ihnen, meine Herren, dass diese Zahlen aus amtlichen Listen genommen sind.

Wir sehen hieraus, dass hiernach 153 808 sehr reiche Leute soviel politische Macht in Preußen haben, wie 2 691 950 Bürger, Bauern und Arbeiter zusammengenommen, dass ferner diese 153 808 sehr reichen Leute und die 409 945 mäßig reichen Leute, welche die zweite Wählerklasse bilden, gerade noch einmal soviel politische Macht haben als die ganze andere Nation zusammengenommen, ja dass die 153 808 sehr Reichen und die bloße Hälfte der 409 945 Wähler der zweiten Klasse schon mehr politische Macht haben, als die andere Hälfte der mäßig reichen zweiten Klasse und die 2 691 950 der dritten zusammengenommen. Sie sehen hieraus, meine Herren, dass man auf diese Weise genau dasselbe Resultat erzielt, als wenn man mit plumpen Worten in die Verfassung schriebe: Ein Reicher soll siebzehnmal soviel politische Macht haben als ein anderer Bürger, oder ebensoviel als siebzehn andere.

Ehe dieses Dreiklassenwahlgesetz erlassen wurde, bestand bereits gesetzlich, durch das Gesetz vom 8. April 1848, das allgemeine Wahlrecht, welches jedem Bürger, gleichviel ob reich ob arm, dasselbe Wahlrecht und also dieselbe politische Macht, an der Bestimmung des Staatswillens und des Staatszweckes teilzunehmen, zusprach. Sie sehen also, meine Herren, dass sich durch diesen Beleg rechtfertigt, was ich vorhin sagte, dass es nämlich leider leicht genug ist, Ihnen, dem Kleinbürger und Arbeiter, Ihre politische Freiheit zu nehmen, wenn man Ihnen nur Ihre persönlichen Güter, Körper und Eigentum, nicht unmittelbar und radikal entzieht. Denn Sie haben sich damals das Wahlrecht mit leichter Mühe entziehen lassen, und noch bis jetzt ist mir nichts bekannt geworden von einer Agitation zur Wiedererlangung desselben.

Will man ferner in der Verfassung feststellen: Eine kleine Anzahl adliger Grundbesitzer soll für sich allein wieder soviel Macht besitzen wie Reiche, Wohlhabende und Nichtbesitzende, wie die Wähler aller drei Klassen, die ganze Nation zusammengenommen, so wird man sich wieder hüten, dies mit so ungebildeten Worten zu sagen – denn bemerken Sie wohl, meine Herren, ein für alle Mal, alles Deutliche ist ungebildet – sondern man setzt in die Verfassung: Es solle mit einigen unwesentlichen Zutaten aus den Vertretern des alten und befestigten Grundbesitzes ein Herrenhaus gebildet werden, dessen Zustimmung zu den die ganze Nation vertretenden Beschlüssen des Abgeordnetenhauses erforderlich ist und das somit einer Handvoll alter Grundbesitzer die politische Macht gibt, auch den einstimmigen Willen der Nation und aller ihrer Klassen aufzuwiegen.

Und will man nun weiter, dass der König für sich allein wieder ebensoviel und noch weit mehr politische Macht haben soll, als alle drei Wählerklassen, als die gesamte Nation und die adligen Grundbesitzer noch dazu genommen, so macht man das so:

Man setzt in den Artikel 47 der Verfassung: »Der König besetzt alle Stellen im Heer«, und in dem Artikel 108 der Verfassung sagt man: »Eine Vereidigung des Heers auf die Verfassung findet nicht statt.« Und diesem Artikel stellt man dann die Theorie zur Seite, die in der Tat in ihm einen prinzipiellen Boden hat, die Theorie nämlich, dass der König zu dem Heer eine ganz andere Stellung habe als zu jeder andern Staatsinstitution, dass er in Bezug auf das Heer nicht nur König, sondern auch noch etwas ganz anderes, ganz Besonderes, Geheimnisvolles und Unbekanntes sei, wofür man das Wort »Kriegsherr« erfindet, und dass infolgedessen das Abgeordnetenhaus oder die Nation sich um das Heer gar nicht zu bekümmern, und in dessen Angelegenheiten und Organisation nicht hineinzusprechen, sondern nur die Gelder für dasselbe zu votieren habe. Und man muss, wie gesagt, zugestehen, meine Herren, – Wahrheit vor allem – dass diese Theorie allerdings eine gewisse Grundlage in dem Artikel 108 der Verfassung hat. Denn wenn einmal die Verfassung bestimmt, dass das Heer nicht, wie doch alle Staatsdiener und der König selbst, auf die Verfassung beeidet werden solle, so ist damit allerdings im Prinzip erklärt, dass das Heer außerhalb der Verfassung stehen und nichts mit ihr zu tun haben, dass es lediglich und ausschließlich ein Verhältnis zu der Person des Königs und nicht zum Lande haben solle.

Sowie dies nun erreicht ist, dass der König alle Stellen im Heer besetzt und das Heer eine besondere Stellung zu ihm einnimmt, sowie dies erreicht ist, hat der König ganz allein nicht nur ebenso viel, sondern zehnmal mehr politische Macht als das ganze Land zusammen genommen und zwar selbst dann, wenn in Wahrheit die wirkliche Macht des Landes zehn-, zwanzig- und fünfzigmal so groß wäre als die des Heeres. Der Grund dieses scheinbaren Widerspruchs ist ein sehr einfacher.

Das politische Machtmittel des Königs, das Heer, ist organisiert, ist in jeder Stunde beisammen, ist trefflich diszipliniert und in jedem Augenblick bereit, auszurücken; die in der Nation ruhende Macht dagegen, meine Herren, wenn sie auch in Wirklichkeit eine unendlich größere ist, ist nicht organisiert; der Wille der Nation und besonders der Grad von Entschlossenheit, den dieser Wille bereits erlangt hat oder nicht, ist ihren Mitgliedern nicht immer leicht erkennbar; keiner weiß also genau, wie viel Nebenmänner er finden würde. Zudem mangeln der Nation jene Instrumente einer organisierten Macht, jene so wichtigen Verfassungsgrundlagen, von denen wir bereits gesprochen haben: die Kanonen. Zwar werden diese für bürgerliches Geld angeschafft; zwar werden sie auch nur vermöge der Wissenschaften, welche die bürgerliche Gesellschaft in sich entwickelt, die Physik, Technik usw., verfertigt und in einem fort verbessert. Ihr bloßes Dasein ist somit selbst schon ein Beweis, wie weit es die Macht der bürgerlichen Gesellschaft, die Fortschritte der Wissenschaften, der technischen Künste, Fabrikations- und Arbeitszweige aller Art bereits gebracht haben. Aber es trifft hier der Vers des Virgil zu: sic vos non vobis! Du erzeugst es, aber nicht für dich! Da die Kanonen immer nur für die organisierte Macht verfertigt werden, so weiß das Land, dass es diese Kinder und Zeugen seiner Macht in einem Konflikte sich nur gegenüber finden würde. Diese Gründe sind es, welche es hervorbringen, dass die geringere, aber organisierte Macht häufig längere Zeit hindurch selbst die weit größere, aber nicht organisierte Macht der Nation überwiegen kann, bis dann, bei fortgesetzter Leitung und Verwaltung der nationalen Angelegenheiten in einem dem Willen und Interesse der Nation entgegengesetzten Sinne, diese sich entschließt, der organisierten Macht ihre unorganisierte Übermacht entgegenzusetzen.

Wir haben bisher gesehen, meine Herren, wie es sich mit den beiden Verfassungen eines Landes verhält, mit der wirklichen Verfassung, den realen tatsächlichen Machtverhältnissen, die in einer Gesellschaft bestehen, und mit der geschriebenen Verfassung, die wir im Unterschied von der Ersteren etwa das Blatt Papier nennen können.

Eine wirkliche Verfassung, eine wirkliche Konstitution hat nun, wie Ihnen sofort von selbst klar sein wird, jedes Land und zu jeder Zeit gehabt, und es ist nichts schiefer und zu verkehrteren Folgesätzen führend als die weitverbreitete, herrschende Ansicht, es sei eine Eigentümlichkeit der modernen Zeit, Verfassungen oder Konstitutionen zu haben. Vielmehr hat notwendig, und ebenso notwendig wie jeder Körper irgendeine Konstitution, eine gute oder schlechte, eine so oder so beschaffene hat, auch jedes Land eine reale Verfassung oder Konstitution. Denn in jedem Land müssen ja irgendwelche tatsächlichen Machtverhältnisse bestehen.

Als lange vor der Französischen Revolution des vorigen Jahrhunderts unter der absoluten legitimen Monarchie in Frankreich Louis XVI. durch Dekret vom 3. Februar 1776 die Straßenbaufronten aufhob, durch welche die Bauern verpflichtet waren, unentgeltlich den Wege- und Straßenbau zu verrichten und nun statt dessen zur Bestreitung der Straßenbaukosten eine Steuer einführte, welche auch die Grundstücke der Adligen treffen sollte, da rief das französische Parlament, sich hiergegen widersetzend: »Le peuple de France est taillable et corvéable à volonté, c'est une partie de la Constitution que le roi ne peut changer«, zu Deutsch: »Das Volk von Frankreich, nämlich das nicht privilegierte, niedere Volk ist mit Steuern und Fronten zu belegen nach Willkür; dies ist ein Teil der Konstitution, die der König nicht ändern kann«.

Sie sehen, meine Herren, man sprach damals von einer Konstitution, und sogar von einer solchen, die der König nicht ändern könne, so gut wie heut. Was hier als Konstitution geltend gemacht wurde, dass nämlich das niedere Volk nach Belieben und Willkür mit Steuern und Fronden belegt werden könne, das stand damals freilich nicht in einer besonderen Urkunde, in welcher alle Rechte des Landes und alle wichtigsten Regierungsprinzipien zusammengestellt gewesen wären, sondern es war zunächst einfach der Ausdruck der tatsächlichen Machtverhältnisse in dem mittelalterlichen Frankreich. Das niedere Volk war im Mittelalter wirklich so machtlos gewesen, dass es ganz beliebig mit Steuern und Fronden belastet werden konnte; nach diesem tatsächlichen Machtverhältnis wurde nun immer verfahren, das Volk wurde immer so belastet. Dieser tatsächliche Hergang gab die sogenannten Präzedenzfälle, die noch heutzutage in England und im Mittelalter überall in den Verfassungsfragen eine so große Rolle spielen. Bei diesem tatsächlichen Belasten wurde nun häufig auch, wie dies nicht anders sein konnte, die Tatsache, dass das Volk so belastet werden könne, ausgesprochen. Dies Aussprechen gab den staatsrechtlichen Grundsatz, auf den dann in ähnlichen Fällen wieder rekurriert wurde. Häufig wurde auch irgendeinem besonderen Umstande, welcher in den tatsächlichen Machtverhältnissen wurzelte, auf einem Pergament besonderer Ausdruck und Anerkennung gegeben. Dies gab die sogenannten franchises, Freiheiten, Rechte, Privilegien, Statuten eines Standes, eines Gewerbes, eines Ortes usw.

Alle diese Tatsachen, Präzedenzfälle, staatsrechtlichen Grundsätze, Pergamente, Franchises, Statuten, Privilegien zusammen bildeten die Konstitution des Landes, und alle zusammen bildeten wieder weiter nichts als den einfachen unbefangenen Ausdruck der realen Machtverhältnisse, die in dem Lande bestanden.

Eine wirkliche Verfassung oder Konstitution also hat jedes Land und zu jeder Zeit gehabt. Was also der modernen Zeit wirklich eigentümlich ist, das sind – es ist sehr wichtig, dies stets aufs Schärfste festzuhalten – nicht die wirklichen Verfassungen, sondern die geschriebenen Verfassungen oder das Blatt Papier.

In der modernen Zeit sehen wir nämlich in den meisten Staaten das Bestreben ausbrechen, sich eine geschriebene Verfassung zu geben, die nun in einer Urkunde, auf einem Blatt Papier alle Institutionen und Regierungsprinzipien des Landes zusammenfasst und feststellen soll.

Woher kommt dies eigentümliche Bestreben der modernen Zeiten?

Dies ist wieder eine sehr wichtige Frage, und nur aus ihrer Beantwortung kann sich ergeben, wie man sich bei diesem Werke des Verfassungsmachens zu benehmen, wie man in Bezug auf bereits gemachte Verfassungen zu denken und sich zu ihnen zu verhalten hat; kurz, nur aus ihr ergibt sich alle Verfassungskunst und Verfassungsweisheit.

Ich frage also: Woher kommt das eigentümliche Bestreben der modernen Zeit, geschriebene Verfassungen zu errichten?

Nun, meine Herren, woher kann es kommen?

Offenbar nur daher, dass in den wirklichen Machtverhältnissen, die innerhalb der betreffenden Länder bestehen, eine Änderung eingetreten ist. Wäre keine solche Veränderung in den tatsächlichen Machtverhältnissen einer bestehenden Gesellschaft eingetreten, wären diese Machtverhältnisse noch die Alten, so wäre es gar nicht denkbar und möglich, dass diese Gesellschaft ein Bedürfnis nach einer neuen Verfassung hätte. Sie würde bei der Alten bleiben; höchstens die zerstreuten Teile derselben auf einer einzigen Urkunde zusammenstellen.

Wie tritt nun diese Änderung in den wirklichen Machtverhältnissen einer Gesellschaft ein?

Denken Sie sich beispielsweise im Mittelalter einen dünn bevölkerten Staat, wie dies damals fast alle Staaten waren, unter einem Fürsten stehend, und mit einem Adel, welchem der größere Teil des Grund und Bodens gehört. Infolge der dünnen Bevölkerung ist nur ein sehr geringfügiger Teil derselben für Industrie und Handel verwendbar, der bei Weitem größte Teil der Bevölkerung ist noch erforderlich, den Boden zu bebauen, um die notwendigen Ackerbauprodukte zu erzeugen. Da der Grund und Boden zum größten Teil in den Händen des Adels ist, findet daselbst diese Bevölkerung in mannigfachen Abstufungen und Verhältnissen, teils als Lehnsleute, Hintersassen, Erbpächter dieses Adels usw. Verwendung und Beschäftigung; aber alle diese Verhältnisse treffen in dem einen überein, diese Bevölkerung vom Adel abhängig zu machen und sie zu nötigen, sein Lehnsgefolge zu bilden und seine Fehden mitzuschlagen. Mit dem Überschuss der Ackerbauprodukte, die er von seinen Gütern erlöst, hält sich der Adlige auf seinen Burgen noch Reisige und Knappen, Kriegsleute aller Art.

Der Fürst seinerseits hat dieser Macht des Adels gegenüber im Wesentlichen keine andere tatsächliche Macht als den Beistand derjenigen Adligen, welche den guten Willen haben – denn zwingen kann er sie schwer – seinem Heeresaufgebot Folge zu leisten und die noch gar nicht der Rede werte Hilfe der wenigen und äußerst dünn bevölkerten Städte.

Wie, meine Herren, wird wohl die Verfassung eines solchen Staates beschaffen sein?

Nun, dies folgt ja mit Notwendigkeit aus den realen Machtverhältnissen dieses Landes, die wir soeben betrachtet haben.

Die Verfassung wird eine ständische, der Adel der erste und in jeder Hinsicht herrschende Stand sein. Der Fürst wird ohne seine Zustimmung nicht einen Kreuzer Steuern ausschreiben können, ja; er wird zu den Adligen keine andere Stellung haben, als der primus inter pares, als der erste unter seinesgleichen.

Und, meine Herren, genau so ist die Verfassung Preußens und der meisten andern Staaten im Mittelalter gewesen. Jetzt setzen Sie aber den Fall: Die Bevölkerung vermehrt sich immer mehr, Industrie und Gewerbe fangen an zu blühen und geben dadurch die notwendigen Subsistenzmittel her für ein neues Steigen der Bevölkerung, welche die Städte zu füllen anfängt. Kapital und Geldreichtum fangen an, sich in den Händen des Bürgertums und der städtischen Gilden zu entwickeln. Was wird jetzt eintreten?

Nun, das Wachsen der städtischen Bevölkerung, die nicht vom Adel abhängig ist, deren Interessen diesem vielmehr gegenüberstehen, kommt zunächst dem Fürsten zugut; sie vermehrt die waffenfähigen Mannschaften, die ihm zu Gebote stehen; mit den Subsidien der Bürger und Gewerke, die von den beständigen adligen Fehden viel zu leiden haben und im Interesse von Handel und Produktion bürgerliche Ruhe und Sicherheit und eine geordnete Justiz im Lande wünschen müssen, also auch mit Geld und Mannschaften den Fürsten gern unterstützen, kann der Fürst, so oft er dessen benötigt ist, jetzt eine anständige und den ihm widerstrebenden Adligen weit überlegene Heermacht werben. Diese Fürsten werden daher jetzt die Macht des Adels immer mehr beschränken, ihm das Fehderecht entziehen; wenn er die Landesgesetze verletzt, seine Burgen brechen, und nachdem endlich im Lauf der Zeiten durch die Industrie der Geldreichtum und die Bevölkerung des Landes sich hinreichend entwickelt hat, um den Fürsten in den Stand zu setzen, ein stehendes Heer zu bilden, wird dieser Fürst die Regimenter gegen das Ständehaus rücken lassen wie der Große Kurfürst, oder wie Friedrich Wilhelm I. mit dem Ausruf: je stabiliserai die Souveränität wie einen Rocher de Bronze, die Taxenfreiheit des Adels aufheben und dem Steuerbewilligungsrecht des Adels ein Ende machen.

Sie sehen, meine Herren, wie hier wieder mit der Änderung der realen Machtverhältnisse eine Änderung der Verfassung eingetreten ist; es ist jetzt das absolute Fürsten- oder Königtum entstanden.

Der Fürst hat nun nicht nötig, die neue Verfassung zu schreiben; dazu ist das Fürstentum ein viel zu praktisches Ding. Der Fürst hat in den Händen das reale tatsächliche Machtmittel, das stehende Heer, welches die wirkliche Verfassung dieser Gesellschaft bildet, und der Fürst und sein Anhang spricht dies im Lauf der Zeit selbst aus, indem er das Land einen »Militärstaat« nennt.

Der Adel, der entfernt nicht mehr imstande ist, mit dem Fürsten zu konkurrieren, hat es nun seit lange aufgeben müssen, ein eignes Waffengefolge zu haben. Er hat seinen alten Gegensatz zum Fürsten und, dass er seinesgleichen war, vergessen, hat sich von seinen früheren Burgen großenteils an die Residenz begeben, dort Pensionen beziehend und den Glanz und das Ansehen des Fürsten vermehrend.

Industrie und Gewerbe entwickeln sich aber immer mehr und mehr; mit dieser Blüte steigt und steigt die Bevölkerung.

Es scheint, dass dieser Fortschritt immer nur dem Fürsten zugutekommen muss, der sein stehendes Heer dadurch beständig vergrößern kann und dazu kommt, eine Weltstellung einzunehmen.

Aber endlich tritt eine so ungeheure, so riesenhafte Entwicklung der bürgerlichen Gesellschaft ein, dass der Fürst jetzt nicht mehr vermag, auch nicht durch das Mittel des stehenden Heeres, im gleichen Verhältnis an diesem Machtfortschritt des Bürgertums teilzunehmen.

Einige wenige Zahlen, meine Herren, werden Ihnen das recht sinnlich klarmachen.

Im Jahre 1657 hatte Berlin 20 000 Einwohner. Ungefähr in derselben Zeitperiode, beim Tode des Großen Kurfürsten, betrug die Armee zwischen 24 000 und 30 000 Mann. Im Jahre 1803 hat Berlin bereits 153 070 Einwohner. Im Jahre 1819, 16 Jahre später, hat Berlin bereits 192 646 Einwohner.

In diesem Jahre 1819 betrug das stehende Heer – Sie wissen, dass nach dem zurzeit noch bestehenden Gesetz vom September 1814, das man uns jetzt entreißen will, die Landwehr nicht zum stehenden Heere gehört – im Jahre 1819 also betrug das stehende Heer 137 639 Mann.

Wie Sie sehen, war das stehende Heer jetzt über viermal so groß geworden als zur Zeit des Großen Kurfürsten.

Die Einwohnerzahl von Berlin aber war über neunmal so groß geworden als damals.

Eine noch ganz andere Entwicklung aber beginnt jetzt. Im Jahre 1846 beträgt – die Zahlen sind überall aus amtlichen Listen genommen – die Bevölkerung von Berlin 389 308 Einwohner, also beinahe 400 000, also noch einmal soviel als im Jahre 1819. In 27 Jahren hatte sich die Einwohnerzahl der Stadt – jetzt beträgt sie, wie Sie wissen, schon zirka 550 000 Einwohner – mehr als verdoppelt.

Das stehende Heer betrug dagegen im Jahre 1846 wieder nur 138 810 Mann, gegen die 137 639 von 1819. Es war also stehen geblieben, weit entfernt, diese riesenhafte Entwicklung des Bürgertums mitmachen zu können.

Mit einer so riesenhaften Entwicklung des Bürgertums beginnt dasselbe, sich als eine selbständige politische Macht zu fühlen. Hand in Hand mit dieser Entwicklung der Bevölkerung geht eine noch großartigere Entwicklung des gesellschaftlichen Reichtums; geht ferner eine ebenso großartige Entwicklung der Wissenschaften und der allgemeinen Bildung, des allgemeinen Bewusstseins vor sich, dieses andern Stücks Verfassung, von dem wir gleichfalls bereits gesprochen haben. Die Bürger sagen sich jetzt: Wir wollen nicht länger eine willenlos beherrschte Menge sein; wir wollen selbst herrschen, und der Fürst selbst soll nur nach unserem Willen uns beherrschen und unsere Angelegenheiten leiten.

Kurz, meine Herren, die realen tatsächlichen Machtverhältnisse, die in diesem Lande bestehen, haben sich wieder verändert. Oder mit andern Worten: In einer solchen Gesellschaft tritt – der 18. März 1848 ein!

Sie sehen, meine Herren, dass hiermit in der Tat ganz das geschehen ist, was wir am Anfang unsrer Entwicklung als ein unmögliches Beispiel unterstellten. Wir unterstellten damals den Fall, die Gesellschaft verlöre ihre Gesetze durch eine Feuersbrunst. Nun, sind sie nicht durch Feuer untergegangen, so sind sie durch den Sturmwind untergegangen.

»Das Volk stand auf,
Der Sturm brach los.«

Wenn in einer Gesellschaft eine siegreiche Revolution eingetreten ist, so dauert zwar das Privatrecht fort, aber alle Gesetze des Öffentlichen Rechts liegen am Boden oder haben nur provisorische Bedeutung und sind neu zu machen.

Jetzt trat also die Notwendigkeit ein, eine neue geschriebene Verfassung zu machen, und der König selbst berief nun die Nationalversammlung nach Berlin, um die neue geschriebene Verfassung festzustellen, wie es zuerst hieß, oder wie es später hieß, um sie mit ihm zu vereinbaren.

Wann ist nun eine geschriebene Verfassung eine gute und dauerhafte?

Nun offenbar, nur in dem einen Falle, meine Herren, wie jetzt aus unserer ganzen Entwicklung von selbst folgt, wenn sie der wirklichen Verfassung, den realen, im Lande bestehenden Machtverhältnissen entspricht. Wo die geschriebene Verfassung nicht der wirklichen entspricht, da findet ein Konflikt statt, dem nicht zu helfen ist, und bei dem unbedingt auf die Dauer die geschriebene Verfassung, das bloße Blatt Papier, der wirklichen Verfassung, den tatsächlich im Lande bestehenden Machtverhältnissen, erliegen muss.

Was hätte also damals geschehen müssen?

Nun, man hätte vor allen Dingen nicht geschriebene, sondern wirkliche Verfassung machen müssen, das heißt also die im Lande bestehenden realen Machtverhältnisse hätten geändert, zugunsten der Bürger geändert werden müssen.

Zwar hatte sich soeben am 18. März gezeigt, dass die Macht der Nation allerdings schon jetzt größer sei als die Macht des stehenden Heeres. Nach einem langen und blutigen Kampf hatten sich die Truppen zurückziehen müssen.

Allein ich habe Sie bereits früher auf den wichtigen Umstand aufmerksam gemacht, der zwischen der Macht der Nation und der Macht des stehenden Heeres besteht und welcher zur Folge hat, dass die, wenn auch in Wahrheit kleinere, Macht des stehenden Heeres auf die Dauer dennoch wirksamer ist als die, wenn auch in Wahrheit größere, Macht der Nation.

Dieser Unterschied besteht, wenn Sie sich erinnern, darin, dass die Macht der Nation eine unorganisierte ist, die Macht des stehenden Heeres aber eine organisierte, welche täglich parat steht, den Kampf wieder aufzunehmen, und auf die Dauer daher wirksamer sein und das Feld behaupten muss gegen die, wenn auch größere, aber unorganisierte Macht der Nation, welche nur in seltnen Augenblicken großer Erregung sich zusammenballt.

Sollte also der am 18. März erfochtene Sieg nicht notwendig wieder resultatlos werden für das Volk, so musste der siegreiche Augenblick benutzt werden, um die organisierte Macht des stehenden Heeres derart umzugestalten, dass sie nicht wieder als ein bloßes Machtmittel des Fürsten gegen die Nation verwendet werden konnte.

Es musste zum Beispiel die Dienstzeit des Soldaten auf 6 Monate beschränkt werden, eine Zeit, welche einerseits nach dem Ausspruch der größten militärischen Autoritäten vollkommen hinreicht, um dem Soldaten die vollkommenste militärische Ausbildung beizubringen, und welche andrerseits zu kurz ist, um dem Soldaten einen besonderen Kastengeist einflößen zu können; eine Zeitdauer, deren Kürze vielmehr eine solche beständige Erneuerung des Heeres aus dem Volke nach sich zieht, dass dadurch das Heer erst aus einem Fürstenheer zu einem Volksheere wird.

Man musste ferner bestimmen, dass alle niederen Offiziere, bis mindestens zum Major inklusive, nicht von oben herab ernannt, sondern von den Truppenkörpern selbst gewählt würden, damit auch die Offiziersstellen nicht in einem volksfeindlichen Sinne besetzt werden und hierdurch dazu beitragen könnten, das Heer in ein blindes Instrument der Fürstenmacht zu verwandeln.

Man musste ferner das Heer für alle nicht speziell militärischen Vergehen unter die gewöhnlichen bürgerlichen Gerichte stellen, damit es auch hierdurch sich als ein Gemeinsames mit dem Volke und nicht als etwas Apartes, als eine besondre Kaste betrachten lerne.

Man musste ferner alles Geschütz, die Kanonen, die ja nur zur Landesverteidigung dienen sollen, und soweit sie nicht unumgänglich zu militärischen Übungen nötig, in den Verwahr der städtischen, vom Volke gewählten Behörden stellen. Mit einem Teile dieser Artillerie musste man ferner Artillerie-Sektionen der Bürgerwehr bilden, um so auch die Kanonen, dieses so wichtige Stück Verfassung, in die Macht des Volkes zu bringen.

Von alle diesem, meine Herren, ist im Frühjahr, im Sommer 1848 nichts geschehen, und können Sie sich daher wundern, wenn die Märzrevolution im November 1848 wieder rückgängig gemacht wurde und resultatlos blieb? Gewiss nicht, es war dies eben eine notwendige Folge davon, dass jede Änderung der realen tatsächlichen Machtverhältnisse unterblieben war.

Die Fürsten, meine Herren, sind viel besser bedient als Sie! Die Diener des Fürsten sind keine Schönredner, wie es die Diener des Volkes oft sind. Aber es sind praktische Leute, die den Instinkt haben, worauf es ankommt. Herr v. Manteuffel war gewiss kein großer Redner. Aber er war ein praktischer Mann! Als er im November 1848 die Nationalversammlung gesprengt und die Kanonen auf den Straßen aufgefahren hatte – womit fing er da an? Mit dem Niederschreiben einer reaktionären Verfassung etwa? O Gott behüte, dazu nahm er sich Zeit! Er gab Ihnen sogar selbst im Dezember 1848 eine ziemlich liberale geschriebene Verfassung. Womit fing er aber damals im November sofort an, welches war seine erste Maßregel? Nun, meine Herren, Sie erinnern sich dessen ja: Er begann damit, die Bürger zu entwaffnen, ihnen die Waffen abzunehmen. Sehen Sie, meine Herren, den Besiegten entwaffnen, das ist die

Hauptsache für den Sieger, wenn er nicht will, dass sich der Kampf jeden Augenblick wieder erneuen soll.

Im Anfang unserer Untersuchung, meine Herren, sind wir sehr langsam zu Werke gegangen, um erst den Begriff der Verfassung zu haben. Vielleicht schien es selbst damals manchen zu langsam. Dafür aber werden Sie bereits seit lange selbst bemerkt haben, wie sich, seit wir diesen Begriff hatten, Schlag auf Schlag die überraschendsten Konsequenzen entrollten, und wie wir jetzt die Dinge viel besser, viel klarer und ganz anders wussten als die andern, ja, dass wir eigentlich zu Konsequenzen gekommen sind, die dem, was man in der öffentlichen Meinung hierüber anzunehmen pflegt, meistens ganz entgegengesetzt sind.

Wir wollen rasch noch einige dieser Konsequenzen betrachten.

Ich habe soeben gezeigt, dass im Jahre 1848 keine von jenen Maßregeln ergriffen wurden, welche notwendig gewesen wären, die tatsächlichen im Lande bestehenden Machtverhältnisse zu ändern, das Heer aus einem Fürstenheer zu einem Volksheer zu machen.

Ein hierauf hinzielender und den ersten Schritt auf dieser Bahn bildender Antrag wurde in der Tat gestellt, der Steinsche Antrag, der dahinging, das Ministerium zu einem Armeebefehl zu drängen, welcher den Zweck hatte, dass alle reaktionären Offiziere ihre Entlassung nehmen sollten.

Aber Sie erinnern sich, meine Herren, kaum hatte die Nationalversammlung in Berlin diesen Antrag genehmigt, als die ganze Bourgeoisie und das halbe Land schrie: Die Nationalversammlung solle die Verfassung machen, nicht das Ministerium quengeln, nicht mit Interpellationen die Zeit verlieren, nicht mit Sachen, welche die Exekutive angingen; Verfassung machen, nur Verfassung machen, schrie man, als ob es brennte!

Sie sehen, meine Herren, die ganze Bourgeoisie, das halbe Land, das so schrie, verstand ganz und gar nichts von dem Wesen einer Verfassung!

Eine geschriebene Verfassung machen, das war das wenigste, das ist, wenn es sein muss, in dreimal 24 Stunden getan, das war das Letzte von allem; damit war, wenn sie vorzeitig kam, auch nicht das allergeringste getan.

Die wirklichen, tatsächlichen Machtverhältnisse im Lande umgestalten, in die Exekutive eingreifen, so sehr eingreifen und sie tatsächlich so sehr umformen, dass sie sich nie wieder selbständig dem Willen der Nation entgegenstellen konnte – das war es, worauf es damals ankam, und was vorausgehen musste, damit eine geschriebene Verfassung von Dauer sein konnte.

Da es nicht zeitig genug geschah, ließ man der Nationalversammlung nicht einmal Zeit, eine Verfassung zu machen, man jagte sie fort mit den ungebrochnen Machtmitteln jener Exekutive.

Zweite Konsequenz. Setzen Sie den Fall, man hätte die Nationalversammlung damals nicht fortgejagt und diese wäre wirklich dazu gelangt, eine Verfassung auszuarbeiten und zu beschließen.

Hätte das am Lauf der Dinge etwas Wesentliches geändert? Gott behüte, meine Herren, und der Beweis dafür liegt ja in den Tatsachen selbst. Die Nationalversammlung wurde zwar fortgejagt, aber der König selbst proklamierte aus den hinterlassenen Papieren der Nationalversammlung am 5. Dezember 1848 eine Verfassung, die in den meisten Punkten in der Tat ganz der Verfassung entspricht, die wir von der Nationalversammlung zu erwarten gehabt hätten. Jetzt also wurde diese Verfassung vom König selbst proklamiert, nicht ihm aufgedrungen, sondern von ihm, wie er als Sieger dastand, freiwillig erlassen. Jetzt also, scheint es, hätte diese Verfassung doch um so mehr auf Lebensfähigkeit rechnen sollen!

Gott behüte, meine Herren! Ganz unmöglich! Wenn Sie in Ihrem Garten einen Apfelbaum haben, und hängen an denselben nun einen Zettel, auf den Sie schreiben: Dies ist ein Feigenbaum, ist denn dadurch der Baum zum Feigenbaum geworden? Nein, und wenn Sie Ihr ganzes Hausgesinde, ja alle Einwohner des Landes herum versammelten und laut und feierlich beschwören ließen: Dies ist ein Feigenbaum der Baum bleibt, was er war, und im nächsten Jahr, da wird sich's zeigen, da wird er Äpfel tragen und keine Feigen.

Ebenso wie wir gesehen haben mit der Verfassung. Was auf das Blatt Papier geschrieben wird, ist ganz gleichgültig, wenn es der realen Lage der Dinge, den tatsächlichen Machtverhältnissen widerspricht.

Der König hatte sich auf dem Blatt Papier vom 5. Dezember 1848 von selbst zu einer großen Anzahl Konzessionen verstanden, die aber alle der wirklichen Verfassung widersprachen, nämlich den realen tatsächlichen Machtmitteln, die der König ungeschwächt in seiner Hand behielt. Mit derselben Notwendigkeit, die im Gesetze der Schwerkraft liegt, musste daher die wirkliche Verfassung es Schritt für Schritt über die geschriebene Verfassung durchsetzen.

So musste der König, obgleich die Verfassung vom 5. Dezember 1848 von der Revisionsversammlung angenommen war, sofort die erste Umänderung, das oktroyierte Dreiklassenwahlgesetz von 1849, vornehmen. Mithilfe der durch dieses Wahlgesetz erzeugten Kammer mussten weiter die wesentlichsten Verfassungsänderungen vorgenommen werden, damit sie nur im Jahre 1850 vom König beschworen werden konnten, und nachdem sie beschworen war, begann das Umändern erst recht! Jedes Jahr ist auch seit 1850 mit solchen Umänderungen bezeichnet. Keine Fahne, die 100 Schlachten mitgemacht hat, kann so zerfetzt und durchlöchert sein wie unsere Verfassung!

Dritte Konsequenz. Sie wissen, meine Herren, es gibt in unsrer Stadt eine Partei, deren Organ die »Volkszeitung« ist – eine Partei, sage ich, die sich dennoch mit fieberhafter Angst um diesen Fahnenstummel, um unsere durchlöcherte

Verfassung schart, eine Partei, die sich daher die »Verfassungstreuen« nennt, und deren Feldgeschrei ist: »Lasst uns an der Verfassung halten, um Gottes willen die Verfassung, die Verfassung, Hilfe, Rettung, es brennt, es brennt!«

Meine Herren, so oft Sie, gleichviel wo und wann, sehen, dass eine Partei auftritt, welche zu ihrem Feldgeschrei den Angstruf macht »sich um die Verfassung scharen« – was werden Sie hieraus schließen können? Ich frage Sie, meine Herren, hier nicht als wollende Menschen; ich richte meine Frage nicht an Ihren Willen. Ich frage Sie lediglich als denkende Menschen: Was werden Sie aus dieser Erscheinung schließen müssen?

Nun, meine Herren, Sie werden sich, ohne Propheten zu sein, in einem solchen Falle immer mit größter Sicherheit sagen können: Diese Verfassung liegt in ihren letzten Zügen; sie ist schon so gut wie tot, einige Jahre noch, und sie existiert nicht mehr.

Die Gründe sind einfach. Wenn eine geschriebene Verfassung den tatsächlichen im Lande bestehenden Machtverhältnissen entspricht, da wird dieser Schrei nie ausgestoßen werden. Einer solchen Verfassung bleibt jeder von selbst drei Schritte vom Leibe und hütet sich, ihr zu nahe zu treten. Mit einer solchen Verfassung fällt es keinem Menschen ein, anzubinden; er würde andernfalls sehr schlecht wegkommen. Wo die geschriebene Verfassung den realen tatsächlichen Machtverhältnissen entspricht, da wird die Erscheinung gar nicht vorkommen können, dass eine Partei ihren besondern Feldruf aus dem Festhalten an der Verfassung macht. Wo dieser Ruf ausgestoßen wird, ist dies ein sicheres und untrügliches Zeichen, dass er ein Angstruf ist; mit andern Worten: dass in der geschriebenen Verfassung immer noch etwas ist, was der wirklichen Verfassung, den tatsächlichen Machtverhältnissen, widerspricht. Und wo dieser Widerspruch einmal da ist, da ist die geschriebene Verfassung – kein Gott und kein Schreien kann ihr helfen – immer unrettbar verloren!

Sie kann auf entgegengesetzte Weise abgeändert werden, nach rechts oder links hin, aber bleiben kann sie nicht. Der Ruf grade, sie festzuhalten, beweist es für den klarer denkenden Menschen. Sie kann nach rechts hin abgeändert werden, indem die Regierung diese Änderung vornimmt, um die geschriebene Verfassung in Übereinstimmung mit, den tatsächlichen Machtverhältnissen der organisierten Macht der Gesellschaft zu setzen. Oder aber es tritt die unorganisierte Macht der Gesellschaft auf und beweist von Neuem, dass sie größer ist, als die organisierte. In diesem Fall wird die Verfassung wieder ebenso weit nach links hin abgeändert und aufgehoben wie vorhin nach rechts. Aber verloren ist sie in jedem Falle.

Wenn Sie, meine Herren, den Vortrag, den ich Ihnen zu halten die Ehre hatte, nicht nur festhalten und sorgfältig durchdenken, sondern ihn zu allen seinen Konsequenzen fortdenkend entwickeln, so werden Sie zum Besitz aller Verfassungskunst und aller Verfassungsweisheit gelangen. Verfassungsfragen sind ursprünglich nicht Rechtsfragen, sondern Machtfragen; die wirkliche Verfassung eines Landes existiert nur in den reellen, tatsächlichen Machtverhältnissen, die in einem Lande bestehen; geschriebene Verfassungen sind nur dann von Wert und Dauer, wenn sie der genaue Ausdruck der wirklichen in der Gesellschaft bestehenden Machtverhältnisse sind – das sind die Grundsätze, die Sie festhalten wollen. Ich habe Ihnen diese Grundsätze heut nur mit besondrer Beleuchtung der Heeresmacht entwickelt – einmal, weil die Kürze der Zeit nicht mehr erlaubte, zweitens, weil das Heer das entscheidenste und wichtigste aller organisierten Machtmittel ist. Sie begreifen aber von selbst, dass es sich nur ganz ähnlich mit der Organisation der Justizbeamten, der Verwaltungsbeamten usw. verhält; diese sind gleichfalls die organisierten Machtmittel einer Gesellschaft. Halten Sie diesen Vortrag fest, so werden Sie, meine Herren, wenn Sie je wieder in die Lage kommen, sich selbst eine Verfassung zu geben, wissen, wie man da zu verfahren hat und wie nicht mit dem Vollschreiben eines Blattes Papier, sondern nur damit etwas getan ist, wenn man an den tatsächlichen Machtverhältnissen ändert. Bis dahin und einstweilen, zum Tagesgebrauch, werden Sie aber aus diesem Vortrag auch von selbst erfahren haben, meine Herren, ohne dass ich mit einem Worte davon gesprochen, aus welchem Bedürfnis die neuen Militärvorlagen hervorgegangen sind, die Heeresvermehrung, die man von Ihnen fordert. Sie werden von selbst dazu gekommen sein, den Finger auf den innersten Quellpunkt zu legen, aus welchem diese Vorlagen entsprungen.

Das Fürstentum, meine Herren, hat praktische Diener, nicht Schönredner, aber praktische Diener, wie sie Ihnen zu wünschen wären.

Was nun? Zweiter Vortrag über das Verfassungswesen

19. November 1862

In meinem letzten Vortrage habe ich Ihnen, meine Herren, das Wesen der Verfassungen, und speziell auch der preußischen, entwickelt. Ich zeigte Ihnen, wie zu unterscheiden ist zwischen der wirklichen und der nur geschriebenen Verfassung oder dem Blatt Papier; wie die wirkliche Verfassung eines Landes immer nur in den realen, tatsächlichen Machtverhältnissen besteht; die sich in einer gegebenen Gesellschaft vorfinden. Ich zeigte Ihnen, wie die geschriebene Verfassung, wenn sie den tatsächlichen Machtverhältnissen der organisierten Macht der Gesellschaft nicht entspricht, wenn sie also nur das ist, was ich das »Blatt Papier« nannte, der Überwucht der organisierten Machtverhältnisse gegenüber rettungslos verloren ist, und zwar wie sie das notwendig und jedenfalls sein muss. Denn es nimmt dann, sagte ich, entweder die Regierung die Änderung der Verfassung vor, um die geschriebene Verfassung in Übereinstimmung mit den tatsächlichen Machtverhältnissen der organisierten Macht der Gesellschaft zu setzen. Oder aber es tritt die unorganisierte Macht der Gesellschaft auf, beweist von Neuem, dass sie größer ist, als die organisierte und ändert dann notwendig die organisierten Machtverhältnisse der Gesellschaft, also die Verfassungspfeiler selbst, wieder ebenso weit nach links hin ab, als die Regierung es bei ihrem Siege nach rechts hin in dieser oder jener Form getan hätte.

Ich resümierte am Schlüsse meines Vortrags denselben in folgenden Worten: »Wenn Sie, meine Herren, den Vortrag, den ich Ihnen zu halten die Ehre hatte, nicht nur festhalten und sorgfältig durchdenken, sondern ihn zu allen seinen Konsequenzen fortdenkend entwickeln, so werden Sie zum Besitz aller Verfassungsweisheit gelangen. Verfassungsfragen sind ursprünglich nicht Rechtsfragen, sondern Machtfragen; die wirkliche Verfassung eines Landes existiert nur in den reellen, tatsächlichen Machtverhältnissen, die in einem Lande bestehen; geschriebene Verfassungen sind nur dann von Wert und Dauer, wenn sie der genaue Ausdruck der wirklichen in der Gesellschaft bestehenden Machtverhältnisse sind – das sind die Grundsätze, die Sie festhalten wollen.«

Wenn dies nun wahr sein soll, dass die Durchdenkung und Fortentwickelung dieses Vortrags zu allen seinen Konsequenzen Sie in den Besitz aller Verfassungskunst und Verfassungsweisheit setzen würde, so müsste dieser Vortrag, wenn Sie ihn zu seinen Konsequenzen fortentwickeln, auch imstande sein, den Weg, den sichern und alleinigen Weg anzugeben, auf welchem der gegenwärtig im Lande bestehende Konflikt einem für die Nation gedeihlichen und siegreichen Ausgang zuzuführen sei. Und in der Tat ist es ebendies, was ich heut leisten will. Ich will aus der Theorie heraus, die ich Ihnen entwickelt habe, das Mittel bestimmen, welches notwendig und allein zu einer siegreichen Beendigung des zwischen der Regierung und der Kammer eingetretenen Konflikts führen muss.

Ehe ich dazu übergehe, lassen Sie uns noch einen Blick darauf werfen, wie unbedingt wahr die Theorie ist, die ich damals über das Wesen der Verfassungen aufgestellt habe, und die ich meiner heutigen Untersuchung überall als die Seele derselben zugrunde lege. Sie wissen, meine Herren, wie überaus streitig jede politische Behauptung zwischen den entgegengesetzten politischen Parteien ist! Da ist nichts von dem, was von der einen politischen Partei als unbestreitbar wahr anerkannt wird, was nicht von der andern mit ebenso großer Bestimmtheit als durchaus falsch verworfen würde. Fast sollte man manchmal meinen – und schwache, skeptische Gemüter meinen dies daher wirklich –, es gäbe keine Wahrheit, keine einheitliche menschliche Vernunft mehr, wenn man sieht, wie grundsätzlich, mit welcher Verachtung und Erbitterung bei der einen Partei als absolut falsch betrachtet wird, was bei der andern ebenso entschieden als absolut erwiesen, als Axiom gilt. Nur der Wissenschaft ist es gegeben, in dieser grellen Dissonanz von Meinungen, in diesem unharmonischen gräulichen Konzert voneinander Lügen strafenden Behauptungen hin und wieder eine Wahrheit zutage zu fördern von einem so klaren und schlagenden Lichte, dass sich auch die entgegengesetztesten politischen Parteien ihrer Anerkennung nicht entziehen können. Solche Fälle bilden daher immer einen wahren Triumph der Wissenschaft und einen äußerst mächtigen Beweis für die Wahrheit einer Theorie. In der Tat aber ist einer dieser seltnen Ausnahmefälle gerade in Bezug auf die Verfassungstheorie eingetreten, die ich Ihnen in meinem damaligen Vortrage entwickelt habe.

Ich gehöre, meine Herren, wie Ihnen bekannt ist, der Partei der reinen und entschiedenen Demokratie an.

Nichtsdestoweniger hat selbst ein meinen Parteiansichten so sehr entgegengesetztes politisches Organ wie die »Kreuzzeitung« nicht umhin gekonnt, die unbedingte Wahrheit der von mir aufgestellten Verfassungstheorie unumwunden einzuräumen. Sie widmet ihr in Nr. 132 (v. 8. Juni 1862) einen Leitartikel und nennt sie daselbst in ihrer Sprache: »Die Rede eines seinerzeit vielgenannten revolutionären Juden, der mit richtigem Instinkt den Nagel auf den Kopf getroffen und uns noch nicht alles gesagt hat, was er weiß und denkt.«

Letztern Fehler, wenn es einer sein soll, werde ich immer mehr und mehr ablegen. Die »Kreuzzeitung« kann sicher sein, dass ich ihre Ahnung erfüllen und sukzessive, je nachdem es an der Zeit sein wird, immer mehr alles sagen werde, was ich weiß und denke. Von ihrem Eingeständnis aber, mit meiner Verfassungstheorie den Nagel auf den Kopf getroffen zu haben, nehme ich hiermit Akt.

Aber nicht nur die »Kreuzzeitung«, auch die Minister haben die Wahrheit der von mir entwickelten Theorie vollständig anerkannt.

Der Kriegsminister Herr v. Roon erklärte in der Sitzung des Abgeordnetenhauses vom 12. September 1862, seine Auffassung der Geschichte gehe dahin, dass der Hauptinhalt der Geschichte nicht nur zwischen den einzelnen Staaten, sondern auch innerhalb eines jeden Staates selbst, nichts anders sei als der Kampf um Macht und Machterweiterung zwischen den einzelnen Faktoren.

Sie sehen, meine Herren, das ist genau, das ist mit denselben Worten eben die Theorie, die ich in diesem Frühjahr in meinem damaligen Vortrag in den Bezirksvereinen unter genauer historischer Entwicklung aufgestellt und als Broschüre veröffentlicht hatte.

Merkwürdigerweise sagt der Kriegsminister allerdings in derselben Auslassung und wenige Zeilen nach der ebenzitierten Stelle, es existierten in Berlin außerhalb des Abgeordnetenhauses Parteigänger, welche – ich zitiere jetzt seine eigenen Worte – »schriftlich und mündlich in Bezirksversammlungen und in der Presse die allerwunderbarsten und nach meiner Auffassung destruktivsten Tendenzen kundgegeben haben«.

Da in den hiesigen Bezirksvereinen bis dahin, soweit irgend bekannt geworden, kein anderer Vortrag gehalten worden war, auf welchen jene Bezeichnung »destruktiver Tendenzen« irgend hätte bezogen werden können, und da ferner die ministerielle »Sternzeitung« damals meinen Vortrag, den ich in drei bis vier Bezirksversammlungen gehalten, zu wiederholten Malen destruktiver Tendenzen beschuldigt hatte, so erblicke ich hierin, verbunden mit dem Umstande, dass der Kriegsminister soeben den Grundgedanken jenes Vortrags als seine Geschichtsauffassung ausgesprochen hatte, zwingende Gründe, jene Beschuldigung des Kriegsministers, soweit sie die Bezirksversammlungen betrifft, eben auf diesen meinen in den Bezirksversammlungen gehaltenen Vortrag über Verfassungswesen zu beziehen. Nun muss ich es allerdings meinerseits als sehr wunderbar und merkwürdig bezeichnen, dass der Herr Kriegsminister genau dieselbe Geschichtsauffassung, genau dieselben Worte, die er in seinem Munde für konservativ hält, in meinem Munde destruktiv findet.

Ja, noch etwas Wunderbares und Merkwürdigeres ist geschehen. Der Kriegsminister macht nämlich bei derselben Gelegenheit der Kammer den Vorwurf, dass sie nicht jene Tendenzen, die sich in den Bezirksversammlungen und in der Presse kundgegeben, desavouiert habe. Es ist nun überhaupt nicht Sache der Kammer, mich zu desavouieren. Aber das Urkomische dabei ist, dass der Kriegsminister nicht sieht, wie er, indem er die Kammer auffordert, eine Geschichtsauffassung zu desavouieren, zu der er sich soeben selbst bekannt hat, dadurch geradezu auffordert, ihn selbst und seine eigenen Ansichten zu desavouieren!

Inzwischen, dies sind Ergötzlichkeiten, welche der Kriegsminister mit der Logik abzumachen hat, und die nichts zur Sache verschlagen; was zur Sache gehört, ist nur zu konstatieren, dass der Kriegsminister sich genau zu derselben Theorie über das Wesen der Verfassung bekannt hat, die ich in meinem damaligen Vortrage aufgestellt habe.

Nicht weniger ist der gegenwärtige Ministerpräsident, Herr v. Bismarck, so freundlich gewesen, und zwar im Namen des gesamten Staatsministeriums, Zeugnis für die Wahrheit meiner Geschichtsanschauungen abzulegen.

Sie wissen alle, dass es das in der Verfassung geschriebene unbestreitbare und unbestrittene Recht der Kammer ist, dem Staatshaushaltetat die Genehmigung zu erteilen oder zu verweigern.

Die Kammer hat nun von diesem Recht Gebrauch gemacht. Herr v. Bismarck bestreitet auch nicht eigentlich, dass dies das Recht der Kammer sei. Aber er sagt in der Sitzung vom 7. Oktober wörtlich: »Rechtsfragen der Art pflegen nicht durch Gegenüberstellung widerstreitender Theorien, sondern nur allmählich durch die staatsrechtliche Praxis erledigt zu werden.« Sehen Sie ein wenig genauer zu, meine Herren, so finden Sie, dass hier, nur in etwas verschleierten, verschämten Ausdrücken, wie es sich für einen Minister schickt, ganz meine Theorie entwickelt ist. Das Recht der Kammer übersetzt Herr v. Bismarck mildernd in den Ausdruck Rechtsfrage. Er leugnet nicht – wie könnte er auch? –, dass diese Rechtsfrage oder dieses Recht auf dem Blatt Papier oder in der Verfassung steht. Aber, sagt er, es steht eben nur auf dem Blatt Papier, das wirklich Entscheidende dagegen sei die staatsrechtliche Praxis. Mit dem mildern Ausdruck »staatsrechtliche Praxis«, mit dem, was wirklich geschieht und vor sich geht im Gegensatz zum bloßen Recht oder zu der Rechtstheorie, ist hier, wie Sie sehen; nur der Druck dessen bezeichnet, was ich deutlicher die realen, tatsächlichen Machtverhältnisse genannt habe. Ihr mögt, sagt Herr v. Bismarck also, aus dem Ministeriellen ins Unverblümtere übersetzt, das Blatt Papier für euch haben. Aber ich habe die realen, tatsächlichen Machtverhältnisse der organisierten Macht, Heer, Finanzen, Gerichte, unter mir, und diese realen, tatsächlichen Machtverhältnisse sind es, die in letzter Instanz doch das Entscheidende sind und die staatsrechtliche Praxis bestimmen.

Der Einspruch dieser realen, tatsächlichen Machtverhältnisse, sagt Herr v. Bismarck zu den Abgeordneten, setzt euer Recht zu einer bloßen Rechtsfrage herab, und diese selben Machtverhältnisse bürgen mir auch schon, dass die Sache nicht im Sinne eueres bloß theoretischen, bloß papiernen Rechts zu Ende gehen wird. »Allmählich«, sagt Herr v. Bismarck, »wird die staatsrechtliche Praxis diese Rechtsfrage, das heißt diesen Konflikt zwischen nur geschriebenem Recht und in Erz gegrabenen Machtverhältnissen in einem ganz andern Sinne erledigen.« Hierin liegt noch eine weitere Einsicht des Herrn v. Bismarck. Sie erinnern sich, dass ich Ihnen in meinem letzten Vortrag auseinandersetzte, was ein konstitutioneller Präzedenzfall sei. Wenn ich einmal die Macht zu etwas habe, so habe ich das zweite Mal auch schon das Recht dazu. Ich zeigte Ihnen dies beispielsweise das letzte Mal an dem mittelalterlichen französischen staatsrechtlichen Grundsatz: »Das niedere Volk ist nach Willkür mit Steuern und Fronden zu belegen!« Dieser Grundsatz, sagte ich, war zunächst nichts anderes als der einfache »Ausdruck der tatsächlichen Machtverhältnisse in dem mittelalterlichen Frankreich. Das niedere Volk war im Mittelalter wirklich so machtlos gewesen, dass es ganz beliebig mit Steuern und Fronden belastet werden konnte; nach diesem tatsächlichen Machtverhältnis wurde nun auch immer verfahren. Das Volk wurde immer so belastet. Dieser tatsächliche Hergang gab die sogenannten Präzedenzfälle, die noch heutzutage in England in den Verfassungsfragen eine so große Rolle spielen. Bei diesem tatsächlichen Belasten wurde nun häufig auch, wie dies nicht anders sein konnte, die Tatsache, dass das Volk so belastet werden könne, ausgesprochen. Dies Aussprechen gab den staatsrechtlichen Grundsatz, auf den dann in ähnlichen Fällen wieder rekurriert wurde.«

Sie sehen, meine Herren, es ist offenbar dieselbe Ideenreihe, die Herr v. Bismarck im Sinne hat, wenn er behauptet, es werde allmählich durch die staatsrechtliche Praxis die Sache in einem ganz andern Sinne erledigt werden.

Wenn ich diesmal, 1862, will Herr v. Bismarck andeuten, die Macht habe, es durchzusetzen, so werde ich 1866, falls ich wieder gegen den Willen der Kammer das stehende Heer vermehren, falls ich wieder von der Kammer nicht genehmigte Ausgaben machen will, auch das Recht dazu für mich haben, denn dann werde ich mich, schon auf einen Präzedenzfall berufen können. Und wenn ich 1870 das Heer von Neuem vergrößern und Ausgaben gegen die Kammern-Entscheidung machen will, so werde ich dann schon ein ganz unbestreitbares Recht für mich haben. Denn dann werde ich mich schon auf zwei Präzedenzfälle, auf eine vollständige »staatsrechtliche Praxis« berufen können.

Diese angenehme Hinweisung darauf, dass er nicht jetzt zum letzten Mal, dass er auch künftig das stehende Heer gegen den Beschluss der Kammer vergrößern oder sonstige Ausgaben, die von ihr verworfen wurden, bestreiten will, diese trostreiche Versicherung, dass er es allmählich zur unbestrittenen staatsrechtlichen Praxis bei uns erheben wolle, Heer wie Ausgaben gegen die Beschlüsse der Kammer zu vermehren – diese reizende Fernsicht ist es, durch welche Herr v. Bismarck die Kammer und das Land für den Eingriff in die papierne Verfassung oder die bloße Rechtstheorie trösten und schadlos halten will.

Zwar könnten Sie finden, dass dies ein wunderlicher Trost sei. Denn es ist gerade so, als ob ich Sie für jetzige Prügel, die Sie zu empfangen sich sträuben, dadurch geneigter machen wollte, dass ich Ihnen verspreche, Ihnen auch noch künftighin solche reichlich und in Menge erteilen zu wollen.

Allein bei alledem werden Sie aus dieser Betrachtung der Worte des Herrn Ministerpräsidenten dennoch ersehen haben, dass derselbe ein tiefer und feiner Kenner des Verfassungswesens ist, dass er ganz und gar auf dem Boden meiner Theorie steht, dass er vortrefflich weiß, wie die wirkliche Verfassung eines Landes nicht in dem Blatt Papier, sondern in den tatsächlichen Machtverhältnissen besteht, und nur aus diesen, nicht aus dem papiernen Recht, die staatsrechtliche Praxis, das, was wirklich geschieht, bestimmt wird, und dass er sich ausgezeichnet klar darüber ist, was Präzedenzfälle sind, wie sie entstehen und wie sie nachher verwertet werden.

Ich kann also Sie alle, meine Herren, und ganz besonders die hier anwesenden Vertreter der Polizeigewalt, darauf aufmerksam machen, dass ich mich auf einem von allen obersten Behörden im Staat anerkannten und durchaus unangreifbaren Boden befinde.

Sie dürfen sich übrigens nicht wundern, meine Herren, diese Klarheit gerade bei den Männern der Regierung zu finden. Ich habe Sie schon das letzte Mal darauf aufmerksam gemacht, dass die Fürsten sehr gut bedient sind, dass die Diener der Fürsten keine Schönredner, aber doch praktische Männer sind, die gleichviel ob mit mehr oder weniger ausgearbeitetem theoretischem Bewusstsein doch den Instinkt haben, worauf es ankomme.

Aber nicht nur die Ansichten der Männer der Regierung kann ich als Beleg für die Wahrheit meiner Theorie anführen, sondern, was noch von weit größerem Gewicht ist, die Ereignisse selbst haben, und zwar in der auffälligsten Weise, für sie entschieden.

Sie erinnern sich der Prophezeiung, die als dritte Konsequenz in meinem in diesem Frühjahr gehaltenen Vortrag entwickelt war.

Ich entwickelte Ihnen dort, wie und warum notwendig unsere jetzt bestehende Verfassung in ihrem Todeskampfe begriffen sei und warum sie schlechterdings in kürzester Frist entweder nach rechts hin von der Regierung oder nach links hin vom Volke werde abgeändert werden müssen, aber als diese jetzt bestehende bestimmte Verfassung unmöglich länger fortbestehen könne. Ich sagte damals wörtlich: »Die Verfassung liegt in ihren letzten Zügen; sie ist schon so gut wie tot; einige Jahre noch – und sie existiert nicht mehr.«. Ich wollte nicht zu sehr erschrecken und sagte darum: »einige Jahre noch.« Wie die Ereignisse zeigen, hätte ich sagen können: Einige Monate noch, und sie existiert nicht mehr.

Der Präsident des Abgeordnetenhauses selbst, Herr Grabow, hat jetzt in seiner Rede beim Kammerschluss konstatiert, dass die Verfassung »schwer beschädigt« worden sei.

Das Herrenhaus – ein selbst dieser Verfassung angehöriger Körper – hat durch sein Votum, welches den von der zweiten Kammer verworfenen Staatshaushaltsetat genehmigt, einen Verfassungsbruch begangen. Und noch viel ernster und schwerer ist der Eingriff, den die Regierung selbst in die Verfassung getan hat. Die Kammer hat die Ausgaben für die neue Militärorganisation verworfen – und die Regierung setzt dieselben dennoch auch seit dem Tage dieses Kammerbeschlusses nach wie vor fort, wie sie dies selbst erklärt hat.

Die Logik hat also recht behalten, meine Herren, die bestehende Verfassung ist eine, zurzeit wenigstens und vorläufig, in der Wirklichkeit nicht mehr bestehende Verfassung, und die Geschichte hat meine Prophezeiung in Bezug auf die Kürze der Zeit noch weit übertroffen.

Sie können also vollständiges Zutrauen haben in die unangreifbare Wahrheit der Verfassungstheorie, die ich Ihnen entwickelt. Und wenn sich nun aus einer so von allen Seiten und durch die Ereignisse selbst bestätigten Theorie mit logischer Konsequenz ein Mittel sollte ableiten lassen, wie in dem gegenwärtigen Konflikt der Sieg erlangt werden kann, so würden Sie getrosten Mutes sein können, meine Herren. Denn Sie würden dann mit derselben vollständigen Zuversicht überzeugt sein können, dass dieses Mittel, als aus dieser Theorie herausgeboren, auch das unbedingt Zutreffende, das mit Sicherheit zum Siege führende sein muss.

Ein solches Mittel lässt sich nun aber allerdings aus dieser Theorie mit Evidenz entwickeln, und dies ist es, was den Gegenstand meines heutigen Vortrags bildet.

Stellen wir zunächst die Frage, wie sie gestellt werden muss. Bei allen Untersuchungen kommt es vor allen Dingen auf die Fragestellung an, und das falsche Resultat ist sehr häufig nur die Folge der falschen Fragestellung.

Diese Frage lautet also nicht so: Wie ist dieser Verfassung, das heißt dieser ganz bestimmten Verfassung vom Januar 1850 mit Haut und Haar, wie sie eben ist, zur dauernden Fortexistenz zu verhelfen? Wenn Sie die Frage so stellen wollten, meine Herren, so könnte allerdings ich sowenig wie irgendein anderer eine wahrhafte, eine andere als scheinbare Lösung geben, ebenso wenig wie man durch Galvanisierung in einen Leichnam mehr als ein Scheinleben hineinbringen kann. So wird es, um nur ein Beispiel anzuführen, jedem von Ihnen klar sein, dass mindestens das Herrenhaus – welches ja auch einen Teil der Verfassung von 1850 bildet und welches seine Stellung dazu braucht, allen Beschlüssen des Abgeordnetenhauses systematisch entgegenzutreten – auf die Dauer nicht fortbestehen kann. Damit wäre aber immerhin schon die gegenwärtige Verfassung in einer ihrer wesentlichen Grundlagen aufgehoben. Inzwischen, so steht die Frage auch ja gar nicht für Sie. So interessiert Sie dieselbe nicht. Was interessiert Sie die Forterhaltung aller für Sie schädlichen Bestimmungen in der Verfassung? Was interessiert Sie zum Beispiel der Fortbestand des Artikels 108: »Eine Verteidigung des Heeres auf die Verfassung findet nicht statt«? Oder was interessiert Sie der Fortbestand des Artikels 111, welcher die Regierung ermächtigt, in gewissen Fällen den Belagerungszustand zu erklären und über ein halbes Dutzend gerade der wichtigsten Artikel der Verfassung außer Kraft zu setzen und die unverletzlichsten Rechte des

Menschen und Bürgers zu verletzen? Oder was interessiert Sie die Forterhaltung des Artikels 106, welcher den Richtern die Prüfung der Rechtsgültigkeit königlicher Verordnungen verbietet? Oder was interessiert Sie die Forterhaltung des Artikels 109, welcher die Regierung in Bezug auf die Vereinnahmung aller einmal bestehenden Steuern von der Genehmigung der Kammern entbindet? Alles dies sind aber nur einzelne kürze Belege dafür, dass die Forterhaltung dieser Verfassung mit Haut und Haar Sie ebenso wenig interessiert, als sie auf die Dauer möglich wäre. Was Sie wirklich bei dem jetzigen Konflikt interessiert, ist vielmehr nur das eine: das absolute Recht des Volkes, das selbst in dieser Verfassung anerkannte Budgetbewilligungsrecht Ihrer Abgeordneten, ein Recht, das für alle Zeiten auch in alle künftigen Verfassungen würde aufgenommen werden müssen, zur Geltung zu bringen.

Die Frage also, wie sie wirklich für Sie steht, lautet demnach: Wie ist das Recht des Volkes, durch seine Abgeordneten Ausgabeposten des Staatshaushaltsetat zu verweigern, die ihm ungerechtfertigt erscheinen, durchzusetzen, zur Geltung und Wirklichkeit zu bringen?

Ich werde mich wieder, wie das letzte Mal, der indirekten Methode zur Entscheidung dieser Frage bedienen; das heißt, ich werde zunächst zeigen, welche Mittel, wie plausibel sie auch scheinen möchten, nicht die angemessenen zu dem angegebenen Ziele sind.

Wenn ich nicht irre, so ist vielleicht von manchen daran gedacht worden, die Kammer müsse in der nächsten Session zu einer Steuerverweigerung greifen, um die Regierung zum Einlenken in die gesetzliche Bahn zu zwingen.

Allein dies Mittel, so klangvoll es in die Ohren tönen möchte, würde gleichwohl ein entschieden falsches, seinen Zweck vollständig verfehlendes sein.

Zunächst muss eingestanden werden, dass angesichts des § 109 unserer Verfassung es mehr als zweifelhaft ist, ob unserer Kammer überhaupt eine Verweigerung der zur Zeit einmal bestehenden Steuern zusteht.

Angenommen aber auch, dass dies umgekehrt stände, angenommen selbst, dass unsere Verfassung mit dürren Worten der Kammer das Recht der Steuerverweigerung zuspräche, so würde dennoch dieses Mittel ganz ebenso unpraktisch und machtlos sein.

Die Steuerverweigerung, die an und für sich noch nicht zu verwechseln ist mit einem Aufstand, ist ein besonders von England her sehr akkreditiertes, dort bestehendes legales Mittel, die Regierung zu zwingen, in irgendeinem Punkte dem Willen der Nation nachzukommen. Die bloße Androhung der Steuerverweigerung durch die Aldermänner der City hat bei Gelegenheit der Reformbill von 1830 genügt, die Krone dazu zu bestimmen, nachzugeben und einen Pairsschub vorzunehmen, um den Widerstand des Oberhauses zu brechen.

Da also dies Mittel in England so bewährt ist, so kann es nicht wundernehmen, dass manche auch jetzt wieder die Augen darauf richten, wie man es ähnlich schon im Novemberkonflikt des Jahres 1848 bei uns anzuwenden gesucht hat. Allein schon die von der Nationalversammlung 1848 beschlossene Steuerverweigerung – und die Nationalversammlung besaß, als konstituierende Versammlung, doch das unbedingte und unbestreitbare Recht zu einem solchen Beschluss – ist ohne allen reellen Erfolg geblieben, und ganz denselben und einen noch kläglicheren Ausgang müsste gegenwärtig jede gänzliche oder teilweise Wiederholung jenes Beschlusses nehmen.

Woher kommt dieser Unterschied, meine Herren, dass dieselbe Maßregel, die so effektvoll ist in England, so effektlos bleiben muss bei uns? An der Hand unserer Theorie wird Ihnen dies sofort durchsichtig werden. Sie werden bei dieser Gelegenheit sich zugleich ein wichtiges Stück unserer vergangenen Geschichte – den Ausgang des Novemberkonfliktes von 1848, – zur Klarheit bringen und sich ebenso vor Missgriffen in der Gegenwart sichern.

Diejenigen nämlich, welche im November 1848 in der Steuerverweigerung als solcher eine wirksame Maßregel erblickten, und diejenigen, welche jetzt wieder die Augen hierauf richten, übersehen nichts Geringeres als den in unserer Theorie auseinandergesetzten Fundamentalunterschied einer wirklichen und einer nur geschriebenen Verfassung.

England ist ein Land, in welchem die wirkliche Verfassung konstitutionell ist, das heißt ein Land, in welchem sich demnach das Übergewicht der realen, tatsächlichen Machtmittel, auch der organisierten Macht, aufseiten der Nation befindet.

In einem solchen Lande muss es daher leicht sein, eine Steuerverweigerung durchzuführen. In einem solchen Lande kann die Regierung es nicht einmal auf die Probe ankommen lassen; sie muss schon bei der Drohung nachgeben. In einem solchen Lande wird die Steuerverweigerung auch gar nicht bloß dazu gebraucht, um Angriffe auf die bestehende Verfassung abzuwehren, sondern im Gegenteil, wie dies 1830 bei der Reformbill der Fall war, um dem Volke günstige Angriffe auf die Verfassung durchzusetzen. Sie ist das organisierte legale, friedliche Mittel, um die Regierung unter den Willen des Volkes zu beugen.

Ganz anders bei uns in Preußen, wo jetzt, wie im November 1848, immer nur eine geschriebene Verfassung oder Verfassungsbruchstücke bestehen und bestanden, alle tatsächlichen Machtmittel der organisierten Macht aber sich ausschließlich in den Händen der Regierung befinden.

Um sich dieses Unterschiedes ganz bewusst zu werden, brauchen Sie nur den realen Verlauf sich vorzustellen, den eine Steuerverweigerung in England und den eine solche in Preußen nehmen würde. Ich setze also den Fall, das englische Unterhaus beschlösse eine Steuerverweigerung, und die Regierung wollte dennoch gewaltsam die Steuer erheben. Der englische Steuerexekutor kommt zu mir und will exequieren. Ich widersetze mich, ich werfe ihn zur Tür hinaus.

Ich werde vor Gericht gestellt. Der englische Richter aber spricht mich frei oder belobt mich noch, dass ich ungesetzliche Gewalt nicht geduldet habe. Der Steuerexekutor kommt wieder, verstärkt durch Soldaten. Ich widersetze mich weiter mit meinen Freunden und Hausleuten. Die Soldaten geben Feuer; sie verwunden und töten. Ich stelle sie vor Gericht; und obgleich sie sich auf den Befehl ihrer Vorgesetzten berufen, so werden sie, da ein solcher in England bei Handlungen gegen das Gesetz nicht deckt, einfach wegen Totschlags zum Tode verurteilt. Ich setze aber den Fall, ich habe mit meinen Freunden das Feuer der Soldaten erwidert und gleichfalls verwundet und getötet. Ich werde vor Gericht gestellt. Ich werde immer nach wie vor wegen Widerstands gegen ungesetzliche Gewalt freigesprochen.

Aber ferner. Weil diesen ganzen Verlauf jedermann in England kennt, weil somit von vornherein alle Chancen des Sieges auf Seite des Volkes sind, verweigert jeder die Steuern; alle tun es, auch solche, die indifferent wären oder lieber zahlen möchten; aber sie verweigern, um sich bei ihren Mitbürgern, die doch voraussichtlich Sieger bleiben werden, nicht verhasst zu machen, um sich nicht als schlechte Bürger zu zeigen.

Aber weiter, welches Mittel hätte die Regierung, den Widerstand des englischen Unterhauses und Volkes zu brechen? Das Heer. Aber in England muss seit der Bill of Rights die Regierung jedes Jahr von Neuem von dem Parlament die Erlaubnis erbitten, ein Heer zu halten. Diese Erlaubnis wird ihr jedes Jahr und immer nur auf die Dauer eines Jahres bewilligt durch die sogenannte mutiny-Akte, durch welche die Regierung zugleich für die Dauer dieses Jahres mit einer Disziplinargewalt gegenüber den Soldaten, die sonst nur unter den gewöhnlichen Landesgesetzen stehen würden, zur Bestrafung von Insubordination und Meuterei ausgerüstet wird. In derselben Akte wird zugleich die genaue Zahl der Truppen, welche der Regierung zu halten erlaubt wird, und ihre Bezahlung festgesetzt. Was würde also die Folge sein, wenn sich die englische Regierung mit dem Unterhaus in einem Kampf befände? Das englische Unterhaus würde einfach beim Jahresschluss die Erneuerung der mutiny-Akte verweigern und von Stund an könnte die Regierung kein Heer halten, dasselbe nicht zahlen, keine Meuterei mehr unterdrücken, keine Disziplinargewalt gegen die Soldaten anwenden, die beliebig auseinanderlaufen könnten und würden. Aber noch mehr. Ich sagte Ihnen, dass jährlich die Zahl der Truppen, welche der Regierung zu halten erlaubt wird, durch die mutiny-Akte festgestellt wird. Diese Zahl betrug im letzten Jahr (1861/62) für Großbritannien und sämtliche Kolonien, mit Ausnahme Indiens, nicht mehr als 99 000 Mann. Es kommen also, da die vielen und einer Truppenmacht besonders bedürftigen Kolonien Englands mindestens die Hälfte dieser Anzahl erfordern werden, nicht mehr als 50 000 Mann auf Großbritannien, das heißt auf eine Bevölkerung von 25 Millionen Einwohnern, und Sie werden begreifen, dass man bei solchem Zahlenverhältnis keinen Kampf mit der Nation wagen kann.

Und nun immer weiter von Wechselwirkung zu Wechselwirkung.

Weil es klar ist, dass fast alle sich der Steuerzahlung widersetzen werden, und weil hierdurch die Chancen, die schon von vornherein durchaus zugunsten des Volkes stehen, noch unendlich vermehrt werden, weil endlich die englische Regierung in England selbst nur ein Heer von so geringfügiger Zahl halten darf, kann die Regierung dort auch nicht einmal auf ihre eigenen Beamten, nicht einmal auf die Machtmittel, die sie wirklich hat, rechnen. Denn Sie begreifen, meine Herren, dass sich bei der Masse der Beamten ihr Verhalten in einem solchen Konflikt hauptsächlich nach der Meinung richtet, die sie darüber haben, wer von beiden, Regierung oder Volk, wohl Sieger bleiben werde. Wie auf der Börse hausse und baisse sich zum großen Teil danach bestimmt, welche Meinung die meisten schon beim Beginn der Börse darüber haben, ob hausse oder baisse triumphieren werde, so richtet sich zu einem guten Teil das Verhalten der Beamten und somit ein bedeutendes Element des wirklichen Sieges nach der Meinung, die sie darüber haben, wem der Sieg schließlich verbleiben werde. Glauben die Beamten, die Regierung werde Sieger bleiben, so sind sie eifrig, unerschütterlich, energisch. Sind die Verhältnisse der Art, dass sie die entgegengesetzte Ansicht haben müssen, so sind sie schwankend, wankend, protestieren, fallen ab, gehen über. Dies ist nur zu natürlich. Der eine will seine Knochen, der andere sein Amt und Gehalt, der dritte seine soziale Achtung nicht aufs Spiel setzen. Da nun die reale Position des englischen Volkes, wenn das Unterhaus eine Steuerverweigerung beschlösse, von vornherein so stark ist, dass jeder an seinen Sieg glauben muss, so würden die englischen Beamten in Masse von der Regierung abfallen, und es bliebe zuletzt der dortige Ministerpräsident, etwa mit einer Handvoll katilinarischer Existenzen, die nichts zu verlieren haben, allein übrig, um die Steuer einzutreiben, die Kanonen abzufeuern und die Leute einzusperren.

Und weil der casus dort realiter so stehen würde, würde eine vom englischen Unterhaus beschlossene Steuerverweigerung überhaupt schwerlich dazu gelangen, ausgeführt werden zu müssen. Die Regierung würde nachgeben, und alles liefe auf dem Wege einer friedlichen Demonstration ab.

Nun denken Sie sich aber einmal den Fall, eine preußische Kammer beschlösse, und wenn sie noch so sehr dazu berechtigt wäre, wie das im November 1848 der Fall war, eine Steuerverweigerung.

Niemand wird darüber zweifelhaft sein, dass die Regierung dennoch auf das Allerernsteste an die Eintreibung der Steuern gehen würde. Ich werfe jetzt wieder den Steuerdiener hinaus. Ich werde vor Gericht gestellt und von unseren Richtern unbedenklich und trotz der schönsten Reden zu soundsoviel Monaten Gefängnis wegen Widerstands gegen die Regierungsgewalt verurteilt. Der Steuerdiener kommt wieder mit Soldaten, die auf mich und meine mich unterstützenden Freunde Feuer geben, verwunden und töten. Kein Mensch kann bei uns diese Soldaten oder Steuerdiener vor Gericht stellen. Sie haben einfach auf Befehl ihrer vorgesetzten Behörde gehandelt und sind dadurch gedeckt. Ich feuere aber zurück auf den Steuerdiener und die Agenten der bewaffneten Macht, ich verwunde und töte. Ich werde vor Gericht gestellt, einfach verurteilt und geköpft.

Und weil dies so ist, und weil also von vornherein alle Chancen gegen die Steuerverweigerer sind, wird überhaupt nur eine Minderzahl prinzipfester Charaktere die Steuerzahlung verweigern; und wiederum, weil dies so ist, wachsen um so mehr die Chancen der Regierung, die Steuereintreibung durchzusetzen, und wiederum, weil dies so ist und weil die Regierung auch bei uns nicht nötig hat, jährlich die Erlaubnis des Parlaments, um ein Heer von bestimmter Anzahl zu halten, und zur Bewilligung einer Disziplinargewalt gegen dasselbe nachzusuchen, und weil endlich unsere Regierung nicht, wie die englische, ein Heer von circa 50 000 Mann auf 25 Millionen Einwohner, sondern ein stehendes Heer von über 140 000 Mann auf bloß 18 Millionen Einwohner zur Durchsetzung ihrer Maßregeln zur Hand hat (nach der neuen Armeeorganisation hat sie sogar ein stehendes Heer von circa 200 000 Mann), so wird ihr auch die ungeheure Majorität ihrer Beamten in einem solchen Konflikt treu bleiben, und so vice versa immer im Kreis herum, und die Steuerverweigerung würde zu nichts anderem dienen, als gerichtliche Verfolgungen über unsere tapfersten Mitbürger zu bringen, wie das alles 1848 der Fall gewesen ist.

Sie ersehen hieraus, meine Herren, dass eine Steuerverweigerung als solche nur ein wirksames Mittel ist in den Händen eines solchen Volkes, welches bereits die realen Machtmittel der organisierten Macht auf seiner Seite hat, eines solchen Volkes, welches bereits in der Festung ist; dass sie aber ein ganz unwirksames Mittel ist für ein solches Volk, welches erst eine bloß geschriebene Verfassung hat und die Festung der realen Machtmittel erst erobern will.

An der theoretischen Unklarheit hierüber ist die 48er Nationalversammlung untergegangen. Bei einem Volke, welches erst in jene Festung eindringen soll, hätte die Steuerverweigerung nur dann überhaupt einen Sinn, wenn sie dazu dienen sollte, einen allgemeinen Aufstand zu entflammen.

Aber hieran, meine Herren, an eine Insurrektion wird unter den jetzigen Umständen hoffentlich wohl niemand denken. Aus Gründen, deren Entwicklung Sie mir erlassen werden, wäre sie in der momentanen Situation eine völlige Unmöglichkeit.

Anders stand die Sache bei der Steuerverweigerung vom November 1848. Bei der damals bestehenden allgemeinen Aufregung hätte eine siegreiche Insurrektion sehr wohl erfolgen können, und die damals von der Nationalversammlung dekretierte Steuerverweigerung hätte dann allerdings einen verständigen Sinn gehabt, wenn die Nationalversammlung konsequent weitergegangen wäre und den nationalen Aufstand dekretiert hätte. Das wurde inzwischen, wie Sie wissen, durch den von Herrn v. Unruh erfundenen passiven Widerstand, traurigen Angedenkens, verhindert.

Heute aber, wo, ich wiederhole es, der Gedanke an einen Aufstand in der momentanen Situation vollständig sinnlos wäre, und ein solcher Versuch nur der Regierung den Sieg in die Hände spielen würde – heute würde auch jeder Gedanke an eine Steuerverweigerung durchaus zweckwidrig sein.

Mit der Steuerverweigerung also ist es nichts; mit dem Aufstand ist es momentan auch nichts. Was bleibt übrig? Sind wir wirklich wehr- und mittellos?

Nein, meine Herren! Die Kammer besitzt vielmehr ein Mittel von unwiderstehlicher Macht und Wirksamkeit, ein Mittel, welches den Widerstand der Regierung unbedingt überwinden muss.

Dieses Mittel, welches in der Formel, in der ich es jetzt vorschlagen werde, gerade um die Einfachheit dieser Formel willen, Ihnen zunächst vielleicht völlig unverständlich erscheinen wird, besteht einfach darin: Die Kammer muss aussprechen das, was ist! –

Um zu wissen, was das heißt, um die Tiefe kennenzulernen, welche durch diese einfache Formel bedeckt wird, müssen wir auf die Frage zurückgehen:

Was ist der Scheinkonstitutionalismus und wie entsteht er?

Die Beantwortung dieser Frage aber ist es eben, welche Ihnen aus meinem letzten Vortrag vollkommen klar sein muss.

Ich zeigte Ihnen damals, wie, solange der Grundbesitz und die Agrikulturproduktion die hauptsächlichste Quelle des gesellschaftlichen Reichtums ist, und diese vorwiegende Macht sich tatsächlich in den Händen des grundbesitzenden Adels befindet, die Verfassung eine ständische und das Fürstentum ein sehr beschränktes sein muss. Ich zeigte Ihnen ferner, meine Deduktionen Schritt für Schritt an der Hand der Historie belegend, wie mit dem Steigen der Bevölkerung und dem damit verbundenen Überhandnehmen der industriellen, bürgerlichen Produktion eine Verschiebung der gegenseitigen Machtverhältnisse zugunsten des Fürstentums beginnt, sodass, wenn die industrielle, bürgerliche Produktion zur vorwiegenden Quelle des gesellschaftlichen Reichtums geworden ist, das absolute Fürsten- oder Königtum eintreten und der Adel zu einem machtlosen Zierrat des Thrones zusammenschrumpfen muss.

Ich zeigte Ihnen endlich drittens, wie bei der immer weiter und bis ins Riesenhafte fortschreitenden Entwicklung der Industrie und der Gewerbe, wie bei dem dadurch bedingten, immer gewaltigeren Anwachsen der Bevölkerung endlich ein Punkt eintreten muss, wo das Fürstentum auch nicht durch das Mittel des stehenden Heeres an diesem Machtfortschritt des Bürgertums in irgend gleichem Verhältnis teilzunehmen vermag, wie jetzt das Bürgertum, sich fühlend als den wahren Inhaber der gesellschaftlichen Macht, dieselbe auch nach seinem Willen verwendet und geleitet zu sehen fordern, und wie also in einer Gesellschaft, deren reale Machtverhältnisse sich allmählich so sehr verändert haben, der 18. März 1848 eintreten muss.

Aber ich habe Ihnen in jenem Vortrag auch gezeigt, meine Herren, dass und warum mit der noch so sehr überwiegenden gesellschaftlichen Macht des Bürgertums und selbst mit dem siegreichen Durchbruch desselben vom 18. März 1848 der Kampf noch durchaus nicht zu Ende ist und sein kann. Ich zeigte Ihnen nämlich, wie die in den Händen des Bürgertums befindliche gesellschaftliche Übermacht, so groß sie sei, eine unorganisierte ist, die in den Händen der Regierung aber befindliche Macht, wenn auch eine um noch soviel geringere, eine organisierte ist, welche also diszipliniert und täglich parat steht, den Kampf wieder aufzunehmen, und wie deshalb, wenn das Bürgertum seinen siegreichen Durchbruch nicht sofort und schnell benutzt, um auch die organisierte Macht in seine Hände zu bringen, der Absolutismus notwendig den günstigen Augenblick finden muss, den Kampf siegreich wieder aufzunehmen, und dann die obwohl größere Macht des Bürgertums auf lange Zeit niederzuhalten.

Auch ist dies bei uns wirklich eingetreten, und Sie alle erinnern sich des Datums dieses Ereignisses: die Kontrerevolution vom November 1848. –

Was wird denn nun aber der Absolutismus tun, wenn er eine solche siegreiche Kontrerevolution gemacht hat?

Der Absolutismus will sich fortsetzen. Das ist wahr. Wird er sich aber deswegen in seiner alten Form, als nackter, unverhüllter Absolutismus fortsetzen wollen? Wird er die Verfassung kassieren und ohne jede Verfassung in der früheren absoluten Weise fortregieren? Gott behüte! So dumm ist er nicht! Der Absolutismus hat nämlich notwendig durch seine einmalige Niederlage, bei uns also durch den 18. März, die Einsicht erlangt, dass ihm die unorganisierte gesellschaftliche Macht des Bürgertums im Grunde bei Weitem überlegen ist, dass er es zwar in einer günstigen Stunde durch die Diszipliniertheit der organisierten Macht momentan geschlagen hat, dass aber das Bürgertum nichtsdestoweniger nach wie vor die zwar unorganisierte aber immerhin gesellschaftliche Übermacht darstellt; dass also jede Stunde ein neuer Konflikt eintreten könne, bei welchem er, der Absolutismus, von Neuem unterläge, und wenn dies Unterliegen dann besser benutzt wird, für immer unterlegen wäre!

Der Absolutismus hat, nachdem er sich einmal der gesellschaftlichen Übermacht des Bürgertums bewusst geworden ist, irgendeine dunkle Ahnung davon, dass, wie ein Mensch nur einen Menschen, ein Affe nur einen Affen, ein jedes Wesen also nur ein ihm gleiches und nach seinem Ebenbilde zeugen kann, so auch auf die Länge der Zeit unvermeidlich die unorganisierte in der

Gesellschaft herrschende elementarische Macht die organisierte Macht – oder die Regierungsform – als ein ihr Gleiches und nach ihrem Ebenbilde erzeugt.

Der Absolutismus hat von alledieserem eine mehr oder weniger unklare Ahnung, denn die Männer der Regierung sind, wie ich Ihnen sagte, praktische Männer und haben den Instinkt, worauf es ankommt. Das weiß schon ein altes überaus wahres Volkssprichwort, welches lautet: Wem Gott ein Amt gibt, dem gibt er auch Verstand.

In der Tat, ein Amt erzeugt gewisse Einsichten in einem Menschen durch die Lage, in die es ihn bringt, wenn er diese Einsichten auch nicht hatte, ehe er in das Amt kam. Dies ist wahr und notwendig, wie wenig Ahnung auch die Schwätzer von dieser Notwendigkeit haben.

Der alte Diplomat Talleyrand hat schon gesagt: On peut tout faire avec les bayonnettes excepté s'y asseoir – »man kann alles machen mit den Bajonetten, nur nicht sich darauf setzen«. Sie wissen, warum, meine Herren. Die Bajonette würden einem in das Sitzfleisch dringen. Talleyrand wollte in dieser witzigen Form ausdrücken, dass man wohl momentan alles mit den Bajonetten durchsetzen, sie aber nicht zu einer soliden dauernden Unterlage machen könne.

Der Absolutismus also, wie ungebärdig er sich auch stelle, hat durchaus kein Wohlgefallen an der prekären Existenz, sich in einem ausgesprochenen und erklärten Widerspruch mit den gesellschaftlichen Machtverhältnissen zu befinden und daher jeden Augenblick zu riskieren, dass ihm diese wie eine Lawine auf die Brust fallen und ihn zerschmettern.

Er hat daher nur ein einziges Mittel, um sich möglichst lange fortzusetzen: den Scheinkonstitutionalismus.

Sie wissen, worin dieser besteht.

Der Absolutismus erlässt eine Verfassung, in welcher er die Rechte des Volkes und seiner Vertreter auf ein winziges und von keiner einzigen reellen Garantie gesichertes Minimum reduziert und durch welche er also von vornherein den Volksvertretern teils die Möglichkeit, teils die Lust benimmt, eine selbstständige Stellung gegen ihn einzunehmen. Jeden Versuch der Abgeordneten, den Willen des Volkes gegen die Regierung zur Geltung zu bringen, brandmarkt er unter dem Namen: »parlamentarisches Regime« – als ob nicht in der Tat im parlamentarischen Regime und nur in ihm das Wesen einer jeden wahrhaft konstitutionellen Regierung bestände. Endlich behält er sich innerlich vor, falls dennoch einmal die Volksvertretung zu einem unabhängigen, mit dem Willen der Regierung nicht übereinstimmenden Votum sich entschließen sollte, dasselbe wie nicht ergangen zu betrachten, gleichwohl aber immer das äußere Schaugepränge konstitutioneller Formen ruhig beizubehalten.

Sowie der Absolutismus diesen Schritt getan hat, sich als Scheinkonstitutionalismus zu konstatieren, hat er einen großen Vorteil erreicht und seine Existenz auf unbestimmte Zeit verlängert.

Wenn der Absolutismus in seiner alten, unverhüllten Weise fortexistieren wollte, würde er nicht auf eine lange Lebensdauer rechnen können. Der ausgesprochene, anerkannte Widerspruch zwischen ihm und dem gesellschaftlichen Zustande würde seinen Sturz zur unausgesetzten, fortwährenden Parole der Gesellschaft machen.

Die ganze Gesellschaft würde, ohne das andre zu können, durch die Natur der Sache selbst, gleichsam nichts anderes als eine große Verschwörung zum Sturz ihrer Regierungsform sein. Eine solche Situation kann keine Regierung auf gar lange Zeit aushalten! Eine Regierung kann mit Erfolg in einem ihr günstigen Moment ihr Heer zusammenraffen und einen siegreichen Angriff, eine siegreiche Kontrerevolution vornehmen. Schwieriger schon ist ihre Stellung, wenn sie der angegriffene, in der Defensive befindliche Teil und das Volk der Angreifer ist. Der Vorteil bei dieser Art von Kämpfen ist nämlich im Allgemeinen stets aufseiten des Angreifers und zwar deshalb, weil er es ist, der sich den ihm günstigen Moment aussucht. Dies ist der Grund, weshalb in diesem Jahrhundert meistens die Staatsstreiche der Regierung geglückt sind, aber ebenso auch meistens die Revolutionen des Volkes.

Inzwischen kann eine Regierung auch noch den Angriff des Volkes, den sie für einen bestimmten Zeitraum, zum Beispiel innerhalb eines oder einiger Monate, zu erwarten hat, mit Erfolg abwehren. Was aber für eine Regierung von der äußersten Schwierigkeit ist, ist, ganze Zeitperioden hindurch beständig gerüstet und auf dem Kriegsfuß zu stehen, um einen Angriff, der sie vielleicht gerade im misslichsten Momente, im Augenblicke größter sonstiger Verwickelungen treffen kann, abzuwehren. Eine solche Situation ist für die Regierung auf die Länge der Zeit unhaltbar und daher auch unannehmbar.

Sowie dagegen eine absolutistische Regierung sich mit dem leeren Schein konstitutioneller Formen umgeben hat und nun innerhalb derselben den alten Absolutismus fortsetzt, hat sie einen entschiedenen Vorteil davongetragen. Denn jetzt ist durch die scheinbar glücklich erlangte Gleichartigkeit zwischen der Regierungsform und dem in der Gesellschaft herrschenden Stand der letztere in den Schlaf gelullt und befriedigt. Das, was erreicht werden soll, scheint ein schon Erreichtes zu sein. Diese Täuschung beschwichtigt den Kampf, lähmt ihn und stumpft ihn ab, macht Massen des Volkes teils zufrieden, teils gleichgültig und indifferent. Von jetzt ab drängen im Ganzen nur noch die unbewusst in der Gesellschaft wirkenden Kräfte, nicht mehr das eigene Bewusstsein dieser Gesellschaft auf den Umsturz der Regierung.

Der Scheinkonstitutionalismus ist also – es ist sehr wichtig, meine Herren, dies festzuhalten – durchaus nicht eine Errungenschaft des Volkes, sondern im Gegenteil nur eine Errungenschaft des Absolutismus und die erheblichste Verlängerung seiner Lebensdauer.

Der Scheinkonstitutionalismus besteht hiernach, wie Sie gesehen haben, darin, dass die Regierung das ausspricht, was nicht ist; dass sie den Staat für einen konstitutionellen erklärt, während er in der Tat ein absoluter ist; er besteht in der Lüge.

Dieser Lüge und ihrer Macht gegenüber besteht das absolute, das schlechthin siegreiche Mittel notwendig in der Aufdeckung dieser Lüge; es besteht einfach darin, dass dieser Schein zerstört, die Fortsetzung der betörenden Form unmöglich gemacht und hierdurch ihre irreführende Wirkung auf Krethi und Plethi abgeschnitten wird.

Es besteht darin, die Regierung zu zwingen, der Verhüllung zu entsagen und sich auch formell vor aller Welt als das zu zeigen, was sie ist; als absolute Regierung.

Die Kammer, sagte ich, muss, und dies ist das unbedingte Siegesmittel, aussprechen das, was ist.

Das heißt, die Kammer muss unmittelbar nach ihrem Zusammentritt einen Beschluss erlassen, den ich Ihnen, größerer Deutlichkeit halber, gleich beispielsweise formuliert vortragen will.

Die Kammer müsste also gleich nach ihrem Zusammentritt folgenden Beschluss erlassen:

»In Erwägung, dass die Kammer die Genehmigung der Ausgaben für die neue Militärreorganisation verweigert hat; in Erwägung, dass nichtsdestoweniger auch seit dem Tage dieses Beschlusses die Regierung eingestandenermaßen diese Ausgaben nach wie vor fortsetzt; in Erwägung, dass, solange dies geschieht, die preußische Verfassung, nach welcher keine von der Kammer verweigerten Ausgaben gemacht werden dürfen, eine Lüge ist; in Erwägung, dass es unter diesen Umständen und solange dieser Zustand dauert, der Vertreter des Volkes unwürdig sein und sogar eine direkte Teilnahme derselben an dem Verfassungsbruch der Regierung in sich einschließen würde, durch weiteres Forttagen und Fortbeschließen mit der Regierung derselben behilflich zu sein, den Schein eines verfassungsmäßigen Zustandes aufrecht zu halten, – aus diesen Erwägungen beschließt die Kammer, ihre Sitzungen auf unbestimmte Zeit, und zwar auf so lange auszusetzen, bis die Regierung den Nachweis antritt, dass die verweigerten Ausgaben nicht länger fortgesetzt werden.«

Sowie die Kammer diesen Beschluss erlässt, ist die Regierung unbedingt besiegt. Die Gründe sind einfach und liegen in dem Vorigen.

Dieser Beschluss der Kammer liegt durchaus in den Grenzen ihrer Rechtsbefugnisse; es ist ihm weder mit Staatsanwalt noch Gerichten beizukommen.

Die Regierung hat also nur eine einfache Alternative. Entweder sie gibt nach, oder sie gibt nicht nach. Gibt sie nicht nach, so muss sie sich also entschließen, ohne Kammer als nackte absolute Regierung zu regieren. Die Regierung hätte zwar ein drittes Auskunftsmittel, die Kammer aufzulösen. Aber dieses verdient kaum der Erwähnung, so flüchtig vorübergerauscht wäre es. Denn die neuen Abgeordneten würden sofort mit derselben Parole gewählt werden. Die neue Kammer würde sofort dieselbe Erklärung abgeben.

Es bliebe also dabei, dass die Regierung sich entschließen müsste, entweder nachzugeben oder für ewige Zeiten ohne Kammer zu regieren.

Letzteres, meine Herren, kann sie schlechterdings nicht. Tausend Gründe können Ihnen dies beweisen.

Werfen Sie Ihren Blick auf Europa, meine Herren. Wo Sie hinsehen, überall, mit einziger Ausnahme Russlands, das aber eben auch ganz andere gesellschaftliche Verhältnisse hat als die anderen Länder, Staaten mit konstitutionellen Formen! Selbst Napoleon hat der konstitutionellen Scheinform nicht entbehren können. Er hat sich eine Deputiertenkammer gegeben.

Diese allgemeine Übereinstimmung zeigt Ihnen bereits als bloßes Faktum, dass – wovon Ihnen meine Theorie den klaren Grund in den gesellschaftlichen Bevölkerungs- und Produktionsverhältnissen aufgezeigt hat – in den heutigen Verhältnissen der europäischen Staaten eine Notwendigkeit vorliegt, vermöge deren schlechterdings nicht mehr ohne konstitutionelle Form regiert werden kann.

Sehen Sie auf Österreich, welches den schlagendsten Beweis für das bildet, was ich Ihnen heut entwickelt habe. Nach der bewaffneten Kontrerevolution des Jahres 1849 wurde in Österreich die Verfassung kassiert. Nicht dass man in Österreich schlimmer und kontrerevolutionärer gewesen wäre als bei uns! Durchaus nicht! Die österreichische Regierung war nur naiver, weniger ausgewitzt als die unsrige. Wenige Jahre genügten daher – und die österreichische Regierung stellte ganz von selbst, ohne jeden Aufstand, ohne jedes Andrängen vonseiten des Volkes, die konstitutionelle Form wieder her. Das Amt hatte der österreichischen Regierung den Verstand gegeben, einzusehen, dass sie ohne konstitutionelle Scheinform, dass sie als erklärte absolute Regierung die prekärste Existenz von der Welt haben und sehr bald in Stücke brechen müsse.

Sagen Sie sich hiernach, wie unmöglich es wäre, dass gerade Preußen, gerade Preußen allein in dem ganzen Europa, Preußen gerade bei seinem kräftigen Bürgerstand, ohne konstitutionelle Form existierte!

Bedenken Sie ferner, wie schwach die preußische Regierung nach außen, wie unmöglich und unhaltbar ihre auswärtige diplomatische Stellung wäre, wie sie sich bei jeder Verwickelung die übermütigsten und unerträglichsten Fußtritte vonseiten der anderen Regierungen gefallen lassen müsste, wenn sie in diesem offen erklärten und permanenten Widerspruch mit ihrem eigenen Volke stände und also ihre Schwäche vor niemandem mehr verbergen könnte. Dass keiner von Ihnen, meine Herren, glaube, dies sei ein unpatriotisches Räsonnement. Einmal hat der Politiker wie der Naturforscher alles zu betrachten, was ist, und also alle wirkenden Kräfte in Erwägung zu ziehen. Der Antagonismus der Staaten untereinander, der Gegensatz, die Eifersucht, der Konflikt in den diplomatischen Beziehungen ist einmal eine wirkende Kraft, und gleichviel, ob gut oder schlimm, müsste sie hiernach schon unbedingt in Rechnung gezogen werden. Überdies aber, meine Herren, wie oft habe ich Gelegenheit gehabt, in der Stille meines Zimmers bei historischen Studien mir die große Wahrheit auf das Genaueste zu vergegenwärtigen, dass fast gar nicht abzusehen wäre, auf welcher Stufe der Barbarei wir, und die Welt im Allgemeinen, noch stehen würden, wenn nicht seit je die Eifersucht und der Gegensatz der Regierungen untereinander ein wirksames Mittel gewesen wäre, die Regierung zu Fortschritten im Innern zu zwingen! Endlich aber, meine Herren, ist die Existenz der Deutschen nicht von so prekärer Natur, dass bei ihnen eine Niederlage ihrer Regierungen eine wirkliche Gefahr für die Existenz der Nation in sich schlösse. Wenn Sie, meine Herren, die Geschichte genau und mit innerem Verständnis betrachten, so werden Sie sehen, dass die Kulturarbeiten, die unser Volk vollbracht hat, so riesenhafte und gewaltige, so bahnbrechende und dem übrigen Europa vorleuchtende sind, das an der Notwendigkeit und Unverwüstlichkeit unserer nationalen Existenz gar nicht gezweifelt werden kann. Geraten wir also in einen großen äußeren Krieg, so können in demselben wohl unsere einzelnen Regierungen, die sächsische, preußische, bayerische, zusammenbrechen, aber wie ein Phönix würde sich aus der Asche derselben unzerstörbar erheben das, worauf es uns allein ankommen kann – das deutsche Volk! Richten Sie ferner den Blick, meine Herren, von den auswärtigen Beziehungen auf die inneren Verhältnisse, auf die Finanzlage. Vor 20 Jahren, im Jahre 1841, im absoluten Staat, betrug der veröffentlichte preußische Etat 55 Millionen.

Jetzt für das Jahr 1863 betrug das Budget der Regierung nicht weniger als 144 Millionen. In nicht mehr als 20 Jahren hat sich das Budget, hat sich die Steuerlast verdreifacht.

Eine Regierung, die ein solches Budget aufbringen muss, eine Regierung, die so dasteht, unablässig mit der Hand in jedermanns Tasche, muss auch mindestens den Schein annehmen, jedermanns Zustimmung dabei zu haben.

Wenn für die alten, einfachen, patriarchalisch beschränkten Verhältnisse, wenn für ein Budget von 55 Millionen, von welchen noch über ein Fünftel durch den Domänenertrag geliefert wurde, der patriarchalische Absolutismus genügte, so kann ein Budget von 144 Millionen in Preußen nicht mehr auf die Dauer durch einen einfachen Regierungsukas beigetrieben werden.

Vor allem aber, meine Herren, werfen Sie das Auge auf die oben aus unserer Theorie entwickelten Sätze, von welchen die soeben betrachteten Umstände nur einzelne reale Folgen sind, und wonach die Regierung sich unmöglich in den unverschleierten und offen zugestandenen Widerspruch mit dem gesellschaftlichen Zustand begeben kann. Wollte die Regierung dies dennoch tun, regierte sie in absoluter Weise ohne Kammern fort, – nun, so würde durch dieses von der Kammer ausgegangene Aussprechen dessen, was ist, durch den von der Regierung offen akzeptierten Absolutismus die Illusion getötet, der Schleier fortgerissen, die Unklaren zur Erkenntnis gebracht, die für feinere Unterschiede Indifferenten erbittert, die gesamte Bourgeoisie wäre von Stund an in den latenten, unausgesetzt wühlenden Kampf gegen die Regierung gerissen, die gesamte Gesellschaft wäre eine organisierte Verschwörung gegen sie, und die Regierung hätte von diesem Augenblick an nichts anderes mehr zu tun, als Astrologie zu treiben, um die bestimmte Stunde ihres Untergangs am Sternenhimmel zu lesen.

Dies ist die Macht des Aussprechens dessen, was ist. Es ist das gewaltigste politische Mittel! Fichte konstatiert in seinen Werken, dass »das Aussprechen dessen, was ist« ein Lieblingsmittel des alten Napoleon gewesen, und in der Tat hat er ihm einen großen Teil seiner Erfolge verdankt.

Alle große politische Aktion besteht in dem Aussprechen, dessen, was ist, und beginnt damit.

Alle politische Kleingeisterei besteht in dem Verschweigen und Bemänteln dessen, was ist.

In der Tat, meine Herren, könnte und müsste ich fast hier schwere politische Anklagen erheben, wenn ich sie nicht der Einigkeit zuliebe, soweit es irgend möglich ist, lieber unterdrücken wollte. Jahrelang haben in der letzten Zeit seit und mit der neuen Ära – Führer der Volkspartei in der Presse – Sie würden auch, wenn ich die Rücksicht soweit triebe, keinen Namen zu nennen, doch wissen, dass ich die sogenannte »Volkszeitung« meine – ein System befolgt, welches geradezu in nichts anderem bestand, als in dem Aussprechen dessen, was nicht ist! Sie gingen von der Ansicht aus, man müsse vertuschen, verheimlichen und bemänteln; man müsse – meinten sie – der Regierung so lange einreden, dass sie eine konstitutionelle sei, bis sie wirklich selbst daran glaube! Sie wollten also die Regierung umlügen. Aber alle reellen Erfolge im Leben wie in der Geschichte lassen sich nur erzielen durch reelles Umarbeiten und Umackern, nie durch Umlügen! Diese Geistesärmsten sahen nicht, dass sie, ohne es zu wollen, Regierungsmenschen geworden waren, in Bezug auf ihr Mittel sowohl, wie in Bezug auf die Wirkung desselben. In Bezug auf ihr Mittel, denn dieses war genau dasselbe, was wir als das Mittel des sich in Scheinkonstitutionalismus verhüllenden Absolutismus kennengelernt haben – das Aussprechen dessen, was nicht ist. In Bezug auf die Wirkung dasselbe – denn diese Geistesärmsten sahen nicht, dass sie, um der Regierung in ihren Blättern vorzulügen, dass sie konstitutionell sei, dieselbe Lüge täglich dem Volke vorpredigen und ihr so endlich bei ihm wirklichen Eingang verschaffen mussten. Diese Geistesärmsten sahen nicht, dass sie ferner die Regierung durch diese Lüge nur ermutigen, fast selber staunend über den Kredit und den Nimbus, den man ihr bereitete, über die Aureole einer »Neuen Ära«, die man ihr aufs

Haupt drückte, Schritt für Schritt auf der ihr so leicht gemachten Bahn des Scheinkonstitutionalismus weiterzugehen und sich endlich bis zu den Militärforderungen zu entwickeln. Diese Geistesärmsten, welche täglich in ihren Leitartikeln gegen Unsittlichkeit predigen, sahen nicht, dass die Lüge ein tief unsittliches Mittel ist, welches im politischen Kampfe wohl einer machiavellistischen Regierungskunst, niemals aber dem Volke zugutekommen kann.

Diese Geistesärmsten sind es, welche einen sehr großen Teil der Verantwortlichkeit dafür tragen, dass die Dinge so kamen, wie sie gekommen sind.

Sie waren es, welche unter dem Ausruf: »Ehrenmänner! Die Minister sind Ehrenmänner! Vertrauen den Ministern!« in ihren Leitartikeln die Kammern dazu trieben, dem scheinkonstitutionellen Ministerium Schwerin-Patow die provisorischen Geldforderungen für die Armeereorganisation zu bewilligen, die damals viel leichter zu verweigern waren. Sie waren es, die somit die Schuld tragen, dass, was ohne die provisorische Geldbewilligung unmöglich war, die Armeereorganisation überhaupt eingeführt werden konnte und dass wir jetzt an diesem schweren Konflikte stehen.

Friede, meine Herren, der Vergangenheit!

Aber um so unerbittlicher, um so eifersüchtiger lassen Sie uns in dem schweren Kampfe der Gegenwart darauf halten, dass nicht wiederum durch eine Politik verlogener Bemäntelung das Volk um sein Recht betrogen werde.

Ich habe Ihnen das Mittel entwickelt, welches den unbedingten und sichern Sieg des Volkes nach sich ziehen muss. Wirken Sie dafür. Es soll eine Wechselwirkung bestehen zwischen den Abgeordneten und der öffentlichen Meinung. Erheben Sie dies Mittel, das wir gefunden haben, zur Agitationsparole. Verbreiten Sie dieselbe, streiten Sie für dieselbe in dem gesamten Kreise Ihrer Bekannten, an öffentlichen und Privatorten, im ganzen Bereiche Ihres Einflusses: Betrachten Sie jeden als einen, sei es Bewussten, sei es unbewussten, Gegner der guten Sache, der dieses Mittel nicht ergreifen will.

Das entwickelte Mittel ist das Einzige, welches die Kammer hat. Welches andere Mittel hätte sie? Es wäre, wie auf der Hand liegt, die kläglichste und absurdeste Illusion, wenn die Kammer glaubte, dadurch, dass sie forttagt und fortfährt, andere, etwa alle Forderungen des Ministeriums zu verweigern, dieses zwingen zu können. Wenn man die erste unbestritten verfassungsmäßige Weigerung der Kammer mit Füßen tritt und darüber hinweggeht, als existierte sie nicht, wie ist es möglich, dass die zweite oder dritte oder vierte Verweigerung der Kammer eine größere Wirkung hätte? Vielmehr würde man sich nur gewöhnen, unbequeme Beschlüsse der Kammern wie nicht ergangen zu betrachten. Regierung wie Volk würden sich daran gewöhnen. Die süße Gewohnheit der Verachtung der Kammerbeschlüsse würde sich festsetzen und beim Volke – und zwar mit Recht fast in noch höherem Grade als bei der Regierung. Eine Kammer, die einwilligte, wenn man ihre verfassungsmäßigen

Beschlüsse mit Füßen tritt, weiter zu raten und zu taten mit der Regierung, ihre Rolle fortzuspielen in dieser Komödie des Scheinkonstitutionalismus, würde dadurch der schlimmste Komplize der Regierung sein. Denn sie würde eben dadurch der Regierung ermöglichen, unter dem fortdauernden Scheine der konstitutionellen Form die konstitutionellen Rechte des Volkes zu vernichten. Die Kammer wäre dann aber noch viel strafbarer als die Regierung. Denn viel strafbarer noch als mein Gegner ist der eigene Vertreter meiner Rechte, wenn er meine Rechte verrät.

Noch schlimmer womöglich wäre es, wenn die Kammer sich in dieser Frage auf einen sogenannten Kompromiss, wie zum Beispiel den der zweijährigen Dienstzeit, einlassen wollte. Besonders dagegen, meine Herren, erheben Sie laut Ihre Stimme: Es gibt überhaupt keinen Kompromiss in dieser Frage. Würde zum Beispiel von der Regierung der Kompromiss der zweijährigen Dienstzeit angeboten und die Kammer ginge hierauf ein, so wäre um eines zwar an sich nicht unwichtigen, aber im Verhältnis zur ganzen Frage doch nur überaus unbedeutenden Punktes willen das Interesse des Landes preisgegeben und verraten. Denn wenn die Armeeorganisation mit der Beschränkung auf zweijährige Dienstzeit angenommen würde, so wäre immerhin die Landwehr – das ganze erste Aufgebot, welches die wirkliche Wehrkraft des Landes bildet – forteskamotiert, sie wäre zur Kriegsreserve gezogen, unter Linienoffiziere gestellt. Wir hätten keine Landwehr mehr. Neben dieser Kapitalfrage aber, ob das Land seine Landwehr behalten soll oder nicht, schwindet die andere Frage, ob der Dienstpflichtige 2 oder 3 Jahre zu dienen hat und ebenso die Kostenfrage in ein Nichts zusammen.

Aber endlich sogar die Landwehrfrage kommt jetzt nur in zweiter Linie in Betracht.

Was durch den Verlauf, den die Sache genommen, jetzt in erster Linie steht, das ist die konstitutionelle Grundfrage: Ist die Regierung gezwungen, Ausgaben einzustellen, deren Genehmigung von der Kammer verweigert ist? Die Regierung hat trotz dieser verweigerten Genehmigung, als existierte dieselbe gar nicht, die Ausgaben fortzusetzen erklärt. Wenn in dieser Lage der Sache die Kammer sich zu irgendeinem Kompromiss herbeiließe, wie zu dem der zweijährigen Dienstzeit, so wäre das nicht mehr ein Kompromiss, ein Vergleich; es wäre ein gänzliches Preisgeben des öffentlichen Rechts. Es würde dann die Bismarcksche staatsrechtliche Praxis glücklich Platz gegriffen haben, welche lautet: Wenn die Regierung sich in einem Konflikt mit dem verfassungsmäßigen Recht der Kammern befindet, so müssen diese nachgeben. Dies wäre es, was durch diesen Präzedenzfall festgestellt wäre.

Betrachten Sie daher jeden geradezu als einen bewussten, oder als einen unbewussten und dann noch viel gefährlicheren Feind der guten Sache, der hier von einem Kompromiss spricht.

Unser Mittel, meine Herren, ist aber auch jedenfalls unschädlich. Es kann nichts verderben, denn das wird jeder von Ihnen einsehen: Ist die Regierung so fest zum Absolutismus entschlossen, dass sie sogar, falls die Kammer jene obige Erklärung erlässt, nicht nachgibt und ohne Kammer in unverhüllt absoluter Form weiter regiert – nun, dann würde die Kammer auch ebenso wenig und noch viel weniger durch nachgiebiges Forttagen mit der Regierung dieselbe von dem absolutistischen Scheinkonstitutionalismus herunterdrängen und zu einem Eingehen auf wahrhaften Konstitutionalismus bewegen können; sie würde der Regierung nur das Mittel geben, die Komödie des Scheinkonstitutionalismus fortzuspielen. Diese ist aber noch weit verderblicher als der offene Absolutismus. Denn sie verwirrt die Volksintelligenz und depraviert wie jedes auf Lüge beruhende Regierungssystem, die Sittlichkeit des Volkes.

Das Mittel ist also auch in jedem Falle für das Land unschädlich. Es ist selbst ungefährlich für die Abgeordneten, und es gehört nur Klarheit und Energie, aber kein großer Mut dazu, sich dazu zu entschließen. Das einzige Opfer, welches es den Abgeordneten auferlegt, ist: schlimmstenfalls auf einige Zeit der Wichtigkeit einer offiziellen Stellung zu entsagen!

Das Mittel ist endlich, wie ich Ihnen früher gezeigt, schlechterdings notwendig und in allen Fällen siegreich. Eben deshalb ist anzunehmen, dass die Regierung, wenn es angewendet wird, von selbst vor demselben zurückweicht.

Vielleicht aber – und dies wäre gar sehr zu Ihrem Vorteil, meine Herren, – vielleicht gibt sie nicht augenblicklich nach, sondern bleibt einige Zeit hartnäckig, ohne Kammern fortregierend.

Es wäre dies gar sehr zu Ihrem Vorteil, sage ich. Denn umso mehr demütigt sich dann die Regierung vor der Majestät des Volkes, wenn sie später umzukehren sich gezwungen sieht. Umso mehr erkennt sie dann die gesellschaftliche Macht des Bürgertums als die ihr überlegene Macht an, wenn sie erst später umkehrend, sich vor Volk und Kammer beugen muss. Dann werden Sie, meine Herren, in der Lage sein, Ihrerseits und siegreich Ihre Bedingungen zu stellen. Dann werden Sie in der Lage sein, das parlamentarische Regiment, ohne welches nur Scheinkonstitutionalismus bestehen kann, zu fordern und durchzusetzen. Dann also kein Versöhnungsdusel, meine Herren. Sie haben jetzt hinreichende Erfahrungen gesammelt, um zu sehen, was der alte Absolutismus ist. Dann also kein neuer Kompromiss mit ihm sondern: den Daumen aufs Auge und das Knie auf die Brust!

Macht und Recht
Offenes Sendschreiben

13. Februar 1863

Vorbemerkung

Am 7. Februar dieses Jahres erschien ein Leitartikel in der »Berliner Reform«, welcher mich veranlasste, das nachfolgende Schreiben an die »Berliner Reform« mit der Bitte um Aufnahme desselben zu richten.

Die angeblich »radikale« »Berliner Reform« verweigerte mir dieselbe.

Ich sandte nunmehr den Brief an die »Vossische Zeitung« mit dem ausdrücklichen Hinzufügen, dass, falls die Redaktion wider Erwarten und Verhoffen Anstand nehmen sollte, den Artikel als solchen aufzunehmen, ich sie ersuche, denselben als Inserat zu bringen und mir die Rechnung über die Insertionsgebühren zuzuschicken; hierauf erhielt ich von der Redaktion der »Vossischen Zeitung« die Antwort:

»Geehrter Herr!

Die Unterzeichnete bedauert, den von Ihnen übersandten anbei zurückfolgenden Artikel in keiner der von Ihnen gewünschten Formen zum Abdruck bringen zu können, da ihrer Meinung nach erhebliche pressgesetzliche (!) Bedenken gegen mehrere Stellen des Inhaltes entgegenstehen.«

Die vorgeschützten pressgesetzlichen Bedenken waren natürlich nur vorgeschützt! Ein gesetzlicher Grund zu einer Verfolgung des Artikels – die übrigens nur mich als den namentlichen Unterzeichner getroffen hätte – liegt keinesfalls vor, und jedenfalls konnte die »Vossische Zeitung« ruhig darüber hinwegsehen, wenn irgendeine ihrer unpolitischen Beilagen, in die sie den Artikel als Inserat relegieren konnte, mit Beschlag belegt wurde oder nicht.

Aber das ist die Pressfreiheit, welche die Berliner Organe der Fortschrittspartei der Demokratie gewähren, sobald es sich um irgendein nicht in den Gedankengang der Fortschrittspartei passendes Wort handelt!

Mundtot machen, totschweigen, unterdrücken alles was über den Gedankenkram der Fortschrittspartei hinausgeht – das ist die Taktik der Fortschrittspartei und ihrer Organe.

Wurde doch dieser Tage die motivierte Erklärung, mit welcher der Abgeordnete Martiny sein Mandat niedergelegt hatte, von keinem dieser Blätter – ebenso wenig auch von der fortschrittlichen »Rheinischen Zeitung« – abgedruckt, weil sie unangenehm in das Ohr der Fortschrittspartei getönt hätte. –

An die Tür des Herrn Zabel – »Nationalzeitung« – noch anklopfen, wäre mehr als überflüssig gewesen. Denn mehr als irgendein andrer ist, wie ich aus früheren Erfahrungen sattsam weiß, er ein Meister, ein unerreichter Meister in dieser Kunst des Totschweigens und Unterdrückens!

Einen Moment lang schwankte ich – dahin ist die Demokratie in Preußen durch die Verschwörung der Fortschrittskoterie gekommen! –, ob ich den Brief nicht der »Kreuzzeitung« zusenden und von der Courtoisie eines Feindes die Möglichkeit, zu Worte zu kommen, in Anspruch nehmen sollte, die mir die Fortschrittsblätter verweigern.

Dann aber fiel mir ein, dass es unnötig wäre, der Verleumdungskunst der »Volkszeitung« diesen Gefallen zu tun. Es blieb mir noch der Weg der Veröffentlichung als Flugblatt, den ich hierdurch ergreife.

Berlin, den 13. Februar 1863
F. Lassalle

Macht und Recht

Geehrter Herr Redakteur!

In dem Leitartikel der »Berliner Reform« vom 7. Februar über die Adresse des Herrenhauses befindet sich folgender Satz:

»Graf Krassow stimmte Lassalle bei, dass der Konflikt eine Machtfrage sei.«

Bekanntlich ging von der »Volkszeitung« das Missverständnis aus, als hätte ich in meinen Verfassungsbroschüren die Theorie aufgestellt, dass Macht vor Recht gehen solle. Auch im Publikum haben einige unklare Köpfe sich dieser geistreichen Auffassung hingegeben und dem Vernehmen nach bei Gelegenheit die Ansicht ausgesprochen, dass Herr v. Bismarck nur als mein Zögling handele.

Der obige Satz kann durch die Form seiner Fassung dazu Anlass geben, bei anderen dies Missverständnis zu bestärken. Und obgleich es schwer ist, auf dasselbe etwas anderes zu tun, als darüber zu lächeln, so will ich doch diese Gelegenheit zu folgenden flüchtigen Bemerkungen benutzen:

Wenn ich die Welt geschaffen hätte, so ist es höchst wahrscheinlich, dass ich sie ausnahmsweise in dieser Hinsicht nach den Wünschen der »Volkszeitung« und des Grafen Schwerin und also so eingerichtet hätte, dass Recht vor Macht geht.« Denn es entspricht dies ganz meinem eigenen ethischen Standpunkt und meinen Wünschen.

Leider aber bin ich nicht in der Lage gewesen, die Welt zu schaffen, und muss jede Verantwortlichkeit, so Lob wie Tadel, für ihre wirkliche Einrichtung ablehnen.

Jene Broschüren haben nun nicht zum Gegenstand, zu entwickeln, was sein sollte, sondern was wirklich ist; sie sind nicht eine ethische Abhandlung, sondern eine historische Untersuchung.

Und so zeigen sie denn, dass, während es ganz feststeht, dass Recht vor Macht gehen sollte, in der Wirklichkeit doch immer Macht vor Recht geht und allemal und solange geht, bis das Recht nun auch seinerseits eine hinreichendere Macht hinter sich gesammelt hat, um die Macht des Unrechts zu zerschmettern.

In jenen Broschüren ist nun einmal gezeigt, dass dies historisch so ist, zweitens aber – wie dies für eine Theorie erforderlich – sind daselbst auch die inneren Gründe entwickelt, welche es hervorbringen, dass in der Wirklichkeit Macht vor bloßem Recht geht; mit keinem Worte aber ist die für eine historische Untersuchung, deren Zweck nur darin besteht, aufzuzeigen, was ist, wildfremde Frage berührt, was nach meinem subjektiven Bewusstsein sein sollte! – Jene tiefer gehenden theoretischen Gründe müssen hier aus dem Spiele bleiben. Aber in Bezug auf den durch historische Tatsachen gegebenen Beweis erlauben Sie mir wohl, da wir uns gerade in der Woche der »vaterländischen Ereignisse« befinden, einige vaterländische Erinnerungen und Fragen:

Ging Recht vor Macht oder Macht vor Recht, als die preußische Nationalversammlung im November 1848 mit Bajonetten auseinander gesprengt wurde?

Ging Recht vor Macht oder Macht vor Recht, als die zur Revision einberufene Kammer trotz des Artikels 112 der oktroyierten Verfassung im Jahre 1849 von Neuem aufgelöst wurde?

Ging Recht vor Macht oder Macht vor Recht, als im Juli 1849 das gesetzlich zu Recht bestehende allgemeine Wahlrecht aufgehoben und das Dreiklassenwahlgesetz oktroyiert wurde?

Ging Recht vor Macht oder Macht vor Recht, als nun dieses oktroyierte Dreiklassenwahlgesetz von einer aufgrund desselben einberufenen Versammlung genehmigt wurde, während dasselbe rechtlich und gesetzlich nur von einer aufgrund des bis dahin gesetzlich bestehenden allgemeinen Wahlrechts gewählten Kammer hätte genehmigt werden können?

Ging Recht vor Macht oder Macht vor Recht, als nun eine aufgrund dieses illegalen Dreiklassenwahlgesetzes gewählte Versammlung, die nichts als etwa ein Haufe von Notabeln aber keine gesetzliche Landesvertretung war, sich herausnahm, jenes Wahlgesetz und eine Verfassung zu genehmigen, wozu ihr nicht die geringste rechtliche Kompetenz innewohnte?

Und geht jetzt Recht vor Macht oder Macht vor Recht, wenn jetzt von Neuem, wie die Kammer erklärt hat, die Verfassung von der Regierung gebrochen wird, die Regierung mit ruhigem Lächeln ihre Maßregeln aufrecht hält und die Kammer trotzdem sich hierin ergibt und der Regierung durch ihr Forttagen den Schein einer konstitutionellen leiht?

Ich denke, jetzt sollte doch ein jeder den Glauben in die Hand bekommen haben, dass in der Wirklichkeit Macht vor bloßem Recht geht!

Aber selbst die Ehre, dass Herr v. Bismarck oder Graf Krassow als meine Eleven handeln, muss ich zurückweisen.

Der Handelnde trägt die volle Verantwortlichkeit für die sittliche und rechtliche Natur seiner Handlungen. Den theoretischen Untersucher der Geschichte aber kümmert nur, was objektiv ist und die Entdeckung der Gesetze, die dies bestimmen, nicht, was sein soll. Es tritt also bei ihm nicht eine Identifizierung seines subjektiven ethischen Standpunkts mit dem Inhalt seiner Erkenntnis ein, wie bei dem Handelnden mit dem Inhalt seiner Handlungen. Herr v. Bismarck bestätigt das, was ich historisch als die Natur der Wirklichkeit aufgezeigt habe. Aber ich habe keine ethische Vorschrift für das Handeln hierin gegeben, der Herr v. Bismarck folgen könnte.

Was bedeutet aber nach dem obigen der fromme Jubel, mit welchem die Kammer die Erklärung des Grafen v. Schwerin aufnahm, dass im preußischen Staate »Recht vor Macht« gehe? Fromme Kinderwünsche und weiter nichts! Denn eine feierlichere Bedeutung würde er nur bei Männern haben, die entschlossen wären, auch die Macht hinter das Recht zu setzen!

Was bedeutet es, wenn der Graf Schwerin davon nur zu sprechen wagt, dass »Recht vor Macht« gehe, er, der als Abgeordneter wie als Minister an den meisten der oben aufgeführten Rechtsbrüche positiven Teil nahm?

Es hat kein Mensch im preußischen Staate das Recht, vom »Recht« zu sprechen, als die Demokratie, die alte und wahre Demokratie! Denn sie allein ist es, die stets am Recht festgehalten und sich zu keinem Kompromiss mit der Macht erniedrigt hat.

Graf v. Schwerin hat nicht das Recht, vom Recht zu sprechen, denn er hat sich an den meisten jener Rechtsbrüche beteiligt.

Die »Volksleitung« hat nicht das Recht, vom Recht zu sprechen, denn sie hat lange die Notabeln-Verfassung und alle oben aufgezählten Rechtsbrüche akzeptiert und oft sogar beschönigt und verherrlicht.

Herr v. Unruh hat nicht das Recht, vom Recht zu sprechen, denn es befindet sich noch in den Schlussakten der Nationalversammlung von 1848 ein vom ihm niedergelegter Protest, worin er feierlich gegen alles das als null und nichtig und illegal protestiert, was er jetzt selbst tut.

Die Fortschrittspartei hat nicht das Recht, vom Recht zu sprechen, da sie die offenbarste Vergewaltigung desselben hinnimmt.

Die Demokratie – und das ist ihr Stolz! – hat allein das Recht, vom Recht zu sprechen, da sie allein den Bruch desselben niemals sanktioniert hat!

Wie oft haben uns nicht ebendeshalb die »Volkszeitung« und ähnliche Blätter vorgeworfen, dass wir abstrakte Rechtsjäger seien! Jetzt kehren sie den Spieß um und werfen uns vor, Machtjäger zu sein, nach »Machtpolitik zu jagen«! Umgekehrt! Die Demokratie ist stets unerbittlich beim Recht stehen geblieben.

Aber die »Volkszeitung«, Graf Schwerin, Herr v. Unruh und die Fortschrittspartei sind es, die alle das Recht aufgegeben haben, um ein Stück Macht in diesem Handel zu erlangen. Und indem sie das Recht aufgaben, haben sie natürlich von der Macht, die sie für dasselbe eintauschen wollten, nichts anderes bekommen, als – wie sich gebührt, die Fußtritte!

Bei der Demokratie allein ist alles Recht – und bei ihr allein wird die Macht sein!

Zur Orientierung vieler sehr verwirrter Köpfe in dieser verwirrten Zeit ersuche ich Sie, geehrter Herr, das Gegenwärtige aufzunehmen, und alle Blätter, bei denen man sich solcher Billigkeit versehen kann, dasselbe gefälligst abzudrucken.

Mit vorzüglicher Hochachtung

Berlin, 7. Februar 1863

F. Lassalle

Arbeiterprogramm

Über den besonderen Zusammenhang der gegenwärtigen Geschichtsperiode mit der Idee des Arbeiterstandes 12. April 1862/Anfang Januar 1863

Vorbemerkung. Bei der nachfolgenden Ausführung ist nicht außer Augen zu lassen, dass sie ursprünglich nicht für den Druck bestimmt, sondern zum Zweck eines Vortrages in einem hiesigen Handwerkerverein geschrieben war. Ähnliche Gründe, wie die, welche den Druck meines Vortrages »über Verfassungswesen« veranlasst haben, bestimmen mich, auch den gegenwärtigen Vortrag der Öffentlichkeit zu übergeben.

F. Lassalle

Meine Herren!

Aufgefordert, Ihnen einen Vortrag zu halten, habe ich geglaubt, am besten zu tun, wenn ich für denselben ein Thema wähle und auf streng wissenschaftliche Weise behandle, welches Sie seiner Natur nach besonders interessieren muss. Ich werde nämlich sprechen über den speziellen Zusammenhang, welcher stattfindet zwischen dem Charakter der gegenwärtigen Geschichtsperiode, in der wir uns befinden, und der Idee des Arbeiterstandes.

Ich habe bereits bemerkt, dass meine Behandlung des Themas eine rein wissenschaftliche sein wird.

Wahre Wissenschaftlichkeit aber besteht eben in nichts anderem als in einer völligen Klarheit und deshalb in einer völligen Voraussetzungslosigkeit des Denkens.

Wegen dieser gänzlichen Voraussetzungslosigkeit, mit welcher wir an unsern Gegenstand zu gehen haben, wird es im Verlauf sogar nötig sein, uns klar zu werden über das, was wir denn eigentlich unter »Arbeiter« oder »Arbeiterstand« verstehen. Denn nicht einmal hierüber dürfen wir uns einer Voraussetzung, als sei das etwas ganz Bekanntes, hingeben. Durchaus nicht! Die Sprache des gewöhnlichen Lebens verbindet vielmehr sehr häufig das eine Mal ganz andere und verschiedene Begriffe mit den Worten »Arbeiter« und »Arbeiterstand« als das andere Mal, und wir werden uns daher an seinem Ort zuvor darüber klar werden müssen, in welchem Sinne wir diese Benennung gebrauchen wollen.

Indes, hierzu ist in diesem Augenblick noch nicht der Ort. Wir werden vielmehr zuvörderst diesen Vortrag mit einer andern Frage beginnen müssen.

Mit folgender Frage nämlich: Der Arbeiterstand ist nur ein Stand unter den mehreren Ständen, welche die bürgerliche Gesellschaft zusammensetzen. Auch hat es zu jeder Zeit Arbeiter gegeben. Wie ist es hiernach nur möglich und welchen Sinn hat es, dass ein besondrer Zusammenhang stattfinden soll zwischen der Idee dieses einzelnen, bestimmten Standes und dem Prinzip der besondern Geschichtsperiode, in der wir leben?

Um dies zu verstehen, ist es erforderlich, einen Blick in die Geschichte zu werfen, in die Vergangenheit, meine Herren, welche, richtig verstanden, hier wie immer die Bedeutung der Gegenwart aufschließt und die Umrisse der Zukunft vorauszeigt.

Wir werden uns bei diesem Rückblick möglichst kurzfassen müssen, meine Herren, denn wir würden sonst Gefahr laufen, gar nicht zu dem eigentlichen Thema der Betrachtung in der kurzen Zeit, die uns zugemessen ist, zu gelangen.

Aber selbst auf diese Gefahr hin werden wir wenigstens irgendeinen solchen, wenn auch auf die allgemeinsten Umstände beschränkten Rückblick, wie flüchtig er auch sei, auf die Vergangenheit werfen müssen, um daraus den Sinn unserer Frage und unseres Themas zu verstehen.

Gehen wir also auf das Mittelalter zurück, so finden wir, dass in demselben sich auch damals bereits, wenn auch freilich lange nicht so ausgebildet wie heut, im Ganzen dieselben Stände und Klassen der Bevölkerung vorfinden, welche heut die bürgerliche Gesellschaft zusammensetzen. Aber wir finden ferner, dass ein Stand und ein Element damals das herrschende ist – nämlich der Grundbesitz.

Der Grundbesitz ist es, meine Herren, welcher im Mittelalter in jeder Hinsicht das Zepter führt, welcher sein spezifisches besonderes Gepräge allen Einrichtungen und dem ganzen Leben jener Zeit aufgedrückt hat; er ist es, der als das herrschende Prinzip jener Zeit ausgesprochen werden muss.

Der Grund davon, dass der Grundbesitz das herrschende Prinzip jener Zeit ist, ist ein sehr einfacher. Er liegt – wenigstens kann uns hier dieser Grund völlig genügen – in der ökonomischen, wirtschaftlichen Beschaffenheit des Mittelalters; in dem Zustand seiner Produktion. Der Handel war damals noch sehr wenig entwickelt; noch viel weniger die Industrie. Der Hauptreichtum jener Gesellschaft bestand vielmehr unendlich überwiegend in der Ackerbauproduktion.

Der bewegliche Besitz kam damals neben dem Besitz des Grund und Bodens sehr wenig in Betracht, und wie sehr dies der Fall war, kann Ihnen selbst das Privatrecht, welches immer einen sehr hellen Einblick in die ökonomischen Verhältnisse der Epochen gewährt, in denen es entstanden ist, sehr deutlich zeigen. So erklärte zum Beispiel das mittelalterliche Privatrecht in der Absicht, das Vermögen der Familien von Geschlecht zu Geschlecht fortzuerhalten und gegen Verschwendung zu schützen, das Familienvermögen oder »Eigen« für unveräußerlich ohne die Zustimmung der Erben. Aber unter diesem Familienvermögen oder dem »Eigen« werden ausdrücklich nur Grundstücke verstanden. Die Fahrnis dagegen, wie man damals das bewegliche Eigentum nannte, ist ohne Einwilligung der Erben veräußerlich. Und überhaupt wird im Allgemeinen alle Fahrnis oder das bewegliche Eigentum vom altdeutschen Privatrecht nicht behandelt wie ein selbstständiger, fortzeugender Vermögensstock, Kapital, sondern immer nur wie Früchte vom Grund und Boden, also zum Beispiel wie die Jahresernte vom Boden, und dieser gleichgestellt. Als selbstständiger, fortzeugender Vermögensstock wird damals regelmäßig nur der Grundbesitz behandelt. Es war daher diesem Zustand der Dinge nur höchst entsprechend und eine einfache Folge davon, dass der Grundbesitz – und diejenigen, welche ihn weit überwiegend in Händen hatten, also wie Ihnen bekannt sein wird, Adel und Geistlichkeit – den herrschenden Faktor jener Gesellschaft in jeder Hinsicht bildete.

Welche Institution des Mittelalters Sie betrachten mögen, tritt Ihnen immer von Neuem diese Erscheinung entgegen.

Wir wollen uns begnügen, den Blick auf einige der wesentlichsten dieser Einrichtungen zu werfen, in welchen der Grundbesitz als das herrschende Prinzip zutage tritt. So zuerst die durch ihn gegebene Organisation der öffentlichen Macht oder die Lehnsverfassung. Sie wissen, meine Herren, dass diese darin bestand, dass Könige, Fürsten und Herren anderen Herren und Rittern Grundstücke zur Benutzung abtraten, wogegen ihnen die Empfänger besonders die Heergefolge, das heißt: die Unterstützung ihrer Lehnsherren in den Kriegen oder Fehden derselben, sowohl persönlich als mit ihren Mannschaften angeloben mussten.

So zweitens die Organisation des öffentlichen Rechts oder die Reichsverfassung. Auf den deutschen Reichstagen war der Fürstenstand und der große Grundbesitz der Reichsgrafenschaft und der Geistlichkeit vertreten. Die Städte selbst genossen nur dann dort Sitz und Stimme, wenn es ihnen gelungen war, das Privilegium einer freien Reichsstadt zu erwerben.

So drittens die Steuerfreiheit des großen Grundbesitzes. Es ist nämlich eine charakteristische und stets wiederkehrende Erscheinung, meine Herren, dass jeder herrschende privilegierte Stand stets die Lasten zur Aufrechterhaltung des öffentlichen Wesens auf die unterdrückten und nicht besitzenden Klassen zurückzuwälzen sucht, in offener oder verschleierter, in direkter oder indirekter Form. Als Richelieu im Jahre 1641 6 Millionen Franken von der Geistlichkeit als eine außerordentliche Steuer forderte, um den Bedürfnissen des Staats zu Hilfe zu kommen, gab diese durch den Mund des Erzbischofs von Sens die charakteristische Antwort: »L'usage ancien de l'église pendant sa vigueur était que le peuple contribuait ses biens, la noblesse son sang, le clergé ses prières aux nécessités de l'État.« zu Deutsch: »Der alte Brauch der Kirche während ihrer Blüte war, dass das Volk beisteuerte für die Bedürfnisse des Staats seine Güter, der Adel sein Blut, die Geistlichkeit ihre Gebete.«

So viertens die soziale Geringschätzung, welche auf jeder andern Arbeit als etwa auf der Beschäftigung mit dem Grund und Boden lastete.

Industrielle Unternehmungen zu leiten, im Handel und den Gewerben Geld zu verdienen, galt für schimpflich und entehrend für die bevorrechtigten, herrschenden beiden Stände, Adel und Geistlichkeit, für welche nur aus dem Grundeigentum ihr Einkommen zu beziehen, ehrenhaft erschien.

Diese vier großen und maßgebenden, den Grundcharakter einer Epoche bestimmenden Tatsachen reichen für unsere Betrachtung vollkommen aus, um zu zeigen, wie es in jener Zeitperiode der Grundbesitz war, welcher derselben überall sein Gepräge aufdrückte und das herrschende Prinzip derselben bildete.

Dies war so sehr der Fall, dass selbst die scheinbar vollständig revolutionäre Bewegung der Bauernkriege, die 1524 in Deutschland ausbrach und ganz Schwaben, Franken, den Elsass, Westfalen und noch andere Teile Deutschlands umfasste, innerlich noch durch und durch an diesem selben Prinzip hing, in der Tat also eine reaktionäre Bewegung war, trotz ihres revolutionären Gebarens. Sie wissen, meine Herren, dass die Bauern damals die Burgen der Adligen niederbrannten, die Adligen selbst töteten, sie, was die damals übliche Form war, durch die Spieße laufen ließen. Und nichtsdestoweniger, trotz dieses äußeren revolutionären Anstrichs, war die Bewegung innerlich von Grund aus reaktionär. Denn die Wiedergeburt der staatlichen Verhältnisse, die deutsche Freiheit, welche die Bauern herstellen wollten, sollte nach ihnen darin bestehen, dass die besondere und bevorrechtete Zwischenstellung, welche die Fürsten zwischen Kaiser und Reich einnahmen, fortfallen und statt ihrer auf den deutschen Reichstagen nichts als der freie und unabhängige Grundbesitz, und zwar der bäuerliche und ritterliche – die beide bis dahin nicht vertreten waren – ebenso gut, wie der eigene, unabhängige Grundbesitz der Adligen aller Art, also der Ritter, Grafen und der bisherigen Fürsten, ohne Rücksicht auf diese früheren Unterschiede, und wieder der adlige Grundbesitz seinerseits so gut wie der bäuerliche vertreten sein sollte.

Sie sehen also sofort, meine Herren, dass dieser Plan in letzter Instanz auf nichts anderes hinausläuft, als auf eine nur konsequentere und gerechtere Durchführung des Prinzips, welches der damals eben sich zu Ende neigenden Epoche zugrunde gelegen hatte, auf eine nur konsequentere, reinere und gerechtere Durchführung des Prinzips nämlich: Der Grundbesitz solle das herrschende Element und die Bedingung sein, welche allein einen jeden zu einem Anteil an der Herrschaft über den Staat berechtige. Dass jeder einen solchen Anteil schon deshalb fordern könne, weil er Mensch, weil er ein vernünftiges Wesen sei, auch ohne jeden Grundbesitz, – das fiel den Bauern nicht entfernt ein! Dazu waren die damaligen Verhältnisse noch nicht entwickelt, die damalige Gedankenbildung noch nicht revolutionär genug.

So war denn diese äußerlich mit so revolutionärer Entschiedenheit auftretende Bauernbewegung innerlich vollkommen reaktionär; das heißt sie stand, statt auf einem neuen revolutionären Prinzip zu stehen, ohne es zu wissen, innerlich vielmehr durchaus auf dem Prinzip des Alten, des Bestehenden, auf dem Prinzip der damals gerade untergehenden Periode, und nur gerade deshalb, weil sie, während sie sich für revolutionär hielt, in der Tat reaktionär war, ging die Bauernbewegung zugrunde.

Es war hiernach damals sowohl der Bauern- als der Adelserhebung (Franz v. Sickingen) gegenüber – welchen beiden das Prinzip gemeinschaftlich war, den Anteil an der Staatsherrschaft, noch konsequenter, als bis dahin der Fall, auf den Grundbesitz zu gründen – das emporstrebende Landesfürstentum als von der Idee einer vom Grundeigentum unabhängigen Staatssouveränität getragen, als Vertreter einer von den Privatbesitzverhältnissen unabhängigen Staatsidee ein immerhin relativ berechtigtes und revolutionäres Moment – und dies eben war es, was ihm die Kraft zu seiner siegreichen Entwicklung und zur Unterdrückung der Bauern- und Adelsbewegung gab.

Ich habe bei diesem Punkt etwas nachdrücklich verweilt, meine Herren, einmal um Ihnen die Vernünftigkeit und den Fortschritt der Freiheit in der geschichtlichen Entwicklung sogar an einem Beispiele, an welchem dies bei oberflächlicherer Betrachtung keineswegs einleuchtet, nachzuweisen; zweitens weil die Geschichtsschreiber noch weit davon entfernt sind, diesen reaktionären Charakter der Bauernbewegung und den lediglich in ihm liegenden Grund ihres Misslingens zu erkennen, vielmehr, durch den äußern Anschein getäuscht, die Bauernkriege für eine wirklich revolutionäre Bewegung halten.

Drittens endlich deshalb, weil sich zu allen Zeiten dies Schauspiel häufig wiederholt, dass gedankenunklare Menschen – und hierzu, meine Herren, können die scheinbar Allergebildetsten, können Professoren gehören und gehören, wie uns die Paulskirche traurigen Angedenkens gezeigt hat, vorzüglich häufig dazu – in die ungeheure Täuschung verfallen, das, was nur der konsequentere und reinere Gedankenausdruck der eben untergehenden Zeitperiode und Welteinrichtung ist, für ein neues revolutionäres Prinzip zu halten.

Vor solchen nur in ihrer eigenen Einbildung revolutionären Männern und Richtungen möchte ich – denn es wird uns in der Zukunft daran ebenso wenig fehlen, als es uns bisher in der Vergangenheit daran gefehlt hat – Sie warnen, meine Herren!

Es lässt sich daran zugleich der Trost knüpfen, dass die zahlreichen sofort oder binnen kurzer Zeit nach momentanem Gelingen wieder verunglückten Bewegungen, welche wir in der Geschichte finden und welche den wohlmeinenden, aber oberflächlichen Blick manchen Volksfreundes mit trüber Besorgnis erfüllen können, immer nur solche bloß in ihrer Einbildung revolutionäre Bewegungen waren.

Eine wirklich revolutionäre Bewegung, eine solche, die auf einem wahrhaft neuen Gedankenprinzip steht, ist, wie sich der tiefere Denker zu seinem Troste aus der Geschichte zu beweisen vermag, noch niemals untergegangen, mindestens nicht auf die Dauer.

Ich kehre zu meinem Faden zurück.

Wenn die Bauernkriege nur in ihrer Einbildung revolutionär waren, so war dagegen damals wirklich und wahrhaft revolutionär der Fortschritt der Industrie, der bürgerlichen Produktion, der sich immer weiter entwickelnden Teilung der Arbeit und der hierdurch entstandene Kapitalreichtum, der sich ausschließlich in den Händen der Bourgeoisie aufhäufte, weil sie eben der Stand war, welcher sich der Produktion unterzog und deren Vorteile sich aneignete.

Man pflegt mit der Reformation, also mit dem Jahre 1517, das Ende des Mittelalters und den Anbruch der neueren Geschichte zu datieren.

In der Tat ist das in dem Sinne richtig, dass in den unmittelbar auf die Reformation folgenden zwei Jahrhunderten langsam, allmählich und unmerklich ein Umschwung eintritt, welcher das Aussehen der Gesellschaft von Grund aus verändert und in ihrem Herzen eine Umwälzung vollzieht, welche später im Jahre 1789 durch die Französische Revolution nur proklamiert, nicht aber eigentlich geschaffen wird.

Worin dieser Umschwung bestand, fragen Sie?

In der rechtlichen Stellung des Adels hatte sich nichts geändert. Rechtlich waren Adel und Geistlichkeit die beiden herrschenden Stände, die Bourgeoisie der überall zurückgesetzte und unterdrückte Stand geblieben. Aber wenn sich rechtlich nichts geändert hatte, so war faktisch, war tatsächlich die Umänderung der Verhältnisse eine um so ungeheurere gewesen.

Durch die Erzeugung und Aufhäufung des Kapitalreichtums des, im Gegensatz zum Grundeigentum, beweglichen Besitzes in den Händen der Bourgeoisie, war der Adel in eine vollkommene Unbedeutendheit, ja bereits in wahre Abhängigkeit von dieser reich gewordenen Bourgeoisie herabgesunken. Bereits musste er, wollte er sich irgend neben ihr halten, allen seinen Standesprinzipien abtrünnig werden und zu denselben Mitteln des industriellen Erwerbs zu greifen anfangen, welchen die Bourgeoisie ihren Reichtum und somit ihre tatsächliche Macht verdankte.

Schon die Komödien Molières, der zur Zeit Ludwigs XIV. lebte, zeigen uns – eine höchst interessante Erscheinung den damaligen Adel die reiche Bourgeoisie verachtend und bei ihr schmarotzend zu gleicher Zeit.

Louis XIV. selbst, dieser stolzeste König, zieht bereits in seinem Schlosse zu Versailles den Hut und erniedrigt sich vor dem Juden Samuel Bernard, dem Rothschild der damaligen Epoche, um ihn zu einem Anlehen geneigt zu machen. Als Law, der berühmte schottische Finanzmann, in Frankreich im Anfang des 18. Jahrhunderts die Handelskompanien gebildet hatte, eine auf Aktien gegründete Gesellschaft, welche zur kommerziellen Ausbeutung der Mississippi-Ufer, der Louisiana, Ostindiens usw. zusammengetreten war, war der Regent von Frankreich selbst unter ihren Direktoren – Mitglied einer Kaufmannsgesellschaft! Ja, der Regent sah sich genötigt, im August 1717 Edikte zu erlassen, in welchen verordnet wurde, dass die Adligen, ohne sich etwas zu vergeben, in den See- und Kriegsdienst dieser Handelskompanien treten könnten! Dahin war also bereits damals der kriegerische und stolze Feudaladel Frankreichs gekommen, den bewaffneten Kommis für die industriellen und kommerziellen Unternehmungen der alle Weltteile durcheinanderwühlenden Bourgeoisie zu machen.

Ganz entsprechend diesem Umschwunge hatte sich bereits damals ein Materialismus entwickelt, ein heißhungriges, gieriges Ringen nach Geld und Gut, dem alle sittlichen Ideen, ja, was bei den bevorrechteten Ständen leider in der Regel noch mehr sagen will, selbst alle Standesvorurteile feil waren. Unter demselben Regenten von Frankreich wird Graf Horn, einer der vornehmsten mit den ersten Familien Frankreichs, ja mit dem Regenten selbst verwandten Adligen, als gemeiner Raubmörder gerädert, und die Herzogin von Orleans, eine deutsche Prinzess, schreibt in einem Briefe vom 29. November 1719, sechs der vornehmsten Damen hätten eines Tages dem vorhin erwähnten Law, der damals der gefeiertste und auch der beschäftigste Mann in Frankreich war und dessen es sich infolgedessen sehr schwer war, zu bemächtigen, in dem Hofe eines Gebäudes aufgepasst, um ihn zu bewegen, ihnen von jenen von ihm gestifteten Aktien abzulassen, um die sich damals ganz Frankreich riss und die auf der Börse sechs- und achtmal so hoch und höher standen, als der Nominalpreis betrug, zu denen sie von Law ausgegeben worden waren. Law sei sehr beeilt gewesen, habe nicht hören wollen und habe endlich zu den Damen, die ihn nicht von der Stelle ließen, gesagt: »Meine Damen, ich bitte tausendmal um Verzeihung, aber wenn Sie mich nicht loslassen, so muss ich platzen, denn ich habe ein Bedürfnis, zu pissen, welches mir unmöglich ist, länger anzuhalten.« Worauf ihm die sechs vornehmen Damen geantwortet: »Eh bien, monsieur, pissez pourvu que vous nous écoutiez.« zu Deutsch: »Nun wohl, mein Herr, pissen Sie immer hin, wenn Sie uns nur anhören.« Und sie blieben in der Tat während dieses Aktes bei ihm stehen und trugen ihm ihr Anliegen vor.

Fragen sie mich wiederum, welche Ursachen es gewesen waren, welche diese Entwicklung der Industrie und den dadurch hervorgerufenen Reichtum der Bourgeoisie ermöglicht hatten, so würde ich durch ein genaueres Eingehen auf dieselben weitaus den Zeitraum, den ich mir gestatten kann, überschreiten müssen. Nur kurz aufzählen kann ich Ihnen die Allerwesentlichsten derselben: die Entdeckung Amerikas und der hierdurch auf die Produktion geübte unermessliche Einfluss; der durch die Umschiffung des Kaps der Guten Hoffnung entdeckte Seeweg nach Ostindien, während früher aller Handel mit dem Orient und Indien den Landweg über Suez nehmen musste; die Erfindung der Magnetnadel und des Kompasses, die hierdurch für allen Seehandel herbeigeführte größere Sicherheit, Schnelligkeit und Verminderung der Assekuranzprämie; die im Innern der Länder angelegten Wasserstraßen, die Kanäle und auch die Chausseen, welche durch die Verminderung der Transportkosten zahlreichen Produkten, die früher ihre Verteurung durch den Transport nicht ertragen konnten, erst die Möglichkeit entfernteren Absatzes erschließen; die größere bürgerliche Sicherheit des Besitzes, die geordnete Justiz, die Erfindung des Pulvers und das infolge dieser Erfindung eingetretene Brechen der kriegerischen Feudalmacht des Adels durch das Königtum; die durch die Zerstörung der adligen Burgen und der selbstständigen adligen Kriegsmacht wieder eingetretene Entlassung ihrer Lanzenknechte und Reisigen, denen nun nichts übrig bleibt, als Aufnahme im mittelalterlichen Arbeitsatelier zu suchen – alle diese Ereignisse ziehen an dem Triumphwagen der Bourgeoisie!

Alle diese Ereignisse und noch viele andere, die man Ihnen aufzählen könnte, fassen sich inzwischen in die eine Wirkung zusammen: durch die Eröffnung großer débouchés, das heißt großer Absatzgebiete, und die damit verbundene Verminderung der Produktions- und Transportkosten, die Produktion in Masse, die Produktion für den Weltmarkt hervorzurufen; hierdurch wieder das Bedürfnis der billigen Produktion zu schaffen, welches wiederum nur durch eine immer weiter getriebene Teilung der Arbeit, das heißt durch eine immer vollständiger ausgeführte Zerlegung der Arbeit in ihre einfachsten mechanischen Operationen, befriedigt werden kann, und hierdurch wiederum seinerseits eine Produktion in immer größerem Maßstabe hervorruft.

Wir stehen hier auf dem Boden der Wechselwirkungen, meine Herren. Jede dieser Tatsachen ruft die andere hervor und diese andere wirkt wieder auf die erste zurück, erweitert und vergrößert ihren Umfang. So wird es Ihnen klar sein, dass die Produktion eines Artikels in ungeheuren Massen, seine Produktion für den Weltmarkt, nur dann im Allgemeinen leicht möglich ist, wenn sich die Produktionskosten dieses Artikels billig stellen und wenn auch der Transport desselben billig genug ist, um seinen Preis nicht erheblich zu verteuern. Denn die Produktion in ungeheuren Massen erfordert den Absatz en masse, und der massenhafte Absatz einer Ware lässt sich nur hervorrufen durch ihren billigen Preis, der sie einer sehr großen Anzahl von Käufern zugänglich macht. Die billigen Produktions- und Transportkosten einer Ware rufen also ihre Produktion auf großem Fuße, in großen Massen hervor. Umgekehrt wird Ihnen aber auch wieder sofort klar sein, dass die Produktion eines Artikels in großen Massen die Billigkeit desselben erzeugt und vermehrt. Ein Fabrikant, welcher zum Beispiel zweimal hunderttausend Stück Kattun im Jahr absetzt, kann sowohl wegen der billigern Beschaffung des Rohmaterials im Großen, als weil sich sein Kapitalprofit und die Zinsen seiner gewerblichen Anlagen, Gebäude, Maschinen über eine so große Anzahl von Stücken verteilen, innerhalb gewisser Grenzen jedes Stück weit billiger geben, als ein Fabrikant, der nur fünftausend solcher Stücke jährlich produziert. Die größere Billigkeit der Produktion führt also zur Produktion im Großen, diese führt im Allgemeinen wieder größere Billigkeit herbei, diese ruft wieder eine noch massenhaftere Produktion hervor, die wiederum eine noch größere Billigkeit erzeugt usf.

Es verhält sich ganz ebenso in Bezug auf die Teilung der Arbeit, welche ihrerseits wieder die notwendige Voraussetzung der Produktion in Masse und der Billigkeit ist, und ohne welche weder Billigkeit noch Produktion in Masse möglich wäre.

Die Teilung der Arbeit, welche die Herstellung eines Produkts in eine große Anzahl ganz einfacher, oft rein mechanischer und verstandloser Operationen zerlegt und für jede einzelne dieser Teiloperationen besondere Arbeiter anstellt, wäre gar nicht möglich ohne massenhafte Produktion dieser Artikel, wird also durch diese erst hervorgerufen und entwickelt. Umgekehrt führt diese Zerlegung der Arbeit in solche ganz einfache Operationen und Handgriffe weiter, erstens zu einer immer größern Billigkeit, zweitens deshalb zu einer Produktion in immer größeren, riesenhaften Massen, zu einer immer mehr nicht auf diese und jene nahegelegene Absatzkreise, sondern auf den ganzen Weltmarkt berechneten Produktion und drittens hierdurch und durch die neuen Zerlegungen, die sich hierdurch bei den einzelnen Arbeitsoperationen anbringen lassen, wieder zu immer größeren Fortschritten in der Teilung der Arbeit selbst.

Durch die Reihe dieser Wechselwirkungen war allmählich eine totale Umänderung in der gesellschaftlichen Arbeit und somit in allen Lebensverhältnissen der Gesellschaft eingetreten.

Dieser Umschwung lässt sich in der Kürze am besten auf folgenden Gegensatz reduzieren:

Im früheren Mittelalter hatte man, da nur eine sehr geringe Anzahl von kostbaren Produkten die Teuerkeit des Transportes ertrug, produziert für das Bedürfnis der eigenen Lokalität und sehr beschränkter nahegelegener Absatzkreise, deren Bedürfnis ebendeshalb ein bekanntes, festes und unschwankendes war. Das Bedürfnis oder die Nachfrage war der Produktion oder dem Angebot vorausgegangen und bildete die bekannte Richtschnur dafür. Oder mit anderen Worten: Die gesellschaftliche Produktion war vorherrschend eine handwerksmäßige gewesen. Denn dies ist eben im Unterschied von dem Fabrikations- oder Großbetrieb der Charakter des kleinen oder Handwerksbetriebs, dass entweder das Bedürfnis abgewartet wird, um zu produzieren, wie zum Beispiel der Schneider meine Bestellung abwartet, um mir einen Rock zu machen, der Schlosser, um mir ein Schloss zu verfertigen, oder dass doch, wenn auch manche Gegenstände im Voraus gearbeitet werden, sich im Ganzen diese Vorausarbeit beschränkt auf ein Minimum des erfahrungsmäßig genau bekannten Bedürfnisses in der eigenen Lokalität und ihrer nächsten Nachbarschaft, wie zum Beispiel, wenn ein Klempner eine gewisse Anzahl von Lampen im Voraus arbeitet, von denen er weiß, dass der städtische Bedarf sie bald absorbiert haben muss.

Die charakteristischen Eigenschaften einer vorherrschend in dieser Weise produzierenden Gesellschaft, meine Herren, sind Armut oder doch nur eine bescheidene Wohlhabenheit und dagegen eine gewisse Festigkeit und Stabilität aller Verhältnisse.

Jetzt dagegen war allmählich durch die unablässige Wechselwirkung, die ich Ihnen geschildert habe, ein total entgegengesetzter Charakter der gesellschaftlichen Arbeit und damit aller Lebensverhältnisse eingetreten; schon war im Keime derselbe Charakter eingetreten, der heute in einer freilich ganz anders ausgebildeten, in einer riesenhaft entwickelten Weise die gesellschaftliche Arbeit kennzeichnet. In dieser riesenhaften Entwicklung, die er heute hat, lässt sich dieser Charakter im Gegensatz zu dem früher geschilderten also kennzeichnen: Wenn früher das Bedürfnis vorausging, dem Angebot, der Produktion, diese nach sich zog und bestimmte, ihre Richtschnur und ihr bekanntes Maß bildete, so geht jetzt die Produktion, das Angebot, dem Bedürfnis voraus und sucht dieses zu erzwingen. Es wird produziert nicht mehr für die Lokalität, nicht mehr für das bekannte Bedürfnis nahegelegener Absatzkreise, sondern für den Weltmarkt. Es wird produziert ins Weite und Allgemeine hinein, für alle Weltteile, für ein schlechthin unbekanntes und nicht zu bestimmendes Bedürfnis, und damit das Produkt sich das Bedürfnis nach ihm erzwingen kann, wird ihm eine Waffe mitgegeben, die Billigkeit. Die Billigkeit ist die Waffe des Produkts, mit der sich es einerseits den Käufer erobert und mit der es andrerseits alle anderen Waren derselben Art aus dem Felde schlägt, die gleichfalls auf den Käufer eindringen wollen, sodass in der Tat unter dem System der freien Konkurrenz ein jeder Produzent hoffen kann, wie riesenhafte Massen er auch produziere, für alle diese Absatz zu gewinnen, wenn es ihm nur gelingt, durch bessere Bewaffnung seiner Ware mit Billigkeit die Waren seiner Mitproduzenten kampfunfähig zu machen.

Der hervorstechende Charakter einer solchen Gesellschaft ist großer, unermesslicher Reichtum, andrerseits ein großes Schwanken aller Verhältnisse, eine fast beständige sorgenvolle Unsicherheit in der Lage der Einzelnen, verbunden mit einer sehr verschiedenartigen Beteiligung der zur Produktion Mitwirkenden an dem Gewinn der Produktion.

So groß also, meine Herren, war der Umschwung gewesen, welchen die stille, revolutionäre, unterwühlende Tätigkeit der Industrie schon vor dem Ende des vorigen Jahrhunderts unmerklich in dem Herzen der Gesellschaft herbeigeführt hatte.

Wenn die Männer der Bauernkriege noch nicht gewagt hatten, auch nur einen andern Gedanken zu fassen, als den, den Staat auf den Grundbesitz zu gründen, wenn sie noch nicht einmal im Gedanken sich von der Anschauung loszuwinden vermocht hatten, dass der Grundbesitz das notwendig die Herrschaft über den Staat führende Element und die Teilnahme an diesem Besitz die Bedingung für die Teilnahme an dieser Herrschaft sei, so hatte es der stille, unmerklich revolutionierende Fortschritt der Industrie dahin gebracht, dass bereits lange vor Ende des vorigen Jahrhunderts der Grundbesitz zu einem seiner frühern Wichtigkeit verhältnismäßig völlig entkleideten Element geworden und neben der Entwicklung der neuen Produktionsweisen und der Reichtümer, die sie in ihrem Schoße barg und täglich aufhäufte, des immensen Einflusses, den sie dadurch über die ganze Bevölkerung und ihre Verhältnisse, sogar auf den zum großen Teil arm gewordenen Adel selbst ausübte, zu einer untergeordneten Stelle herabgesunken war.

Die Revolution war somit bereits in dem Innern der Gesellschaft, in den tatsächlichen Verhältnissen derselben eingetreten, lange, ehe sie in Frankreich ausbrach, und es war nur noch erforderlich, diesen Umschwung auch zur äußern Anerkennung zu bringen, ihm rechtliche Sanktion zu geben. Dies ist überhaupt bei allen Revolutionen der Fall, meine Herren! Man kann nie eine Revolution machen; man kann immer nur einer Revolution, die schon in den tatsächlichen Verhältnissen einer Gesellschaft eingetreten ist, auch äußere rechtliche Anerkennung und konsequente Durchführung geben.

Eine Revolution machen wollen ist die Torheit unreifer Menschen, die von den Gesetzen der Geschichte keine Ahnung haben.

Ebendeshalb ist es ebenso unreif und ebenso kindisch, eine Revolution, die sich bereits einmal in den Eingeweiden einer Gesellschaft vollzogen hat, zurückdämmen und sich ihrer rechtlichen Anerkennung widersetzen oder einer solchen Gesellschaft oder einzelnen, die sich bei diesem Hebammendienst beteiligten, den Vorwurf machen zu wollen, dass sie revolutionär seien. Ist die Revolution drin in der Gesellschaft, in ihren tatsächlichen Verhältnissen, so muss sie, da hilft nichts, auch herauskommen und in die Gesetzsammlung übergehen.

Wie sich dies verhält und wie weit es hierin in der Zeit, von der ich spreche, bereits gekommen war, sehen Sie am besten an einer Tatsache, die ich noch erwähnen will.

Ich habe Ihnen vorhin von der Teilung der Arbeit gesprochen, deren Entwicklung darin besteht, jede Produktion in eine Reihe ganz einfacher, mechanischer und verstandloser Operationen zu zerlegen.

Indem diese Zerlegung immer weiter fortschreitet, entdeckt nun endlich, dass sich diese einzelnen Operationen, das sie ganz einfach und verstandlos sind, ebenso gut und besser auch von verstandlosen Faktoren vollbringen lassen, und so erfindet im Jahre 1775, also 14 Jahre vor der Französischen Revolution, Arkwright in England die erste Maschine, seine berühmte Baumwollenspinnmaschine.

Man kann sagen, dass diese Maschine an und für sich schon die Revolution nicht hervorbrachte, dazu geht ihr diese Erfindung, die überdies auch nicht augenblicklich in Frankreich eingeführt wurde, viel zu kurze Zeit vorher, sondern dass sie die bereits tatsächlich eingetretene, bereits vollzogene Revolution in sich verkörperte. Sie war selbst schon, so unschuldig sie aussah, diese Maschine, die lebendig gewordene Revolution.

Die Gründe hierfür sind einfach.

Sie werden von der Zunftverfassung gehört haben, in welcher sich die mittelalterliche Produktion bewegte.

Ich kann hier auf das Wesen der mittelalterlichen Zünfte so wenig eingehen, wie auf dasjenige der seit der Französischen Revolution überall an die Stelle der Zünfte getretenen freien Konkurrenz. Ich kann hier nur in Weise einer Versicherung die Tatsache hinstellen, dass das mittelalterliche Zunftwesen untrennbar mit den anderweitigen Einrichtungen des Mittelalters verbunden war. Kann ich Ihnen aber auch heut die Gründe dieser untrennbaren Verbindungen nicht klarlegen, so lässt sich die Tatsache selbst doch schon geschichtlich beweisen. Die Zünfte haben das ganze Mittelalter hindurch bis zur Französischen Revolution gedauert. Schon im Jahre 1672 wird über ihre Aufhebung auf dem deutschen Reichstag verhandelt – aber vergeblich. Ja, schon im Jahre 1614 wird auf den französischen Etats généraux, den französischen Reichsständen, von der Bourgeoisie die Abschaffung der Zünfte, welche sie in der Produktion bereits überall beengten, verlangt. Ebenso vergeblich. Ja, noch mehr, 13 Jahre vor der Revolution, im Jahre 1776, hebt ein reformierender Minister in Frankreich, der berühmte Turgot, die Zünfte auf. Aber die feudale privilegierte Welt des Mittelalters erblickte sich, und mit vollkommenem Recht, in Todesgefahr, wenn ihr Lebensprinzip, das Privileg, nicht alle Klassen der Gesellschaft durchdränge, und so wird denn der König sechs Monate nach Aufhebung der Zünfte vermocht, sein Edikt zu widerrufen und die Zünfte wiederherzustellen. Erst die Revolution stürzte diese aber auch an einem Tage durch den Bastillesturm was in Deutschland seit 1672, in Frankreich seit 1614, also seit fast zwei Jahrhunderten, auf legalem Wege vergeblich erstrebt worden war.

Sie ersehen daraus, meine Herren, dass, welche große Vorteile auch dem Reformieren auf legalem Wege zukommen, dieser doch wieder bei allen wichtigeren Punkten den einen großen Nachteil hat, von einer sich über ganze Jahrhunderte hinerstreckenden Ohnmacht zu sein, und andrerseits, dass der revolutionäre Weg, mit wie unleugbaren Nachteilen er auch verbunden ist, dafür den einen Vorteil hat, schnell und energisch zu einem praktischen Ziele zu führen.

Halten Sie nun, meine Herren, mit mir einen Augenblick die Tatsache fest, dass die Zünfte in einer untrennbaren Weise mit der gesamten gesellschaftlichen Einrichtung des Mittelalters verbunden waren, so ersehen Sie sofort, wie die erste Maschine, jene Baumwollenspinnmaschine, die Arkwright erfand, eine vollständige Umwälzung jener gesellschaftlichen Zustände bereits in sich enthielt.

Denn wie sollte die Produktion mit Maschinen möglich sein unter der Zunftverfassung, bei welcher die Anzahl von Gesellen und Lehrlingen, welche ein Meister halten durfte, in jeder Lokalität gesetzlich bestimmt war? Oder wie sollte unter der Zunftverfassung, bei welcher die verschiedenen Arbeitszweige auf das Genaueste gesetzlich voneinander abgegrenzt waren und jeder Meister nur einen derselben betreiben durfte, sodass zum Beispiel die Schneider von Paris mit den Flickschneidern, die Nagelschmiede mit den Schlossern hundertjährige Prozesse führten, um die Grenzen zwischen ihren Gewerben festzustellen – wie sollte unter einer solchen Zunftverfassung die Produktion mit einem System von Maschinen möglich sein, welche vielmehr die Verbindung der verschiedenartigsten Arbeitsgattungen unter der Hand eines und desselben Kapitals erfordert? Es war also dahin gekommen, dass die Produktion selbst durch ihre beständige schrittweise Vervollkommnung Produktionsinstrumente hervorgebracht hatte, welche den bestehenden Zustand der Dinge in die Luft sprengen mussten, Produktionsinstrumente und Produktionsweisen, welche in diesem Zustand keinen Platz und Entwicklungsraum mehr finden konnten. In diesem Sinne, sagte ich, war die erste Maschine bereits an und für sich eine Revolution, denn sie trug in ihren Kämmen und Rädern, so wenig ihr dies auch bei der äußerlichen Betrachtung anzusehen gewesen wäre, bereits im Keime den ganzen auf die freie Konkurrenz gebauten neuen Zustand der Gesellschaft in sich, der sich mit der Kraft und Notwendigkeit des Lebens aus diesem Keime entwickeln musste.

Und so mag es, wenn ich nicht sehr irre, auch heute sein, meine Herren, dass bereits mehrfache Erscheinungen existieren, welche einen neuen Zustand der Dinge in sich tragen und ihn mit Notwendigkeit aus sich entwickeln müssen, Erscheinungen, denen man dies gleichwohl auf den äußerlichen Blick durchaus nicht ansieht, sodass an ihnen, während man unbedeutende Agitatoren verfolgt, selbst die Behörden nicht nur unbefangen vorübergehen, sondern sie sogar als notwendige Träger unserer Kultur gelten lassen, als Blüten und Höhepunkte derselben begrüßen und ihnen bei Gelegenheit anerkennende und preisende Festreden halten.

Nach allen diesen Erörterungen, meine Herren, werden Sie nun ganz begreifen die wahre Bedeutung der berühmten Broschüre, welche 1788, ein Jahr vor der Französischen Revolution, der Abbé Sieyès veröffentlichte, und welche sich in die Worte resümiert: Qu'est-ce que c'est que le tiers-état? Rien! Qu'est ce qu'il doit être? Tout!

Tiers-etat, oder dritter Stand, wurde nämlich in Frankreich die Bourgeoisie deshalb genannt, weil sie auf den französischen Reichsständen den beiden bevorrechteten Ständen, dem Adel und der Geistlichkeit gegenüber den dritten Stand bildete, der das ganze nicht privilegierte Volk bedeutete.

Jene Broschüre fasst sich also in die beiden von Sieyès daselbst aufgestellten Fragen und erteilten Antworten zusammen: »Was ist der dritte Stand? Nichts! Was sollte er sein? Alles!«

So formuliert Sieyès diese beiden Fragen und Antworten. Schärfer und richtiger ausgedrückt war aber, wie aus allem Früheren folgt, die wahre Bedeutung dieser Fragen und Antworten vielmehr folgende:

»Was ist der dritte Stand faktisch, tatsächlich? Alles. Was aber ist er rechtlich? Nichts!«

Es handelte sich also darum, die rechtliche Stellung des dritten Standes seiner tatsächlichen Bedeutung gleichzumachen; es handelte sich darum, seine tatsächlich schon vorhandene Bedeutung auch zur rechtlichen Sanktion und Anerkennung zu bringen – und dies eben ist das Werk und die Bedeutung der siegreichen Revolution, die 1789 in Frankreich ausbrach und ihren umgestaltenden Einfluss auch auf die anderen Länder Europas ausübte.

Ich habe Ihnen hier nicht, meine Herren, die Geschichte der Französischen Revolution zu geben. Nur die wichtigsten und entscheidendsten Übergangspunkte der gesellschaftlichen Perioden können wir hier betrachten, und auch diese nur wegen der sonst dazu erforderlichen Zeitdauer, ganz kurz und flüchtig.

Es ist daher hier die Frage aufzuwerfen, wer war dieser dritte Stand oder die Bourgeoisie, welche durch die Französische Revolution den Sieg über die privilegierten Stände und die Herrschaft über den Staat erlangt?

Da dieser dritte Stand den privilegierten, gesetzlich bevorrechteten Ständen der Gesellschaft gegenüberstand, so fasste er damals im ersten Augenblick sich selbst als gleichbedeutend mit dem gesamten Volke, seine Sache als die Sache der ganzen Menschheit auf. Daher die erhebende und gewaltige Begeisterung, die in jener Periode herrscht. Die Menschenrechte werden erklärt, und es scheint, als habe mit der Befreiung und Herrschaft des dritten Standes alle gesetzliche Bevorrechtung in der Gesellschaft aufgehört und als sei jede rechtliche, privilegierte Unterscheidung in die eine Freiheit des Menschen untergegangen.

Zwar schreibt schon damals, ganz im Anfang der Bewegung, im April 1789 bei Gelegenheit der Wahlen zu den Reichsständen, die vom König mit der Bestimmung zusammengerufen waren, dass der dritte Stand diesmal allein ebenso viele Vertreter schicken solle, wie Adel und Geistlichkeit zusammengenommen, zwar schreibt schon damals ein durchaus nicht revolutionäres Blatt wie folgt: »Qui peut nous dire, si le despotisme de la bourgeoisie ne succédera pas à la prétendue aristocratie des nobles?« zu Deutsch: »Wer kann uns sagen, ob der Despotismus der Bourgeoisie nicht folgen wird auf die angebliche Aristokratie der Adligen?«

Aber solche Rufe wurden in der allgemeinen Begeisterung damals noch völlig überhört.

Nichtsdestoweniger müssen wir zu jener Frage zurückkehren; wir müssen die Frage bestimmt aufwerfen: War die Sache des dritten Standes wirklich die Sache der ganzen Menschheit, oder trug dieser dritte Stand, die Bourgeoisie, innerlich noch einen vierten Stand in seinem Herzen, von welchem er sich wieder seinerseits rechtlich abscheiden und ihn seiner Herrschaft unterwerfen wollte?

Es ist hier an der Zeit, meine Herren, wenn ich nicht Gefahr laufen will, dass mein Vortrag vielleicht großen Missverständnissen ausgesetzt sei, mich über die Bedeutung des Wortes Bourgeoisie oder große Bourgeoisie als politischer Parteibezeichnung, mich über die Bedeutung, die das Wort Bourgeoisie in meinem Munde hat, auszusprechen.

In die deutsche Sprache würde das Wort: Bourgeoisie mit Bürgertum zu übersetzen sein. Diese Bedeutung aber hat es bei mir nicht; Bürger sind wir alle, der Arbeiter, der Kleinbürger, der Großbürger usw. Das Wort Bourgeoisie hat vielmehr im Lauf der Geschichte die Bedeutung angenommen, eine ganz bestimmte politische Richtung zu bezeichnen, die ich nun sofort darlegen will.

Die gesamte nicht adlige bürgerliche Klasse zerfiel, als die Französische Revolution eintrat, und zerfällt noch heute im Großen und Ganzen wieder in zwei Unterklassen; nämlich erstens die Klasse derer, welche ganz oder hauptsächlich aus ihrer Arbeit ihr Einkommen beziehen und hierin durch gar kein oder nur durch ein bescheidenes Kapital unterstützt werden, welches ihnen eben die Möglichkeit gibt, eine produktive, sie und ihre Familie ernährende Tätigkeit auszuüben; in diese Klasse gehören also die Arbeiter, die Kleinbürger und Handwerker und im Ganzen die Bauern. Und zweitens die Klasse derer, welche über einen großen bürgerlichen Besitz, über das große Kapital verfügen und aufgrund einer solchen großen Kapitalbasis produzieren oder Renteneinkommen daraus beziehen. Man könnte diese die Großbürger nennen. Aber auch ein Großbürger, meine Herren, ist darum an und für sich noch durchaus kein Bourgeois!

Kein Bürgerlicher hat etwas dagegen, wenn ein Adliger sich in seinem Zimmer über seine Ahnen und seinen Grundbesitz freut. Aber wenn der Adlige diese Ahnen oder diesen Grundbesitz zur Bedingung einer besonderen Geltung und Berechtigung im Staat, zur Bedingung einer Herrschaft über den Staatswillen machen will, – dann beginnt der Zorn des Bürgerlichen gegen den Adligen, und er nennt ihn einen Feudalen.

Es verhält sich nun ganz entsprechend mit den tatsächlichen Unterschieden des Besitzes innerhalb der bürgerlichen Welt.

Dass sich der Großbürger in seinem Zimmer der großen Annehmlichkeit und des großen Vorteils erfreue, welche ein großer bürgerlicher Besitz für den Besitzenden in sich schließt, – nichts einfacher, nichts natürlicher und nichts rechtmäßiger als das!

So sehr der Arbeiter und der Kleinbürger, mit einem Worte die ganze nicht Kapital besitzende Klasse, berechtigt ist, vom Staate zu verlangen, dass er sein ganzes Sinnen und Trachten darauf richte, wie die kummervolle und notbeladene materielle Lage der arbeitenden Klassen zu verbessern, und wie auch ihnen, durch deren Hände alle die Reichtümer produziert worden, mit denen unsere Zivilisation prunkt, deren Händen alle die Produkte ihre Entstehung verdanken, ohne welche die gesamte Gesellschaft keinen Tag existieren könnte, zu einem reichlicheren und gesicherten Erwerbe und damit wieder zu der Möglichkeit geistiger Bildung und somit erst zu einem wahrhaft menschenwürdigen Dasein zu verhelfen sei – wie sehr, sage ich, die arbeitenden Klassen auch berechtigt sind, dies vom Staate zu fordern und dies als seinen wahrhaften Zweck hinzustellen, so darf und wird dennoch der Arbeiter niemals vergessen, dass alles einmal erworbene gesetzliche Eigentum vollständig unantastbar und rechtmäßig ist.

Wenn aber der Großbürger, nicht zufrieden mit der tatsächlichen Annehmlichkeit eines großen Besitzes, den bürgerlichen Besitz, das Kapital, auch noch als die Bedingung hinstellen will, an der Herrschaft über den Staat, an der Bestimmung des Staatswillens und Staatszweckes teilzunehmen, dann erst wird der Großbürger zum Bourgeois, dann macht er die Tatsache des Besitzes zur rechtlichen Bedingung der politischen Herrschaft, dann charakterisiert er sich als einen neuen privilegierten Stand im Volke, der nun das herrschende Gepräge seines Privilegiums allen gesellschaftlichen Einrichtungen ebenso gut aufdrücken will, wie dies der Adel im Mittelalter, wie wir gesehen haben, mit dem Privilegium des Grundbesitzes getan. Die Frage, die wir also in Bezug auf die Französische Revolution und die von ihr eingeleitete Geschichtsperiode zu erheben haben, ist somit die: Hat sich der dritte Stand, der durch die Französische Revolution zur Herrschaft kam, in diesem Sinne als Bourgeoisie aufgefasst und das Volk seiner privilegierten politischen Herrschaft unterwerfen wollen und unterworfen?

Die Antwort hierauf haben die großen Tatsachen der Geschichte zu erteilen, und diese Antwort ist eine entschieden bejahende.

Wir können nur einen rapiden Blick auf die allerwichtigsten dieser Tatsachen werfen, die aber zur Entscheidung der Frage hinreichen.

Schon in der ersten Verfassung, welche die Folge der Französischen Revolution war, in der Verfassung vom 3. September 1791, wird (Kapitel I Sektion I und II) der Unterschied zwischen Citoyen activ und Citoyen passiv, zwischen aktiven Bürgern und passiven Bürgern aufgestellt. Nur die aktiven Bürger erhalten das Wahlrecht, und ein aktiver Bürger ist, dieser Verfassung zufolge, nur derjenige, der eine direkte Steuer von einer gewissen nähef bestimmten Höhe zahlt.

Dieser Steuerbetrag war damals seinem Umfange nach noch mäßig bestimmt; er sollte nur den Wert dreier Arbeitstage, also wenn wir den Arbeitstag zum Beispiel auf 10 Silbergroschen schätzen, den Wert von 1 Taler betragen. Aber noch wichtiger war, dass alle diejenigen für nicht aktive Bürger erklärt wurden, welche Serviteurs à gages waren, um Lohn dienten, durch welche Bestimmung der Arbeiterstand ausdrücklich vom Wahlrecht ausgeschlossen wurde. Endlich kommt es bei solchen Fragen nicht einmal auf den Umfang an, sondern auf das Prinzip.

Es war ein Zensus eingeführt; das heißt ein bestimmter bürgerlicher Besitz als die Bedingung hingestellt, durch das Wahlrecht – dieses erste und wichtigste aller politischen Rechte – an der Bestimmung des Staatswillens und Staatszweckes teilnehmen zu können.

Alle diejenigen, welche überhaupt keine direkte Steuer oder keine von diesem Betrage zahlten, oder Lohnarbeiter waren, waren von der Herrschaft über den Staat ausgeschlossen und zu einer beherrschten unterworfenen Masse gemacht. Der bürgerliche Besitz oder der Kapitalbesitz war die Bedingung zur Herrschaft über den Staat geworden, wie im Mittelalter der adlige Besitz oder der Grundbesitz.

Dies Prinzip des Zensus bleibt – mit Ausnahme einer sehr kurzen Periode, der französischen Republik von 1793, die an ihrer eigenen Unklarheit und an der ganzen Lage der damaligen Verhältnisse zugrunde ging, und auf die ich hier nicht näher eingehen kann – das leitende Prinzip aller Verfassungen, die aus der Französischen Revolution hervorgingen.

Ja, mit jener Konsequenz, die allen Prinzipien eigen ist, musste sich dasselbe gar bald auch zu einem ganz andern quantitativen Umfang entwickeln.

In der Verfassung von 1814 wurde von der oktroyierten Charte, die Louis XVIII. erließ, ein direkter Steuerbetrag von 300 Francs, also von 80 Talern, anstelle jenes früheren vom Werte dreier Arbeitstage als Bedingung des Wahlrechts festgestellt. Die Julirevolution von 1830 bricht aus, und nichtsdestoweniger wird durch das Gesetz vom 19. April 1831 ein direkter Steuerbetrag von 200 Francs, also von circa 53 Talern, als Bedingung des Wahlrechts gefordert.

Was unter Louis Philipp und Guizot das pays légal, das gesetzliche Land, nämlich das »gesetzlich in Betracht kommende Land« genannt wurde, bestand aus 200 000 Männern. Es gab nicht mehr als 200 000 mit jenem bürgerlichen Besitz ausgerüstete Wähler in Frankreich, welche die Herrschaft führten über ein Land von über 30 Millionen Einwohnern.

Es muss hier beiläufig bemerkt werden, dass es selbstredend ganz gleichgültig ist, ob das Prinzip des Zensus, die Ausschließung der Nichtbesitzenden vom Wahlrecht auftritt, wie in den angeführten Verfassungen, in direkter und offener, oder in einer irgendwie verkappten Form. Die Wirkung ist immer dieselbe.

So konnte die zweite französische Republik im Jahre 1850 das einmal erklärte allgemeine und direkte Wahlrecht, das wir im Verlauf noch betrachten werden, unmöglich offen widerrufen. Aber sie half sich damit, dass sie durch das Gesetz vom 31. Mai 1850 nur solche Bürger zum Wahlrecht in einem Orte zuließ, welche an demselben Ort schon seit mindestens drei Jahren ununterbrochen domiziliert waren. Weil nämlich die Arbeiter in Frankreich durch ihre Lage häufig gezwungen sind, den Ort zu wechseln und in einer andern Gemeinde Arbeit und Beschäftigung zu suchen, hoffte man, und mit gutem Grunde, überaus große Massen von Arbeitern, die den Nachweis eines dreijährigen ununterbrochenen Domizils an demselben Ort nicht führen konnten, von dem Wahlrechte auszuschließen.

Hier haben Sie also einen Zensus in verkappter Form.

Noch viel schlimmer ist es bei uns seit dem oktroyierten Dreiklassenwahlgesetz, wo also, je nach den Verhältnissen der Lokalität, 3, 10, 30 und mehr nicht besitzende Wähler der dritten Klasse nur dasselbe Wahlrecht ausüben, wie ein einziger großer Kapitalbesitzer, ein Großbürger, welcher der ersten Wählerklasse angehört, sodass also in Wahrheit, wäre das Verhältnis zum Beispiel im Durchschnitt wie 1 zu 10, immer je neun Männer von zehn solchen, welche im Jahre 1848 Wahlrecht besaßen, es durch das oktroyierte Dreiklassenwahlgesetz des Jahres 1849 verloren haben und es nur noch zum Schein ausüben.

Um Ihnen aber zu zeigen, wie sich dies nun wirklich im Durchschnitt verhält, brauche ich Ihnen bloß einige auf offiziellen amtlichen Listen beruhende Zahlen mitzuteilen.

Im Jahre 1848 hatten wir infolge des damals eingeführten allgemeinen Wahlrechts 3 661 993 Urwähler.

Durch das oktroyierte Dreiklassenwahlgesetz vom 30. Mai 1849 wurde nun zuvörderst dadurch, dass man denjenigen, welche keinen festen Wohnsitz hatten oder Armenunterstützung empfingen, das Wahlrecht entzog, die Zahl der Wähler auf 3 255 703 herabgesetzt. 406 000 Männern wurde also schon hierdurch das Wahlrecht entzogen. Dies war jedoch noch das wenigste.

Die übrig bleibenden 3 255 000 Urwähler zerfielen nun nach dem oktroyierten Wahlgesetz in drei Klassen, und zwar gehörten laut den amtlichen Listen, die nach Erlass des oktroyierten Wahlgesetzes im Jahre 1849 aufgenommen wurden:

1. zur ersten Wählerklasse   153 808 Mann

2. zur zweiten Wählerklasse 409 945 Mann

3. zur dritten Wählerklasse   2 691 950 Mann

Lassen wir nun selbst die zweite Wählerklasse ganz aus dem Spiel und vergleichen nur die erste und die dritte Wählerklasse, die Großbürger und die Nichtbesitzenden, miteinander, so üben also 153 808 Reiche dasselbe Wahlrecht aus, wie 2 691 950, die zur Arbeiter-, Kleinbürger- und Bauernklasse gehören, das heißt, ein Reicher übt dasselbe Wahlrecht aus, das 17 Nichtbesitzende ausüben. Und gehen wir nun von der tatsächlichen Grundlage aus, dass im Jahre 1848 durch das Gesetz vom 8. April 1848 bereits das allgemeine Wahlrecht gesetzlich bestand, dass damals also 153 800 Arbeiter oder Kleinbürger beim Wählen 153 800 Reiche aufwogen, also ein Nichtbesitzender einen Reichen aufwog, so zeigt sich, dass jetzt, wo erst 17 Ärmere das Wahlrecht eines Reichen aufwiegen, immer 16 Arbeitern und Kleinbürgern unter 17 ihr gesetzliches Wahlrecht entrissen worden ist.

Aber auch dies, meine Herren, ist nur das Durchschnittsverhältnis. In der Wirklichkeit gestaltet sich die Sache, wegen der verschiedenen Verhältnisse der Lokalitäten, noch ganz anders, noch viel ungünstiger, am ungünstigsten überall da, wo die Ungleichheiten des Besitzes am entwickeltsten sind. So hat der Regierungsbezirk Düsseldorf 6 356 Wähler erster Klasse und 166 300 Wähler dritter Klasse; es üben also dort erst 26 Wähler dritter Klasse dasselbe Wahlrecht aus wie ein Reicher.

Kehren wir von dieser Ausführung zu unserem Hauptfaden zurück, so haben wir also gezeigt und haben weiter zu zeigen, wie, seitdem durch die Französische Revolution die Bourgeoisie zur Herrschaft gelangte, jetzt ihr Element, der bürgerliche Besitz, zum herrschenden Prinzip aller gesellschaftlichen Einrichtungen gemacht wird; wie die Bourgeoisie, ganz so verfahrend, wie der Adel im Mittelalter mit dem Grundbesitz, jetzt das herrschende und ausschließende Gepräge ihres besonderen Prinzips, des bürgerlichen oder Kapitalbesitzes, das Gepräge ihres Privilegiums allen Einrichtungen der Gesellschaft aufdrückt. Die Parallele zwischen Adel und Bourgeoisie ist darin eine vollständige.

In Bezug auf den wichtigsten Fundamentalpunkt, auf die Reichsverfassung, haben wir dies bereits betrachtet. Wie im Mittelalter der Grundbesitz das herrschende Prinzip der Vertretung auf den deutschen Reichstagen war, so ist jetzt im direkten oder verkappten Zensus der Steuerbetrag und somit, da dieser durch das Kapitalvermögen eines Mannes bedingt wird, in letzter Instanz der Kapitalbesitz dasjenige, was das Wahlrecht zu den Kammern und somit den Anteil an der Herrschaft über den Staat, bestimmt.

Ebenso in Bezug auf alle andern Erscheinungen, bei denen ich Ihnen im Mittelalter den Grundbesitz als das herrschende Prinzip nachgewiesen habe.

Ich hatte Sie damals auf die Steuerfreiheit des adligen Grundbesitzes im Mittelalter aufmerksam gemacht und hatte Ihnen gesagt, dass jeder herrschende privilegierte Stand die Lasten zur Aufrechterhaltung des öffentlichen Wohles auf die unterdrückten, nicht besitzenden Klassen abzuwälzen sucht.

Ganz ebenso die Bourgeoisie. Zwar kann sie freilich nicht offen erklären, dass sie steuerfrei sein will. Ihr ausgesprochenes Prinzip ist vielmehr in der Regel, dass ein jeder im Verhältnis zu seinem Einkommen steuern solle. Aber sie erreicht wiederum, mindestens so gut es geht, dasselbe Resultat in verkappter Form durch die Unterscheidung von direkten und indirekten Steuern.

Direkte Steuern, meine Herren, sind solche, welche, wie die klassifizierte Einkommensteuer oder die Klassensteuer, vom Einkommen erhoben werden und sich daher nach der Größe des Einkommens und Kapitalbesitzes bestimmen. Indirekte Steuern aber sind solche, die auf irgendwelche Bedürfnisse, zum Beispiel auf Salz, Getreide, Bier, Fleisch, Heizungsmaterial, oder zum Beispiel auf Bedürfnis nach Rechtsschutz, Justizkosten, Stempelbogen usw. gelegt werden, und die sehr häufig der Einzelne in dem Preise der Dinge bezahlt, ohne zu wissen und zu merken, dass er jetzt steuert, dass es die Steuer ist, welche ihm den Preis der Dinge verteuert.

Nun wird Ihnen bekannt sein, meine Herren, dass jemand, der zwanzig-, fünfzig-, hundertmal so reich ist, als ein anderer, deshalb durchaus nicht zwanzig-, fünfzig-, hundertmal so viel Salz, Brot, Fleisch, fünfzig- oder hundertmal so viel Bier oder Wein trinkt, fünfzig- oder hundertmal so viel Bedürfnis nach Ofenwärme und also nach Heizungsmaterial hat, wie ein Arbeiter oder Kleinbürger.

Hierdurch kommt es, dass der Betrag aller indirekten Steuern, statt die Individuen nach Verhältnis ihres Kapitals und Einkommens zu treffen, seinem bei weitem größten Teile nach von den Unbemittelten, von den ärmeren Klassen der Nation gezahlt wird. Nun hat zwar die Bourgeoisie die indirekten Steuern nicht eigentlich erfunden; sie existierten schon früher. Aber die Bourgeoisie hat sie erst zu einem unerhörten Systeme entwickelt und ihnen beinahe den gesamten Betrag der Staatsbedürfnisse aufgebürdet.

Ich werfe, um Ihnen dies zu zeigen, zum Beispiel einen Blick auf den preußischen Staatshaushalt des Jahres 1855. Die Gesamteinnahmen des Staats in diesem Jahre betrugen in runder Summe 108 930 000 Taler. Davon gehen ab, aus den Domänen und Forsten fließend, also ein Staatseinkommen aus Besitzungen, das hier nicht in Betracht kommen kann, 11 967 000 Taler. Es bleiben also circa 97 Millionen anderweitiger Staatseinnahmen übrig. Von diesen Einnahmen würden der Einteilung des Budgets zufolge circa 26 Millionen aus direkten Steuern erhoben. Dies ist aber auch nicht wahr und scheint bloß so, weil unser Budget dabei nirgends nach wissenschaftlichen Grundsätzen verfährt, sondern sich nur danach richtet, in welcher Weise äußerlich die Steuern eingetrieben werden. Von diesen 26 Millionen gehen vielmehr ab 10 Millionen Grundsteuer, die zwar von dem Grundbesitzer direkt erhoben, von ihm aber wieder auf den Getreidepreis abgewälzt und somit definitiv von den Getreidekonsumenten bezahlt werden, daher eine indirekte Steuer bilden. Es gehen aus denselben Gründen ab 2 900 000 Taler Gewerbesteuer.

An Einnahmen aus wirklich direkten Steuern bleiben nur übrig:

    2 928 000 Taler   aus der klassifizierten Einkommensteuer,

    7 884 000   Taler aus der Klassensteuer und

    2 036 000 Taler   aus dem Zuschlag,

zus. 12 848 000 Taler.

Also 12 800 000 Taler, meine Herren, fließen in Wahrheit aus direkten Steuern auf 97 Millionen Staatseinnahmen. Was über diese 12 800 000 Taler hinausgeht, das wird – man muss hier wieder nicht der unwissenschaftlichen Rubrizierung des Budgets folgen, welches zum Beispiel den Ertrag des Salzmonopols von 8 300 000 Talern oder die Einnahmen aus dem Justizdienst von 8 849 000 Talern nicht zu den indirekten Steuern rechnet, – was über diese 12 800 000 Taler hinausgeht, das wird, sage ich, mit Ausnahme weniger und sehr unbedeutender Posten, mit denen es eine besondere Bewandtnis hat, samt und sonders aus Einnahmequellen aufgebracht, welche die Natur von indirekten Steuern haben, das wird also durch indirekte Steuern aufgebracht.

Die indirekte Steuer, meine Herren, ist somit das Institut, durch welches die Bourgeoisie das Privilegium der Steuerfreiheit für das große Kapital verwirklicht und die Kosten des Staatswesens den ärmeren Klassen der Gesellschaft aufbürdet.

Bemerken Sie zugleich, meine Herren, den eigentümlichen Widerspruch und die eigentümliche Gerechtigkeit des Verfahrens, die gesamten Staatshaushaltsbedürfnisse den indirekten Steuern und somit dem armen Volke aufzubürden, zum Maßstabe aber und zur Bedingung des Wahlrechts und somit des politischen Herrschaftsrechts die direkten Steuern zu machen, welche zu dem Gesamtbedürfnis des Staates von 108 Millionen nur den verschwindend kleinen Beitrag von 12 Millionen liefern!

Ich sagte Ihnen ferner, meine Herren, von dem Adel des Mittelalters, dass alle bürgerliche Tätigkeit und Industrie in sozialer Missachtung bei ihm stand.

Ganz analog heut. Zwar jede Art von Arbeit ist heut gleich geachtet, und wenn einer beim Lumpensammeln oder Abtrittfegen zum Millionär würde, so würde er gewiss sein können, eine große Achtung in der Gesellschaft zu finden.

Aber mit welcher sozialen Missachtung denen begegnet wird, welche, gleichviel worin und wie sehr sie arbeiten, keinen bürgerlichen Besitz hinter sich haben, – nun, das ist eine Tatsache, die Sie nicht aus meinem Vortrage zu erfahren brauchen, sondern der Sie leider oft genug im täglichen Leben begegnen können.

Ja, in gar mancher Hinsicht führt die Bourgeoisie, die Herrschaft ihres besonderen Privilegiums und Elementes mit noch strengerer Konsequenz durch, als dies der Adel im Mittelalter mit dem Grundbesitz getan hatte.

Der Volksunterricht – ich spreche hier von dem Unterricht der Erwachsenen – war im Mittelalter der Geistlichkeit überlassen. Seitdem haben die Zeitungen dies Amt übernommen. Durch die Kautionen aber, welche die Zeitungen stellen müssen, und noch viel mehr durch die Stempelsteuer, welche bei uns wie in Frankreich und anderwärts auf die Zeitungen gelegt wird, wird eine täglich erscheinende Zeitung zu einem sehr kostspieligen, nur bei sehr erheblichen Kapitalmitteln in das Leben zu rufenden Institut, sodass dadurch jetzt selbst die Fähigkeit auf die Volksmeinung wirken, sie aufklären und leiten zu können, ein Privilegium des großen Kapitalbesitzes geworden ist.

Wäre dies nicht, meine Herren, so würden Sie ganz andere und viel bessere Zeitungen besitzen!

Es ist von Interesse, zu sehen, meine Herren, wie früh dies Bestreben der großen Bourgeoisie, aus der Presse ein Privilegium des Kapitals zu machen, bereits auftritt, und in welcher naiven, unverhüllten Form. Am 24. Juli 1789, wenige Tage nach dem Bastillensturm, also schon in den ersten Tagen, in welchen die Bourgeoisie die politische Herrschaft eroberte, erließen die städtischen Repräsentanten der Gemeinde von Paris einen Beschluss, durch welchen sie die Drucker für verantwortlich erklären, wenn sie Broschüren oder Flugblätter veröffentlichen von Schriftstellern »sans existence connue«, »ohne notorisch bekannte Existenzmittel«. Die soeben erst eroberte Pressfreiheit sollte also nur für Schriftsteller von »notorisch bekannten Existenzmitteln« da sein. Das Eigentum erscheint hier als Bedingung für die Pressfreiheit, ja eigentlich sogar für die Moralität eines Schriftstellers! Diese Naivität der ersten Tage der Bourgeoisherrschaft spricht nur in kindlich offener Weise aus, was heut in künstlicher Form durch Kautionen und Stempelsteuer erreicht wird.

Mit diesen großen, charakteristischen Tatsachen, entsprechend unserer Betrachtung des Mittelalters, meine Herren, wollen wir uns auch hier begnügen.

Was wir bisher gesehen haben, meine Herren, sind zwei Weltperioden, die jede unter der herrschenden Idee eines bestimmten Standes der Gesellschaft stehen, welcher sein Prinzip allen Einrichtungen dieser Zeit aufdrückt.

Zuerst die Idee des Adels oder der Grundbesitz, welche das herrschende Prinzip des Mittelalters bildet und alle seine Institutionen durchdringt.

Diese Periode lief ab mit der Französischen Revolution, wenn Sie auch begreifen werden, dass besonders in Deutschland, wo jene Umwälzung nicht durch das Volk, sondern auf dem Wege sehr langsamer und unvollkommener Reformen durch seine Regierungen eingeführt wurde, noch sehr zahlreiche und bedeutende Ausläufer jener ersten Geschichtsperiode existieren, zum großen Teil heute noch die Bourgeoisie auf Schritt und Tritt hemmend.

Wir sahen zweitens die mit der Französischen Revolution am Ende des vorigen Jahrhunderts beginnende Geschichtsperiode, welche den großen bürgerlichen Besitz oder das Kapital zu ihrem Prinzip hat und diesen als das Privilegium gestaltet, welches alle gesellschaftlichen Einrichtungen durchdringt und die Teilnahme an der Bestimmung des Staatswillens und Staatszweckes bedingt.

Auch diese Periode, meine Herren, so wenig dies äußerlich den Anschein hat, ist innerlich bereits abgelaufen. Am 24. Februar 1848 brach die erste Morgenröte einer neuen Geschichtsperiode an. An diesem Tage brach nämlich in Frankreich, in diesem Lande, in dessen gewaltigen inneren Kämpfen die Siege wie die Niederlagen der Freiheit Siege und Niederlagen für die gesamte Menschheit bedeuten, eine Revolution aus, die einen Arbeiter in die provisorische Regierung berief, als den Zweck des Staates die Verbesserung des Loses der arbeitenden Klassen aussprach, und das allgemeine und direkte Wahlrecht proklamierte, durch welches jeder Bürger, der sein 21. Jahr erreicht hatte, ohne alle Rücksicht auf seine Besitzverhältnisse einen gleichmäßigen Anteil an der Herrschaft über den Staat, an der Bestimmung des Staatswillens und Staatszweckes empfing.

Sie sehen, meine Herren, wenn die Revolution von 1789 die Revolution des Tiers État, des dritten Standes war, so ist es diesmal der vierte Stand, der 1789 noch in den Falten des dritten Standes verborgen war und mit ihm zusammenzufallen schien, welcher jetzt sein Prinzip zum herrschenden Prinzip der Gesellschaft erheben und alle ihre Einrichtungen mit demselben durchdringen will.

Aber hier bei der Herrschaft des vierten Standes findet sofort der immense Unterschied statt, dass der vierte Stand der letzte und äußerste, der enterbte Stand der Gesellschaft ist, welcher keine ausschließende Bedingung weder rechtlicher noch tatsächlicher Art, weder Adel noch Grundbesitz, noch Kapitalbesitz, mehr aufstellt und aufstellen kann, die er als ein neues Privilegium gestalten und durch die Einrichtungen der Gesellschaft hindurchführen könnte.

Arbeiter sind wir alle, insofern wir nur eben den Willen haben, uns in irgendeiner Weise der menschlichen Gesellschaft nützlich zu machen. Dieser vierte Stand, in dessen Herzfalten daher kein Keim einer neuen Bevorrechtung mehr enthalten ist, ist ebendeshalb gleichbedeutend mit dem ganzen Menschengeschlecht. Seine Sache ist daher in Wahrheit die Sache der gesamten Menschheit, seine Freiheit ist die Freiheit der Menschheit selbst, seine Herrschaft ist die Herrschaft aller.

Wer also die Idee des Arbeiterstandes als das herrschende Prinzip der Gesellschaft anruft, in dem Sinne, wie ich Ihnen dies entwickelt, der stößt nicht einen die Klassen der Gesellschaft spaltenden und trennenden Schrei aus; der stößt vielmehr einen Schrei der Versöhnung aus, einen Schrei, der die ganze Gesellschaft umfasst, einen Schrei der Ausgleichung für alle Gegensätze in den gesellschaftlichen Kreisen, einen Schrei der Einigung, in den alle einstimmen sollten, welche Bevorrechtung und Unterdrückung des Volkes durch privilegierte Stände nicht wollen, einen Schrei der Liebe, der, seitdem er sich zum ersten Male aus dem Herzen des Volkes emporgerungen, für immer der wahre Schrei des Volkes bleiben, und um seines Inhalts willen selbst dann noch ein Schrei der Liebe sein wird, wenn er als Schlachtruf des Volkes ertönt.

Das Prinzip des Arbeiterstandes als das herrschende Prinzip der Gesellschaft soll jetzt von uns nur noch in dreierlei Beziehung betrachtet werden:
1. In Bezug auf das formelle Mittel seiner Verwirklichung;
2. In Bezug auf seinen sittlichen Inhalt und
3. In Bezug auf die politische Auffassung des Staatszweckes, die ihm innewohnt.

Auf andere Seiten desselben können wir heute nicht mehr eingehen, und auch die angegebenen Beziehungen können bei der so vorgeschrittenen Zeit nur noch ganz flüchtig beleuchtet werden.

Das formelle Mittel der Durchführung dieses Prinzips ist das bereits betrachtete allgemeine und direkte Wahlrecht. Ich sage, das allgemeine und direkte Wahlrecht, meine Herren, nicht das bloß allgemeine Wahlrecht, wie wir es im Jahre 1848 gehabt haben. Die Einführungen von zwei Abstufungen bei dem Wahlakt, von Urwählern und Wahlmännern, ist nichts als ein künstliches Mittel, absichtlich zu dem Zweck eingeführt, den Volkswillen beim Wahlakt möglichst zu verfälschen.

Zwar wird auch das allgemeine und direkte Wahlrecht keine Wünschelrute sein, meine Herren, die Sie vor momentanen Missgriffen schützen kann.

Wir haben in Frankreich in den Jahren 1848 und 1849 zwei schlechte Wahlen hintereinander gesehen. Aber das allgemeine und direkte Wahlrecht ist das einzige Mittel, welches auf die Dauer von selbst wieder die Missgriffe ausgleicht, zu denen sein momentan irriger Gebrauch führen kann. Es ist jene Lanze, welche selbst die Wunden wieder heilt, die sie schlägt. Es ist auf die Länge der Zeit bei dem allgemeinen und direkten Wahlrecht nicht anders möglich, als dass der gewählte Körper das genaue treue Ebenbild sei, des Volkes, das ihn gewählt hat.

Das Volk wird daher jederzeit das allgemeine und direkte Wahlrecht als sein unerlässlich politisches Kampfmittel, als die allerfundamentalste und wichtigste seiner Forderungen betrachten müssen.

Ich werfe jetzt einen Blick auf den sittlichen Inhalt jenes Gesellschaftsprinzips, das wir betrachten.

Vielleicht kann der Gedanke, das Prinzip der untersten Klassen der Gesellschaft zu dem herrschenden Prinzip des Staates und der Gesellschaft zu machen, als ein sehr gefährlicher und unsittlicher erscheinen, als ein solcher, der Sittigung und Bildung dem Untergange in ein »modernes Barbarentum« auszusetzen droht.

Und es wäre gar kein Wunder, wenn dieser Gedanke heut so erschiene, denn auch die öffentliche Meinung, meine Herren – ich habe Ihnen bereits angedeutet, durch welche Vermittlung, nämlich durch die Zeitungen – empfängt heutzutage ihr Gepräge von dem Prägstock des Kapitals und aus den Händen der privilegierten großen Bourgeoisie.

Dennoch ist diese Furcht nur ein Vorurteil und es lässt sich im Gegenteil nachweisen, dass dieser Gedanke den höchsten Fortschritt und Triumph der Sittlichkeit darstellen würde, welchen die Weltgeschichte bis heut kennt.

Jene Ansicht ist ein Vorurteil, sage ich, und sie ist eben nur das Vorurteil der heutigen, noch vom Privilegium beherrschten Zeit.

In einer andern Zeit, nämlich in jener ersten französischen Republik des Jahres 1793, von der ich Ihnen bereits gesagt habe, dass ich sie heut nicht näher betrachten kann, dass sie aber an ihrer eigenen Unklarheit notwendig zugrunde gehen musste, herrschte sogar bereits das entgegengesetzte Vorurteil. Damals galt es als ein Dogma, dass alle höheren Stände unsittlich und verderbt, nur das niedrige Volk gut und sittlich sei. Diese Ansicht war von Rousseau ausgegangen. In der neuen Erklärung der Menschenrechte, welche der französische Konvent, jene gewaltige konstituierende Versammlung Frankreichs, erließ, wird sie sogar durch einen besonderen Artikel festgestellt, durch den Artikel 19, welcher lautet: »Toute Institution qui ne suppose le peuple bon et le magistrat corruptible est vicieuse.« zu Deutsch: »Jede Institution, welche nicht voraussetzt, dass das Volk gut und die Obrigkeit bestechlich sei, ist fehlerhaft.« Sie sehen, das ist gerade das Gegenteil von der Vertrauensseligkeit, welche man heutzutage fordert und nach welcher es kein größeres Vergehen gibt, als an dem guten Willen und der Tugendhaftigkeit der Behörde zu zweifeln, während das Volk grundsätzlich als eine Art von Tiger und als der Sitz der Verderbtheit betrachtet wird.

Damals steigerte sich das entgegengesetzte Dogma sogar so weit, dass fast jeder, der einen ganzen Rock hatte, eben dadurch verderbt und verdächtig erschien, und Tugend, Reinheit und patriotische Sittlichkeit nur solchen innezuwohnen schien, die keinen guten Rock besaßen. Es war die Periode des Sansculottismus. Diese Anschauung, meine Herren, hat in der Tat zu ihrer Grundlage eine Wahrheit, die aber in unwahrer und verkehrter Form auftritt. Nun gibt es aber gar nichts Gefährlicheres als eine Wahrheit, die in unwahrer verkehrter Form auftritt. Denn wie man sich zu ihr verhalte, wird man gleich schlecht fahren. Adoptiert man jene Wahrheit in ihrer unwahren, verkehrten

Form, so wird dies zu gewissen Zeiten die schädlichsten Verwüstungen anrichten, wie dies im Sansculottismus der Fall war. Wirft man um der unwahren, verkehrten Form willen den ganzen Satz als unwahr fort, so fährt man noch schlechter. Denn man hat eine Wahrheit fortgeworfen, und zwar im vorliegenden Fall gerade eine solche, ohne deren Erkenntnis gar kein gesunder Schritt im heutigen Staatsleben möglich ist.

Es bleibt also kein anderes Verhalten übrig, als dass man die unwahre und verkehrte Form jenes Satzes zu besiegen und sich ihren wahrhaften Inhalt zur Klarheit zu bringen sucht.

Die öffentliche Meinung heutzutage wird, wie gesagt, geneigt sein, den ganzen Satz selbst als vollkommen unwahr und als eine Deklamation der Französischen Revolution und Rousseaus zu bezeichnen. Indes wenn dies wegwerfende Verhalten Rousseau und der Französischen Revolution gegenüber auch noch möglich wäre, so wird es doch vollkommen unmöglich sein in Bezug auf einen der größten deutschen Philosophen, dessen hundertjährigen Geburtstag diese Stadt im nächsten Monat feiern wird, nämlich dem Philosophen Fichte gegenüber, einem der gewaltigsten Denker aller Völker und Zeiten.

Auch Fichte erklärt ausdrücklich und wörtlich, dass mit dem steigenden Stande eine immer steigende Zunahme der sittlichen Verschlimmerung entstehe, dass – es sind dies alles seine eigenen Worte – »die Schlechtigkeit nach Verhältnis des höheren Standes zunehme«.

Den letzten Grund dieser Sätze hat indes auch Fichte nicht entwickelt. Er führt als den Grund dieser Verderbtheit die Selbstsucht, den Egoismus der höheren Stände an. Dabei muss aber sofort die Frage entstehen, ob denn nicht auch in den untersten Klassen Selbstsucht herrsche, oder warum hier weniger. Ja, es muss zunächst als ein überraschender Widerspruch erscheinen, dass in den unteren Ständen eine geringere Selbstsucht herrschen soll als in den höheren, welche vor ihnen Bildung und Erziehung, diese anerkannt sittigenden Elemente, in einem erheblichen Grade voraushaben.

Der wahrhafte Grund und die Auflösung dieses zunächst so überraschend erscheinenden Widerspruchs ist folgende: Seit Langem geht, wie wir gesehen haben, die Entwicklung der Völker, der Atemzug der Geschichte auf eine immer steigende Abschaffung der Privilegien, welche den höheren Ständen diese ihre Stellung als höhere und herrschende Stände garantieren. Der Wunsch nach Forterhaltung derselben oder das persönliche Interesse bringt daher jedes Mitglied der höheren Stände, das sich nicht ein für alle Mal durch einen großen Blick über sein ganzes persönliches Dasein erhoben und hinweggesetzt hat – und Sie werden begreifen, meine Herren, dass dies nur immer sehr wenig zahlreiche Ausnahmen sein können – von vornherein in eine prinzipiell feindliche Stellung zu der Entwicklung des Volkes, zu dem Umsichgreifen der Bildung und Wissenschaft, zu den Fortschritten der Kultur, zu allen Atemzügen und Siegen des geschichtlichen Lebens.

Dieser Gegensatz des persönlichen Interesses der höheren Stände und der Kulturentwicklung der Nation ist es, welcher die hohe und notwendige Unsittlichkeit der höheren Stände hervorruft. Es ist ein Leben, dessen tägliche Bedingungen Sie sich nur zu vergegenwärtigen brauchen, um den tiefen inneren Verfall zu fühlen, zu dem es führen muss. Sich täglich widersetzen müssen allem Großen und Guten, sich betrüben müssen über sein Gelingen, über sein Mißlingen sich freuen, seine weitern Fortschritte aufhalten, seine bereits geschehenen rückgängig machen oder verwünschen zu müssen. Es ist ein fortgesetztes Leben wie in Feindesland – und dieser Feind ist die sittliche Gemeinschaft des eigenen Volkes, in der man lebt, und für welche zu streben alle wahre Sittlichkeit ausmacht. Es ist ein fortgesetztes Leben, sage ich, wie in Feindesland, dieser Feind ist das eigene Volk, und dass es als der Feind angesehen und behandelt wird, muss noch wenigstens auf die Dauer listig verheimlicht und diese Feindschaft mit mehr oder weniger künstlichen Vorhängen bekleidet werden.

Dazu die Notwendigkeit, dies alles entweder gegen die eigene Stimme des Gewissens und der Intelligenz zu tun, oder aber diese Stimme schon gewohnheitsmäßig in sich ausgerottet zu haben, um nicht von ihr belästigt zu werden, oder endlich diese Stimme nie gekannt, nie etwas Besseres und anderes gekannt zu haben als die Religion des eigenen Vorteils!

Dieses Leben, meine Herren, führt also notwendig zu einer gänzlichen Geringschätzung und Verachtung alles ideellen Strebens, zu einem mitleidigen Lächeln, so oft der große Name der Idee nur ausgesprochen wird, zu einer tiefen Unempfänglichkeit und Widerwilligkeit gegen alles Schöne und Große, zu einem vollständigen Untergang aller sittlichen Elemente in uns in die eine Leidenschaft des selbstsüchtigen Vorteils und der Genusssucht.

Dieser Gegensatz, meine Herren, des persönlichen Interesses und der Kulturentwicklung der Nation ist es, der bei den unteren Klassen der Gesellschaft zu ihrem Glücke fehlt.

Zwar ist auch in den unteren Klassen leider immer noch Selbstsucht genug vorhanden, viel mehr als vorhanden sein sollte. Aber hier ist diese Selbstsucht, wo sie vorhanden ist, der Fehler der Individuen, der Einzelnen, und nicht der notwendige Fehler der Klasse.

Schon ein sehr mäßiger Instinkt sagt den Gliedern der unteren Klassen, dass, sofern sich jeder von ihnen bloß auf sich bezieht und jeder bloß an sich denkt, er keine erhebliche Verbesserung seiner Lage für sich hoffen kann.

Insofern aber und insoweit die unteren Klassen der Gesellschaft die Verbesserung ihrer Lage als Klasse, die Verbesserung ihres Klassenloses erstreben, insofern und insoweit fällt dieses persönliche Interesse, statt sich der geschichtlichen Bewegung entgegenzustellen und dadurch zu jener Unsittlichkeit verdammt zu werden, seiner Richtung nach vielmehr durchaus zusammen mit der Entwicklung des gesamten Volkes, mit dem Siege der Idee, mit den Fortschritten der Kultur, mit dem Lebensprinzip der Geschichte selbst, welche nichts anderes als die Entwicklung der Freiheit ist. Oder, wie wir schon oben sahen, Ihre Sache ist die Sache der gesamten Menschheit.

Sie sind somit in der glücklichen Lage, meine Herren, dass Sie, statt abgestorben sein zu können für die Idee, vielmehr durch Ihr persönliches Interesse selbst zur höchsten Empfänglichkeit für dieselbe bestimmt sind. Sie sind in der glücklichen Lage, dass dasjenige, was Ihr wahres persönliches Interesse bildet, zusammenfällt mit dem zuckenden Pulsschlag der Geschichte, mit dem treibenden Lebensprinzip der sittlichen Entwicklung. Sie können daher sich der geschichtlichen Entwicklung mit persönlicher Leidenschaft hingeben und gewiss sein, dass Sie um so sittlicher dastehen, je glühender und verzehrender diese Leidenschaft in ihrem hier entwickelten reinen Sinne ist.

Dies sind die Gründe, meine Herren, weshalb die Herrschaft des vierten Standes über den Staat eine Blüte der Sittlichkeit, der Kultur und Wissenschaft herbeiführen muss, wie sie in der Geschichte noch nicht da gewesen. Hierzu führt aber auch noch ein anderer Grund, der selbst wieder auf das Innigste mit allen von uns angestellten Betrachtungen zusammenhängt und ihren Schlussstein bildet.

Der vierte Stand hat nicht nur ein anderes formelles, politisches Prinzip als die Bourgeoisie, nämlich das allgemeine direkte Wahlrecht anstelle des Zensus der Bourgeoisie, er hat ferner nicht nur durch seine Lebensstellung ein anderes Verhältnis zu den sittlichen Potenzen als die höheren Stände, sondern er hat auch – zum Teil infolge hiervon – eine ganz andere, ganz verschiedene Auffassung von dem sittlichen Zweck des Staates als die Bourgeoisie.

Die sittliche Idee der Bourgeoisie ist diese, dass ausschließend nichts anderes als die ungehinderte Selbstbetätigung seiner Kräfte jedem Einzelnen zu garantieren sei.

Wären wir alle gleichstark, gleichgescheit, gleich gebildet und gleichreich, so würde diese Idee als eine ausreichende und sittliche angesehen werden können.

Da wir dies aber nicht sind und nicht sein können, so ist dieser Gedanke nicht ausreichend, und führt deshalb in seinen Konsequenzen notwendig zu einer tiefen Unsittlichkeit. Denn er führt dazu, dass der Stärkere, Gescheitere, Reichere den Schwächeren ausbeutet und in seine Tasche steckt.

Die sittliche Idee des Arbeitsstandes dagegen ist die, dass die ungehinderte und freie Betätigung der individuellen Kräfte durch das Individuum noch nicht ausreiche, sondern dass zu ihr in einem sittlich geordneten Gemeinwesen noch hinzutreten müsse: die Solidarität der Interessen, die Gemeinsamkeit und die Gegenseitigkeit in der Entwicklung.

Entsprechend diesem Unterschiede, fasst die Bourgeoisie den sittlichen Staatszweck so auf: Er bestehe ausschließend und allein darin, die persönliche Freiheit des Einzelnen und sein Eigentum zu schützen.

Dies ist eine Nachtwächteridee, meine Herren, eine Nachtwächteridee deshalb, weil sie sich den Staat selbst nur unter dem Bilde eines Nachtwächters denken kann, dessen ganze Funktion darin besteht, Raub und Einbruch zu verhüten. Leider ist diese Nachtwächteridee nicht nur bei den eigentlichen Liberalen zu Hause, sondern selbst bei vielen angeblichen Demokraten, infolge mangelnder Gedankenbildung, oft genug anzutreffen. Wollte die Bourgeoisie konsequent ihr letztes Wort aussprechen, so müsste sie gestehen, dass nach diesen ihren Gedanken, wenn es keine Räuber und Diebe gebe, der Staat überhaupt ganz überflüssig sei. Ganz anders, meine Herren, fasst der vierte Stand den Staatszweck auf, und zwar fasst er ihn so auf, wie er in Wahrheit beschaffen ist.

Die Geschichte, meine Herren, ist ein Kampf mit der Natur; mit dem Elende, der Unwissenheit, der Armut, der Machtlosigkeit und somit der Unfreiheit aller Art, in der wir uns befanden, als das Menschengeschlecht im Anfang der Geschichte auftrat. Die fortschreitende Besiegung dieser Machtlosigkeit – das ist die Entwicklung der Freiheit, welche die Geschichte darstellt.

In diesem Kampfe würden wir niemals einen Schritt vorwärts gemacht haben, oder jemals weiter machen, wenn wir ihn als Einzelne jeder für sich, jeder allein, geführt hätten oder führen wollten.

Der Staat ist es, welcher die Funktion hat, diese Entwicklung der Freiheit, diese Entwicklung des Menschengeschlechts zur Freiheit zu vollbringen. Der Staat ist diese Einheit der Individuen in einem sittlichen Ganzen, eine Einheit, welche die Kräfte aller Einzelnen, welche in diese Vereinigung eingeschlossen sind, millionenfach vermehrt, die Kräfte, welche ihnen allen als Einzelnen zu Gebote stehen würden, millionenfach vervielfältigt.

Der Zweck des Staates ist also nicht der, dem Einzelnen nur die persönliche Freiheit und das Eigentum zu schützen, mit welchen er nach der Idee der Bourgeoisie angeblich schon in den Staat eintritt; der Zweck des Staats ist vielmehr gerade der, durch diese Vereinigung die einzelnen in den Stand zu setzen, solche Zwecke, eine solche Stufe des Daseins zu erreichen, die sie als Einzelne niemals erreichen könnten, sie zu befähigen, eine Summe von Bildung, Macht und Freiheit zu erlangen, die ihnen sämtlich als Einzelnen schlechthin unersteiglich wäre.

Der Zweck des Staats ist somit der, das menschliche Wesen zur positiven Entfaltung und fortschreitenden Entwicklung zu bringen, mit andern Worten, die menschliche Bestimmung, das heißt die Kultur, deren das Menschengeschlecht fähig ist, zum wirklichen Dasein zu gestalten; er ist die Erziehung und Entwicklung des Menschengeschlechts zur Freiheit.

Dies ist die eigentlich sittliche Natur des Staats, meine Herren, seine wahre und höhere Aufgabe. Sie ist es so sehr, dass sie deshalb seit allen Zeiten durch den Zwang der Dinge selbst von dem Staat, auch ohne seinen Willen, auch unbewusst, auch gegen den Willen seiner Leiter, mehr oder weniger ausgeführt wurde.

Der Arbeiterstand aber, meine Herren, die unteren Klassen der Gesellschaft überhaupt haben schon durch die hilflose Lage, in welcher sich ihre Mitglieder als Einzelne befinden, den tiefen Instinkt, dass ebendies die Bestimmung des Staates sei und sein müsse, dem Einzelnen durch die Vereinigung aller zu einer solchen Entwicklung zu verhelfen, zu der er als Einzelner nicht befähigt wäre.

Ein Staat also, welcher unter die Herrschaft der Idee des Arbeiterstandes gesetzt wird, würde nicht mehr, wie freilich auch alle Staaten bisher schon getan, durch die Natur der Dinge und den Zwang der Umstände unbewusst und oft sogar widerwillig getrieben, sondern er würde mit höchster Klarheit und völligem Bewusstsein diese sittliche Natur des Staates zu seiner Aufgabe machen. Er würde mit freier Lust und vollkommenster Konsequenz vollbringen, was bisher nur stückweise in den dürftigsten Umrissen dem widerstrebenden Willen abgerungen worden ist, und er würde somit eben hierdurch notwendig – wenn mir die Zeit auch nicht mehr erlaubt, Ihnen die detailliertere Natur dieses notwendigen Zusammenhanges auseinanderzusetzen – einen Aufschwung des Geistes, die Entwicklung einer Summe von Glück, Bildung, Wohlsein und Freiheit herbeiführen, wie sie ohne Beispiel dasteht in der Weltgeschichte und gegen welche selbst die gerühmtesten Zustände in früheren Zeiten in ein verblassendes Schattenbild zurücktreten.

Das ist es, meine Herren, was die Staatsidee des Arbeiterstandes genannt werden muss, seine Auffassung des Staatszweckes, die, wie Sie sehen, ebenso sehr, und genau entsprechend, von der Auffassung des Staatszweckes bei der Bourgeoisie verschieden ist, wie das Prinzip des Arbeiterstandes von dem Anteil aller an der Bestimmung des Staatswillens oder das allgemeine Wahlrecht, von dem betreffenden Prinzip der Bourgeoisie, dem Zensus.

Die Ihnen hier entwickelte Ideenreihe ist es also, die als die Idee des Arbeiterstandes ausgesprochen werden muss. Sie ist es, die ich im Auge hatte, als ich Ihnen im Eingang von dem Zusammenhange der besondern Geschichtsperiode, in der wir leben, und der Idee des Arbeiterstandes sprach. Es ist diese mit dem Februar 1848 beginnende Geschichtsperiode, welcher die Aufgabe zugefallen ist, diese Staatsidee zur Verwirklichung zu bringen und wir können uns beglückwünschen, meine Herren, dass wir in einer Zeit geboren sind, welche bestimmt ist, diese glorreichste Arbeit der Geschichte zu erleben, und in welcher es uns gegönnt ist, fördernd an ihr teilzunehmen.

Für alle aber, welche zum Arbeiterstande gehören, folgt aus dem Gesagten die Pflicht einer ganz neuen Haltung. Nichts ist mehr geeignet, einem Stande ein würdevolles und tief sittliches Gepräge aufzudrücken, als das Bewusstsein, dass er zum herrschenden Stande bestimmt, dass er berufen ist, das Prinzip seines Standes zum Prinzip des gesamten Zeitalters zu erheben, seine Idee zur leitenden Idee der ganzen Gesellschaft zu machen und so diese wiederum zu einem Abbilde seines eigenen Gepräges zu gestalten.

Die hohe weltgeschichtliche Ehre dieser Bestimmung muss alle Ihre Gedanken in Anspruch nehmen. Es ziemen Ihnen nicht mehr die Laster der Unterdrückten, noch die müßigen Zerstreuungen der Gedankenlosen, noch selbst der harmlose Leichtsinn der Unbedeutenden. Sie sind der Fels, auf welchen die Kirche der Gegenwart gebaut werden soll!

Der hohe sittliche Ernst dieses Gedankens ist es, der sich mit einer verzehrenden Ausschließlichkeit Ihres Geistes bemächtigen, Ihr Gemüt erfüllen und Ihr gesamtes Leben als ein seiner würdiges, ihm angemessenes und immer auf ihn bezogenes gestalten muss. Der sittliche Ernst dieses Gedanken ist es, der, ohne Sie je zu verlassen, vor Ihrem Innern stehen muss in Ihrem Atelier während der Arbeit, in Ihren Mußestunden, Ihren Spaziergängen, Ihren Zusammenkünften; und selbst, wenn Sie sich auf Ihr hartes Lager zur Ruhe strecken, ist es dieser Gedanke, welcher Ihre Seele erfüllen und beschäftigen muss, bis sie in die Arme des Traumgottes hinübergleitet. Je ausschließender Sie sich vertiefen in den sittlichen Ernst dieses Gedankens, je ungeteilter Sie sich der Glut desselben hingeben, um so mehr werden Sie wiederum – dessen seien Sie sicher – die Zeit beschleunigen, innerhalb welcher unsere gegenwärtige Geschichtsperiode ihre Aufgabe zu vollziehen hat, um so schneller werden Sie die Erfüllung dieser Aufgabe herbeiführen.

Wenn unter Ihnen, meine Herren, die Sie mir heute zuhören, nur zwei oder drei wären, in welchen es mir geglückt wäre, die sittliche Glut dieses Gedankens zu entzünden, in jener Vertiefung, die ich meine und Ihnen geschildert habe, so würde ich das bereits für einen großen Gewinn und mich für meinen Vortrag reich belohnt betrachten.

Vor allem, meine Herren, müssen Ihrer Seele fremd bleiben Mutlosigkeit und Zweifel, zu denen eine des Gedankens nicht hinreichend mächtige Betrachtung geschichtlicher Ereignisse leicht führen kann.

So ist es zum Beispiel geradezu nicht wahr, dass in Frankreich die Republik durch den Staatsstreich des Dezembers 1851 gestürzt wurde.

Was sich in Frankreich nicht halten konnte, was damals wahrhaft unterging, das war nicht die Republik, sondern jene Republik, welche durch das Wahlgesetz vom 30. Mai 1850, wie ich Ihnen bereits gezeigt habe, das allgemeine Wahlrecht aufhob und einen verkappten Zensus zur Ausschließung der Arbeiter einführte; das war also die Bourgeois-Republik, welche das Gepräge der

Bourgeoisie, die Herrschaft des Kapitals, auch dem republikanisierten Staate aufdrücken wollte. Dies war es, was dem französischen Usurpator die Möglichkeit gab, unter einer scheinbaren Wiederherstellung des allgemeinen Wahlrechts die Republik zu stürzen, welche sonst an der Brust der französischen Arbeiter einen unübersteiglichen Wall gefunden hätte.

Was also damals in Frankreich wirklich sich nicht halten konnte und gestürzt wurde, das war nicht die Republik, sondern die Bourgeois-Republik, und so bestätigt es sich denn bei der wahrhaften Betrachtung gerade auch an diesem Beispiel, dass die Geschichtsperiode, in die wir mit dem Februar 1848 eingetreten sind, keinen Staat mehr erträgt, welcher, gleichviel ob in monarchischer oder republikanischer Form, das herrschende politische Gepräge des dritten Standes der Gesellschaft aufdrücken oder in ihr erhalten will.

Von den hohen Bergspitzen der Wissenschaft aus, meine Herren, sieht man das Morgenrot des neuen Tages früher, als unten in dem Gewühle des täglichen Lebens.

Haben sie bereits einmal, meine Herren, einen Sonnenaufgang von einem hohen Berge aus mit angesehen?

Ein Purpursaum färbt rot und blutig den äußersten Horizont, das neue Licht verkündend, Nebel und Wolken raffen sich auf, ballen sich zusammen und werfen sich dem Morgenrot entgegen, seine Strahlen momentan verhüllend, aber keine Macht der Erde vermag das langsame und majestätische Aufsteigen der Sonne selbst zu hindern, die eine Stunde später, aller Welt sichtbar, hell leuchtend und erwärmend am Firmamente steht.

Was eine Stunde ist in dem Naturschauspiel eines jeden Tages, das sind ein und zwei Jahrzehnte in dem noch weit imposanteren Schauspiel eines weltgeschichtlichen Sonnenaufgangs.

Offenes Antwortschreiben an das Zentralkomitee zur Berufung eines allgemeinen deutschen Arbeiterkongresses zu Leipzig

1. März 1863

Meine Herren!

Sie fordern mich in Ihrer Zuschrift auf, Ihnen in irgendeiner mir passend erscheinenden Form meine Ansichten über die Arbeiterbewegung und über die Mittel, deren sie sich zu bedienen hat, um die Verbesserung der Lage des Arbeiterstandes in politischer, materieller und geistiger Beziehung zu erreichen, sowie besonders auch über den Wert der Assoziationen für die ganz unbemittelte Volksklasse, auszusprechen.

Ich nehme keinen Anstand, Ihrem Wunsche nachzukommen und wähle dazu die einfachste, durch die Natur der Sache nahegelegte Form, die Form eines öffentlichen Send- und Antwortschreibens auf Ihren Brief.

Ich bemerke nur, dass infolge meiner in diesem Moment durch notwendige Arbeiten sehr in Anspruch genommenen Zeit dieser Brief sich der größtmöglichen Kürze befleißigen muss, was übrigens Ihrem eigenen Zwecke entsprechen wird.

Als Sie im Oktober vorigen Jahres, zu welcher Zeit ich gerade von hier abwesend war, die erste Vorberatung in Berlin über den deutschen Arbeiterkongress hielten, der ich in den Veröffentlichungen durch die Zeitungen mit Interesse gefolgt bin, wurden zwei entgegengesetzte Ansichten in der Versammlung geltend gemacht. Die eine ging dahin, dass Sie sich überhaupt um die politische Bewegung nicht zu kümmern hätten und diese interesselos für Sie sei.

Die andere ging im Gegenteil dahin, das Sie sich als den Anhang der preußischen Fortschrittspartei zu betrachten, und den selbstlosen Chor und Resonanzboden für sie abzugeben, hätten.

Wäre ich damals in Ihrer Versammlung gegenwärtig gewesen, so würde ich mich gleichmäßig gegen beides ausgesprochen haben.

Es ist geradezu vollständig beschränkt, zu glauben, dass den Arbeiter die politische Bewegung und Entwicklung nicht zu kümmern habe!

Ganz im Gegenteil kann der Arbeiter die Erfüllung seiner legitimen Interessen nur von der politischen Freiheit erwarten.

Schon die Frage, inwiefern Sie sich versammeln, Ihre Interessen diskutieren, Vereine und Zweigvereine zur Wahrnehmung derselben bilden dürfen usw., ist eine von der politischen Lage und politischen Gesetzgebung abhängige

Frage, und es verlohnt sich daher nicht, eine so beschränkte Ansicht erst noch durch weiteres Eingehen zu widerlegen.

Nicht weniger falsch und irreleitend war aber auch das entgegengesetzte Ansinnen, das Ihnen gestellt wurde, sich politisch nur als den Anhang der Fortschrittspartei zu betrachten!

Zwar wäre es ungerecht gewesen, zu verkennen, dass sich die preußische Fortschrittspartei damals in ihrem Konflikt mit der preußischen Regierung durch ihr Festhalten an dem Budgetbewilligungsrecht und ihren Widerstand gegen die Militärreorganisation in Preußen ein gewisses, wenn auch mäßiges, Verdienst um die politische Freiheit erworben hatte. Gleichwohl war schon damals die Erfüllung jenes Ansinnens durch die folgenden Gründe vollständig ausgeschlossen:

Erstens ziemte eine solche Haltung von vornherein nicht einer so mächtigen und selbstständigen, viel prinzipiellere politische Zwecke verfolgenden Partei, wie die deutsche Arbeiterpartei zu sein hat, gegenüber einer Partei, welche, wie die preußische Fortschrittspartei, in prinzipieller Hinsicht nur das Festhalten an der preußischen Verfassung als ihre Fahne aufpflanzt und nur Dinge wie die Abwehr einer einseitigen Umgestaltung der Militärorganisation – die man in andern deutschen Ländern nicht einmal versucht – oder wie das Festhalten am Budgetbewilligungsrecht – das man in andern deutschen Ländern nicht einmal bestreitet – zum Inhalte ihres Kampfes hat. –

Zweitens stand jedenfalls durch nichts fest, ob die preußische Fortschrittspartei ihren Konflikt mit der preußischen Regierung mit jener Würde und Energie zum Austrag bringen werde, welche allein des Arbeiterstandes angemessen ist und auf seine warme Sympathie rechnen kann.

Drittens stand ebenso durch nichts fest, ob die preußische Fortschrittspartei, wenn sie selbst den Sieg über die preußische Regierung errungen, diesen Sieg im Interesse des gesamten Volkes oder nur zur Aufrechterhaltung der privilegierten Stellung der Bourgeoisie ausnützen würde; das heißt ob sie diesen Sieg zur Herstellung des allgemeinen, gleichen und direkten Wahlrechts, welches durch die demokratischen Grundsätze und die legitimen Interessen des Arbeiterstandes geboten ist, verwenden würde oder nicht.

Im letzteren Fall konnte sie offenbar nicht auf das geringste Interesse vonseiten des deutschen Arbeiterstandes Anspruch machen.

Dies wäre es gewesen, was ich Ihnen damals in Bezug auf jenes Ansinnen zu sagen gehabt hätte.

Heute kann ich noch hinzufügen, dass sich seitdem auch tatsächlich gezeigt hat, – was damals freilich schon unschwer vorauszusehen war – dass es der preußischen Fortschrittspartei vollständig an jener Energie gebricht, welche erforderlich gewesen wäre, um auch nur jenen beschränkten Konflikt zwischen ihr und der preußischen Regierung würdig und siegreich zum Ausdruck zu bringen.

Indem sie trotz des ihr von der Regierung tatsächlich verweigerten Budgetbewilligungsrechtes fortfährt, fortzutagen und parlamentarische Geschäfte mit einem Ministerium zu erledigen, welches von ihr selbst für kriminalrechtlich verantwortlich erklärt worden ist, erniedrigt sie durch diesen Widerspruch sich und das Volk durch das Schauspiel einer Schwäche und Würdelosigkeit ohnegleichen!

Indem sie trotz des von ihr selbst erklärten Verfassungsbruchs fortfährt fortzutagen, fortzudebattieren und mit der Regierung parlamentarische Geschäfte zu ordnen, ist sie selbst der Regierung behilflich und bietet ihr dazu die Hand, den Schein eines konstitutionellen Zustandes aufrechtzuerhalten.

Statt die Sitzungen der Kammer für auf so lange geschlossen zu erklären, bis die Regierung die von der Kammer verweigerten Ausgaben nicht länger fortzusetzen erklärt haben werde, und hierdurch der Regierung die unvermeidliche Alternative zu setzen, entweder das verfassungsmäßige Recht der Kammer zu achten oder aber auf jeden Schein und Apparat eines konstitutionellen Zustandes zu verzichten, offen und unumwunden als absolute Regierung zu wirtschaften, die ungeheure Verantwortlichkeit einer solchen auf sich zu nehmen und so selbst die Krise herbeizuführen, welche allmählich als die Frucht des offenen Absolutismus eintreten müsste – setzt sie selbst die Regierung in den Stand, alle Vorteile der absoluten Gewalt mit allen Vorteilen eines scheinbar konstitutionellen Zustandes zu verbinden.

Und indem sie, statt die Regierung auf den offenen unverhüllten Absolutismus hinzudrängen und das Volk durch die Tat über das Nichtvorhandensein eines verfassungsmäßigen Zustandes aufzuklären, einwilligt, ihre Rolle in dieser Komödie des Scheinkonstitutionalismus weiterzuspielen, hilft sie einen Schein aufrechterhalten, welcher, wie jedes auf Schein beruhende Regierungssystem, verwirrend auf die Intelligenz und depravierend auf die Sittlichkeit des Volkes einwirken muss. Eine solche Partei hat dadurch gezeigt, dass sie einer entschlossenen Regierung gegenüber durchaus ohnmächtig ist und stets sein wird.

Eine solche Partei hat gezeigt, dass sie eben dadurch vollkommen unfähig ist, auch nur die geringste reelle Entwicklung der Freiheitsinteressen herbeizuführen.

Eine solche Partei hat gezeigt, dass sie keinen Anspruch auf die Sympathien der demokratischen Schichten der Bevölkerung hat und dass sie ohne jeden Sinn und Verständnis für das politische Ehrgefühl ist, welches den Arbeiterstand durchdringen muss.

Eine solche Partei hat, mit einem Worte, tatsächlich gezeigt, dass sie nichts anderes ist, als die mit einem andern Namen geschmückte Wiederauferstehung des verrufenen Gothaertums. Dies kann ich Ihnen heute hinzufügen.

Heute wie damals endlich hätte ich Ihnen noch sagen müssen, dass eine Partei, welche sich durch ihr Dogma von der »preußischen Spitze« zwingt, in der preußischen Regierung den berufenen Messias für die deutsche Wiedergeburt zu sehen, während es, und zwar mit Einschluss Hessens, nicht eine einzige deutsche Regierung gibt, welche hinter der preußischen in politischer Beziehung zurückstände, während es, und zwar mit Einschluss Österreichs, fast keine einzige deutsche Regierung gibt, welche der preußischen nicht noch bedeutend voraus wäre – schon hierdurch allein sich jedes Anspruches begibt, den deutschen Arbeiterstand zu repräsentieren: Denn eine solche Partei legt hierdurch allein schon eine Versunkenheit in Illusion, Selbstüberhebung und sich in bloßer Wortberauschung befriedigende Unfähigkeit an den Tag, welche jede Hoffnung, von ihr eine reelle Entwicklung der Freiheit des deutschen Volkes zu erwarten, beseitigen muss.

Aus dem Gesagten ergibt sich nun mit Bestimmtheit, welche Haltung der Arbeiterstand in politischer Hinsicht annehmen und welches Verhältnis zur Fortschrittspartei er beobachten muss.

Der Arbeiterstand muss sich als selbstständige politische Partei konstituieren und das allgemeine, gleiche und direkte Wahlrecht zu dem prinzipiellen Losungswort und Banner dieser Partei machen. Die Vertretung des Arbeiterstandes in den gesetzgebenden Körpern Deutschlands – dies ist es allein, was in politischer Hinsicht seine legitimen Interessen befriedigen kann. Eine friedliche und gesetzliche Agitation hierfür mit allen gesetzlichen Mitteln zu eröffnen, das ist und muss in politischer Hinsicht das Programm der Arbeiterpartei sein.

Es erhellt von selbst, wie diese Arbeiterpartei sich zur deutschen Fortschrittspartei zu verhalten hat.

Sich überall als eine selbstständige und durchaus von ihr getrennte Partei zu fühlen und zu konstituieren, gleichwohl die Fortschrittspartei in solchen Punkten und Fragen zu unterstützen, in welchen das Interesse ein gemeinschaftliches ist, ihr entschieden den Rücken zu kehren und gegen sie aufzutreten, so oft sie sich von demselben entfernt, die Fortschrittspartei eben dadurch zu zwingen, entweder sich vorwärts zu entwickeln und das Fortschrittsniveau zu übersteigen oder aber immer tiefer in den Sumpf von Bedeutungs- und Machtlosigkeit zu versinken, in welchem sie bereits knietief angelangt ist, – das muss die einfache Taktik der deutschen Arbeiterpartei gegenüber der Fortschrittspartei sein.

Soviel über das, was Sie in politischer Hinsicht zu tun haben.

Nun zu der Sie mit Recht in noch höherem Grade interessierenden sozialen Frage, die Sie aufwerfen. –

Nicht ohne schmerzliches Lächeln habe ich aus den öffentlichen Blättern entnommen, dass die Debatten über Freizügigkeit und Gewerbefreiheit einen Teil Ihrer für den Kongress projektierten Tagesordnung bilden sollen.

Wie, meine Herren, Sie wollten über Freizügigkeit debattieren?

Ich weiß Ihnen hierauf nur mit dem Distichon Schillers zu antworten:

»Jahrelang schon bedien' ich mich meiner Nase zum Riechen,
Aber hab' ich an sie auch ein erweisliches Recht?«

Und verhält es sich mit der Gewerbefreiheit nicht ganz ebenso?

Alle diese Debatten hätten mindestens den einen Fehler um mehr als 50 Jahre zu spät zu kommen!

Freizügigkeit und Gewerbefreiheit sind Dinge, welche man in einem gesetzgebenden Körper stumm und lautlos dekretiert, aber nicht mehr debattiert.

Sollte der deutsche Arbeiterstand gleichfalls als Schauspiel jener Versammlungen wiederholen wollen, deren Selbstgenuss darin besteht, sich in zwecklos langen Reden zu befriedigen und zu beklatschen?

Der Ernst und die Tatkraft des deutschen Arbeiterstandes werden ihn vor einem so kläglichen Schauspiel zu bewahren wissen!

Aber Sie wollen Sparkassen, Invaliden-, Hilfs- und Krankenkassen stiften?

Ich erkenne gern den relativen, obwohl äußerst untergeordneten und kaum der Rede werten Nutzen dieser Institute an.

Aber unterscheiden wir gänzlich zwei Fragen, die schlechterdings nichts miteinander zu tun haben.

Ist es Ihr Zweck, das Elend von Arbeiterindividuen erträglicher zu machen? Dem Leichtsinn, der Krankheit, dem Alter, den Unglücksfällen aller Art entgegenzuwirken, wodurch zufällig oder notwendig einzelne Arbeiterindividuen noch unter die normale Lage des Arbeiterstandes hinuntergedrückt werden?

In diesem Fall sind Kranken-, Invaliden-, Spar- und Hilfskassen ganz angemessene Mittel. Nur verlohnte es sich dann nicht, für einen solchen Zweck eine Bewegung durch ganz Deutschland anzuregen, eine allgemeine Agitation in den gesamten Arbeiterstand der Nation zu werfen. Man muss nicht die Berge kreißen lassen, als wollten sie gebären, damit dann ein kleines Mäuschen zum Vorschein komme!

Dieser so höchst beschränkte und untergeordnete Zweck ist vielmehr ruhig den lokalen Vereinen und der lokalen Organisation zu überlassen, die ihn auch weit besser zu erreichen vermögen.

Oder aber ist es Ihr Zweck: Die normale Lage des gesamten Arbeiterstandes selbst zu verbessern und über ihr jetziges Niveau zu erheben?

Und freilich ist das und muss das Ihr Zweck sein. Aber es bedarf eben nur der scharfen Unterscheidungslinie, die ich hier zwischen diesen beiden Zwecken, die nicht miteinander verwechselt werden dürfen, gezogen habe, um Sie besser als durch eine lange Abhandlung einsehen zu lassen, wie ganz und gar ohnmächtig zur Erreichung dieses zweiten Zweckes und somit wie ganz und gar außerhalb des Umfangs der jetzigen Arbeiterbewegung liegend jene Institute sind.

Nur das Zeugnis eines einzigen Gewährsmanns erlauben Sie mir anzuführen, das Eingeständnis des streng konservativen, streng royalistischen Professors Huber; eines Mannes, welcher gleichfalls der sozialen Frage und der Entwicklung der Arbeiterbewegung seine Studien gewidmet hat. Ich liebe es, die Zeugnisse dieses Mannes anzuführen – und werde es daher im Laufe dieses Briefes noch hin und wieder tun – weil er, in politischer Hinsicht auf durchaus entgegengesetztem und in ökonomischer Hinsicht auf durchaus verschiedenem Standpunkt mit mir stehend, durch sein Zeugnis am besten den Verdacht beseitigen muss, als sei der geringe Wert, den ich auf jene Institute lege, nur die Folge vorgefasster politischer Tendenzen; andererseits weil Professor Huber, ebenso weit vom Liberalismus entfernt, wie von meinen politischen Ansichten, gerade dadurch die nötige Unbefangenheit hat, auf nationalökonomischem Boden wahrheitsgetreue Eingeständnisse abzulegen, während alle Anhänger der liberalen Schule auf nationalökonomischem Boden gezwungen sind, die Arbeiter, oder zu besserer Täuschung dieser vorher auch sich selbst, zu täuschen, um die Dinge in Übereinstimmung mit ihren Tendenzen zu erhalten.

»Ohne daher« – sagt Professor Huber in seiner »Concordia« – »ohne daher den relativen Nutzen der Sparkassen, Hilfs- und Krankenkassen usw., soweit er wirklich geht, irgend zu verkennen, können diese guten Dinge doch insofern geradezu große negative Nachteile mit sich führen, als sie dem Bessern hinderlich in den Weg treten.«

Und sicherlich, nie würden sich in höherem Grade diese großen negativen Nachteile bewährt haben und dem Besseren hindernd in den Weg getreten sein, als wenn sie die Kräfte der großen allgemeinen deutschen Arbeiterbewegung für sich in Anspruch nehmen oder auch nur teilen sollten.

Aber Sie sollen, so hieß es in verschiedenen Zeitungen, und so wird, wie Ihr Brief selbst besagt, von fast allen Orten Ihnen anempfohlen, die Schulze-Delitzschschen Organisationen, seine Vorschuss- und Kreditvereine, seine Rohstoffvereine und seine Konsumvereine zur Verbesserung der Lage des Arbeiterstandes in Anspruch nehmen.

Ich erlaube mir, Ihre Aufmerksamkeit in einem immer gestiegenen Grade zu erbitten.

Schulze-Delitzsch kann in dreierlei Beziehungen betrachtet werden.

In politischer Hinsicht gehört er der Fortschrittspartei an, welche oben bereits betrachtet worden ist.

Er erhebt zweitens auch den Anspruch, Nationalökonom zu sein. In dieser Hinsicht, als theoretischer Nationalökonom, steht er jedenfalls ganz und gar auf dem Boden der liberalen Schule, teilt alle ihre Irrtümer, Täuschungen und Selbstverblendungen. Die Vorträge, die er bisher den Berliner Arbeitern gehalten hat, sind ein schlagender Beleg hiefür; schiefe Darstellungen, Schlussfolgerungen, die mit ihren Prämissen keineswegs zusammenhängen, bilden ihren Inhalt. Indes, es kann nicht Ihr Zweck und meine Absicht sein, mich hier in eine Kritik der theoretischen nationalökonomischen Ansichten und Vorträge von Schulze-Delitzsch einzulassen und jene Selbsttäuschungen und Fehlschlüsse nachzuweisen, die ihm mit der ganzen liberalen Schule, der er in theoretischer, nationalökonomischer Hinsicht angehört, gemeinsam sind. Ich werde überdies ohnehin noch weiter unten gezwungen sein, auf den hauptsächlichen Inhalt dieser Lehren zurückzukommen.

Aber Schulze-Delitzsch hat drittens noch eine über seinen theoretischen nationalökonomischen Standpunkt in gewisser Hinsicht hinausgehende praktische Natur.

Er ist das einzige Mitglied seiner Partei, der Fortschrittspartei, welches – und es ist ihm ebendeshalb nur um so höher anzurechnen – etwas für das Volk getan hat!

Er ist durch seine unermüdliche Tätigkeit und obwohl alleinstehend und in gedrücktester Zeit der Vater und Stifter des deutschen Genossenschaftswesens geworden und hat so der Sache der Assoziation überhaupt einen Anstoß von den weitgreifendsten Folgen gegeben, ein Verdienst, für das ich ihm, so sehr ich in theoretischer Hinsicht sein Gegner bin, indem ich dies schreibe, im Geiste mit Wärme die Hand schüttle. Wahrheit und Gerechtigkeit auch gegen einen Gegner – und vor allem geziemt es dem Arbeiterstand, sich dies tief einzuprägen! – ist die erste Pflicht des Mannes.

Dass heute schon von einer deutschen Arbeiterbewegung die Frage diskutiert wird, ob die Assoziation in seinem oder meinem Sinn aufzufassen sei – das ist zum großen Teile sein Verdienst, das eben ist sein wahres Verdienst, und dies Verdienst lässt sich nicht zu hoch veranschlagen.

Aber die Wärme, mit welcher ich dies Verdienst anerkenne, darf uns nicht verhindern, mit kritischer Schärfe die Frage ins Auge zu fassen:

Sind die Schulze-Delitzschschen Assoziationen, die Kredit- und Vorschuss-, die Rohstoff- und die Konsumvereine imstande, die Verbesserung der Lage des Arbeiterstandes zu bewirken?

Und auf diese Frage muss die Antwort allerdings das entschiedenste Nein sein!

Es wird leicht sein, das in Kürze zu zeigen.

Was zunächst die Kredit- oder Vorschuss- und die Rohstoffvereine betrifft, so kommen beide darin überein, dass sie nur für denjenigen existieren, der ein Geschäft für eigene Rechnung betreibt, also nur für den kleinen Handwerksbetrieb. Für den Arbeiterstand im engeren Sinne, für den in der fabrikmäßigen Großproduktion beschäftigten Arbeiter, der keinen eigenen Geschäftsbetrieb hat, für den er Kredit und Rohstoffe benutzen könnte, existieren beide Vereine nicht.

Ihre Hilfe kann somit von vornherein nur den handwerksmäßigen Kleinbetrieb treffen.

Aber auch in dieser Hinsicht wollen Sie zwei wesentliche Umstände festhalten und sich einprägen.

Erstens ist es die notwendige Bewegung unserer Industrie, täglich immer mehr den fabrikmäßigen Großbetrieb an die Stelle des handwerksmäßigen Kleinbetriebs oder des Zwerggewerbes – wie man denselben auch benannt hat – zu setzen und folglich täglich eine immer größere Anzahl von Handwerkern in den in der fabrikmäßigen Großproduktion beschäftigten eigentlichen Arbeiterstand hinüberzutreiben. England und Frankreich, die uns in der ökonomischen Entwicklung voran sind, zeigen dies in noch höherem Grade als Deutschland, welches übrigens täglich mächtige Fortschritte auf demselben Wege macht. Ihre eigenen Erfahrungen werden Ihnen dies hinreichend bestätigen.

Folglich ergibt sich hieraus, dass die Schulze-Delitzschschen Kredit- und Vorschuss- und seine Rohstoffvereine, wenn sie selbst den Handwerkern zu helfen vermöchten, doch nur einer durch die notwendige Entwicklung unserer Industrie täglich immer mehr verschwindenden, täglich immer kleiner werdenden Anzahl von Leuten zugutekommen, welche durch die Bewegung unserer Kultur in immer größerem Umfange in den von dieser Hilfe nicht betroffenen eigentlichen Arbeiterstand hinübergedrängt werden. Und das ist gleichwohl nur eine erste Folgerung. Eine zweite, genau mit ihr zusammenhängende noch wichtigere Konsequenz des Gesagten ist folgende: Der Konkurrenz der fabrikmäßigen Großproduktion gegenüber, welche sich täglich mehr an die Stelle des kleinen handwerksmäßigen Betriebs setzt, vermögen auch die in demselben ausharrenden Handwerker durch die Kredit- und Rohstoffvereine keineswegs geschützt zu werden. Ich will Ihnen dafür wieder als Zeugnis das Eingeständnis des Professors Huber anführen: »Leider aber« – sagt er, nachdem er die Schulze-Delitzschschen Kredit- und Rohstoffvereine, gleich mir, rühmend betrachtet – »leider aber erscheint die Voraussetzung, dass damit die Konkurrenz des Zwerggewerbes mit der Großindustrie ermöglicht wäre, durchaus nicht hinreichend begründet.«

Besser aber als jedes Zeugnis werden Sie die leicht zu entwickelnden innern Gründe von dem, was ich sage, überzeugen.

Wie weit kann die Wirkung von Kreditvereinen und von Vereinen zur billigen und guten Beschaffung von Rohstoffen gehen? Sie kann den unbemittelten Handwerker in die Lage setzen, mit dem bemittelten Handwerker, mit demjenigen, der das hinreichende kleine Kapital für seinen handwerksmäßigen kleinen Betrieb hat, zu konkurrieren. Sie kann also höchstens den unbemittelten Handwerker gleichsetzen und in dieselbe Lage bringen mit dem mit eigenem hinreichenden Kapital für seinen Handwerksbetrieb ausgerüsteten Meister. Nun ist ja die Tatsache aber eben die, dass auch die mit eigenem hinreichenden Kapital produzierenden Handwerksmeister nicht die Konkurrenz des großen Kapitals und der fabrikmäßigen Massenproduktion aushalten können, sowohl wegen der durch den Großbetrieb ermöglichten billigeren Erzeugungskosten aller Art, als wegen der geringeren Profitrate, die bei dem massenhaften Betrieb auf jedes einzelne Stück zu fallen braucht, als endlich wegen noch anderer mit ihm verbundener Vorteile. Da nun die Kredit- und Rohstoffvereine die unbemittelten kleinen Handwerker höchstens im Allgemeinen in dieselbe Lage wie den für seinen Kleinbetrieb mit hinreichendem Kapital ausgerüsteten Handwerksmeister versetzen können und dieser selbst die Konkurrenz der fabrikmäßigen Großindustrie nicht ertragen kann, so bleibt um so mehr dasselbe Resultat auch für jenen mithilfe dieser Vereine sein Geschäft betreibender Handwerker bestehen.

Diese Vereine können also auch in Bezug auf den kleinen Handwerker nur den Todeskampf, in welchem das kleine Handwerk der Großindustrie zu unterliegen und Platz zu machen bestimmt ist, verlängern, die Qualen dieses Todeskampfes dadurch vermehren und die Entwicklung unserer Kultur unnütz aufhalten – das ist das ganze Resultat, das sie auch in Bezug auf den kleinen Handwerkerstand haben, während sie den eigentlichen, in der Großindustrie beschäftigten und täglich wachsenden Arbeiterstand überhaupt nicht berühren!

Bleiben also noch die Konsumvereine zu betrachten. Die Einwirkung der Konsumvereine würde den gesamten Arbeiterstand umfassen.

Sie sind gleichwohl gänzlich unfähig, die Verbesserung der Lage des Arbeiterstandes zu bewirken. Dies werden Ihnen drei Gründe nachweisen, die innerlich einen einzigen bilden.

1. Die Benachteiligung, welche den Arbeiterstand trifft, trifft ihn, wie das unter Nr. 2 anzuführende ökonomische Gesetz zeigen wird, als Produzenten, nicht als Konsumenten. Es ist daher schon eine ganz falsche Hilfe, dem Arbeiter als Konsumenten helfen zu wollen, statt ihm auf der Seite zu helfen, wo wirklich der Schuh ihn drückt, als Produzenten.

Als Konsumenten stehen wir bereits heute im Allgemeinen alle gleich. Wie vor dem Gendarmen sind vor dem Verkäufer alle Menschen gleich, wenn sie nur zahlen.

Es ist wahr, dass eben hierdurch für den Arbeiterstand infolge seiner beschränkten Zahlungsfähigkeit sich noch einbesonderer Nebenschaden entwickelt hat, der aber mit dem Haupt- und Krebsschaden, an dem er leidet, nichts zu tun hat: der Nachteil, seine Bedürfnisse im kleinsten Detail ankaufen zu müssen und so dem Wucher des Kramladens – des shopkeepers – verfallen zu sein. Hiergegen helfen und schützen die Konsumvereine, aber abgesehen davon, dass Sie unter Nr. 3 sehen werden, wie lange diese Hilfe dauern kann und wann sie aufhören muss, darf diese beschränkte Hilfe, geeignet, die traurige Lage des Arbeiters eben um etwas erträglicher zu machen, durchaus nicht mit einem Mittel zu jener Verbesserung der Lage der arbeitenden Klasse verwechselt werden, welche der Arbeiterstand erstrebt.

2. Das eherne ökonomische Gesetz, welches unter den heutigen Verhältnissen, unter der Herrschaft von Angebot und Nachfrage nach Arbeit, den Arbeitslohn bestimmt, ist dieses: dass der durchschnittliche Arbeitslohn immer auf den notwendigen Lebensunterhalt reduziert bleibt, der in einem Volke gewohnheitsmäßig zur Fristung der Existenz und zur Fortpflanzung erforderlich ist. Dies ist der Punkt, um welchen der wirkliche Tageslohn in Pendelschwingungen jederzeit herumgravitiert, ohne sich jemals lange weder über denselben erheben, noch unter denselben hinunterfallen zu können. Er kann sich nicht dauernd über diesen Durchschnitt erheben – denn sonst entstünde durch die leichtre, bessere Lage der Arbeiter eine Vermehrung der Arbeiterehen und der Arbeiterfortpflanzung, ein Vermehrung der Arbeiterbevölkerung und somit des Angebots von Händen, welche den Arbeitslohn wieder auf und unter seinen früheren Stand herabdrücken würde.

Der Arbeitslohn kann auch nicht dauernd tief unter diesen notwendigen Lebensunterhalt fallen, denn dann entstehen – Auswanderungen, Ehelosigkeit, Enthaltung von der Kindererzeugung und endlich eine durch Elend erzeugte Verminderung der Arbeiterzahl, welche somit das Angebot von Arbeiterhänden noch verringert und den Arbeitslohn daher wieder auf den früheren Stand zurückbringt.

Der wirkliche durchschnittliche Arbeitslohn besteht somit in der Bewegung, beständig um jenen seinen Schwerpunkt, in den er fortdauernd zurücksinken muss, herumzukreisen, bald etwas über demselben (Periode der Prosperität in allen oder einzelnen Arbeitszweigen) bald etwas unter ihm zu stehen (Periode des mehr oder weniger allgemeinen Notstandes und der Krisen).

Die Beschränkung des durchschnittlichen Arbeitslohnes auf die in einem Volke gewohnheitsmäßig zur Fristung der Existenz und zur Fortpflanzung erforderliche Lebensnotdurft – das ist also, ich wiederhole es Ihnen, das eherne und grausame Gesetz, welches den Arbeitslohn unter den heutigen Verhältnissen beherrscht.

Dieses Gesetz kann von niemand bestritten werden. Ich könnte Ihnen für dasselbe ebenso viele Gewährsmänner anführen, als es große und berühmte Namen in der nationalökonomischen Wissenschaft gibt, und zwar aus der liberalen Schule selbst, denn gerade die liberale ökonomische Schule ist es, welche selbst dieses Gesetz entdeckt und nachgewiesen hat.

Dieses eherne und grausame Gesetz, meine Herren, müssen Sie sich vor, allem tief, tief in die Seele prägen und bei allem Ihrem Denken von ihm ausgehen.

Bei dieser Gelegenheit kann ich Ihnen und dem gesamten Arbeiterstand ein unfehlbares Mittel angeben, wie Sie ein für alle Mal allen Täuschungen und Irreführungen entgehen können.

Jedem, der Ihnen von der Verbesserung der Lage des Arbeiterstandes spricht, müssen Sie vor allem die Frage vorlegen:

Ob er dieses Gesetz anerkennt oder nicht.

Erkennt er es nicht an, so müssen Sie sich von vornherein sagen, dass dieser Mann entweder Sie täuschen will oder aber von der kläglichsten Unerfahrenheit in der nationalökonomischen Wissenschaft ist. Denn es gibt, wie ich Ihnen bereits bemerkt, in der liberalen Schule selbst nicht einen namhaften Nationalökonomen, der dasselbe leugnete. Adam Smith wie Say, Ricardo wie Malthus, Bastiat wie John Stuart Mill sind einstimmig darin, es anzuerkennen. Es herrscht hierin eine Übereinstimmung aller Männer der Wissenschaft.

Und wenn nun derjenige, der Ihnen von der Lage der Arbeiter spricht, auf Ihre Frage dieses Gesetz anerkannt hat, so fragen Sie ihn weiter:

Wie er dasselbe beseitigen will.

Und wenn er hierauf nicht zu antworten weiß, so wenden Sie ihm ruhig den Rücken. Er ist ein leerer Schwätzer, der Sie oder sich selbst täuschen und mit hohlen Phrasen verblenden will.

Betrachten wir einen Augenblick näher die Wirkung und Natur dieses Gesetzes. Sie ist mit andern Worten folgende:

Von dem Arbeitsertrag (der Produktion) wird zunächst soviel abgezogen und unter die Arbeiter verteilt, als zu ihrer Lebensfristung erforderlich ist (Arbeitslohn).

Der ganze Überschuss der Produktion – des Arbeitsertrages – fällt auf den Unternehmeranteil.

Es ist daher eine Folge dieses ehernen und grausamen Gesetzes, dass Sie – und deswegen habe ich Sie in meiner Arbeiterbroschüre, auf die Sie sich in Ihrem Schreiben berufen, die Klasse der Enterbten genannt – sogar von der durch die Fortschritte der Zivilisation gesteigerten Produktivität, das heißt von dem gesteigerten Arbeitsertrage, von der gesteigerten Ertragsfähigkeit Ihrer eignen Arbeit notwendig ausgeschlossen sind! Für Sie immer die Lebensnotdurft, für den Unternehmeranteil immer alles, was über dieselbe hinaus von der Arbeit produziert wird.

Weil aber bei sehr großen Fortschritten der Produktivität (der Ergiebigkeit der Arbeit) zugleich viele Industrieprodukte zur äußersten Billigkeit herabsinken, so kann es kommen, dass Sie durch diese Billigkeit nicht als Produzenten, wohl aber als Konsumenten zunächst einen gewissen indirekten Vorteil von der gesteigerten Ergiebigkeit der Arbeit haben. Dieser Vorteil trifft Sie überhaupt nicht in Ihrer Tätigkeit als Produzenten, es trifft und ändert nicht die auf Ihren Anteil fallende Quote am Arbeitsertrag, et trifft nur Ihre Lage als Konsumenten, wie er auch die Lage der Unternehmer als Konsumenten und auch die aller an der Arbeit gar nicht teilnehmenden Menschen als Konsumenten und zwar in viel erheblicherem Grade als die Ihrige – verbessert.

Und auch dieser Sie bloß als Menschen, nicht als Arbeiter treffende Vorteil verschwindet wieder durch jenes eherne und grausame Gesetz, welches den Arbeitslohn auf die Länge immer wieder auf das Maß der zum Lebensunterhalt notwendigen Konsumtion herabdrückt.

Nun kann es aber vorkommen, dass, wenn eine solche gesteigerte Produktivität der Arbeit und die durch sie eintretende äußerste Billigkeit mancher Produkte ganz plötzlich eintritt, und wenn sie zweitens zugleich in eine länger dauernde Periode der steigenden Nachfrage nach Arbeiterhänden fällt, – dass dann diese jetzt unverhältnismäßig billiger gewordenen Produkte in den Umfang dessen aufgenommen werden, was gewohnheitsmäßig in einem Volke zum notwendigen Lebensunterhalt gehört.

Dies also, dass Arbeiter und Arbeitslohn immer herumtanzen um den äußersten Rand dessen, was nach dem Bedürfnis jederzeit zu dem notwendigsten Lebensunterhalt gehört, bald etwas über, bald etwas unter diesem Rande stehend, – dies ändert sich nie!

Dieser äußerste Rand selbst aber kann sich in verschiedenen Zeiten durch ein Zusammentreffen der angegebenen Umstände geändert haben, und es kann somit kommen, dass, wenn man verschiedene Zeiten miteinander vergleicht, die Lage des Arbeiterstandes in dem späteren Jahrhundert oder in der späteren Generation – insofern jetzt das Minimum der gewohnheitsmäßig notwendigen Lebensbedürfnisse etwas gestiegen ist – sich gegen die Lage des Arbeiterstandes in dem früheren Jahrhundert und der früheren Generation etwas gebessert hat.

Ich musste diese kleine Abschweifung machen, meine Herren, wenn sie auch meinem eigentlichen Zwecke fernliegt, weil gerade dies, diese geringfügige Verbesserung im Laufe der Jahrhunderte und Generationen, immer der Punkt ist, auf welchen alle diejenigen, welche Ihnen Sand in die Augen streuen wollen, nach dem Vorgange Bastiats, stets mit ebenso billigen als hohlen Deklamationen zurückkommen. Bemerken Sie genau meine Worte, meine Herren. Ich sage: Es kann aus den angegebenen Gründen dahin kommen, dass das notwendige Lebensminimum und somit die Lage des Arbeiterstandes, in verschiedenen Generationen miteinander verglichen, sich etwas gehoben hat. Ob dies wirklich so ist, ob wirklich die Gesamtlage des Arbeiterstandes und zwar fortlaufend in den verschiedenen Jahrhunderten sich gebessert hat – meine Herren, das ist ein sehr schwierige, sehr verwickelte Untersuchung, eine viel zu gelehrte Untersuchung, als dass diejenigen auch nur irgend, auch nur annähernd ihrer fähig wären, welche Sie ohne Unterlass mit den Vorhaltungen amüsieren, wie teuer der Kattun im vorigen Jahrhundert war und wie viel Kattunkleider Sie jetzt verbrauchen und mit ähnlichen Gemeinplätzen, die man aus jedem Kompendium abschreiben kann.

Es ist nicht mein Zweck, mich hier auf diese Untersuchung einzulassen. Denn hier muss ich mich darauf beschränken, Ihnen nicht nur absolut Feststehendes, sondern auch ganz leicht zu Begründendes zu geben. Unterstellen wir also immerhin, dass eine solche Verbesserung des untersten Lebensbedürfnisses und somit der Lage des Arbeiterstandes fortlaufend in den verschiedenen Generationen und Jahrhunderten stattfinde.

Aber das muss ich Ihnen zeigen, meine Herren, dass man mit diesen Gemeinplätzen Ihnen jedenfalls die Frage aus der Hand spielt, um die es sich handelt, und sie in eine ganz andere verkehrt.

Man täuscht Sie, man hintergeht Sie, meine Herren!

Wenn Sie von der Lage der Arbeiter und ihrer Verbesserung sprechen, so meinen Sie Ihre Lage verglichen mit der Ihrer Mitbürger in der Gegenwart, verglichen also mit dem Maßstab der Lebensgewohnheiten in derselben Zeit.

Und man amüsiert Sie mit angeblichen Vergleichen Ihrer Lage mit der Lage der Arbeiter in früheren Jahrhunderten!

Ob Sie aber, weil das Minimum der gewohnheitsmäßigen Lebensbedürfnisse gestiegen wäre – falls dies der Fall sich heut besserstehen als der Arbeiter vor 80, vor 200, vor 300 Jahren – welchen Wert hat diese Frage für Sie und welche Befriedigung kann sie Ihnen gewähren? Ebenso wenig als die freilich ganz ausgemachte Tatsache, dass Sie sich heut besserstehen als die Botokuden und die menschenfressenden Wilden!

Jede menschliche Befriedigung hängt ja immer nur ab von dem Verhältnis der Befriedigungsmittel zu den in einer Zeit bereits gewohnheitsmäßig erforderlichen Lebensbedürfnissen, oder was dasselbe ist, von dem Überschuss der Befriedigungsmittel über die unterste Grenze der in einer Zeit gewohnheitsmäßig erforderlichen Lebensbedürfnisse. Ein gesteigertes Minimum der untersten Lebensbedürfnisse gibt auch Leiden und Entbehrungen, welche frühere Zeiten gar nicht kannten. Was entbehrt der Botokude dabei, wenn er keine Seife kaufen, was entbehrt der menschenfressende Wilde dabei, wenn er keinen anständigen Rock tragen, was entbehrte der Arbeiter vor der Entdeckung

Amerikas dabei, wenn er keinen Tabak rauchen, was entbehrte der Arbeiter vor Erfindung der Buchdruckerkunst dabei, wenn er ein nützliches Buch sich nicht anschaffen konnte?

Alles menschliche Leiden und Entbehren hängt also nur von dem Verhältnis der Befriedigungsmittel zu den in derselben Zeit bereits vorhandenen Bedürfnissen und Lebensgewohnheiten ab. Alles menschliche Leiden und Entbehren und alle menschlichen Befriedigungen, also jede menschliche Lage bemisst sich somit nur durch den Vergleich mit der Lage, in welcher sich andere Menschen derselben Zeit in Bezug auf die gewohnheitsmäßigen Lebensbedürfnisse derselben befinden. Jede Lage einer Klasse bemisst sich somit immer nur durch ihr Verhältnis zu der Lage der andern Klassen in derselben Zeit.

Wenn also noch so feststünde, dass sich das Niveau der notwendigen Lebensbedingungen in den verschiedenen Zeiten gehoben hätte, dass früher nicht gekannte Befriedigungen gewohnheitsmäßiges Bedürfnis geworden sind und eben dadurch mit diesen auch früher nicht gekannte Entbehrungen und Leiden eingetreten sind – Ihre menschliche Lage ist in diesen verschiedenen Zeiten immer dieselbe geblieben; immer diese: auf dem untersten Rande der in jederzeit gewohnheitsmäßig erforderlichen Lebensnotdurft herumzutanzen, bald ein wenig über ihm, bald ein wenig unter ihm zu stehen.

Ihre menschliche Lage ist also dieselbe geblieben, denn diese menschliche Lage bemisst sich nicht durch Ihr Verhältnis zu der Lage des Tieres in den Urwäldern, oder des Negers in Afrika, oder des Leibeigenen im Mittelalter, oder des Arbeiters vor 200 oder vor 80 Jahren, sondern nur durch das Verhältnis dieser Lage zu der Lage Ihrer Mitmenschen, zu der Lage der anderen Klassen in derselben Zeit.

Und statt hierüber Betrachtungen anzustellen und zu sinnen, wie dieses Verhältnis zu bessern und jenes grausame Gesetz, das Sie beständig auf dem untersten Rande der Lebensbedürfnisse einer jeden Zeit festhält, zu ändern sei, amüsiert man sich, Ihnen unvermerkt die Frage vor der Nase zu vertauschen und Sie mit sehr problematischen kulturhistorischen Rückblicken auf die Lage des Arbeiterstandes in den früheren Zeitepochen zu unterhalten, Rückblicke, die um so problematischer sind, als grade die immer mehr der äußersten Billigkeit verfallenden Industrieprodukte nur in weit geringerem Grade zu dem Konsum des Arbeiters gehören, während die hauptsächlich seinen Konsum bildenden Lebensmittel keineswegs von der gleichen Tendenz immer steigender Billigkeit beherrscht werden! Rückblicke endlich, die nur dann einen Wert haben würden, wenn sie die gesamte Lage des Arbeiters in den verschiedenen Zeiten nach allen Seiten hin in ihre Untersuchungen zögen, Untersuchungen von der schwierigsten und nur mit der äußersten Umsicht zu führenden Natur, zu welchen gerade diejenigen, die sie Ihnen vorhalten, nicht einmal das Material in der Hand haben, und die sie daher um so mehr den eigentlichen Gelehrten überlassen sollten!

3. Kehren wir nunmehr von dieser, wenn auch notwendigen, Abschweifung zu der Frage zurück: Welchen Einfluss können nach dem unter Nr. 2 entwickelten, den Arbeitslohn bestimmenden Gesetz die Konsumvereine auf die Lage des Arbeiterstandes haben? Die Antwort wird jetzt eine sehr einfache sein.

Solange nur einzelne Kreise von Arbeitern zu Konsumvereinen zusammentreten, solange wird der allgemeine Arbeitslohn nicht durch dieselben berührt, und solange werden also die Konsumvereine den Arbeitern, welche zu ihnen gehören, durch die billigere Konsumtion jene untergeordnete Erleichterung ihrer gedrückten Lage gewähren, welche ich unter Nr. 1 betrachtet und zugegeben habe. – Sowie aber die Konsumvereine mehr und mehr den gesamten Arbeiterstand zu umfassen beginnen, tritt jetzt vermöge des betrachteten Gesetzes die notwendige Konsequenz ein, dass der Arbeitslohn infolge des durch die Konsumvereine billiger gewordenen Lebensmittelunterhaltes um ebenso viel fallen muss.

Dem gesamten Arbeiterstand können die Konsumvereine somit niemals auch nur irgendwie helfen, und den einzelnen Arbeiterkreisen, die sie bilden, können sie die früher betrachtete untergeordnete Hilfe gerade nur so lange gewähren, wie das Beispiel dieser Arbeiter noch nicht hinreichende Nachahmung gefunden hat. Mit jedem Tage, mit welchem die Konsumvereine sich mehr und mehr ausbreiten und größere Massen des Arbeiterstandes umfassen, fällt mehr und mehr auch jene geringfügige Erleichterung auch für die in diesen Vereinen befindlichen Arbeiter fort, bis sie an dem Tage auf Null sinkt, wo die Konsumvereine den größten Teil des gesamten Arbeiterstandes umfassen würden.

Kann auch nur ernsthaft die Rede davon sein, dass der Arbeiterstand sein Auge auf ein Mittel richten soll, welches ihm als Stand gar nicht hilft und seinen einzelnen Gliedern auch jene so geringfügige Erleichterung nur auf solange gewährt, bis der Stand als solcher ganz oder zum großen Teil dasselbe ergriffen hat?

Wenn der deutsche Arbeiterstand einen solchen Tretmühlenrundgang sollte anstellen wollen – so wird die Zeit bis zu der wirklichen Verbesserung seiner Lage noch lange dauern! –

Ich habe Ihnen jetzt sämtliche Schulze-Delitzschschen Organisationen zergliedert und gezeigt, dass sie Ihnen nicht helfen, noch helfen können.

Wie also? Sollte das Prinzip der freien individuellen Assoziation der Arbeiter nicht vermögen, die Verbesserung der Lage des Arbeiterstandes zu bewirken?

Allerdings vermag es das – aber nur durch seine Anwendung und Ausdehnung auf die fabrikmäßige Großproduktion.

Den Arbeiterstand zu seinem eignen Unternehmer machen – das ist das Mittel, durch welches – und durch welches allein – wie Sie jetzt sofort selbst sehen, jenes eherne und grausame Gesetz beseitigt sein würde, das den Arbeitslohn bestimmt!

Wenn der Arbeiterstand sein eigner Unternehmer ist, so fällt jene Scheidung zwischen Arbeitslohn und Unternehmergewinn und mit ihr der bloße Arbeitslohn überhaupt fort, und an seine Stelle tritt als Vergeltung der Arbeit: der Arbeitsertrag! Die Aufhebung des Unternehmergewinns in der friedlichsten, legalsten und einfachsten Weise, indem sich der Arbeiterstand durch freiwillige Assoziationen als sein eigner Unternehmer organisiert, die hiermit und hiermit allein gegebene Aufhebung jenes Gesetzes, welches unter der heutigen Produktion von dem Produktionsertrag das eben zur Lebensfristung Erforderliche auf die Arbeiter als Lohn und den gesamten Überschuss auf den Unternehmer verteilt, das ist die einzige wahrhafte, die Einzige seinen gerechten Ansprüchen entsprechende, die einzige nicht illusionäre Verbesserung der Lage des Arbeiterstandes.

Aber wie? Werfen Sie einen Blick auf die Eisenbahnen, die Maschinenfabriken, die Schiffsbauwerkstätten, die Baumwollenspinnereien, die Kattunfabriken usw. usw., auf die zu diesen Anlagen erforderlichen Millionen, werfen Sie dann einen Blick in die Leere Ihrer Taschen und fragen Sie sich, wo Sie jemals die zu diesen Anlagen erforderlichen Riesenkapitalien hernehmen und wie Sie somit jemals den Betrieb der Großindustrie auf eigene Rechnung ermöglichen sollen?

Und gewiss ist nichts sicherer, nichts feststehend, als dass Sie dies niemals ermöglichen würden, wenn Sie ausschließlich und lediglich und allein auf Ihre isolierten Anstrengungen als Individuen reduziert bleiben.

Ebendeshalb ist es Sache und Aufgabe des Staates, Ihnen dies zu ermöglichen, die große Sache der freien individuellen Assoziation des Arbeiterstandes fördernd und entwickelnd in seine Hand zu nehmen und es zu seiner heiligsten Pflicht zu machen, Ihnen die Mittel und Möglichkeit zu dieser Ihrer Selbstorganisation und Selbstassoziation zu bieten.

Und hier lassen Sie sich nicht durch das Geschrei derer täuschen und irreführen, die Ihnen sagen werden, dass jede solche Intervention des Staates die soziale Selbsthilfe aufhebe.

Es ist nicht wahr, dass ich jemand hindere, durch seine eigne Kraft einen Turm zu ersteigen, wenn ich ihm Leiter oder Strick dazu reiche. Es ist nicht wahr, dass der Staat die Jugend daran hindert, sich durch eigne Kraft zu bilden, wenn er ihr Lehrer, Schulen und Bibliotheken hält. Es ist nicht wahr, dass ich jemand daran hindere, durch eigne Kraft ein Feld zu umackern, wenn ich ihm einen Pflug dazu reiche. Es ist nicht wahr, dass ich jemand hindere, durch eigne Kraft ein feindliches Heer zu schlagen, wenn ich ihm eine Waffe dazu in die Hand drücke.

Und obgleich es wahr ist, dass hin und wieder jemand einen Turm erklettert haben mag ohne Strick und Leiter, und obgleich es wahr ist, dass sich einzelne gebildet haben ohne Lehrer, Schulen und öffentliche Bibliotheken, und obgleich es wahr ist, dass die Bauern der Vendée in den Revolutionskriegen hin und wieder den Feind geschlagen auch ohne Waffen, so heben doch alle diese Ausnahmen ihre Regel nicht auf, sondern bestätigen sie nur. Und obgleich es also wahr ist, dass unter gewissen besondern Verhältnissen einzelne Kreise von Arbeitern in England durch eine lediglich aus ihren eigenen Bemühungen hervorgegangene Assoziation auch in gewissen kleineren Zweigen der großen Produktion und in einem gewissen kleinen Umfang ihre Lage etwas verbessern konnten, so bleibt nichtsdestoweniger das Gesetz bestehen, dass die wirkliche Verbesserung der Lage des Arbeiters, die er gerechterweise zu fordern hat, und für den allgemeinen Arbeiterstand als solchen, nur durch jene Hilfsleistung des Staates herbeigeführt werden kann.

Und ebenso wenig lassen Sie sich durch das Geschrei derer irreführen und täuschen, die hier etwa gar von Sozialismus oder Kommunismus sprechen und mit derlei billigen Redensarten dieser Ihrer Forderung entgegentreten wollen. Sondern seien Sie von solchen fest überzeugt, dass sie Sie nur täuschen wollen oder aber selbst nicht wissen, was sie sprechen. Nichts ist weiter entfernt von dem sogenannten Sozialismus und Kommunismus als diese Forderung, bei welcher die arbeitenden Klassen ganz wie heut ihre individuelle Freiheit, individuelle Lebensweise und individuelle Arbeitsvergütung beibehalten und zu dem Staat in keiner andern Beziehung stehen, als dass ihnen durch ihn das erforderliche Kapital respektive der erforderliche Kredit zu ihrer Assoziation vermittelt wird. Das aber ist gerade die Aufgabe und Bestimmung des Staates, die großen Kulturfortschritte der Menschheit zu erleichtern und zu vermitteln. Dies ist sein Beruf. Dazu existiert er; hat immer dazu gedient und dienen müssen. Ein einziges Beispiel, statt der Hunderte von Beispielen, die ich Ihnen geben könnte, den Kanälen, Chausseen, Posten, Paketbootlinien, Telegrafen, Landrentenbanken, landwirtschaftlichen Verbesserungen, Einführungen von neuen Fabrikationszweigen usw., bei welchen allen die Intervention des Staates eintreten musste, – ein einziges Beispiel will ich Ihnen geben, aber ein Beispiel, das Hunderte aufwiegt, und zwar ein ganz besonders naheliegendes Beispiel: Als die Eisenbahnen bei uns gebaut werden sollten, da musste in allen deutschen und ebenso in den meisten auswärtigen – Ländern, ausgenommen bei einigen ganz kleinen und vereinzelten Linien, der Staat in der einen oder der andern Weise intervenieren, meistens in der Weise, dass er mindestens die Zinsgarantie, für die Aktien – in vielen Ländern noch weit größere Leistungen – übernahm.

Die Zinsgarantie stellte noch dazu folgenden Löwenkontrakt der Unternehmer – der reichen Aktionäre – mit dem Staate dar: Sind die neuen Unternehmungen unvorteilhaft, so soll der Nachteil auf den Staat fallen, folglich auf alle Steuerzahler, folglich ganz besonders auf Sie, meine Herren, auf die große Klasse der Unbemittelten! Sind die neuen Unternehmungen dagegen vorteilhaft, so soll der Vorteil die starken Dividenden – uns, den reichen Aktionären, zukommen. Dies wird auch nicht dadurch beseitigt, dass in manchen Ländern, wie zum Beispiel in Preußen, dafür dem Staate in einer sehr, sehr fernen Zukunft damals noch ganz ungewisse Vorteile ausbedungen wurden, Vorteile, deren sich aus der Assoziation des Arbeiterstandes weit schnellere und größere für ihn ergeben würden. Ohne diese Intervention des Staates, von welcher, wie gesagt, die Zinsgarantie noch die schwächste Form war, hätten wir vielleicht noch heute auf dem ganzen Kontinent keine Eisenbahnen!

Jedenfalls steht die Tatsache fest, dass der Staat hierzu schreiten musste, dass auch die Zinsgarantie eine und zwar äußerst starke Intervention des Staates war, dass diese Intervention noch dazu der reichen und begüterten Klasse gegenüber stattfand, die ohnehin über alles Kapital und allen Kredit verfügt und die sich daher der Staatsintervention weit leichter hätte begeben können als Sie, und dass diese Intervention von der gesamten Bourgeoisie gefordert wurde.

Warum entstand damals kein Geschrei gegen die Zinsgarantie als eine »unzulässige Intervention des Staates«? Warum erklärte man damals nicht, dass durch die Zinsgarantie die »soziale Selbsthilfe« der reichen Unternehmer jener Aktiengeschäfte bedroht sei? Warum tat man die Zinsgarantie des Staates nicht als »Sozialismus und Kommunismus« in Verruf?

Aber freilich, jene Intervention des Staates fand im Interesse der reichen und begüterten Klassen der Gesellschaft statt, und da ist sie freilich ganz zulässig und immer zulässig gewesen! Nur allemal, wenn es sich um eine Intervention zugunsten der notleidenden Klassen, zugunsten der unendlichen Mehrheit handelt – dann ist sie reiner »Sozialismus und Kommunismus«!

Dies also antworten Sie denen, welche Ihnen ein Geschwätz über die Unzulässigkeit der Staatsintervention und die dadurch gefährdete soziale Selbsthilfe und den darin liegenden Sozialismus und Kommunismus bei dieser dazu nicht den geringsten Anlass gebenden Forderung erheben wollen. Und fügen Sie ihnen hinzu: dass, wenn wir doch schon einmal solange im Sozialismus und Kommunismus leben, wie jene Zinsgarantie bei den Eisenbahnen und alle jene andern oben flüchtig berührten Beispiele zeigen, wir auch weiter darin verbleiben wollen!

Es kommt hinzu, dass so groß auch der durch die Eisenbahnen bewirkte Kulturfortschritt war, er doch noch zu einem verschwindenden Punkte zusammensinkt gegenüber jenem gewaltigsten Kulturfortschritt, der durch die Assoziation der arbeitenden Klasse vollbracht würde. Denn was nützen alle aufgespeicherten Reichtümer und alle Früchte der Zivilisation, wenn sie immer nur für einige wenige vorhanden sind und die große unendliche Menschheit stets der Tantalus bleibt, welcher vergeblich nach diesen Früchten greift? Schlimmer als Tantalus, denn dieser hatte wenigstens nicht die Früchte hervorgebracht, nach denen sein dürstender Gaumen vergeblich zu lechzen verdammt war!

Wenn je also, so würde dieser gewaltigste Kulturfortschritt von allen, welche die Geschichte kennt, eine hilfreiche Intervention des Staates rechtfertigen. Es kommt hinzu, dass der Staat durch die großen Kredit- und Zirkulationsinstitute (die Banken), wie hier nicht weiter ausgeführt werden kann, in der leichtesten Weise und ohne irgendeine größere Verantwortlichkeit auf sich zu nehmen, als durch die Zinsgarantie bei den Eisenbahnen geschah, Ihnen diese Möglichkeit gewähren kann.

Endlich aber, meine Herren: Was ist denn der Staat? Werfen Sie einen Blick auf die Statistik, und zwar auf die amtliche, von den Regierungsanstalten veröffentlichte Statistik, denn nicht mit eignen Schilderungen und Berechnungen will ich Ihnen nahen.

Außer dem Kreditverband könnte ein Assekuranzverband die verschiedenen Vereine umfassen, welcher etwaige eintretende Geschäftsverluste durch ihre Verteilung bis zur Unmerklichkeit ausgliche. Der Staat würde endlich keineswegs den Diktator bei diesen Gesellschaften zu spielen haben, sondern ihm nur die Feststellung und respektive Genehmigung der Statuten und eine zur Sicherung seiner Interessen ausreichende Kontrolle bei der Geschäftsführung zugestehen. Wöchentlich würde den Arbeitern zunächst der orts- und gewerbsübliche Arbeitslohn zu entrichten und am Schlusse des Jahres der Geschäftsgewinn des Vereins als Dividende unter sie zu verteilen sein. Die praktische Ausführbarkeit und höchst lukrative Existenzfähigkeit solcher Assoziationen überhaupt könnte ja nur von der Unwissenheit geleugnet werden, welcher es unbekannt ist, dass bereits sowohl in England wie in Frankreich zahlreiche Arbeiter-Assoziationen bestehen, welche, und obwohl unter den schwierigsten Umständen und ohne jede Hilfe und Unterstützung entstanden, rein auf die Anstrengungen der isolierten Arbeiter angewiesen, die sie bilden, dennoch zu hoher Blüte gelangt sind. So – um der sogenannten Pioniers von Rochdale ganz zu schweigen – bestanden schon 1861 in der Grafschaft Lancashire allein 31 solcher Assoziationen zur fabrikmäßigen Produktion, meist erst neuerdings gegründet, von denen gleichwohl bereits mehrere eine Dividende von 30 bis 40 Prozent vom Kapital abwarfen. Um einige französischer Arbeiter-Assoziationen zu erwähnen, so erzielte die Assoziation der ouvriers maçons in Paris schon im Jahre 1856 bis 1857 einen Geschäftsgewinn von 56 Prozent ihres Kapitals; im Jahre 1858 betrug der Geschäftsgewinn 130 000 Francs, wovon 30 000 Francs zur Reserve genommen und 100 000 Francs als Dividende verteilt wurden, und zwar 60 Prozent hiervon auf die Arbeit, 40 Prozent auf das Kapital (die Gesellschaft hat associés non travailleurs, welche je mindestens 10 000

Francs Kapitaleinschuss machen); ähnliche Blüte bei den ouvriers lampistes, bei den ouvriers en meubles usw. Man sehe die Geschichte der Arbeiter-Assoziationen in den Werken von Professor Huber, Cochut, A. Lemercier (»Etudes sur les associations ouvrières) u. a. – Die Statuten und Reglements dieser Vereine geben zugleich äußerst schätzbare Beiträge für die innere Gestaltung dieser Assoziationen an die Hand. Alle diese Gesellschaften waren recht eigentliche »Pioniere«, Pioniere der Zukunft, welche mit harter Hand den Weg brachen Das königlich preußische, von dem königlich preußischen Geheimrat Professor Dieterici damals dirigierte amtliche statistische Bureau veröffentlichte 1851 aufgrund der amtlichen Steuerlisten eine Berechnung, wie sich die Bevölkerung nach ihrem Einkommen verteilt. Ich setze Ihnen die Resultate dieser Berechnung mit wörtlicher und zahlenmäßiger Treue hierher. Hiernach besitzen von der Bevölkerung des preußischen Staats:

ein Einkommen über 1000 Taler   ½ Proz. d. Bevölkerung

ein Einkom. v. 400 bis 1000 Taler   3 Proz. d. Bevölkerung

ein Einkom. v. 200 bis 400 Taler   7 Proz. d. Bevölkerung

ein Einkom. v. 100 bis 200 Taler   16 Proz. d. Bevölkerung

ein Einkom v. unter 100 Taler   72 Proz. d. Bevölkerung

Und dieses Einkommen fällt auf den klassensteuerpflichtigen Kopf der Bevölkerung, welcher nach Dietericis Annahme durchschnittlich eine Familie von fünf Personen repräsentiert, fällt also durchschnittlich auf eine Familie von fünf oder mindestens über drei Personen. Und analog muss es sich natürlich in den andern deutschen Staaten verhalten. Diese stummen amtlichen Zahlen, wenn sie auch als statistische Durchschnittszahlen durchaus nicht auf mathematische Genauigkeit Anspruch haben, zumal vor der Steuer jeder seine Einnahmen gern verkleinert, was aber eine wesentliche und hier in Betracht kommende Differenz nicht im geringsten begründen kann, werden Ihnen deutlicher sprechen als dicke Bücher! 72 Prozent der Bevölkerung mit einem Einkommen von unter 100 Talern, also in der elendesten Lage! Andere 16 Prozent der Bevölkerung mit einem Einkommen von 100 bis 200 Talern, also in einer kaum bessern, immer noch elenden Lage, andere 7 Prozent der Bevölkerung mit einem Einkommen von 200 bis 400 Talern, also noch immer in einer gedrückten Lage, 3 Prozent der Bevölkerung mit einem Einkommen von 400 bis 1000 Talern, also teils in einer eben erträglichen, teils in einer behäbigen Lage und ½ Prozent der Bevölkerung endlich in allen möglichen Abstufungen des Reichtums. Die beiden untersten in der allergedrücktesten Lage befindlichen Klassen bilden also allein 89 Prozent der Bevölkerung, und nimmt man, wie man muss, noch die 7 Prozent der dritten, immer noch unbemittelten und gedrückten Klasse hinzu, so erhalten Sie 96 Prozent der Bevölkerung in gedrückter, dürftiger Lage. Ihnen also, meine Herren, den notleidenden Klassen, gehört der Staat, nicht uns, den höheren Ständen, denn aus ihnen besteht er! Was ist der Staat? Fragte ich, und Sie ersehen jetzt aus wenigen Zahlen handgreiflicher als aus dicken Büchern die Antwort: Ihre, der ärmeren Klassen, große Assoziation – das ist der Staat! Und warum soll nun Ihre große Assoziation nicht fördernd und befruchtend auf Ihre kleineren Assoziationskreise einwirken?

Diese Frage wollen Sie gleichfalls denjenigen vorlegen, die Ihnen von der Unzulässigkeit der Staatsintervention und von Sozialismus und Kommunismus bei dieser Forderung schwätzen.

Wollen Sie endlich noch einen speziellen Beleg für die Unmöglichkeit, anders als mit jener fördernden Intervention des Staates durch die freie Assoziation die Verbesserung der Lage des Arbeiterstandes hervorzubringen, so mag ihn gerade England geben, gerade jenes Land, auf das man sich am meisten beruft, um die Möglichkeit einer lediglich und ausschließlich mit ihren isolierten Kräften hervorzurufenden, die Lage des gesamten Standes verbessernden Assoziation der einzelnen Arbeiter zu behaupten. England, welches in der Tat aus verschiedenen, in seinen besondern Zuständen wurzelnden, Gründen noch am ehesten geeignet erscheinen müsste, dieses Experiment durchzuführen, ohne dass deshalb noch eine gleiche Möglichkeit auch für andere Länder dadurch bewiesen wäre.

Und dieser spezielle Beleg knüpft gerade an jene englische Arbeiterassoziation an, welche bisher als der triumphierende Beweis einer solchen Behauptung angeführt zu werden pflegte. Ich spreche von den Pioniers in Rochdale. Dieser seit 1844 bestehende Konsumverein legte 1858 eine Spinnerei und Weberei an, mit einem Kapital von 5 ( ) 500 Pfund Sterling (circa 38 ( )000 Taler). In den Statuten dieser Fabrik-Assoziation wurde den in der Fabrik beschäftigten Arbeitern, gleichviel ob sie Aktionärs der Assoziation waren oder nicht, außer dem ortsüblichen Arbeitslohn, ein gleicher Anteil an dem als Dividende zu verteilenden Geschäftsgewinn zugesichert, wie den Aktionärs, da die Bestimmung getroffen war, dass die Jahresdividende ebenso auf den Arbeitslohn, wie auf das Aktienkapital berechnet und verteilt werden sollte. Nun beträgt die Anzahl der Aktionärs jener Fabrik 1( )600, während in der Fabrik nur 500 Arbeiter beschäftigt sind. Es ist also eine große Zahl von Aktionärs vorhanden, die nicht zugleich Arbeiter der Fabrik sind, wie andrerseits nicht alle Arbeiter zugleich Aktionärs sind. Infolgedessen brach unter den Arbeiter-Aktionärs, die nicht Arbeiter der Fabrik waren, und auch unter denen, die Arbeiter und Aktionärs zugleich waren, eine Agitation (1861) dagegen aus, dass auch die Arbeiter, welche nicht Aktionärs seien, einen Anteil an dem Geschäftsgewinn – dem Arbeitsertrage – erhielten.

Man stellte vonseiten der Arbeiter-Aktionärs ganz offen und einfach den Grundsatz auf, dass nach dem ganz allgemeinen Brauch in der gesamten industriellen Welt die Arbeit mit dem Arbeitslohn abgefunden sei und dieser durch Nachfrage und Angebot bestimmt werde (– wir haben oben gesehen, durch welches Gesetz!). »Diese Tatsache« – erzählt Professor Huber in dem Bericht, den er von dieser Angelegenheit gibt – »wurde ohne Weiteres von vornherein als der keiner weitern Motivierung und Legitimierung bedürftige naturgemäße Zustand gegenüber einer ganz ausnahmsweisen, willkürlichen, wenngleich statutenmäßigen Neuerung geltend gemacht.« Tapfer, aber nur mit sehr unklaren Gefühlsgründen, wurde dieser Antrag auf Änderung der Statuten von den alten Stiftern und Vorstehern der Assoziation bekämpft. In der Tat stimmte eine Majorität von fünf Achtel der Arbeiter-Aktionärs für die Änderung der Statuten, ganz wie die bürgerlichen Unternehmer handelnd, und die Abänderung der Statuten unterblieb vorläufig nur deshalb, weil zu einer solchen statutenmäßig eine Majorität von drei Viertel der Stimmen erforderlich ist. »Niemand aber« – berichtet Professor Huber weiter – »täuscht sich darüber, dass die Sache dabei nicht ihr Bewenden haben wird. Vielmehr stehen dieser Assoziation noch sehr heftige innere Kämpfe bevor, deren Ausgang vielleicht schon nächstes Jahr eine siegreiche Wiederholung jenes Antrags sein dürfte, um so mehr, da die Opposition entschlossen ist, ihren Einfluss auch bei den Wahlen zu den Assoziationsämtern geltend zu machen, wo die absolute Majorität entscheidet, wo dann die dominierenden Stellungen des Vorstandswesens bald in ihren Händen sein könnten.« Huber berichtet ferner hierbei: »Die meisten der fabrikmäßig produktiven Vereine haben sich von vornherein dem allgemeinen Brauch angeschlossen, offenbar ohne weiteres Nachdenken oder doktrinäres Bewusstsein; nur einige haben das kooperative Prinzip zugunsten der Arbeit angenommen.« Und Huber muss ferner, obwohl sehr wider Willen und mit sehr schwerem Herzen, denn er ist ein Anhänger der bloß von den isolierten Arbeitern ausgehenden Assoziation, gestehen, es sei »gar kein Zweifel, dass diese Fragen sehr bald in allen andern produktiven Assoziationen zur Erörterung und Entscheidung kommen werden, wo der Gegensatz von Kapital und Arbeit vorhanden ist und sich aus dem industriellen Makrokosmos (das heißt der Welteinrichtung im Großen) der Konkurrenz in den kooperativen Mikrokosmos (das heißt der von der Arbeiterassoziation dargestellten Welt im Kleinen) reproduziert«.

Sie sehen, meine Herren, wenn Sie über diese Tatsachen nachdenken, dass sich die großen Fragen immer nur im Großen, nie im Kleinen lösen lassen. Solange der allgemeine Arbeitslohn durch das oben betrachtete Gesetz bestimmt wird solange werden auch die kleinen Assoziationen sich dem herrschenden Einfluss desselben nicht entziehen können. Und was gewinnt dann der allgemeine Arbeiterstand, der Arbeiter als solcher dabei, ob er für Arbeiterunternehmer oder für Bourgeois-Unternehmer arbeitet? Nichts! Sie haben nur die Unternehmer, denen der Ertrag Ihrer Arbeit zugutekommt, zerbröckelt. Aber die Arbeit und der Arbeiterstand ist nicht befreit! Was er dabei gewinnt? Er gewinnt nur die Depravation, die Verderbnis, die jetzt ihn selbst ergreift und Arbeiter gegen Arbeiter in ausbeutende Unternehmer verwandelt! Die Personen der Unternehmer haben gewechselt, die Sache ist geblieben, die Arbeit, diese einzige Quelle allen Ertrages, bleibt nach wie vor auf den sogenannten Lohn, das heißt die Lebensfristung angewiesen. So groß ist unter der Herrschaft dieses Gesetzes die Verkehrung der Begriffe, dass jetzt sogar jene nicht in der Fabrik beschäftigten Arbeiter-Aktionärs, statt einzusehen, dass sie ihre Dividende der Arbeit der beschäftigten Arbeiter verdanken, dass sie es somit sind, welche den Vorteil aus der Arbeit dieser ziehen, umgekehrt diesen nicht einmal einen Teil von dem Ertrage ihrer eignen Arbeit, nicht einmal einen Teil von dem gönnen wollten, worauf die Arbeit gerechten Anspruch hat.

Arbeiter mit Arbeitermitteln und Unternehmergesinnungen – das ist die widrige Karikatur, in welche jene Arbeiter verwandelt worden sind.

Und nun endlich noch einen letzten sich hieran knüpfenden scharfen und entscheidenden Beweis.

Sie haben gesehen, dass in jener Fabrik des Pioniers 500 Arbeiter beschäftigt und an ihr 1600 Arbeiter als Aktionärs beteiligt sind. Soviel wird Ihnen auch ganz klar sein, dass, wenn wir uns die Arbeiter nicht gleich geradezu als reiche Leute denken wollen, womit dann freilich alle Fragen in der Illusion gelöst sind, die in einer Fabrik beschäftigte Anzahl von Arbeitern nie ausreichen wird, um auch das für die Fabrik erforderliche Anlagekapital aus ihren eigenen Taschen aufzubringen. Sie werden dazu vielmehr immer eine viel größere Zahl von andern nicht in der Fabrik beschäftigten Arbeiter-Aktionärs in Anspruch nehmen müssen. In dieser Hinsicht ist das Verhältnis bei jener Fabrik der Pioniers – 1600 Arbeiter-Aktionärs auf 500 in der Fabrik beschäftigte Arbeiter, also ein Verhältnis von nur wenig mehr als 3 zu 1 – sogar ein erstaunlich günstiges und seltnes, ein so kleines wie nur irgend möglich zu nennen und erklärt sich nur teils aus der ganz besonders glücklichen Lage der Pioniers, die im Arbeiterstande als eine hohe Ausnahme dasteht, teils daraus, dass jener Fabrikationszweig noch durchaus nicht zu jenen gehört, welche das stärkste Kapitalverhältnis erfordern, teils daraus, dass jene Fabrik noch nicht zu den wahrhaft großen Produktionsanstalten gehört, in denen das Verhältnis auch in diesem Fabrikationszweig noch ein ganz anderes sein würde. Es kommt endlich dazu, dass durch die Entwicklung der Industrie selbst und durch die Fortschritte der Zivilisation dies Verhältnis noch alle Tage gewaltig wachsen muss. Denn die Fortschritte der Zivilisation bestehen gerade darin, dass täglich mehr tote Naturkraft, also mehr Maschinen, an die Stelle der menschlichen Arbeit gesetzt wird, und dass also täglich das Verhältnis der Größe des Anlagekapitals zur Menge der menschlichen Arbeit wächst. Wenn also in jener Fabrik der Pioniers, um das Anlagekapital für 500 beschäftigte Arbeiter zu beschaffen, 1()600 Arbeiter-Aktionärs erforderlich waren, und somit ein Verhältnis von 1 zu 3, so wird sich bei andern Arbeitern und in andern Branchen und in den größeren

Produktionsanstalten und mit den täglichen Fortschritten der Zivilisation das Verhältnis gestalten, wie 1 zu 4, 1 zu 5, zu 6, zu 8, zu 10, zu 20 usf. Bleiben wir indes sogar bei dem Verhältnis von 1 zu 3 stehen! Um also eine Fabrik zu stiften, in welcher 500 Arbeiter Beschäftigung finden, brauche ich 1( )600 Arbeiter-Aktionärs, um das nötige Anlagekapital zu haben. Gut, solange ich ein, zwei, drei usw. Fabriken gründen will, hat das in der Vorstellung – immer in der Vorstellung meine Herren, in der Illusion – keine Schwierigkeit. Ich nehme nur immer in der Vorstellung die dreifache, vierfache Anzahl usw. von Arbeiter-Aktionärs zu Hilfe. Wenn ich aber die Assoziation auf den gesamten Arbeiterstand ausdehne – und von diesem, nicht von einzelnen, die emporkommen wollen, handelt es sich hier doch – wenn ich also im Lauf der Zeit soviel Fabriken gründen will, dass der ganze Arbeiterstand darin beschäftigt ist – woher nehme ich denn dann noch die drei-, vier-, fünf-, zehn-, zwanzigfache Anzahl des gesamten Arbeiterstandes, die nun noch als Arbeiter-Aktionärs hinter den in den Fabriken beschäftigten Arbeitern stehen müsste, um diese Fabriken anzulegen?

Sie sehen also, meine Herren, dass es geradezu eine mathematische Unmöglichkeit ist, den Arbeiterstand auf diesem Wege durch die Anstrengungen seiner Mitglieder als bloß isolierter Individuen zu befreien; dass nur ganz unklare unkritische Vorstellungen sich diesen Illusionen hingeben können, und dass der einzige Weg hierzu, der einzige Weg zur Aufhebung jenes grausamen, den Arbeitslohn bestimmenden Gesetzes, an welches der Arbeiterstand wie an einen Marterpfahl geschmiedet ist, die Förderung und Entwicklung der freien, individuellen Arbeiterassoziationen durch die helfende Hand des Staates ist. Die auf die rein atomistisch-isolierten Kräfte der Arbeiterindividuen gebaute Arbeiterassoziationsbewegung hat nur den Wert gehabt – und dieser Wert ist ein immenser – handgreiflich den Weg, den praktischen Weg zu zeigen, auf welchem die Befreiung vor sich gehen kann, glänzende, praktische Beweise zur Beseitigung aller wirklichen oder vorgeschützten Zweifel über die praktische Ausführbarkeit zu liefern und es eben dadurch dem Staat zur gebieterischen Pflicht zu machen, seine stützende Hand diesem höchsten Kulturinteresse der Menschheit zu leihen.

Zugleich habe ich Ihnen bereits den Beweis geliefert, dass der Staat überhaupt gar nichts anderes als die große Organisation, die große Assoziation der arbeitenden Klassen ist, und dass also die Hilfe und Förderung, durch welche der Staat jene kleineren Assoziationen ermöglichte, gar nichts anderes sein würde als die vollkommen natur- und rechtmäßige, vollkommen legitime soziale Selbsthilfe, welche die arbeitenden Klassen als große Assoziation sich selbst, ihren Mitgliedern als vereinzelten Individuen, erweisen.

Noch einmal also, die freie individuelle Assoziation der Arbeiter, aber die freie individuelle Assoziation, ermöglicht durch die stützende und fördernde Hand des Staates – das ist der einzige Weg aus der Wüste, der dem Arbeiterstand gegeben ist.

Wie aber den Staat zu dieser Intervention vermögen? Und hier wird nun sofort sonnenhell die Antwort vor Ihrer aller Augen stehen: Dies wird nur durch das allgemeine und direkte Wahlrecht möglich sein. Wenn die gesetzgebenden Körper Deutschlands aus dem allgemeinen und direkten Wahlrecht hervorgehen – dann und nur dann werden Sie den Staat bestimmen können, sich dieser seiner Pflicht zu unterziehen.

Dann wird diese Forderung in den gesetzgebenden Körpern erhoben werden, dann mögen die Grenzen und Formen und Mittel dieser Intervention durch Vernunft und Wissenschaft diskutiert werden, dann werden – verlassen Sie sich darauf! – die Männer, die Ihre Lage verstehen und Ihrer Sache hingegeben sind, mit dem blanken Stahl der Wissenschaft bewaffnet zu Ihrer Seite stehen und Ihre Interessen zu schützen wissen! Und dann werden Sie, die unbemittelten Klassen der Gesellschaft, es jedenfalls nur sich selbst und Ihren schlechten Wahlen zuzuschreiben haben, wenn und solange die Vertreter Ihrer Sache in der Minorität bleiben.

Das allgemeine und direkte Wahlrecht ist also, wie sich jetzt ergeben hat, nicht nur Ihr politisches, es ist auch Ihr soziales Grundprinzip, die Grundbedingung aller sozialen Hilfe. Es ist das einzige Mittel, um die materielle Lage des Arbeiterstandes zu verbessern.

Wie nun aber die Einführung des allgemeinen und direkten Wahlrechts bewirken?

Und hier blicken Sie auf England!

Mehr als fünf Jahre hat die große Agitation des englischen Volkes gegen die Korngesetze gedauert. Dann aber mussten sie fallen, mussten durch ein Tory-Ministerium selbst beseitigt werden! Organisieren Sie sich als ein allgemeiner deutscher Arbeiterverein zu dem Zweck einer gesetzlichen und friedlichen, aber unermüdlichen, unablässigen Agitation für die Einführung des allgemeinen und direkten Wahlrechts in allen deutschen Ländern. Von dem Augenblicke an, wo dieser Verein auch nur 100 () 000 deutsche Arbeiter umfasst, wird er bereits eine Macht sein, mit welcher jeder rechnen muss. Pflanzen Sie diesen Ruf fort in jede Werkstatt, in jedes Dorf, in jede Hütte. Mögen die städtischen Arbeiter ihre höhere Einsicht und Bildung auf die ländlichen Arbeiter überströmen lassen. Debattieren Sie, diskutieren Sie überall, täglich, unablässig, unaufhörlich, wie jene große englische Agitation gegen die Korngesetze, in friedlichen, öffentlichen Versammlungen wie in privaten Zusammenkünften, die Notwendigkeit des allgemeinen und direkten Wahlrechts. Je mehr das Echo Ihre Stimme millionenfach widerhallt, desto unwiderstehlicher wird der Druck derselben sein.

Stiften Sie Kassen, zu welchen jedes Mitglied des deutschen Arbeitervereins Beiträge zahlen muss, und zu denen Ihnen Organisationsentwürfe vorgelegt werden können.

Gründen Sie mit diesen Kassen, die trotz der Kleinheit der Beiträge eine für Agitationszwecke gewaltige finanzielle Macht bilden würden – bei einem wöchentlichen Beitrage von nur einem Silbergroschen würde bei 100 000 Mitgliedern der Verein jährlich über 16 000 Taler verwenden können – öffentliche Blätter, welche täglich dieselbe Forderung erheben und die Begründung derselben aus den sozialen Zuständen nachweisen. Verbreiten Sie mit denselben Mitteln Flugschriften zu demselben Zweck. Besolden sie aus den Mitteln dieses Vereins Agenten, welche dieselbe Einsicht in jeden Winkel des Landes tragen, das Herz eines jeden Arbeiters, eines jeden Häuslers und Ackerknechts mit demselben Ruf durchdringen. Entschädigen Sie aus den Mitteln dieses Vereins alle solche Arbeiter, welche wegen ihrer Tätigkeit für denselben Schaden und Verfolgung erlitten haben.

Wiederholen Sie täglich, unermüdlich dasselbe, wieder dasselbe, immer dasselbe! Je mehr es wiederholt wird, desto mehr greift es um sich, desto gewaltiger wächst seine Macht.

Alle Kunst praktischer Erfolge besteht darin, alle Kraft zu jeder Zeit auf einen Punkt – auf den wichtigsten Punkt zu konzentrieren und nicht nach rechts noch links zu sehen. Blicken Sie nicht nach rechts noch links, seien Sie taub für alles, was nicht allgemeines und direktes Wahlrecht heißt oder damit in Zusammenhang steht und dazu führen kann!

Wenn Sie diesen Ruf – was Ihnen binnen wenigen Jahren gelingen kann – wirklich durch die 89 bis 96 Prozent der Gesamtbevölkerung fortgepflanzt haben werden, welche, wie ich Ihnen gezeigt habe, die armen und unbemittelten Klassen der Gesellschaft bilden, dann wird man – seien Sie unbesorgt – Ihrem Wunsch nicht lange widerstehen! Man kann vonseiten der Regierungen mit der Bourgeoisie über politische Rechte schmollen und hadern. Man kann selbst Ihnen politische Rechte und somit auch das allgemeine Wahlrecht verweigern, bei der Lauheit, mit welcher politische Rechte aufgefasst werden. Aber das allgemeine Wahlrecht von 89 bis 96 Prozent der Bevölkerung als Magenfrage aufgefasst und daher auch mit der Magenwärme durch den ganzen nationalen Körper hinverbreitet – seien Sie ganz unbesorgt, meine Herren, es gibt keine Macht, die sich dem lange widersetzen würde!

Dies ist das Zeichen, das Sie aufpflanzen müssen. Dies ist das Zeichen, in dem Sie siegen werden! Es gibt kein anderes für Sie!

Mit Gruß und Handschlag

Berlin, 1. März 1863
F. Lassalle

Zur Arbeiterfrage

Rede bei der in Leipzig abgehaltenen Arbeiter-Versammlung 16. April 1863

Die zum 16. April 1863 vom Komitee zur Gründung eines Deutschen Arbeitervereins zusammenberufene Arbeiterversammlung war stärker als alle vorhergehenden Versammlungen besucht, weil Ferdinand Lassalle in derselben sprechen sollte. Es waren mehr als 4000 Personen zugegen, unter denen freilich auch einige Studenten, Kaufleute und Messfremde sich befanden. – Der mit überwiegender Majorität, durch Akklamation erwählte Vorsitzende Julius Vahlteich eröffnete die Sitzung und gab zunächst Ferdinand Lassalle das Wort. Nach der stenografischen Aufzeichnung des Dr. Karl Albrecht lautet die Rede Lassalles wie folgt:

Arbeiter! Schon seit Langem bin ich von Ihrem Komitee aufgefordert worden, nach Leipzig zu kommen, um Sie zu sehen und zu Ihnen zu sprechen. Ich habe es bisher ausgeschlagen, denn es war durchaus nicht meine Absicht, persönlich eine Agitation unter die Arbeiter zu werfen oder eine Aufregung irgendwelcher Art hier zu verbreiten. Darauf erhielt ich von dem hiesigen Komitee eine Anfrage, welche Sie kennen: – und da ich gefragt war, so war es meine Pflicht, als ehrlicher Mann zu antworten, eine Pflicht, die ich nach bestem Wissen erfüllt zu haben glaube. Nachdem Sie nunmehr der Ausführung, welche mein Antwortschreiben enthält, beigetreten sind, nachdem Sie sich zu meiner Ansicht bekannt haben, sodass also von keiner Seite gesagt werden kann, dass ich Sie durch persönliches Auftreten, durch meine Reden, durch Verführung hinzureißen versucht hätte, nun konnte ich zu Ihnen kommen und zu Ihnen sprechen. Es liegt darin dieser Unterschied: Dem Arbeiterstande, welcher die Ansichten bekennt, die ich Ihnen entwickelt habe, diesem will ich meine Intelligenz und meine Energie zur Disposition stellen, – eine gewaltsame Agitation unter den Arbeiterstand zu schleudern, falls er zu jener Einsicht noch nicht reif wäre, ist meine Absicht nicht.

Die Wut meiner Feinde, nachdem meine Antwort an das Komitee veröffentlicht worden war, ist grenzenlos gewesen.

Dass ich Ihnen, meine Herren, das ökonomische Gesetz verraten habe, welches den Arbeitslohn der arbeitenden Klassen regelt, an welches Ihre Existenz wie mit eisernen Klammern geschmiedet ist, das hat man mir nicht verziehen; es haben sich Stimmen des Unwillens gegen mich erhoben, wie im Altertum etwa gegen einen Priester, der die Geheimnisse der Ceres verraten. Wären meine Feinde Römer, sie hätten mich niedergestoßen auf offenem Markte, wie die Patrizier einst den Gracchen taten. Meine Feinde sind aber keine Römer, und so haben sie versucht, mich mit Verleumdungen niederzustoßen statt mit dem Schwerte. Es gibt keine Beschimpfung, die gegen mich nicht geschleudert worden ist, seitdem ich Ihnen meine Antwort zugehen ließ. Ein Berliner Blatt, die

»Tribüne«, erklärt mein Auftreten auf folgende Weise: Ich bin, wie Sie wissen, vor Kurzem wegen meines Arbeiterprogramms zu 4 Monaten Gefängnis verurteilt worden; daraufhin sagt nun jenes liberale Blatt, ich hätte in meinem »Antwortschreiben« eine Apostasie begangen, hätte mich mit der Regierung vertragen, um während jener Haft eine mildere Behandlung zu erlangen.

Das ist empörend, wenn Sie es solchergestalt auffassen: Jene 4 Monate Haft, deren ich mich nicht rühmen will, sind eine Wunde, die ich in Ihrem Dienste empfangen habe, und aus dieser Wunde selbst sucht man ein Gift gegen mich zu gewinnen. Ein anderes, angeblich radikales Blatt, die »Reform« erklärte, ich sei Renegat geworden, sei da angelangt, wo Bruno Bauer hingekommen. Vonseiten der Bourgeoisie war ich allerdings auf solch eine Begegnung gefasst; ich wusste, dass, wer sich für Sie, die Arbeiter, erhebt, den Giftbecher der Verleumdung bis zur Neige leeren muss. Was mich aber einigermaßen überrascht hat, was mir den Schmerz einer Sekunde verursacht hat, war, dieselbe Beschimpfung im Munde von Arbeitern, wenn es auch nur ganz vereinzelte waren, zu finden. Sie erinnern sich, meine Herren, der von dem Arbeiterverein in Nürnberg unterzeichneten Erklärung, in welcher ich als gedungenes Werkzeug der Reaktion bezeichnet wurde, ich, ein Mann, der 2 Jahre im Gefängnis gesessen, der 3 Kriminalprozesse durchgemacht hat, und welcher, was selbst seine Feinde gestehen, während 15 Jahren in allen seinen Konflikten mit der Regierung stets eine durchaus stolze, ja schroffe revolutionäre Attitüde festgehalten hat, eine viel stolzere und prinzipiellere, als die ganze Fortschrittspartei, die mich jetzt verleumdet.

Es geht mir deshalb nicht bei, alle Glieder der Fortschrittspartei der Verleumdung zu beschuldigen, ich habe in dieser Partei selbst liebe Freunde, aber von der Presse, welche für sie arbeitet und ihr dient, von ihr sind diese Beschimpfungen ausgegangen. Diese Beschimpfungen trafen mich aus dem Grunde, weil ich Ihnen, den Arbeitern, geantwortet hatte. Als ich hierherkam, war es meine Absicht, alles, was in sachlicher Weise gegen meine Ansicht eingewendet worden ist, zusammenzufassen, es zu beleuchten und zu widerlegen; ich kann diese Absicht aber wegen meines heutigen körperlichen Zustandes nicht erfüllen und muss mich auf das Hauptsächlichste beschränken.

Sie erinnern sich, dass kurz nach dem Beschlusse Ihrer Versammlung vom 24. März eine andere Versammlung in dieser Stadt abgehalten worden ist, in welcher ein Herr Dr. Max Wirth die Kühnheit hatte, zu behaupten, dass das ökonomische Gesetz des Arbeitslohnes, wie ich es Ihnen mitgeteilt habe, nicht wahr sei, er nannte es einen überwundenen, längst widerlegten Standpunkt. Ich hatte dieses Gesetz so formuliert:

»Das eherne ökonomische Gesetz, welches unter den heutigen Verhältnissen, unter der Herrschaft von Angebot und Nachfrage nach Arbeit, den Arbeitslohn bestimmt, ist dieses: dass der durchschnittliche Arbeitslohn immer auf den notwendigen Lebensunterhalt reduziert bleibt, der in einem Volke gewohnheitsmäßig zur Fristung der Existenz und zur Fortpflanzung erforderlich ist.«

Ebenso hatte ich die Gründe entwickelt, welche es notwendig machen, dass dieses Gesetz herrsche. Vermehrt sich nämlich das nationale Kapital, steht der Lohn höher, als es nach dem oben angegebenen nötig ist, so vermehrt sich die Arbeiterzahl durch Vergrößerung der Zahl der Ehen und der Arbeiterkinder. Indem nun das Angebot von Händen steigt, drückt es infolge der freien Konkurrenz den Lohn wieder so weit herunter, dass eben nur das zur Fristung des Lebens Nötige verbleibt. Manchmal fällt der Lohn wohl auch auf eine kurze Zeit noch tiefer, dann mindert sich die Zahl der Arbeiter, die Nachfrage nach denselben übersteigt das Angebot, und so steigt der Lohn wieder zu seiner normalen Höhe. Alles, was ich Ihnen hierüber schriftlich gesagt habe, ist nur eine streng konsequent entwickelte Folge aus diesem ehernen Gesetze. Da kommt nun Dr. Wirth und sagt, dies Gesetz, welches ich als einstimmig anerkannt bezeichnet habe, sei erlogen, sei längst widerlegt, und ich hätte Sie damit getäuscht! Sie werden an sich überzeugt sein, dass ich keine unwahre Behauptung aufgestellt habe, indes ist die Sache zu wichtig, als dass ich nicht darauf eingehen sollte, meine Angabe weiter zu belegen. Man soll nicht sagen, dass ich ein in verba magistri jurare, einen blinden Glauben an des Lehrers Worte von Ihnen verlange. Und da man bestreitet, dass dieses Gesetz von der Wissenschaft anerkannt sei, so muss ich Ihnen die nötigen Belege beibringen. Hören Sie, was Say, der Chef der französischen Bourgeois-Ökonomie, sagt:

Say (»Cours complet d'économie politique«, V. part, ch. X, p. 333, éd. Brux.) sagt von dem Lohn der ordinären Arbeit Folgendes: »Das Angebot dieser Arbeit wächst mit der Nachfrage nach derselben. Die Nachfrage kann den Arbeitslohn ein wenig, aber sehr wenig, über die Höhe bringen, welche notwendig ist, damit die Arbeiterfamilien existieren und sich fortpflanzen können; das heißt über die Höhe, welche notwendig ist, damit jede Arbeiterfamilie genug Kinder aufziehen kann, um Vater und Mutter zu ersetzen. Wenn der Arbeitslohn nur ein wenig über diesen Stand hinausgeht, so vermehren sich die Arbeiterkinder, und das größere Arbeitsangebot gleicht sehr bald die gestiegene Nachfrage aus.

Wenn im Gegenteil, die Nachfrage nach Arbeitern zurückbleibt hinter der Anzahl von Leuten, die sich zur Arbeit anbieten, so fallen ihre Einnahmen unter den Punkt, welcher notwendig ist, damit diese Klasse sich in gleicher Zahl erhalten kann. Die Familien, welche am meisten von Kindern und Krankheiten gedrückt sind, gehen zugrunde; infolge dessen fällt nun das Arbeitsangebot und indem jetzt weniger Arbeit angeboten wird, steigt ihr Preis. Man ersieht hieraus, dass es schwer ist, dass der Preis der einfachen Handarbeit lange über oder unter dem Standpunkte bleibt, welcher notwendig ist, um die Arbeiterklasse in der Anzahl zu erhalten, deren man benötigt ist, woraus sich nur die Schlussfolgerung ergibt, dass die Einnahmen des einfachen Handarbeiters nicht das Maß dessen übersteigen, was notwendig ist, um die Existenz seiner Familie aufrechtzuerhalten.«

Also genau diesen Tanz, bald etwas über, bald etwas unter dem äußersten Rande, den ich Ihnen geschildert habe. Oder vernehmen Sie den großen englischen National-Ökonomen Ricardo (Kap. 5,.»Über den Arbeitslohn«):

»Die Arbeit, ebenso gut wie alle Sachen, die man kaufen und verkaufen kann und deren Quantität vermehrt oder vermindert werden kann, hat einen natürlichen Preis und einen Tagespreis. Der natürliche Preis der Arbeit ist derjenige, welcher den Arbeitern im Allgemeinen die Mittel liefert, zu existieren und ihre race ohne Vermehrung oder Verminderung fortpflanzen zu können.« Er zeigt nun, dass der Tagespreis, wie ich Euch dies gesagt, sich in den Schwankungen um diesen natürlichen Preis bewegt, die ich Euch auseinandergesetzt. »Wenn«, sagt er, »die Zahl der Arbeiter vermehrt wird durch eine vom Steigen der Löhne ermutigte Vermehrung der Bevölkerung, so sinken die Löhne von Neuem auf ihren natürlichen Preis, und manchmal ist die Wirkung der Reaktion so groß, dass sie noch tiefer fallen.«

Ich muss mit meinen Zitaten noch fortfahren; das ist freilich nicht amüsant, ich bin aber auch nicht hierher gekommen, um Sie zu amüsieren, sondern um Ihnen von Dingen zu sprechen, die Sie nahe angehen und Ihren ganzen Ernst erfordern. Herr Wirth hat die unerhörte Kühnheit gehabt, sich auf Adam Smith und John Stuart Mill gegen dieses Gesetz zu berufen. Hören wir also, was Smith sagt (»Grundsätze« I. T., 1. Buch, 8. Kap., p.162, éd. Garn.):

»Wenn die Nachfrage nach Arbeitern beständig wächst, so muss der Arbeitslohn notwendig einen solchen Antrieb zur Verheiratung und zur Vervielfältigung der Arbeiterzahl geben, dass sie imstande sind, dieser immer wachsenden Nachfrage durch ein gleichfalls stets wachsendes Angebot zu entsprechen. Nimmt man an, dass in einer Zeit der Arbeitslohn nicht so groß ist, als notwendig, um diese Wirkung hervorzubringen, so wird der Mangel an Arbeitern ihn bald steigen machen; und nimmt man an, dass in einer andern Zeit der Arbeitslohn größer ist, als für diese Wirkung erforderlich ist, so wird die übermäßige Vermehrung von Arbeitern ihn bald auf diese notwendige Höhe zurücksinken machen.«

Oder hören Sie John Stuart Mill, auf den sich Herr Wirth zu berufen die Kühnheit hatte: »Ricardo«, - sagt John Stuart Mill (II. Buch, 11. Kap., § 2) - »nimmt an, dass es überall einen Minimumumsatz für den Arbeitslohn gebe, entweder den niedrigsten, bei dem es physisch möglich ist, die Bevölkerung zu erhalten, oder den niedrigsten, bei dem ein Volk sich entschließt, dies zu tun. Er nimmt an, dass der allgemeine Satz des Arbeitslohns sich stets nach diesem Minimum hinneigt, dass er niemals niedriger sein kann über die Länge der Zeit hinaus, die erforderlich ist, damit die geringere Bevölkerungszunahme sich fühlbar mache, und dass er nie sich lange hochhalten kann. Diese Annahme enthält

Wahrheit genug, um sie für die Zwecke der abstrakten Wissenschaft zulässig erscheinen zu lassen, und der Schluss, den Ricardo daraus zieht, nämlich, dass der Arbeitslohn auf die Länge mit dem beständigen Preise der Lebensmittel steigt und fällt, ist, wie alle seine Schlussfolgerungen, vom hypothetischen Standpunkt aus wahr, das heißt wenn man die Voraussetzungen, von denen er ausgeht, zugibt. Bei der Anwendung auf die wirklichen Verhältnisse muss man indes erwägen, dass das Minimum, von dem Ricardo spricht, insbesondere wenn es nicht ein physisches, sondern sozusagen ein moralisches Minimum ist, selbst wieder bedeutende Verschiedenheit zulässt« (– dies ist es gerade, worauf ich Sie so nachdrücklich aufmerksam machte; p. 16 und 18ff. meiner Broschüre. Der Arbeitslohn sei das unter einem Volke gewohnheitsmäßig übliche Minimum. Dies ändere sich nicht, dass Sie stets auf dem äußersten Rande etc. Aber dieser äußerste Rand selbst könne in verschiedenen Zeiten und Völkern ein verschiedener sein). »Wenn der Arbeitslohn vorher so hoch war« – fährt Mill fort – »dass er eine Ermäßigung ertragen konnte, welche aber durch ein hohes Maß der Lebensansprüche der Arbeiter gehindert wurde, so kann eine Preiserhöhung der Lebensmittel oder eine andere ungünstige Veränderung in ihren Umständen auf zweierlei Weise wirksam sein. Es kann eine Ausgleichung erfolgen durch ein Steigen des Arbeitslohnes, herbeigeführt durch eine allmähliche Einwirkung auf eine vorsichtige Beschränkung der Bevölkerungszunahmen – oder der Maßstab für die Lebensweise der arbeitenden Klasse kann auf die Dauer niedriger werden, falls ihre frühere Gewohnheit in Bezug auf die Volksvermehrung sich als stärker ausweisen sollte, als ihre frühere Gewohnheit hinsichtlich der Lebensannehmlichkeit. Im letzteren Falle wird ihre Benachteiligung von Dauer sein, und ihre verschlimmerte Lage wird ein neues Minimum werden, mit der Tendenz, ebenso wie das frühere Minimum getan, fortzubestehen: Es ist leider anzunehmen, dass von den beiden Arten, wie die Sachen sich gestalten, die letztere bei Weitem die häufigere ist, oder jedenfalls doch hinlänglich oft vorkommt, um allen Sätzen, die jedem Unglück, welches die arbeitenden Klassen trifft, eine selbstheilende Kraft zuschreiben, die praktische Bedeutung zu nehmen. Es liegen gewichtige Nachweise vor, dass die Lage der landwirtschaftlichen Arbeiter in England mehr als einmal im Laufe der Geschichte große und dauernde Verschlimmerung erfahren hat, aus Ursachen, die durch Verminderung der Nachfrage nach Arbeit wirkten, und die nur einen vorübergehenden Einfluss hätten äußern können, wenn die Bevölkerung ihre Macht der Selbstregulierung in Gemäßheit des früheren Maßstabes der Lebensannehmlichkeit ausgeübt hätte. Unglücklicherweise hat die Armut, worin die arbeitende Klasse während einer langen Reihe von Jahren versunken war, diesen frühern Maßstab verloren gehen lassen, und die nächste Generation, die aufwächst, ohne die frühere Lebensannehmlichkeit besessen zu haben, vermehrte sich nun ihrerseits, ohne dahin zu streben, sich dieselbe wieder zu verschaffen.«

Sie sehen also, John Stuart Mill sagt genau dasselbe, was ich, ja er geht noch weiter als Ricardo. Er nimmt an – entgegengesetzt zu Bastiat und seinen Nachbetern Schulze und Faucher.

Meine Herren, wäre Herr Schulze hier, er würde Ihnen selbst sagen, dass er ein unbedingter Anhänger von Bastiat ist. – Ich sagte, Sie sehen, dass Mill noch weitergeht; er nimmt an, dass in den häufigsten Fällen das Minimum der Existenzbedürfnisse, die der Arbeitslohn darstellt, dass der in einem Volke gewohnheitsmäßig übliche, notwendige Lebensunterhalt häufiger fällt als steigt, dass er im Lauf der Zeiten nach unten gedrückt wird, weil selbst die vorübergehenden Verschlechterungen, da die Arbeiter das Kindererzeugen nicht aufgeben, die Tendenz haben, zu dauernden Verringerungen der üblichen Lebensnotdurft zu führen.

Er fährt nun fort: »Der entgegengesetzte Fall tritt ein, wenn durch Verbesserungen in der Landwirtschaft, Aufhebung von Korngesetzen und ähnliche Ursachen der Lebensbedarf des Arbeiters wohlfeiler und dieser in den Stand gesetzt wird, mit dem nämlichen Arbeitslohn mehr Lebensannehmlichkeiten sich zu verschaffen als vorher. Der Arbeitslohn wird nicht unmittelbar darauf fallen; es ist sogar möglich, dass er steigen wird. Schließlich jedoch wird der Arbeitslohn so weit fallen, dass die Arbeiter nicht besser daran sein werden als vorher, wofern sich nicht während dieser Zwischenzeit des Gedeihens der Maßstab der von dieser Klasse als unentbehrlich angesehenen Lebensannehmlichkeit für die Dauer erhöhet hat. Leider kann auf einen solchen wohltätigen Einfluss durchaus nicht gerechnet werden. Es ist eine viel schwierigere Sache, die Lebensansprüche, welche die Arbeiter für unentbehrlicher ansahen, als Heiraten und Familien zu haben, zu erhöhen, als solche niedriger zu stellen. Wenn die arbeitende Klasse sich begnügt, die größere Lebensannehmlichkeit zu genießen, solange sie dauert, aber nicht lernt, sie für ein Bedürfnis anzusehen, so wird sie sich durch Bevölkerungsvermehrung zu ihrer frühern Lebensweise wieder hinabbringen. Wenn ihre Kinder früher aus Armut ungenügend ernährt und verwahrlost wurden, so wird nun eine größere Zahl derselben aufgezogen werden, deren Konkurrenz, wenn sie erwachsen sind, den Arbeitslohn herabdrücken muss, vermutlich im vollen Verhältnis zu der größern Wohlfeilheit der Lebensmittel. Wenn diese Wirkung nicht auf solche Weise hervorgebracht wird, so geschieht dies durch frühzeitigeres und zahlreicheres Heiraten oder durch eine größere Zahl Geburten nach der Heirat. Alle Erfahrung stimmt darin überein, dass in Jahren mit wohlfeilen Kornpreisen bei reichlicher Beschäftigung in der Zahl der Heiraten eine bedeutende Zunahme unabänderlich stattfindet. Ich kann daher der Wichtigkeit, welche man der Aufhebung der Korngesetze, lediglich als eine Arbeiterfrage betrachtet, beigelegt hat, nicht beistimmen, noch auch irgendeinem jener Projekte, wie solche in allen Zeiten vorkommen, um die Lage der Arbeiter ganz wenig besser zu stellen. Dinge, welche diese Lage nur ganz wenig berühren, machen keinen bleibenden Eindruck auf Gewohnheiten und Ansprüche der Arbeiter, und sie sinken bald in ihren früheren Zustand zurück. Um bleibenden Nutzen zu stiften, muss die vorübergehende Ursache, die auf sie einwirkt, ausreichen, um eine bedeutende Veränderung in ihrer Lage zuwege zu bringen – eine solche Veränderung, die viele Jahre hindurch empfunden wird, ungeachtet des Antriebs, den sie während einer Generation dem Bevölkerungsanwachs gibt. Wenn die Verbesserung diesen merkwürdigen Charakter hat und eine Generation aufwächst, welche immer an einen höheren Maßstab der Lebensannehmlichkeit gewohnt gewesen, so bildet sich die Gewohnheit dieser neuen Generation in Bezug auf Bevölkerungszunahme aufgrund eines höheren Minimums, und die Verbesserung der Lage der Arbeiter ist von Dauer.« Der bemerkenswerteste Fall dieser Art, sagt John Stuart Mill nun weiter, sei die Französische Revolution gewesen. Denn durch diese habe sich ganz plötzlich eine Verbesserung eingestellt, welche die obwohl mit beispielloser Raschheit vor sich gehende Bevölkerungszunahme noch überwogen habe. – Sie sehen also, dass John Stuart Mill ganz dasselbe sagt, was ich hierüber in meiner Broschüre p. 18 und früher sage.

Urteilen Sie hiernach, welche Stirn dazugehört, sich auf Mill gegen mich zu berufen.

Ebenso wenig hat Bastiat etwas gesagt, was geeignet wäre, jenes Gesetz des Arbeitslohns zu widerlegen. Herr Wirth beruft sich auf den Ausspruch desselben, dass mit Entwicklung der Industrie und der Gesamtproduktion auch der proportionelle Anteil der Arbeit daran wachse. Diese Behauptung teilt kein anderer Ökonom, sie ist unwahr, aber nicht einmal sie enthält etwas, was dem Gesetze des Arbeitslohnes notwendig widerspräche. Selbst einmal angenommen, dass im Laufe der Jahrhunderte der Anteil der Arbeit steige, so wäre damit noch keineswegs gesagt, dass auch der Lohn derselben steigt. Dieser kann stehen bleiben oder sogar fallen, und das hängt lediglich davon ab, ob sich nicht die Zahl der Arbeiter in einem noch stärkeren Grade als der Anteil der Arbeit an der Gesamtproduktion vermehrt. Andere Gründe gegen Bastiat würden zu einem längeren Eingehen nötigen, und ich will daher jetzt auf sie verzichten, der Gegenbeweis ist aber in einer ganz leichten und äußerlichen Weise zu führen, nämlich durch die anerkannten Männer der Wissenschaft, die nach Bastiat geschrieben haben. Zu diesen gehört Mill, den ich schon angeführt habe, der noch lebt, während Bastiat lange gestorben ist. Lassen Sie mich aber noch die Meinung der bedeutendsten neuesten Ökonomen vorführen, und zwar aus deren Kompendien, die eben nur das absolut Anerkannte enthalten. Hören Sie Prof. Rau in Heidelberg, den Verfasser des gelesensten Kompendiums, das, ich weiß nicht, in wie viel Auflagen erschienen ist; er sagt in § 190 seiner »Grundsätze der Volkswirtschaftslehre«:

»Die Kosten, welche dem Arbeiter im Lohne erstattet werden müssen, bestehen bei einfachen kunstlosen Verrichtungen nur aus dem Unterhaltsbedarfe, bei künstlichen aber kommt noch der zur Erlangung der erforderlichen Geschicklichkeit vorgenommene Güteraufwand hinzu.«

»Der Unterhaltsbedarf muss nicht bloß auf die Dauer der Arbeit, sondern auch auf die Jahre der Kindheit und Jugend bezogen werden, in welchen der künftige Arbeiter noch nichts erwerben kann, und überhaupt muss der Lohn der Arbeiter zu dem Unterhalt ihrer Familien hinreichen. Wäre das Lohneinkommen dafür zu gering, so würde die arbeitende Klasse minder zahlreich werden, und es würde an Arbeitern zu fehlen anfangen, bis das verringerte Angebot von Arbeit den Lohn wieder in die Höhe brächte. Dies gilt wenigstens von der gemeinen Lohnarbeit, welche nur die spärlichste Vergütung erhält, und von der mittleren Zahl von Mitgliedern einer Familie. In den künstlicheren Arbeitszweigen kann es geschehen, dass nach der dabei herkömmlichen Lebensweise der Lohn bloß für einen einzelnen Arbeiter ohne Familie ausreicht und dennoch durch Zudrang aus den vielen Klassen die Zahl der Arbeiter unvermindert bleibt.«

An hiesiger Universität doziert Prof. Roscher, er ist Bourgeois-Ökonom, aber ein schwergelehrter Mann. Was sagt dieser über die betreffenden Gesetze? Es heißt in seinem »System der Volkswirtschaft« (1858, § 161 p. 308):

»Das Wort Produktionskosten, welche das fortwährende Ausgebot der Arbeit bedingen, umfasst die herkömmlichen Lebensbedürfnisse nicht bloß der wirklichen Arbeiter, sondern auch ihrer Familien, das heißt also des heranwachsenden Arbeitergeschlechts. Wie groß die Anzahl des letzteren sein müsse, hängt wesentlich von der Arbeitsnachfrage ab. Ist diese zum Beispiel so stark, dass nur die Erziehung von durchschnittlich 6 Kindern pro Familie sie befriedigen kann, so muss der Lohn außer dem Unterhalt des Arbeiters selbst auch noch die Erziehungskosten von 6 Kindern zu decken vermögen. Wo es üblich wird, dass Weib und Kind für Lohn arbeiten, da braucht der Vater nicht mehr den ganzen Unterhalt der Familie selbst zu erwerben, es kann also der individuelle Arbeitslohn geringer ausfallen. Sollte er jedoch unter die obenerwähnte Kostenhöhe sinken, so würde gar bald durch vermehrte Sterblichkeit und Auswanderung, verminderte Ehen- und Geburtenzahl eine Verringerung des Angebotes erfolgen, die bei unveränderter Nachfrage den Lohn wieder steigern müsste. – Auch umgekehrt wird sich ein Stand des Arbeitslohnes hoch über jenem Kostenbetrage um so schwerer lange behaupten können, je allgemeiner die Befriedigung des Geschlechtstriebes für den größten sinnlichen Genuss und die Liebe der Eltern zu den Kindern für die natürlichste menschliche Pflicht gelten. ›Wo eine starke Nachfrage nach Menschen ist, da wird sich regelmäßig auch ein starkes Angebot einstellen.‹ (Adam Smith)«

Sie sehen, meine Herren, welche Einstimmigkeit bei all diesen Autoritäten herrscht, Sie sehen, welch unerhörte Stirn dazu nötig war, ein so anerkanntes Gesetz als unwahr zu bezeichnen, und sich dabei auch noch gerade auf Adam Smith und Mill zu berufen, welche es selbst nachgewiesen haben. Auf solche

Weise diskutiert man keine große Sache! Eine Sache, zu deren Verteidigung solche Lügen aufgewendet werden müssen, schadet sich selbst und legt Zeugnis ab von ihrer inneren Schwäche.

Es war meine Absicht, meine Herren, heut aus den sämtlichen Einwendungen, die man gegen mich vorgebracht hat, einen Heringssalat zu machen, dann hätte ich Ihnen aber freilich eine Speise vorgesetzt, die Sie 3 Stunden lang festgehalten hätte; ich meinerseits hätte jedoch kein Mitleid mit Ihnen gehabt, aber mein Gesundheitszustand macht mir's unmöglich, heut auf alles einzugehen, und ich muss eine Teilung eintreten lassen. Fast alle Einwürfe bestehen entweder in absichtlichen Entstellungen oder in wirklichen, aufrichtigen Missverständnissen, von denen ich jedoch nicht begreife, wie sie bei der großen Deutlichkeit meiner Schrift entstehen konnten. So ruft Herr Schulze-Delitzsch in seinem Vortrage aus: »Wie will Lassalle denn alle in seine Assoziationen hineinbekommen, da er ja doch keinen Zwang anwenden will?« Meine Herren, das will ich gar nicht! Ich mag niemand gegen seinen Willen hinein haben; wer nicht will, bleibt eben fort: volenti non fit injuria! Dem, der will, geschieht kein Unrecht: Wem's mehr Spaß macht, für Rechnung eines Fabrikanten zu arbeiten als für seine eigene, der kann's ja haben. Des Menschen Wille ist sein Himmelreich. Die Frage des Herrn Schulze beruht also auf irriger Auffassung.

Es soll niemand gezwungen werden, es soll Ihnen nur die Möglichkeit gegeben werden, Ihre Kräfte für eigne Rechnung zu verwerten. Diese Möglichkeit wird Ihnen eben durch von Ihnen gestiftete Assoziationen gegeben, die aber des Staatskredits schlechterdings bedürfen.

Man hat ferner, und das sieht keinem Missverständnisse ähnlich, sondern einer absichtlichen Entstellung, – man hat gesagt, und besonders hat es Herr Faucher hier getan, das, was ich entwickelt habe, sei mit den französischen Nationalwerkstätten in den ersten Jahren der Französischen Republik identisch. Ich bin überzeugt, dass man da auf Ihre Unbekanntschaft mit der Sache spekuliert hat; diese Werkstätten waren nämlich derart eingerichtet, dass unproduktive Beschäftigung in ihnen getrieben wurde. Sie waren nur dazu bestimmt, das durch die Revolution arbeitslos gewordene Proletariat überhaupt irgendwie zu beschäftigen und zu ernähren, und gerade weil man glaubte, man dürfe der Privatindustrie keine Konkurrenz machen, so ließ man unproduktive Arbeiten verrichten, zum Beispiel Erdarbeiten; sie waren überdies nicht von den Sozialisten, sondern grade gegen diese errichtet. Wie kommt man also dazu diese Werkstätten mit meinem Plane zusammenzustellen? Man glaubt es eben wagen zu dürfen, weil die Sache nicht allgemein bekannt ist; sie ist jedoch aktenmäßig festgestellt. Und weiter frage ich – ist denn hier die Rede von einer vom Staate ausgehenden Organisation der Arbeit, von einem Staatsatelier? Wer hier missversteht, will nicht verstehen. Ich habe ja vielfach hervorgehoben, dass ich die individuelle freiwillige Assoziation will, ich will sie sogar gerade so wie Schulze, so wie sie in England bestehen, in Rochedale, Lancashire, Paris; nur sollen dieselben, um überhaupt entstehen zu können, das erforderliche Kapital durch eine Kreditoperation des Staates erhalten. Der Staat soll ihnen durch eine Kreditoperation entgegenkommen, er soll sie aber nicht »organisieren«, nicht selber Arbeit auf Staatskosten und für seine Rechnung, als Unternehmer, treiben, er soll vielmehr die Arbeiter durch seinen Kredit in den Stand setzen, sich selbst zu organisieren und für ihre Rechnung zu arbeiten. Ich habe auch nicht davon gesprochen, eine große Organisation zu machen, die man dann allerdings leicht als Staatsanstalt hätte verstehen können. Ich spreche vielmehr überall von besonderen Kreisen, die unter sich durch »Kredit- und Assekuranzverbände« verknüpft sind. Und wenn ich dies aussprach, so setzt das doch notwendig voraus, dass es besondere selbstständige Gesellschaften gegeneinander sind, nicht aber eine einzige, den ganzen Staat umfassende Assoziation. Sonst könnten sie, wenn es eine Gesellschaft wäre, ja nicht durch Kredit- und Assekuranzverbände untereinander verbunden sein! Ich kann also mit gutem Recht fragen, ob dieses ein aufrichtiges Missverständnis war oder ein erheucheltes.

Auf andere Dinge werde ich in dem nächsten Vortrage zurückkommen, den ich Ihnen vielleicht heute über 6 Wochen zu halten gedenke. Was ich heute vor allem auseinandersetzen will, ist die Haupteinwendung, welche allen Angriffen gegen die soziale Seite meiner Broschüre zugrunde liegt. Schulze und die ganze liberale Schule haben nämlich in allen Tonarten die Melodie angestimmt und das Geschrei losgelassen: »Der Staat darf sich nicht in die Verkehrsverhältnisse mischen.« Meine Herren, dieses Geschrei ist bereits ein sehr altes, es existiert seit mehr als 50 Jahren schon; diese Parole ist gegenwärtig so weit verbreitet wie kaum eine andere, und dennoch gibt es keine unintelligentere, falschere, stupidere Parole als diese! Ausgegangen ist sie besonders von den Manchestermännern und wollte ich Ihnen nur sagen, wofür dieses Prinzip schon herhalten musste, so würde die bloße Aufzählung dieser Fälle Sie schon bestimmen, mit dieser Parole zu brechen. Als man die Zehnstundenbill in England einführen wollte, durch welche man für die Arbeiter unter 18 Jahren eine gewisse Anzahl von Arbeitsstunden als Maximum festsetzen wollte; als man eine Altersgrenze zu ziehen beabsichtigte, unter welcher die Kinder nicht in Fabriken arbeiten sollten; als man den Schulzwang einzuführen begann, nach welchem alle in Fabriken beschäftigten Kinder die Sonntagsschule besuchen mussten: – da schrien alle englischen Fabrikanten: Staatsintervention! Der Staat darf sich nicht einmischen! Der englische Arbeiter ist aber bei diesen Fragen stets mit denen gegangen, die sogar gegen ihn Zwang richten wollten, wie er zum Beispiel in dem oben erwähnten Falle gezwungen wird, seine Kinder, wenn sie Aufnahme in den Fabriken finden sollen, in die Schule zu schicken. Der Arbeiter hat eingesehen, dass diese Art von Freiheit sein Ruin ist!

Solche Maßregeln zu erreichen, war auch in England immer nur gegen das Geschrei der Liberalen, war nur durch Hilfe der Tories, zum Beispiel Lord Ashley und andere, möglich. Selbst die Zwölfstundenbill von 1843 ist unter einem Tory-Ministerium durchgegangen (Graham's Bill). Ich kann mich hier mit diesen flüchtigen Andeutungen begnügen, weil Sie nächstens von andrer Seite einen ausführlichen Vortrag über diesen Gegenstand hören werden. Herr Schulze sagt, und alle Anhänger der Manchester-Schule sagen mit ihm: »Die Gesetze, welche den Arbeitslohn regeln, sind Naturgesetze, gegen welche der Staat nicht ankämpfen darf.« In welchem Sinne kann man aber hier von Naturgesetzen sprechen? Ein Naturgesetz waltet mit Notwendigkeit, man kann es nicht aufheben; man kann aber auch seine Bedingungen nicht ändern. Das Gesetz des Arbeitslohnes waltet unter den heutigen Verhältnissen freilich mit eben solcher Notwendigkeit wie ein Naturgesetz; wir können aber seine Bedingungen aufheben, und dann ist auch das Gesetz geändert, folglich ist es kein »Naturgesetz«. Es beruht eben auf folgenden Bedingungen: Wenn der Staat als Prinzip betrachtet, dass er in keiner Weise in die geschäftlichen Verhältnisse und die Verhältnisse des Verkehrs eingreifen darf; wenn die Produktion nur auf Rechnung von Privatunternehmern betrieben wird, und wenn die freie Konkurrenz obwaltet, so ist es allerdings so notwendig wie ein Naturgesetz und schlechthin nicht zu beseitigen. Heben wir aber eine dieser Bedingungen auf, so fällt auch dieses angebliche Naturgesetz. Heben Sie zum Beispiel die Voraussetzung auf, dass die Produktion notwendig für Privatunternehmer vor sich geht, und assoziieren Sie die Arbeiter, so fällt jenes Gesetz weg. Daher eben stammt der Hass aller Manchester-Männer gegen den Staat, weil dieser der einzige Punkt ist, von dem aus man diese Verhältnisse ändern kann. Daher hassen sie nicht diesen oder jenen Staat, nicht diese oder jene Staatsform, sondern den Staat überhaupt, und wenn sie könnten, so würden sie, wie sie es hin und wieder ausgesprochen haben, gern den Staat aufheben und ihn untergehn lassen in die Gesellschaft, damit gar kein Punkt übrig sei, von welchem aus gegen ihre kapitalbewaffnete Ausbeutungssucht irgendein Schutz nur erdenklich sei. Darum verschreien sie den Staat als das Prinzip alles Bösen, ein Geschrei, dem gewisse heutige Verhältnisse einen gewissen Schein verleihen! Bewahren Sie sich vor diesem Irrtum, der für unsere ganze Entwicklung verhängnisvoll würde, wenn nicht durch bessere Unterrichtung der öffentlichen Meinung dem entgegengetreten wird. Ich habe schon in meinem »Arbeiterprogramm« gesagt: »Der Zweck des Staates ist nicht der, dem Einzelnen die persönliche Freiheit und sein Eigentum zu schützen, wie die Idee der Bourgeoisie ist, sondern vielmehr der, durch seine Vereinigung die einzelnen in den Stand zu setzen, eine solche Stufe des Daseins zu erreichen, die sie als Einzelne nie erreichen könnten, eine Summe von Macht und Freiheit zu erlangen, die sie einzeln nie erlangen könnten.« Dies ist das große zivilisatorische Prinzip des Staats, und trotz aller jetzigen Verkennung seines Berufs wird dies für alle Ewigkeit die Bestimmung des Staats bleiben.

Ich hatte zum Beweis dafür, dass man sich selbst in England, wo jener Irrtum ganz besonders akkreditiert ist, diesem wahrhaften Naturgesetz nicht entziehen kann, dass vom Staate die größten zivilisatorischen Schritte ausgehen müssen, mich auf die Abschaffung der Sklaverei in den Kolonien bezogen, für welche der Staat nicht weniger als 20 Millionen Pfund Sterling (130 Millionen Taler) verwendet hat. Herr Schulze-Delitzsch missversteht das und erwidert mir: Ja, das war in der Ordnung, die Sklaven waren ein Eigentum, daher musste man die Besitzer derselben entschädigen. Herr Schulze tut, als hätte ich jene Maßregel als eine unrichtige bezeichnet, was doch durchaus nicht der Fall ist. Ich meinerseits führte sie vielmehr nur an, um zu zeigen, wie haltlos das Prinzip der Nichtintervention des Staates sei, und wie selbst in England der Staat bei wirklich großen Fortschritten intervenieren müsse. Allerdings, wohl waren die Sklaven Eigentum; wenn Sie, meine Herren, das nicht sind, so ist doch immerhin etwas von Ihnen Eigentum anderer, so gut wie bei der Sklaverei; das ist nämlich: die Möglichkeit, für sich selbst zu arbeiten, das Produkt und das steigende Produkt Ihrer eigenen Produktivität für die eigenen Taschen erwerben zu können. Sie müssen heute arbeiten für diejenigen, die Ihnen die Unterlage, den Arbeitsvorschuss, das Substrat der Arbeit geben; aus diesem Verhältnis folgt eben jenes Gesetz, das ich Ihnen über den Arbeitslohn entwickelt habe. Bei der Teilung, welche der Unternehmer macht, und die er auch gar nicht ändern kann, übergibt er Ihnen eben das Notwendige, für sich aber behält er den ganzen Überschuss. Nehmen Sie an, dieser Überschuss steige noch so hoch über Ihre Lebensbedürfnisse hinaus gleichviel, er wandert immer in die Tasche dessen, der den Vorschuss gibt. Und so ist Ihre Fähigkeit, durch Ihre Arbeitskraft mehr hervorzubringen, als zu Ihrer Existenzfristung gehört, allerdings ein Eigentum anderer. Dies Eigentum ist aber aufgehoben und abgelöst, sobald der Staat es Ihnen möglich macht, sich zu assoziieren und für eigene Rechnung zu arbeiten.

Meine Herren! Die Ansichten, welche ich vertrete, greifen in der Wissenschaft mehr und mehr um sich, alle Tage geschehen Zeichen, die man wohl als eine signatura temporis betrachten darf. Vor 4 Tagen erhielt ich das »Jahrbuch für nationale Ökonomie und Statistik« von Prof. Hildebrandt in Jena. Dieser Mann entwickelt genau dieselbe Theorie, und zwar von folgender Seite. Man hat gesagt: Der Kontrakt zwischen Arbeitgebern und Arbeitnehmern sei frei; das sei aber nicht wahr, die Arbeiter seien durch Not und Hunger genötigt, diesen Kontrakt abzuschließen. Meine Herren! Das ist nicht neu, der Unterschied ist nur der, dass es früher nur die französischen Revolutionäre gesagt haben und jetzt die deutschen Professoren. Das aber ist ein Fortschritt der Wissenschaft und der Gerechtigkeit in der Gesellschaft, dem die Manchester-Männer umsonst zu widerstreben versuchen.

Ich hatte darauf hingewiesen, dass die arbeitenden Klassen überhaupt nach statistischen Nachweisen zwischen 89 und 95 Prozent der Bevölkerung umfassen. Herr Schulze antwortet mir: »Wenn das wirklich so ist, so mögen sie sich doch direkt helfen, ohne Einmischung des Staates.« Aber gerade da liegt des Pudels Kern, das Punctum saliens. Herr Schulze will, Sie sollen sich als Einzelne helfen, der kapitallose Einzelne aber ist hilflos, und Schulzes Worte laufen auf dasselbe hinaus, als wenn man einem mit 10 Zentnern Beladenen, im Strome Versinkenden zurufe: Er solle nur schwimmen. Der Staat, das heißt Ihre Gesamt-Assoziation, die ist es, die Sie mächtig machen kann. Herr Schulze will nicht die soziale Selbsthilfe, wie er behauptet, er will nur die individuelle, die aber ist für Kapitallose bei freier Konkurrenz ganz unmöglich. Als soziale Selbsthilfe wäre dagegen diejenige zu betrachten, die Sie durch das soziale Wesen, den Staat, durch die verbündeten Kräfte der Gesamtheit schaffen. Und das ist die Hilfe, die ich Ihnen predige! Die Manchester-Theorie liegt in den letzten Zügen. Wie das bei uns die erfreulichsten Erscheinungen auf dem Gebiete der Wissenschaft erweisen, so zeigen es in England die komischsten Erscheinungen in der praktischen Politik. Von der Manchester-Schule ist, wie ich Ihnen vorher sagte, das Geschrei ausgegangen: Der Staat sei in allen gesellschaftlichen Fragen das Prinzip des Bösen, der Staat darf sich nicht in gesellschaftliche Fragen mischen. Nun ist in Lancashire infolge des amerikanischen Krieges und des Baumwollenmangels die Not äußerst groß geworden. Die Arbeiter beabsichtigen, nach den Kolonien auszuwandern; ein großer Teil der Baumwollenarbeiter soll wenigstens diesen Entschluss bereits gefasst haben. Was geschieht? Jetzt verlangen dieselben Manchester-Männer auf alle Weise Staatsintervention für ihren Vorteil. Mister Potter, das Parlamentsmitglied von Carlisle, verlangt in ihrem Namen, der Staat solle Geld vorschießen, um die Arbeiter zu beschäftigen, bis wieder Baumwolle vorhanden wäre. Warum tun sie das? Sie sagen sich: Sind die Arbeiter fort, so haben wir, wenn der Krieg vorüber ist und die Baumwollenzufuhren wieder beginnen, zu wenig Arbeiter und müssen hohe Löhne zahlen. Es liegt also in unserem Interesse, die Arbeiter hierzuhalten. So soll der Staat jetzt zu ihren Gunsten einschreiten und die Arbeiter auf seine Kosten zum Vorteile der Fabrikanten beschäftigen! Das ist das letzte Wort dieser stupiden und interessierten Theorie. Selbst die »Times«, das große Bourgeoisblatt, ist so gerecht, in zwei Nummern, vom 25. und 31. März, die Manchestermänner wegen ihrer Lehre, die sie 30 Jahre lang gepredigt haben, zu verhöhnen und den Arbeitern das Auswandern zu raten. Es ist doch aber auch traurig; dass die Arbeiter auswandern sollen, damit die Manchester-Männer bestraft werden. Bei uns wollen wir es aber nicht dahin kommen lassen, dass entweder der Staat zum Vorteil der Fabrikanten einschreiten muss, oder die Arbeiter sich das Vaterland wie Schmutz von den Schuhsohlen abstreifen müssen.

Aus alledem könnten Sie das Missverständnis entwickeln, dass Sie Grund hätten, die Fabrikanten oder die Unternehmer zu hassen. Das wäre der größte Irrtum, denn kein Mensch ist verantwortlich für die Einrichtungen, welche existieren. Diese sind vielmehr, wie ich Ihnen in meinem »Arbeiterprogramm« entwickelt habe, das Resultat eines langen historischen Prozesses, der nicht durch die Schuld der Bourgeoisie zustande gekommen ist. Die Bourgeoisie selbst ist nur das willenlose Produkt dieser Zustände. Hass und Widerwillen gegen jene Klassen könnten also nur aus grobem Missverständnis hervorgehen und Ihre eigene Lage nur erschweren. Die Fessel von Ihrem Fuße muss Ihnen abgenommen werden, aber nur im Frieden, durch die Initiative der Intelligenz und mit der sympathischen Hilfe der besitzenden Klassen, deren Spitzen, die Männer der Wissenschaft, bereits vorangehen und den Anfang machen. Wenn aber eine ungerechte und schädliche Erbitterung, welche den Prozess der Lösung der Fessel nur erschweren würde, Sie keineswegs ergreifen darf, so wäre es andererseits ebenso schädlich, wenn Sie sich durch die Anhänger von Bastiat blindmachen und die Fessel fortleugnen lassen wollten, wenn Sie sich durch «Illusionen und Täuschungen entmannen lassen wollten. – »Bei der Bildung dieser Zeit ist es nötig, dass Ihr Besitzenden und Intelligenten alle Kräfte darauf verwendet, diese Fessel von uns zu nehmen.« So müssen Sie ihnen zurufen! Lassen Sie sich aber die Fesseln wegleugnen, lassen Sie sich in die Täuschung hineinreden, als wenn die Steigerung von Kapital und Produktion Sie befreie, so wird niemand an die Lösung denken, und Sie würden dann Ihr Unglück auch noch verdienen! Halten Sie also die Wahrheit fest, konstatieren Sie sie unablässig, ohne Erbitterung, aber die nackte Wahrheit. Hören Sie das Wort Mills, des großen englischen Ökonomen, der doch in jeder Beziehung zur Spitze der besitzenden Klasse gehört. Er sagt an einer Stelle: »Es ist sehr fraglich, ob bis jetzt alle mechanischen Erfindungen die Tagesmühe irgendeines menschlichen Wesens erleichtert haben. Sie haben allerdings die Wirkung gehabt, dass eine größere Bevölkerung das nämliche Leben von Mühseligkeiten und Einkerkerung führt und eine beträchtlichere Zahl von Fabrikanten und andern Personen größere Reichtümer erwirbt: Auch haben sie die Lebensannehmlichkeiten der mittleren Klassen vermehrt. Allein sie haben bisher noch nicht angefangen, jene großen Veränderungen im Geschicke der Menschheit zu bewirken, welche zu vollbringen in ihrem Wesen liegt und der Zukunft vorbehalten ist.« Und an einer andern Stelle: »Wenn die Aufgabe vorliegt, die Lage eines Volkes dauernd zu heben, so haben kleine Mittel nicht lediglich kleine Wirkungen, sondern überhaupt keine Wirkung zur Folge. Wofern nicht eine ganze Generation so an Lebensannehmlichkeit gewöhnt werden kann, wie sie es jetzt an Dürftigkeit ist, so wird nichts erreicht, und schwache Halbmaßregeln verschwenden nur die Hilfsquellen, die weit besser aufbewahrt bleiben, bis der Fortschritt der öffentlichen Meinung und der Erziehung Politiker herangebildet haben wird, die nicht der Ansicht sind, dass, eben weil ein Plan Großes verspricht, es die Sache der Staatsmänner sei, sich nicht damit zu befassen.«

Ich habe der politischen Seite der Sache noch kurz zu gedenken. Die Fortschrittspartei hat die heftigsten Angriffe gegen mich und gegen Ihre Beschlüsse erhoben. Mit welchem Recht? Wie stehen wir zur Fortschrittspartei? Haben wir nicht das höchste Maß der Geduld bewiesen? Rekapitulieren wir! Im Jahre 1848 war eine Revolution, und bei dieser erlangte das Volk das allgemeine Wahlrecht. Darauf kam eine Periode der Reaktion. (Ich spreche nämlich von Preußen, denn um die preußische Fortschrittspartei handelt es sich.) Der König von Preußen oktroyierte, am 5. Dezember 1848 eine Verfassung; auch diese enthielt noch das allgemeine Wahlrecht, und nach Artikel 60 und 112 konnte er ohne Genehmigung der Deputierten kein neues Gesetz erlassen; dennoch wurde bald darauf ein neues Wahlgesetz mit dem Dreiklassensystem oktroyiert. Das ginge nun noch, wenn dieses neue Wahlgesetz, den Artikel 60 und 112 gemäß, von einer nach dem alten Wahlgesetz gewählten Kammer genehmigt worden wäre. Das geschah aber nicht, sondern eine neue, nach dem neuen Wahlgesetz ernannte Kammer genehmigte es und stellte die Verfassung fest! Für die Demokratie aber, und ich gehöre zu der radikalen Demokratie und glaube, dass auch Sie dazugehören, für die Demokratie war die neue Verfassung ein Rechtsbruch! Dennoch brach im Jahre 1858, weil die neuen preußischen Minister, Schwerin usw. etwas liberal waren, der sogenannte Verfassungsjubel los, welcher für jeden wirklichen Demokraten wahrhaft beleidigend sein musste, da diese Verfassung für uns eben nur ein Rechtsbruch war. Man vergaß unsere Verluste, während wir doch den Kampf gemeinsam mit der Bourgeoisie geführt hatten, und dies war ein Bundesgenossenverrat. Die Bourgeoisie wollte sich aus dem großen Kampfe mit ihrer speziellen Beute, mit einer bürgerlichen Verfassung, für sich allein zurückziehen, und wir, das Volk, sollten bleiben, wo wir wollten.

Wir schwiegen. Später wurde die Fortschrittspartei gebildet; warum verleugnet diese den Namen der Demokratie? Doch wohl, weil man nicht mehr Demokrat sein wollte. Und kann man unter solchen Verhältnissen sich wundern, von der Demokratie angegriffen zu werden? Herr Streckfuß in Berlin setzte bei Aufstellung des Programms für die zu bildende Fortschrittspartei in der ersten Sitzung, in welcher er gegenwärtig war, das allgemeine Wahlrecht mit auf die Liste der Forderung, und es ging in der betreffenden Sitzung durch. In einer anderen Sitzung einige Tage darauf, als er nicht gegenwärtig war, wurde es wieder gestrichen, und somit haben Sie den direkten Beweis, dass die Herren das allgemeine Wahlrecht nicht wollten, wie ja überdies Herr Faucher und Wirth hier in Leipzig nach den Zeitungen erklärt haben: da das Dreiklassenwahlgesetz eine solche Kammer geliefert wie die jetzige preußische, so bedürfe es des allgemeinen Wahlrechts gar nicht mehr. Wir schwiegen noch immer, trotz der Verleugnung des allgemeinen Wahlrechts, um des Friedens willen. Wir sagten uns: Wenn die Fortschrittspartei irgendeine energische Tätigkeit entwickelt, gut, so wollen wir stumm sein, sie nur unterstützen; wenn sie die Herrschaft erlangt, so wird sie doch gezwungen sein, dem Volke Konzessionen zu machen und mit ihm abzurechnen. An der gegenwärtigen in Preußen vorhandenen Situation zeigte es sich aber bald, dass die Fortschrittspartei durchaus nicht die nötige Energie hat, um eine energische Regierung in Verlegenheit zu setzen. Sie kann und wird sich selbst nicht einmal ans Ruder bringen, und solange wir nur ihr folgen, bleiben wir im Sumpfe stecken.

Ich habe die Überzeugung erlangt, dass, wenn wir hinter der Fortschrittspartei stehen bleiben, eine Stagnation unvermeidlich ist. Was habe ich nun getan? In welchem Sinne habe ich die Fortschrittspartei angegriffen?

Doch gewiss nicht in dem Sinne, dass wir mit der Reaktion gehen wollten. Nein, wir wollen die Fortschrittspartei unterstützen, soweit sie der Reaktion gegenübertritt; wir wollen sie aber gleichzeitig auch vorwärtsdrängen. Die Fortschrittspartei hat selbst erklärt: Die Verfassung existiert nicht mehr. Aber warum sitzt dann die Kammer noch in Berlin, sodass es scheinen muss, als ob ein konstitutioneller Zustand bestünde, die Regierung nur etwa in einer einzelnen untergeordneten Frage anderer Meinung sei? Es muss dieser Widerspruch eine völlige Verwirrung der Rechtsbegriffe und der Volksintelligenz nach sich ziehen. Fragen Sie nun die Tüchtigsten der Fortschrittler, warum sie das tun, warum sie nicht erklären, dass sie, da und solange keine Verfassung mehr existiert, auch nicht als Kammer fungieren und parlamentarische Geschäfte mit dem Ministerium erledigen können, so sagen sie Ihnen: Ja, wir möchten das wohl, aber das Volk ist nicht soweit, es würde unseren Schritt nicht billigen! So reden die Superklugen, die immer glauben, soviel weiter zu sein als das Volk! Nun, meine Herren, Sie gehören ja zum Volke! Zeigen Sie der Fortschrittspartei gerade dadurch, dass Sie sie missbilligen, den Irrtum, in dem sie über Sie befangen ist. Dann zwingen Sie sie, voranzugehen.

Indem ich heute hier erschienen bin, bin ich gleichsam nicht mit leeren Händen gekommen; Sie kennen die Beschlüsse, welche in Hamburg, Solingen, Düsseldorf, Köln gefasst worden sind, die Beschlüsse der Rheinlande, in denen ich 10 Jahre lang mit den Arbeitern lebte. Aber auch die Männer der Wissenschaft haben meinem Appell entsprochen; von dem größten deutschen Nationalökonomen, Rodbertus, ist ein Brief gekommen, in welchem er für Ihre Sache eintritt, und sein Fall ist nicht vereinzelt. Ein Mann, der zu den ersten Häuptern der Wissenschaft an dieser Universität gehört, der Professor Wuttke, lässt Ihnen durch mich sagen und hat Ihrem Komitee einen Brief geschrieben, in welchem er erklärt, dass er für Ihre Sache eintritt und sie zu der seinigen macht. So sehen Sie, dass jene Alliance sich bildet, die ich in meiner Verteidigungsrede als die Alliance der Wissenschaft und der Arbeiter bezeichnet und vorausverkündet habe, Sie sehen, dass dieser Schlachtruf sich zu erfüllen beginnt. Eine günstige Vorbedeutung knüpfe ich an den Umstand, dass gerade hier im Sachsenland und von Leipzig aus zuerst diese Beschlüsse gefasst worden sind; hier in Sachsen war es, dass Luther die berühmten Thesen an die Schlosskirche zu Wittenberg schlug, hier in Sachsen war es, dass nach der Leipziger Disputation die päpstliche Bannbulle von den Wittenberger Studenten verbrannt wurde. Hoffen wir, dass auch der belebende Hauch der großen Reformation, welche dieses Jahrhundert erfordert, von hier ausgehen und seine Wirkung über die Fluren unseres Vaterlandes verbreiten werde.

Rheinische Rede

Die Feste, die Presse und der Frankfurter Abgeordnetentag
Drei Symptome des öffentlichen Geistes

20., 27., 28. September 1863

Freunde!

Nicht sowohl, um lange Reden, als besonders um Heerschau zu halten, bin ich zu Euch gekommen! Es war mir ein Bedürfnis, in die Provinz zu eilen, welche vermöge des Geistes ihrer Bevölkerung, vermöge vor allem eines in geistiger und materieller Beziehung hoch entwickelten Arbeiterstandes, in noch weit höherem Grade selbst als Leipzig und Hamburg die wirkliche Residenz der Macht unseres Vereines bildet. Es war mir ein Bedürfnis, diese Macht in ihrer Entfaltung zu sehen. Darum danke ich Euch, dass Ihr in dieser Massenhaftigkeit Euch eingefunden. Ich konstatiere mit Wohlgefallen, dass trotz des gräulichen Unwetters, trotz eines in Strömen niedergießenden Regens dieser Saal Tausende fasst, wie mich bereits viele Hunderte von Arbeitern am Bahnhofe erwarteten. – Aber es ist noch ein anderes Bedürfnis, das mich zu Euch getrieben, das Bedürfnis, Euch zu danken für die männliche, energische Weise, in welcher Ihr Euch gleich seit dem Anfang dieser Bewegung benommen.

Ihr erinnert Euch, die Fortschrittler hatten damals die elende Verleumdung verbreitet, in den einen Organen ihrer Partei, ich sei ein unbewusstes, in den andern, ich sei ein bewusstes und erkauftes Werkzeug der Reaktion! Und wahrhaftig, es ist ganz denkbar, dass Einzelne unter ihnen wirklich hieran glaubten. Denn es wäre mindestens ganz begreiflich, wenn diese Eunuchen nicht zu begreifen vermögen, wie ein Mann allein sich erheben kann gegen alle, nichts hinter sich, weder die Regierung einerseits, noch Cliquen, noch Koterien, noch Zeitungsorgane andrerseits, auf nichts gestützt als auf die Prinzipien und auf sein Vertrauen zu der Kraft und dem gesunden Sinne des Volkes! Damals erhobt Ihr Euch in Unwillen und Entrüstung! Ihr kanntet mich! Ich hatte 10 Jahre unter dem Rheinischen Arbeiterstande gelebt, die Revolutionszeit wie die Zeit der weißen Schreckensherrschaft der fünfziger Jahre hatte ich mit Euch verbracht. Ihr hattet mich, wie Ihr mir in Eurer Adresse mit Recht zuruft, in der einen wie in der andern gesehen. Ihr wusstet, welches Haus trotz der weißen terreur von Hinkeldey-Westphalen, trotz aller wilden Rechtlosigkeit jener Zeit, und zwar bis zum letzten Augenblick meines Verweilens in der Rheinprovinz, das furchtlose Asyl demokratischer Propaganda, das treue Asyl der furchtlosesten und entschlossensten Parteihilfe gewesen war! Ihr wusstet auch, dass ich mich unmöglich habe ändern können. Mit der Schnelligkeit des Blitzes und mit einer imposanten Einmütigkeit erhobt Ihr Euch zum Schutze der von mir entrollten Fahne. Auf dem Provinzial-Handwerkertage zu Köln, den Arbeiterversammlungen zu Düsseldorf, Elberfeld und Barmen legtet Ihr Zeugnis ab! Es waren rühmliche Tage! Rühmlich durch die Entschlossenheit, Raschheit und Treue, mit der Ihr zu mir standet, zu mir, der ich seit 7 Jahren fern von Euch weilte, zu mir, den Ihr vergessen haben konntet, um so mehr, als ein neues Arbeitergeschlecht unter Euch aufgewachsen war, zu mir, der ich damals verschmähte, zu Euch zu eilen, weil ich sehen wollte, ob nicht hinreichende Prinzipientreue auch ohne persönlichen Antrieb unter Euch vorhanden sei. Und Ihr zeigtet es mir! Ihr zeigtet mir, dass Ihr ebenso treu zu mir hieltet, wie ich zu Euch, und das junge Arbeitergeschlecht – es war in den Traditionen des alten emporgewachsen!

Rühmlich nenne ich endlich jene Tage besonders deshalb, weil Ihr Eure Entscheidung trafet mit dieser Raschheit und Sicherheit, trotz des entgegenstehenden Einflusses und Zetergeschreies der gesamten Presse, selbst solcher Organe, welche bis dahin noch am meisten sich den Schein demokratischer Organe zu wahren gestrebt hatten.

Als ich mich in Berlin anschickte, das »Antwortschreiben« an das Leipziger Komitee drucken zu lassen, welches diese Bewegung hervorgerufen hat, da fielen mir meine besten Freunde mit dem Ausruf in den Arm: Sind Sie ein Rasender? Sie wollen eine solche Bewegung hervorbringen ohne – denn so stand die Sache damals noch – ohne auch nur ein einziges Blatt, ein einziges Organ für dieselbe zu haben? Ich antwortete: Ich bin kein Rasender! Eine Bewegung der Bourgeoisie freilich, die wäre ganz und gar unmöglich ohne Zeitungsorgane, denn der Philister ist gewohnt, sich seine Meinung von den Zeitungen machen zu lassen, er schwätzt abends beim Wein wieder, was er früh beim Kaffee gelesen hat, und er kann gar nicht anders. Im Wesen des Arbeiterstandes aber liegt es notwendig, sich von der Herrschaft der Presse emanzipieren zu können. Im Arbeiterstande lebt bereits sein tiefer Klasseninstinkt, welcher ihn fest und selbstständig macht gegen alles, was eine elende Presse sagen möge. Im Arbeiterstande lebt bereits ein konsequentes und eigenes Selbstdenken, welches ihn unabhängig macht von allen Zeitungsschreibern der Welt. Dieses Vertrauen in das selbstständige eigene Denken des Arbeiterstandes habt Ihr gerechtfertigt, und diese Bestätigung jenes Blickes, den ich in das Wesen Eurer Klasse geworfen hatte, gehört für mich zu den schönsten Erinnerungen jener Tage.

Indem Ihr Euch damals mit dieser Raschheit erhobt, habt Ihr nur Eure Pflicht getan. Ihr tatet nur Eure Pflicht, denn Ihr kanntet mich; Ihr tatet nur Eure Pflicht, denn ich selbst hatte mich ja für nichts anderes erhoben, als für dieselben Grundsätze, welche seit 15 Jahren das Band bilden, welches uns innerlich vereint. Aber so steht die Sache überhaupt im Leben, dass der Mensch nicht weniger und nicht mehr tun kann, als seine echte Pflicht. Und so ist aus dem lauten und öffentlichen Bekenntnis der Grundsätze, die uns seit je im Stillen verbanden, ein neues Band geworden zwischen mir und Euch, ein Band, das niemals reißen soll! Wo auch äußere Rücksichten mich bestimmen zu leben, mit Herz und Seele, rheinische Arbeiter, weile ich immer unter Euch!

Ich habe Euch bereits gesagt, es ist nicht der Grund meiner Ankunft, endlose Reden zu halten. Was in ökonomischer und sozialer Hinsicht für jetzt zu sagen ist, es ist bereits gesagt in den letzten Publikationen, welche von unserm Vereine ausgegangen sind. Es ist gesagt in meiner Frankfurter Rede, welche ich seitdem unter dem Titel »Arbeiterlesebuch« habe erscheinen lassen. Es ist gesagt in meiner gleichfalls seitdem veröffentlichten Rede »Die indirekten Steuern und die Lage des Arbeiterstandes«. Es ist gesagt endlich in der trefflichen Broschüre unseres Kölner Bevollmächtigten, Herrn M. Heß, »Die Rechte der Arbeit«, eine Broschüre, deren Verbreitung ich Euch allen warm ans Herz lege. Diese Schriften, lest sie immer wieder, durchdenkt sie stets von Neuem. Je öfter Ihr sie lest und durchdenkt, zu desto fruchtbareren und neuen Konsequenzen werden sie Euer eigenes Denken fortentwickeln. Die Männer, welche die Ehre haben sollen, Euch zu führen, dürfen keine Breittreter sein, keine Zänker und Schwätzer wie die Fortschrittler! Sie müssen Dinge sagen voll Mark und Inhalt, nicht ohne Unterlass dasselbe wiederholen. An Euch ist es dann, sie ohne Unterlass zu durchdenken. An dem Volke ist es, ihnen das tausendfältige Echo zu geben, dessen sie bedürfen!

Wenn ich daher im Hinweis auf jene Schriften und Reden in ökonomischer Hinsicht für heute nichts hinzuzufügen habe, so ist es dagegen meine Pflicht, in möglichster Kürze die politischen Ereignisse zu betrachten, die seit meiner Frankfurter Rede eingetreten sind.

Ihr wisst, wie diese Bewegung entstanden ist. Mein »Antwortschreiben« an das Leipziger Zentralkomitee ist nur die erste Erscheinung, nicht die erste innere Entstehungsursache dieser Bewegung. Diese erste ursprüngliche Entstehungsursache liegt in nichts anderem, als in dem Verhalten der Fortschrittler in der Preußischen Kammer. Als die Regierung das Budgetbewilligungsrecht der Kammer tatsächlich aufhob und trotz der von der Kammer verweigerten Ausgabeposten die Militärreorganisation eigenmächtig aufrechterhielt, da verlangte ich als ein Vertreter der demokratischen Partei in meiner Broschüre »Was nun?«, die Kammer möge erklären, dass, solange jene von ihr verweigerten Ausgaben dennoch stattfinden, eine Verfassung tatsächlich in Preußen nicht bestünde; und sie möge ferner deshalb beschließen, sich auf so lange zu vertagen und jede parlamentarische Verhandlung zu verweigern, bis die Regierung den Nachweis angetreten haben würde, dass sie die von der Kammer verweigerten Ausgaben eingestellt.

Dieses Verlangen, meine Freunde, es war nicht einmal ein besonders demokratisches zu nennen, es war nur das Verlangen einer würdigen, männlichen Haltung überhaupt. Schon vor 40 Jahren rief ein deutscher Dichter, den wir vor Kurzem begraben haben, rief Ludwig Uhland dem Württembergischen Landtage zu:

»Und könnt Ihr nicht das Ziel erstreben,
So tretet in das Volk zurück,
dass Ihr dem Rechte nichts vergeben,
Sei Euer einzig lohnend Glück.«

Ich sage, es war gar kein besonders demokratisches Verlangen. Vor Kurzem haben wir die Schleswigsche Ständeversammlung in Flensburg genau in demselben Sinne, genau nach der Analogie jener Forderung handeln sehen, und zwar wegen einer verhältnismäßig noch weit geringfügigeren Ursache. Die dänische Regierung hatte nämlich bei den Wahlen das Gesetz fälschlich interpretiert, und als jene Wahlen beanstandet wurden und der königliche Kommissar die Sache nicht zur Abstimmung bringen wollte, trat die gesamte Linke aus und machte dadurch jene Ständeversammlung beschlussunfähig. Das haben auch unsre Fortschrittler nirgends getadelt, sie haben es im Gegenteil in manchen ihrer Blätter immerhin gelobt und als eine männliche Handlung anerkannt. Aber schon dieses Minimum von Würde war zu viel verlangt von einer Partei, die in der Politik und den Rechten des Volkes nur einen Anlass zu eitlem, törichtem Geschwätz und persönlicher Wichtigtuerei, nicht einen Gegenstand ernsten männlichen Handelns sieht! Ein einziger Abgeordneter, der infolge dessen aus der Kammer austrat – er ist seitdem unser Bevollmächtigter für Ostpreußen – ein einziger Abgeordneter stellte diesen Antrag. Er fand nicht einen einzigen Genossen zur Unterschrift! Da war mein Entschluss gefasst! Seit 1849, 14 lange Jahre, hatten wir die liberale Partei gewähren lassen. Hatten sich auch unsre Massen im Allgemeinen bei den Wahlen nicht beteiligt, so hatten wir doch alles unterlassen, was diese Partei hätte beeinträchtigen, stören, gefährden können. Mit einer Selbstverleugnung ohnegleichen hatten wir alles, jedes eigene Auftreten, jede eigene Forderung, alles, alles vermieden, was dieser Partei den Schein hätte entziehen können, dass sie es sei, welche über die Massen des Volkes verfüge! Jetzt endlich musste für alle Welt ersichtlich sein, dass auf diese 14 Jahre erfolglosen Wartens noch hundertmal 14 andere Jahre gleichen erfolglosen Wartens folgen müssten, wenn wir diese Partei weiter gewähren und sich als »das Volk« gebärden ließen! Jetzt endlich musste für jeden Denkenden ersichtlich sein, dass diese Schwächlinge es niemals vermögen würden, der Freiheit eine Gasse zu brechen!

Jetzt konnte uns keine Rücksicht mehr abhalten, jetzt war uns nicht einmal mehr eine Wahl geblieben, jetzt war der Augenblick gekommen, uns auch äußerlich als das zu konstituieren, was wir innerlich seit je waren: als eine selbstständige, besondere Partei! Ja, jetzt war dies zur Ehrenpflicht für uns geworden, wir konnten nicht länger den Schein dulden, einer Partei anzugehören, welche bis in diesen Abgrund schmachvoller Schwäche versunken war! Wir hatten unsere Ehre, wir hatten die Ehre des Landes zu retten!

Dieses Motiv war für mich so gebieterisch, dass ich, und wäre ich allein geblieben mit meinem Proteste, dennoch stets mit Stolz und Befriedigung auf ihn zurückgeblickt hätte. Aber ich bin nicht allein geblieben! Es hat sich wiederum gezeigt, dass, wenn jemand nur den Mut hat, die Prinzipien anzurufen, das Echo aus der Brust des Volkes ihm tausendfach antwortet. Tausende und Tausende haben eingestimmt in diesen Protest, unser Verein selbst ist aus ihm hervorgegangen! Schon dadurch allein haben wir Großes getan. Wenn späte Geschichtsschreiber die traurige Geschichte dieser Tage schreiben werden, nun, so werden sie sagen: Aber es gab wenigstens Männer, die sich mit Zorn und Ingrimm erhoben gegen diese Schmach! Wir haben es diesen Geschichtsschreibern erspart zu sagen: Und es war nicht ein Mann in Deutschland, der protestiert hätte gegen solche Schmach!

Was sich seitdem zugetragen hat, hat natürlich die grenzenlose Schwäche der Fortschrittspartei in nur immer grellerem Lichte erscheinen lassen. Es ist wahr, Herr v. Bismarck hat einen großen Fehler, einen Fehler zum Teil gegen sein eigenes Interesse begangen, indem er die Kammern im Mai vertagte. Wenn er sie hätte, weiter sitzen, immer sitzen lassen, sitzen bis heute, wenn sie heute noch säßen, immer dasselbe schwatzend und beschließend, während die Regierung immer mit demselben ruhigen Lächeln tatsächlicher Verachtung über ihre Beschlüsse dahinginge, – – nun wahrhaftig, das Volk wäre schon durchdrungen von Ekel über eine solche Vertretung! Diese Stimmung begann bereits in Berlin in den letzten Tagen vor dem Vertagungsdekret mächtig um sich zu greifen, und zwar sowohl außerhalb als innerhalb der Kammer. Die noch etwas Besseren unter den Fortschrittlern wussten vor Ekel über sich selbst nicht mehr wohin, und die große Masse derselben fing an, eine bedenkliche Neigung zu zeigen, zur Regierung überzulaufen. Ja, ein Fortschrittsblatt selbst, die »Rheinische Zeitung«, hat vor Kurzem eingestanden, wenn die Vertagung damals nicht eingetreten wäre, so würde das Land kuriose Dinge an seinen Vertretern erlebt haben.

Da kam die Vertagungsordonnanz des Herrn v. Bismarck eine Vertagung, für welche viele der Fortschrittler dem Herrn v. Bismarck innerlich auf ihren Knien dankten – und rettete sie für den Moment aus dieser falschen, unmöglichen Situation, in die sie sich hineingearbeitet hatten!

Aber trotz dieses Fehlers gegen sein eigenes Interesse, den Herr v. Bismarck beging, ist die grenzenlose Schwäche und Unfähigkeit jener Partei seitdem natürlich in den zahlreichsten Ereignissen zutage getreten.

Ich erinnere zuerst an das rheinische Abgeordnetenfest zu Köln und Rolandseck, das Ihr in Eurer nächsten Nähe habt vorübergehen sehen. Es waren die Saturnalien der deutschen Bourgeoisie, die Ihr da hättet mit ansehen können! Und nicht in Köln allein, wohin das Auge sah in Deutschland, wohin der Blick fiel in deutschen Zeitungen, – überall las, sah, hörte man von Festen, Veranstaltung von Festen, Beschickung von Festen etc. Ist es erhört? Was feierten diese Merkwürdigen? Während die Lage des Landes so ist, dass man in Sack und Asche gehen sollte, feiern sie Feste! Feste, wie sie etwa die Franzosen zu feiern pflegen nach ihren siegreichen Revolutionen, sie feiern sie nach ihren Niederlagen! Um sich den reellen Kampf zu ersparen, feiern sie Feste, stimmen die Geschlagenen hinter Wein und Braten Siegeshymnen an!

Ja, es ist dieselbe Umkehr wie bei den römischen Saturnalien! Wie sich dort die Sklaven zu Tische setzten und als die Herren gebärdeten, so setzen sich heutzutage die Besiegten zu Tische und gebärden sich in pomphaftgeschmacklosen Anerkennungs-Toasten als die Sieger! Und wie die römischen Sklaven schon durch die Saturnalien zeigten, dass sie sich durch diese illusorische Freiheit eines Tages willig abfanden mit der Sklaverei eines ganzen Jahres, so zeigen auch unsre Fortschrittler schon durch ihre illusorischen Siegesfeste jedem tiefer blickenden hinreichend, dass sie auf den reellen Kampf und Sieg verzichten. Als Spartakus mit den Seinen das Banner des römischen Sklavenaufstandes erhob, um aus Sklaven freie Männer zu machen, da feierte er keine Saturnalien mehr!

Aber ein noch viel verhängnisvolleres Symptom der völligen Auflösung und Fäulnis der Fortschrittspartei, – das ist die Presse. Ich berühre hier einen Punkt von der größten Wichtigkeit und von dem ich nur bedauere, dass ich ihn trotz aller Ausführlichkeit, die ich ihm widmen werde, immer noch nicht ausführlich genug behandeln kann. Eines müssen Sie ohne Unterlass festhalten, ohne Unterlass verbreiten: Unser Hauptfeind, der Hauptfeind aller gesunden Entwicklung des deutschen Geistes und des deutschen Volkstums, das ist heutzutage die Presse! Die Presse ist in dem Entwicklungsstadium, auf welchem sie angelangt ist, der gefährlichste, der wahre Feind des Volkes, ein um so gefährlicherer, als er verkappt auftritt. Ihre Lügenhaftigkeit, ihre Verkommenheit, ihre Unsittlichkeit werden von nichts anderem überboten als vielleicht von ihrer Unwissenheit.

Die Lügenhaftigkeit dieser Presse haben Sie im Kampfe gegen unsern Verein am besten erfahren, und doch wissen auch nur die wenigsten von Ihnen auch nur den allergeringsten Teil dessen, was in dieser Hinsicht vorgekommen! Täglich Lügen, Lügen in reinen puren Tatsachen, Tatsachen erfunden, Tatsachen in ihr Gegenteil entstellt – das waren die Waffen, mit denen man uns bekämpfte! Und was der Schamlosigkeit die Krone aufsetzte, war, dass man sich in den allermeisten Fällen weigerte, auch nur eine Berichtigung zu bringen. Es waren die seltensten Ausnahmefälle, in denen hin und wieder einmal ein liberales Blatt sich dazu entschloss. Ich würde kein Ende finden, wenn ich Euch diese Fälle aufzählen wollte. Aber die Presse hat ihre Verkommenheit nicht nur gegen uns, sie hat sie in ebenso hohem Grade nach der andern Seite hin bewiesen, durch die unerhörte Feigheit, die sie gegen ihre andern Feinde, die sie gegen die Verwarnungsordonnanz und die Verwarnungen des Herrn v.

Bismarck an den Tag gelegt hat. Und das ist das zweite Symptom des öffentlichen Geistes, das ich beleuchten will. Als die Verwarnungsordonnanz erschien, durch welche die Pressfreiheit geknebelt wurde, da, statt gegen diese Vergewaltigung nur um so intensiveren Widerstand zu üben, warfen sich alle liberalen Blätter platt auf den Bauch. »Und stille ward's, über des Wassers Rand«! Kein Wort des Angriffs mehr über die inneren Zustände; ja die meisten von ihnen, wie zum Beispiel die »Berliner Volks-Zeitung«, die »National-Zeitung« usw., erklärten ausdrücklich, dass sie unter diesen Umständen sich genötigt sähen, über die innere Politik zu schweigen. Sie schwiegen, diese Elenden, jetzt, wo ihnen ein umso stärkerer Grund zum Angriff gegeben war, sie schwiegen jetzt, wo ihnen Sprechen dreimal Pflicht war!

Der Gipfel der Schamlosigkeit aber ist der, dass die Zeitungen selbst mit der ungeniertesten Offenheit ihr Geldinteresse als den Grund ihres Schweigens eingestanden. Es war die »Rheinische Zeitung«, – jene unwürdige Namensschwester zweier größerer Organe, welche das Rheinland 1843 und 1848 besessen hat und welche eine Ehre des Rheinlandes bildeten – es war die »Rheinische Zeitung«, sage ich, welche mit dieser naiven Enthüllung voranging! »Wie kann man«, rief sie aus, als ein lautes Murren in der Masse der Fortschrittspartei selbst über diese Feigheit der Blätter begann, »wie kann man den Verlegern zumuten, dass sie ihr Kapital riskieren, das in der Zeitung steckt?« Freilich! Was ist heiliger als das Verlegerkapital! Ja, mit jener schamlosen Verdreherei aller Begriffe, die unsern Zeitungen schon seit lange geläufig ist, konstruierte man es jetzt geradezu als die Pflicht der Zeitungen, um Gottes willen nicht durch ein männliches Wort das heilige Verlegerkapital zu gefährden! Es ist das gerade so, als wenn ein Soldat – und Soldaten, Vorkämpfer der Freiheit wollen und sollen ja die Zeitungen sein – als seine erste Pflicht die aufstellte, sich um keinen Preis der Gefahr auszusetzen, dass ihn eine Kugel treffe!

So kam es denn, dass trotz des besten Willens und mindestens bis auf den heutigen Tag – mit Ausnahme eines Lokalblattes in der polnischen Provinz – Herr v. Bismarck auch nicht ein einziges liberales Blatt hat unterdrücken können! So kam es, dass unsre liberalen Zeitungen, diese modernen Falstaffs, die aber nur so feige und verlumpt sind wie Falstaff, nicht seinen Humor besitzen, noch alle glücklich am Leben sind! So kam es aber freilich auch, dass damals zum ersten Male offen eingestanden wurde, dass – was freilich den Eingeweihten seit lange kein Geheimnis mehr war – unsre Zeitungen, statt Soldaten und Vorkämpfer der Freiheit zu sein, nichts sind, als eine industrielle Kapitalanlage und Geldspekulation!

Selbst die reaktionären Blätter wussten damals ihrem Erstaunen und ihrer Entrüstung über dieses Gebaren kaum hinreichenden Ausdruck zu geben. Wie? Rief die »Berliner Revue« aus, ein hochkonservatives Blatt, wie, das sind Feinde, die beim ersten Trompetenstoße davonlaufen? Wie? Mit diesem unerhörten Zynismus wird offen eingestanden, dass es sich bei den Zeitungen um nichts als eine Geldspekulation handelt?

Es kann gefragt werden: Aber was hätten die Zeitungen tun sollen?

Die Antwort hierauf kann nicht zweifelhaft sein. In geschlossener Phalanx und mit gepanzerten Angriffen hätten alle liberalen Zeitungen auf die Regierung eindringen, die Kühnheit der Regierung durch ihre eigene Kühnheit noch überbieten und die Regierung gleichsam beim Worte nehmen müssen, ihre Drohung auszuführen, indem jedes liberale Blatt aus allen andern Blättern die Artikel abdruckte, welche zu Verwarnungen Anlass gaben. Sie hätten verstehen müssen, was bei den politischen Parteikämpfen so häufig das Wichtigste ist, mit Ehren zu sterben!

Dann konnten nur zwei Fälle eintreten. Entweder die Regierung hatte wirklich die Kühnheit, alle liberalen Blätter zu verbieten, nicht bloß dieses oder jenes, sondern alle liberalen Blätter, wozu sie gezwungen war, wenn jedes Blatt aus allen andern die Artikel abdruckte, die zu Verwarnungen Anlass gaben. Und dann war die Grundlage zu einer wahrhaften Agitation gegeben! Denkt Euch die Aufregung, die den Philister erfasst hätte, wenn er in Berlin die »Volkszeitung«, die »Voßische Zeitung« und jenes langweiligste aller Organe, die »National-Zeitung«, wenn er im Rheinland die »Kölnische« und »Rheinische Zeitung«, und so überall, nicht mehr beim Kaffee gefunden hätte. Die »Kreuzzeitung« und ähnliche Blätter, die liest er nun einmal nicht, die hasst er nun einmal! Denkt Euch also seinen steigenden Ingrimm, wenn er den Kohl nicht mehr gefunden hätte, an den er gewohnt ist! Denkt Euch zugleich, wie tief einschneidend es in die gesamten Interessen des kleinen Handels- und Gewerbestandes eingegriffen hätte, wenn er plötzlich die großen Blätter und mit ihnen den gesicherten Leserkreis seiner Annoncen, Inserate und marktschreierischen Reklame hätte entbehren müssen! Bei den politischen Kämpfen handelt es sich vor allem darum, die Indifferenten zu gewinnen und zu erbittern, möglichst große Massen in Mitleidenschaft zu ziehen – das ist der einzige und naturgemäße Weg für jeden, der da siegen will.

Hätte die große liberale Partei, wie sie sich zu nennen liebt, hätte sie diese Taktik angewendet, hätte sie die Kühnheit besessen, die Kühnheit der Regierung noch zu überbieten, dann könnte es vielleicht selbst fraglich erscheinen, ob die Regierung ihrerseits die Kühnheit gehabt haben würde, ihre Drohung auszuführen, und mit einem Schnitte alle liberalen Organe des Landes zu amputieren! Und hatte sie diesen Mut, nun, so trat die bereits geschilderte Wirkung, die tiefe Verbitterung des Landes ein.

So aber freilich hat unsere Regierung die Presse in den Staub getreten, und zum Schweigen gebracht, ohne dass es ihr auch nur einen einzigen reellen Einsatz gekostet hätte! Das Geheimnis der Stärke unserer Regierung besteht bis jetzt in der elenden Schwäche ihrer Gegner! Die Reaktion wird stets in der leichtesten Weise gewonnenes Spiel haben, solange sie es mit solchen Gegnern zu tun hat!

Freilich aber! Eine solche Taktik, wie ich sie hier geschildert habe, von unsern Fortschrittlern im Ernste zu fordern oder auch nur für möglich zu halten, müsste in den Augen eines jeden, der das Wesen unserer Fortschrittsblätter kennt, als der höchste Grad denkbaren Wahnsinns erscheinen. Aber eben deshalb ist damit nichts anderes bewiesen, als die totale Unfähigkeit der Fortschrittler zu jedem politischen Kampfe. Eine Partei, die ihre wichtigste Position nicht mit ihren Toten zu bedecken weiß, um sie zu verteidigen, – eine solche Partei hat keine Möglichkeit des Sieges für sich! Einer solchen Partei bleibt nichts übrig, als bei jedem Angriff von Neuem davonzulaufen!

Eine solche Partei und Presse verdient es nicht einmal, dass man sie bedaure bei allen laut schallenden Schlägen, mit welchen die Regierung ihren Rücken bedeckt. Was sich seiner Haut gar nicht zu wehren weiß, nun, das hat auch keine Existenzberechtigung, das verdient auch nicht, dass es lebt!

Man kann, sage ich, nicht einmal das geringste Bedauern für diese Presse empfinden trotz aller Gewaltmaßregeln der Regierung, und zwar würde man selbst dann nicht die geringste Sympathie für sie fühlen können, wenn sie sogar wirklich die hohen und reinen Ziele verfolgte, die sie zu verfolgen vorgibt, was, wie Ihr wisst, nicht der Fall ist. Wir könnten, sage ich, keine Sympathie für sie empfinden, und sogar dann nicht, wenn sie unsere eigenen Ziele verfolgte, wovon, wie Ihr wisst, das Gegenteil stattfindet. Denn gleichviel, welche Ziele sie auch verfolgte – welches Interesse soll man für Männer empfinden, welche bei jedem Angriffe davonlaufen, für Kämpfer, welche jeden Hieb statt mit der Brust nur mit dem Hintern parieren? Welche Sympathie würde wohl der Widerstand der Polen gegen Russland in Europa erweckt haben, wenn die Polen als ersten Grundsatz aufgestellt: »Vor allen Dingen muss unsre Person und sogar unser Kapital unverletzt bleiben«, und nun infolgedessen jedes Mal davongelaufen wären, so oft sich ein Kosak zeigte? Welche anderen Gefühle kann ein derartiges Schauspiel erregen, als die der lachenden Verachtung, des Widerwillens und des Ekels über solche Helden!

Ja, gerade je höher und reiner die Ziele solcher Männer wären, desto höher müsste die Verachtung steigen, dass nicht einmal so hohe Ziele eine männlichere Haltung in ihren Verfechtern zu erzeugen vermögen, und der einzige halbe Milderungsgrund, der sich für das Verhalten der Fortschrittler auftreiben lässt, ist in der Tat gerade der, dass es sich bei ihren Zwecken in letzter Analyse um nichts anderes handelt, als darum, eine Handvoll Leute zu höherer Geltung zu bringen. So jämmerlich mittelmäßige Zwecke können aber auch nur eine so jämmerlich mittelmäßige Haltung erzeugen; nur eine große Idee, nur die Begeisterung für gewaltige Zwecke erzeugt Hingebung, Opfermut, Tapferkeit!

Ich habe zuerst die vollkommene Lügenhaftigkeit, dann die namenlose Feigheit und Unsittlichkeit unsrer großen liberalen Presse betrachtet; soll ich jetzt noch drittens die absolute Unfähigkeit, die staunenswerte und alle Eure Vorstellungen überschreitende Unwissenheit unsrer Zeitungsschreiber, dieser geistigen Vorkämpfer, nachweisen? Das habe ich nicht mehr nötig, denn ich habe sie bereits lange vor der gegenwärtigen Bewegung, heute vor 1 Jahren, in meinem »Julian der Literarhistoriker« unter dem rauschenden Beifall der größten Gelehrten und Denker Deutschlands, die mir dafür mündlich und brieflich die Hand schüttelten, enthüllt und nachgewiesen. Auf jene Schilderung verweise ich Euch. Ich habe dort nachgewiesen, wie sie in ihrer wüsten Unwissenheit den Geist des Volkes verpesten, ihn in ihrer frivolen Gedankenlosigkeit, in ihrem metiermäßigen Hass gegen alles Große und Bedeutende systematisch untergraben. Und zwar habe ich das nachgewiesen an Julian Schmidt, dem Chefredakteur der »Berliner Allgemeinen Zeitung«, als an einem der unbestreitbar noch gebildetsten und bedeutendsten unter den Zeitungsschreibern. Ich ließ ihn, wie ich gleich damals im Vorwort ausdrücklich erklärte, nicht als Person, sondern nur als den Chef und Primas, als den gefeierten Literarhistoriker und gesalbten König dieser ganzen Bande Spießruten laufen. Nur um den geistigen Typus seiner ganzen Gattung an ihm zu kennzeichnen, erklärte ich, ihn herauszugreifen und zu behandeln.

Das ganze Geschlecht der Zeitungsschreiber ächzte damals unter diesem gegen die ganze heutige Presse geführten Streich. Die meisten verbissen ihre Wut. Als mein »Antwortschreiben« erschien, glaubten viele dieser Ärmsten eine Gelegenheit zur Rache gefunden zu haben, und das war ein Grund mehr, der unsere Zeitungsschreiber so wütig und schamlos gegen mich auftreten ließ.

An Julian konnte man doch noch mit Ehren einen solchen Nachweis führen. Wer aber sollte sich zum Beispiel dazu überwinden, die zugleich widerlichste und komischste Erscheinung unserer Tage, die »Berliner Volkszeitung« und ihren Redakteur, Herrn Bernstein, zu charakterisieren, einen gewesenen Leihbibliothekar, der in seinem Geschäft die Lektüre seiner Leihbibliothek profitiert hat und damit die Bildung erlangt zu haben glaubt, die erforderlich ist, um ein großes Volk zu führen? Ein Mann, der täglich über Gott und die Welt und noch vieles andere Leitartikel schreibt und dies nur deshalb kann, weil er in seiner glücklichen Unwissenheit gar nicht ahnt, wie ihm auf jedem Schritt und Tritt alle Elemente fehlen. Ein Mann, der nicht einmal Deutsch zu schreiben vermag, sondern durch ein eigentümliches Kauderwelsch, das er seinen Lesern eingibt, das sogenannte Jüdisch-Deutsch – kein Satz ohne grammatikalische Fehler – dem Volke langsam und sicher sogar noch seine Sprache und deren Genius verdirbt!

Und doch ist gerade dieses Blatt noch immer das gelesenste politische Blatt in ganz Deutschland. Es hatte mindestens vor Kurzem noch 33 000 Abonnenten, von denen es allerdings in der letzten Zeit 8000 verloren haben soll, eine freudige Erscheinung, an welcher, wie ich hoffe, unsere Bestrebungen vielleicht nicht ohne großen Anteil sind. Aber auch so ist es noch immer eins der gelesensten politischen Blätter Deutschlands. Je schlechter heute ein Blatt, desto größer ist sein Abonnentenkreis. Das sind ernste, sehr ernste Erscheinungen, und ich nehme, die Seele voll Trauer, keinen Anstand zu sagen: Wenn nicht eine totale Umwandlung unsrer Presse eintritt, wenn diese Zeitungspest noch 50 Jahre so fortwütet, so muss dann unser Volksgeist verderbt und zugrunde gerichtet sein bis in seine Tiefen! Denn Ihr begreift: Wenn Tausende von Zeitungsschreibern, dieser heutigen Lehrer des Volks, mit 100 000 Stimmen täglich ihre stupide Unwissenheit, ihre Gewissenlosigkeit, ihren Eunuchenhass gegen alles Wahre und Große in Politik, Kunst und Wissenschaft dem Volke einhauchen, dem Volke, das gläubig und vertrauend nach diesem Gifte greift, weil es geistige Stärkung aus demselben zu schöpfen glaubt, nun, so muss dieser Volksgeist zurunde gehen und wäre er noch dreimal so herrlich! Nicht das begabteste Volk der Welt, nicht die Griechen, hätten eine solche Presse überdauert! Und Ihr begreift, dass, wenn auch fünf, zehn, zwölf unterrichtete ernsthafte und tüchtige Männer unter dieser Bande wären, dies an dem Gesagten nichts ändern kann, da ihre Stimme machtlos verhallen muss in dem Schwall und Geräusch ihrer Kollegen.

Hier aber unterbreche ich mich. Wenn ich so trübe sähe, könntet Ihr fragen, wo wäre dann das Mittel der Rettung? Denn selbst in einem demokratischen Staate, selbst nach einer glücklichen Revolution, wäre, – so scheint es und so könntet Ihr einwerfen – die Presse damit noch nicht geändert.

Es ist mir dreifache Pflicht, Euch hierauf Rede zu stehen! Pflicht, um die trübe Fernsicht zu verscheuchen, die ich soeben vor Euch heraufbeschworen habe, Pflicht, um Euch zu zeigen, dass die sozialdemokratische Idee auch hierfür ihre Heilmittel in sich trägt! Pflicht deshalb endlich, weil es nützlich ist, die sozialdemokratischen Forderungen so früh als möglich im Volke zu verbreiten, damit sie im geeigneten Augenblicke um so weniger auf Hindernisse stoßen!

Wie also, frage ich, ist es möglich, eine totale Umwandlung unserer Presse in ihrem innersten Wesen herbeizuführen?

Um diese Frage zu beantworten, müssen wir uns zuvor klarmachen, was eigentlich den Verfall unsrer Presse herbeigeführt hat.

Ich kann Euch hier nicht die Geschichte der europäischen Presse geben. Genug, einst war sie wirklich der Vorkämpfer für die geistigen Interessen in Politik, Kunst und Wissenschaft, der Bildner, Lehrer und geistige Erzieher des großen Publikums. Sie stritt für Ideen und suchte zu diesen die große Masse emporzuheben. Allmählich aber begann die Gewohnheit der bezahlten Anzeigen, der sogenannten Annoncen oder Inserate, die lange gar keinen, dann einen sehr beschränkten Raum auf der letzten Seite der Zeitungen gefunden hatten, eine tiefe Umwandlung in dem Wesen derselben hervorzubringen. Es zeigte sich, dass diese Annoncen ein sehr ergiebiges Mittel seien, um Reichtümer zusammenzuschlagen, um immense jährliche Revenüen aus den Zeitungen zu schöpfen. Von Stund an wurde eine Zeitung eine äußerst lukrative Spekulation für einen kapitalbegabten oder auch für einen kapital-hungrigen Verleger. Aber um viele Anzeigen zu erhalten, handelte es sich zuvörderst darum, möglichst viele Abonnenten zu bekommen, denn die Anzeigen strömen natürlich in Fülle nur solchen Blättern zu, die sich eines großen Abonnentenkreises erfreuen. Von Stund an handelte es sich also nicht mehr darum, für eine große Idee zu streiten, und zu ihr langsam und allmählich das große Publikum hinaufzuheben, sondern umgekehrt, solchen Meinungen zu huldigen, welche, wie sie auch immer beschaffen sein mochten, der größten Anzahl von Zeitungskäufern (Abonnenten) genehm sind. Von Stund an also wurden die Zeitungen, immer unter Beibehaltung des Scheins, Vorkämpfer für geistige Interessen zu sein, aus Bildnern und Lehrern des Volkes zu schnöden Augendienern der geldbesitzenden und also abonnierenden Bourgeoisie und ihres Geschmackes, die einen Zeitungen gefesselt durch den Abonnentenkreis, den sie bereits haben, die anderen durch den, den sie zu erwerben hoffen, beide immer in Hinsicht auf den eigentlichen goldenen Boden des Geschäftes, die Inserate.

Von Stund an wurden also die Zeitungen nicht nur zu einem ganz gemeinen, ordinären Geldgeschäfte, wie jedes andere auch, sondern zu einem viel schlimmeren, zu einem durch und durch heuchlerischen Geschäfte, welches unter dem Scheine des Kampfes für große Ideen und für das Wohl des Volkes betrieben wird.

Habt Ihr einen Begriff von der depravierenden Wirkung, die diese täglich fortgesetzte Heuchelei, dieses Pfaffentum des 19. Jahrhunderts, allmählich auf Verleger und Zeitungsschreiber hervorbringen musste?

Noch ganz andere Wirkungen aber mussten in einer Zeit erhitzter politischer Parteikämpfe eintreten. Von vornherein konnten natürlich die Zeitungen in diesem Kampfe nichts anderes vertreten als alle Vorurteile der besitzende Klassen, unter denen ja bei Weitem die meisten Abonnenten sind, die wieder die Inserate nach sich ziehen. Aber das ist noch das wenigste. Eine noch weit verderblichere Konsequenz war folgende: Ein Schriftsteller von Ehre würde sich lieber die Faust abhacken, als das Gegenteil von dem sagen, was er denkt; ja sogar als, insofern er einmal schreibt, das nicht sagen, was er denkt. Kann er es schlechterdings nicht, und in keiner Wendung, ausdrücken, so zieht er sich lieber zurück und schreibt gar nicht. Bei den Zeitungen ist dies ausgeschlossen durch das lukrative Zeitungsgeschäft. Sie müssen fort erscheinen, das Geschäft bringt es einmal so mit sich. Was also unsre Regierungen seit 1848 auch anfangen mochten, die Zeitungen waren von vornherein durch das Geschäft darauf angewiesen, jeden Kompromiss mit der Regierung zu schließen, ihr nur die Art von Opposition zu machen, welche die Regierung selbst noch wollte oder zuließ! Das Geschäft bringt es einmal so mit sich! Hieraus entsprangen seit 1848 eine Reihe der schimpflichsten Kompromisse unserer Blätter mit der Regierung. Dinge, die gar zu wunde Punkte für die Regierung bildeten, berührte man gar nicht; Dinge, welche man berührte, berührte man nur soweit, soweit die Regierung eine solche Berührung noch zu ertragen beliebte. Ja, man bezahlte unter Hinkeldey-Westfalen häufig vonseiten der Presse heimlich eine Art Leute, welche vermöge ihrer Stellung den Zeitungen darüber berichten sollten, über welche Punkte und bis zu welcher Grenze die Regierung wohl eine Opposition ertragen würde oder nicht. Oh, Ihr werdet staunen, wenn der Augenblick gekommen sein wird, wo alle die Enthüllungen gemacht sein werden, welche die Geschichte eines Tages hierüber einzuregistrieren haben wird!

Aber damit noch immer nicht genug! Die ganze Reihe dieser persönlichen Konzessionen, welche die Zeitungsschreiber rein um ihres Geschäftes willen der Regierung machten, die Zeitungsschreiber konnten sie natürlich nicht als solche rein persönliche Konzessionen um des Geschäftes willen gemacht eingestehen, weil sonst die Verachtung des Volkes, der Verlust von Lesern, Abonnenten und Inseraten die unausbleibliche Folge gewesen wäre.

Blieb also nichts übrig, als diese rein geschäftlichen Konzessionen als ebenso viele neue Standpunkte des allgemeinen Geistes dem Volke vorzudemonstrieren und aufzudrängen, sie als Entwicklungen und heilsame Kompromisse des Volkslebens darzustellen und so den Volksgeist selbst bis auf den Grad zu entmannen und zu verwässern, welcher für die Fortsetzung des lukrativen Zeitungsgeschäftes erforderlich war! Daher jener Rückschritt des Volksgeistes in allen Gebieten des öffentlichen Lebens seit 1848, daher jene kontrerevolutionäre Stimmung desselben, die man solange künstlich großgezogen hat, daher jene Entmannung desselben, die 1858 in dem »Neuen-Ära-Schwindel« – gleichfalls einer Erfindung unserer liberalen Zeitungen und der »Berliner Volkszeitung« vor allen – wie in einem abschreckenden Aussatze zutage trat!

Zugleich könnt Ihr Euch selbst denken, welche entsittlichenden Folgen das geschilderte Verfahren täglich auf den Charakter der Zeitungsschreiber weiter hervorbringen musste, welche frivole Verachtung gegen sich selbst, gegen alle ideellen Zwecke, gegen Leser und Volk, das sich jenen Humbug geduldig aufbinden ließ, jene tägliche Gewohnheit der Selbsterniedrigung zur Folge haben musste.

Wenn es also zum Beispiel unserer Regierung einfiele, zu verordnen: Keine Zeitung darf ferner erscheinen, welche nicht mit fingergroßen Buchstaben die Überschrift trägt: »Das Volk ist eine Kanaille«, nun, so ist gar keinen Augenblick zu zweifeln – denn das Geschäft bringt es so mit sich! –, dass unsre liberalen Blätter erscheinen würden mit der fingergroßen Überschrift: »Das Volk ist eine Kanaille!« Und nicht nur das, sondern sie würden uns jetzt auch noch beweisen, dass das gerade der höchste Grad echter Überzeugungstreue und wahrer Liebe zum Volke sei, dass es der notwendige neue Kompromiss des öffentlichen Geistes sei, zu sagen: Das Volk ist eine Kanaille!

Wenn jemand Geld verdienen will, so mag er Cotton fabrizieren oder Tuche oder auf Börse spielen. Aber dass man um schnöden Gewinstes willen alle Brunnen des Volksgeistes vergifte und dem Volke den geistigen Tod täglich aus tausend Röhren kredenze – – es ist das höchste Verbrechen, das ich fassen kann!

Denkt Euch aber noch weiter die notwendige Rückwirkung, welche die geschilderte Arbeit der Zeitungen auf die Beschaffenheit der Zeitungsschreiber selbst ausüben muss. Ihr wisst, wie der Arbeiter die Arbeit, so bestimmt wieder in hohem Grade wechselwirkend die Arbeit die Beschaffenheit des Arbeiters. Das lukrative Annoncengeschäft hat den Zeitungseigentümern die Mittel gegeben, ein geistiges Proletariat, ein stehendes Heer von Zeitungsschreibern zu unterhalten, durch welches sie konkurrierend ihren Betrieb zu vergrößern und ihre Annonceneinnahmen zu vermehren streben. Aber wer soll unter dieses Heer gehen, wer, der sich selber achtet, wer, der nur irgendwelche Befähigung zu reellen Leistungen auf dem Gebiete der Wissenschaft, des Gedankens oder des bürgerlichen Lebens in sich fühlt? Ihr, Proletarier, verkauft Euren Arbeitsherrn doch nur Eure Zeit und materielle Arbeit. Jene aber verkaufen ihre Seele! Denn der Korrespondent muss schreiben, wie der Redakteur und Eigentümer will; der Redakteur und Eigentümer aber, was die Abonnenten wollen und die Regierung erlaubt! Wer aber, der ein Mann ist, würde sich zu einer solchen Prostitution des Geistes hergeben? Ferner bedenkt die zerrüttenden Folgen, welche diese metiermäßige Beschäftigung noch in anderer Hinsicht nach sich zieht. Ihr, Proletarier, verkauft Euch doch nur zu einem Geschäft, das Ihr kennt und versteht, jene aber, die geistigen Proletarier, müssen täglich lange Spalten füllen über tausend Dinge, über Politik, Recht, Ökonomie, Wissenschaft, über alle Fächer der Gesetzgebung, über diplomatische und geschichtliche Verhältnisse aller Völker. Ob man das Hinreichende, ob man das Geringste davon verstehe oder nicht – die Sache muss behandelt, die Zeitung gefüllt sein, das Geschäft bringt es so mit sich! Dazu der Mangel an Zeit, die Dinge näher zu studieren, in Quellen und Büchern nachzuforschen, ja selbst nur sich einigermaßen zu sammeln und nachzudenken. Der Artikel muss fertig sein, das Geschäft bringt es so mit sich! Alle Unwissenheit, alle Unbekanntschaft mit den Dingen, alles, alles muss möglichst versteckt werden unter der abgefeimten routinierten Phrase.

Daher kommt es, dass, wer heute mit einer halben Bildung in die Zeitungsschreiberkarriere eintritt, in zwei oder drei Jahren auch das wenige noch verlernt hat, was er wusste, sich geistig und sittlich zugrunde gerichtet hat und zu einem blasierten, ernstlosen, an nichts Großes mehr glaubenden noch erstrebenden und nur auf die Macht der Clique schwörenden Menschen geworden ist!

Aus all diesen Ursachen ist es gekommen, dass sich alle tüchtigen Elemente, die sich früher an der Presse beteiligt haben, allmählich von derselben bis auf sehr vereinzelte Ausnahmen zurückgezogen haben, und die Presse so zu einem Sammelplatz aller Mittelmäßigkeiten, aller ruinierten Existenzen, aller Arbeitsscheuen und Nichtswisser geworden ist, die zu keiner reellen Arbeit tüchtig, in der Presse immer noch eine mühelosere und auskömmlichere Existenz finden, als irgend sonst.

Das sind die modernen Landsknechte von der Feder, das geistige Proletariat, das stehende Heer der Zeitungsschreiber, das öffentliche Meinung macht und dem Volke tiefere Wunden geschlagen hat als das stehende Heer der Soldaten; denn dieses hält doch nur durch äußere Gewalt das Volk zu Boden, jenes bringt ihm die innere Fäulnis, vergiftet ihm Blut und Säfte! – Daher auch die Entfernung, in welcher sich bei uns alle Männer des wirklichen Wissens wie in heiliger Scheu von den Zeitungen halten. Ich habe eine ziemlich ausgebreitete Bekanntschaft unter den Gelehrten. Wie oft wurde mir nicht bei einer gelegentlichen Äußerung, ob man nicht über diesen oder jenen besonders wichtigen Gegenstand einen Artikel in irgendeine beliebige Zeitung liefern wolle, eine Antwort zuteil voll Staunen und Verwunderung, als enthielte dies fast eine beleidigende Zumutung! Ich habe auch in meinem Leben zwei bis drei Zeitungsschreiber näher kennengelernt, die in jeder Hinsicht eine rühmliche Ausnahme, ja einen vollständigen Gegensatz zu der eben gegebenen Schilderung bilden. Zwei derselben haben sich auch bereits aus dieser Karriere zurückgezogen; aber wie oft riefen sie nicht alle drei in schmerzlichem Ringen zu mir aus: Lieber Eisenbahnarbeiter sein, als weiter in dieser Karriere verbleiben, die uns Geist und Seele zugrunde richtet!

Ja, es ist wörtlich wahr, was Herr v. Bismarck nur in sehr milder Form in der preußischen Kammer gesagt hat: Die Zeitungen werden von Leuten geschrieben, die ihren Beruf verfehlt haben. – Und hier lache ich schon im Voraus, wie die Fortschrittler diese meine Übereinstimmung mit Herrn v. Bismarck wieder als Beweis anführen werden, dass ich von Herrn v. Bismarck gewonnen sei. Nur schade, dass ich schon lange vor der ganzen Existenz des Ministeriums Bismarck, nur in weit herberer Form, genau dasselbe in meinem »Julian« drucken ließ. Sie sind eine Bande von Menschen, sage ich daselbst, zu unfähig zum Elementarschullehrer, zu arbeitsscheu zum Postsekretär, zu keiner bürgerlichen Hantierung tüchtig und ebendeshalb sich Berufen glaubend, Volksbildung und Volkserziehung zu treiben! Es wird also für unsere Fortschrittler schon nichts übrig bleiben, als zu sagen, dass ich Herrn v. Bismarck zu meinen Ansichten erkauft habe!

Der Grund aber, weshalb ich Euch wiederholt auf diese meine Schrift hingewiesen habe, ist der, dass nicht etwa einer von Euch auf den Verdacht komme, ich dächte erst heute so über die Zeitungen in persönlicher Erbitterung über die Angriffe, die ich erfahren, sondern damit Ihr sehet, wie ich schon lange vor diesen Angriffen so über sie dachte und sprach, in einer Zeit, in der sie meinen Namen immer nur mit der größten Hochachtung und den verbindlichsten Komplimenten zu nennen pflegten! In gleichem Sinne kann ich Euch auf mein »Arbeiterprogramm« verweisen, wo ich gleichfalls noch vor Beginn der jetzigen Bewegung meine Ansichten über die Zeitungen in vollster Kürze, aber doch deutlich genug ausgesprochen habe.

Nachdem wir nunmehr die Ursache erkannt haben, welche notwendig dieses Verderbnis der Zeitungsschreiber nach sich ziehen musste, wird es leicht sein zu zeigen, wie in einem sozialdemokratischen Staate eine vollständige Umwandlung der Presse auf die leichteste Weise herbeigeführt werden kann. Ich will in Kürze daher die wichtigsten dieser Maßregeln aufzählen. Die Erste ist absolute Pressfreiheit. Denn nur auf dem Boden wirklicher Freiheit kann sich alles Große entwickeln; 2. Aufhebung der Kautionen für Zeitungen, denn diese Kautionen haben, wie ich euch schon im »Arbeiterprogramm« auseinandergesetzt, nur die Wirkung, die Zeitungen zu einem Monopol der Kapitalisten zu machen und es dem Volke zu wehren, seinerseits Organe gründen zu können, die seine Überzeugung vertreten.

3. Abschaffung der Stempelsteuer; denn die Stempelsteuer hat einerseits dieselbe Wirkung wie die Kautionen, und andererseits ist es noch außerdem stupide, die Zeitungen, insofern sie ja Volkslehrer sein sollen, besteuern zu wollen. Es ist, als ob man den Schulunterricht, oder etwa die Predigt der Geistlichen besteuern wollte. – Alle diese Maßregeln aber würden noch ganz unmächtig sein, das Wesen unserer Presse, wie es nun einmal geworden ist, umzuwandeln, wenn nicht noch eine vierte Maßregel hinzukäme, welche diese Umwandlung vollbringen muss.

Ich habe Euch gezeigt, dass das Verderben der Presse mit Notwendigkeit daraus hervorgegangen, dass sie unter dem Vorwand, geistige Interessen zu verfechten, durch das Annoncenwesen zu einer industriellen Geldspekulation wurde. Es handelt sich also einfach darum, diese beiden Dinge zu trennen, die ja auch nichts miteinander zu tun haben. Insofern die Presse geistige Interessen vertritt, ist sie dem Volksschulredner oder Kanzelprediger vergleichbar; insofern sie Annoncen bringt, ist sie der öffentliche Ausrufer, der öffentliche Trompeter, der mit 100 000 Stimmen dem Publikum anzeigt, wo eine Uhrkette verloren, wo der beste Tabak, wo das Hoffsche Malzextrakt zu haben ist. Was hat der Prediger mit dem öffentlichen Trompeter zu tun, und ist es nicht eine Missgeburt, beide Dinge miteinander zu verbinden?

In einem sozialdemokratischen Staate muss also ein Gesetz gegeben werden, welches jeder Leitung verbietet, irgendeine Annonce zu bringen, und diese ausschließlich und allein den vom Staate oder von den Gemeinden publizierten Amtsblättern zuweist.

Von Stund an hören die Zeitungen auf, eine lukrative Geldspekulation zu sein. Von Stund an ziehen sich die spekulierenden Kapitalien von ihnen zurück. Von Stund an verhungert das stehende Heer der Zeitungsschreiber oder wird Stiefelputzer; das ist seine Sache! Von Stund an hört der Zeitungsschreiber von Metier auf und an seine Stelle tritt der Zeitungsschreiber von Beruf! Von Stund an existieren nur solche Zeitungen und können nur solche Männer Zeitungen schreiben, welche ohne Rücksicht auf lukrative Bereicherung die Mission in sich fühlen, für die geistigen Interessen und das Wohl des Volkes zu kämpfen.

Wollt Ihr einen Beweis mehr für diese notwendige Wirkung jener Maßregel? Seht auf die Blätter, die im Lauf der jetzigen Bewegung auf unsere Seite getreten sind: der Nordstern, der Volksfreund, noch zwei bis drei andere kleine Blätter. Es sind alles Blätter, welche keine Annoncen haben noch bringen, noch jemals zu bringen hoffen oder streben. Es sind daher auch Blätter, geschrieben von Männern, welche aus wirklichem Interesse an den geistigen Kämpfen und nicht um ihrer Bereicherung willen sich diesem Berufe widmen, von Männern, welche daher auch in jeder Hinsicht eine vollständige Ausnahme von der Schilderung bilden, die ich Euch vorhin entworfen. Ebenso unangreiflich wäre aber auch der andere Teil jenes Gesetzes, welcher die Annoncen ausschließlich den sei es vom Staate sei es von den Gemeinden publizierten Amtsblättern überweist. Insofern die Blätter Annoncen bringen, stellen sie, wie bereits bemerkt, nur den öffentlichen Ausrufer dar. Es ist dies also eine Funktion, die ebenso einfach und notwendig wie etwa der Nachtwächterdienst zu den Attributen des öffentlichen Wesens in seiner staatlichen oder städtischen Organisation gehört. Noch heute könnt Ihr etwa in kleinen schwäbischen Städten sehen, wie von einem Trompeter ausgeblasen oder von einem Gemeindebeamten ausgeschellt wird, was verloren, was gefunden usw. Auch trifft bei dieser Arbeit nicht einmal irgendeiner jener ohnehin meist sehr schlechten Gründe zu, die man gewöhnlich geltend macht, dem Staat oder den Gemeinden irgendeine produktive Arbeit zu entziehen. Es ist hierbei weder von Erfindung, noch von einem besondern individuellen Unternehmergeist die Rede, sondern nur von einer einfachen, vom Inserierenden bestellten mechanischen Tätigkeit, die ganz ebenso gut zum Nutzen und im Auftrage eines Kapitalisten ausgeführt werden kann. Und es ist überhaupt nur in der heutigen Zeit, zu deren Grundsätzen es einmal gehört, dass alles Profitable der Profitwut einzelner Kapitalisten zur Ausbeutung anheimfallen muss, es ist nur in dieser Zeit zu begreifen, dass dieser öffentliche Ausruferdienst solange dem Nutzen und Interesse einzelner Kapitalisten überlassen werden konnte. Durch diese vom Staate oder den Gemeinden publizierten Annoncenblätter würden ferner jährlich, viel zu niedrig veranschlagt, mindestens 1 bis 2 Millionen gewonnen werden, um so mehr, als sich hier alle Betriebskosten sehr ermäßigen würden, als sich ferner diese Blätter keine Konkurrenz untereinander machen und in keiner noch so großen Gemeinde mehr als ein einziges Blatt erscheinen würde. Diese Millionen könnten also benutzt werden, um ebenso viele Millionen von jenen indirekten staatlichen oder städtischen Steuern zu streichen, die am meisten auf die ärmeren Klassen drücken, und die widrige Reklame der heutigen Zeit, das Hoffsche Malzextrakt und die Goldbergschen Rheumatismusketten hätten so mindestens ihre gemeinnützige Wirkung.

Das also ist die nach allen Seiten hin heilsame Maßregel, welche im sozialdemokratischen Staate eine totale Umwandlung der Presse in ihrem innersten Wesen hervorrufen würde. Ich habe sie Ihnen entwickelt, um beizeiten die Gemüter des Volkes darüber zu verständigen. Verbreiten Sie das, was ich Ihnen hierüber gesagt, erheben Sie diese Maßregel zu einer Volkstradition. Akkreditieren Sie sie zu einer demokratischen Forderung ersten Ranges, damit nichts in späterer Zeit ihrem Verständnis sich widersetze! Und bis dahin halten Sie fest daran: Der wahre Feind des Volkes, sein gefährlichster Feind, um so gefährlicher deshalb, weil er unter der Larve seines Freundes auftritt, das ist die heutige Presse!

Halten Sie fest, mit glühender Seele fest an dem Losungswort, das ich Ihnen zuschleudere: Hass und Verachtung, Tod und Untergang der heutigen Presse! Es ist das eine kühne Losung, ausgegeben von einem Mann gegen das tausendarmige Institut der Zeitungen, mit welchem schon Könige vergeblich kämpften! Aber so wahr Sie leidenschaftlich und gierig an meinen Lippen hängen, und so wahr meine Seele in reinster Begeisterung erzittert, indem sie in die Ihrige überströmt, so wahr durchzuckt mich die Gewissheit: Der Augenblick wird kommen, wo wir den Blitz werfen, der diese Presse in ewige Nacht begräbt!!!

Das dritte und nicht weniger klägliche Symptom unserer Zeit, das ich beleuchten will, ist der Abgeordnetentag in Frankfurt am Main.

Ihr wisst, die Nationalvereinler oder Fortschrittler, welche den Abgeordnetentag bilden, hatten immer erklärt, an der Frankfurter Reichsverfassung von 1849 festzuhalten. Sie sei das bestehende Recht, das Palladium deutscher Nation! Ich muss hier von vornherein einem Missverständnis begegnen. Das Zurückkommen auf die Frankfurter Reichsverfassung – es ist nicht mein, es ist nicht unser Standpunkt! Für uns ist der Gedanke, die Frankfurter Reichsverfassung wiederherzustellen, nichts andres als eine reaktionäre Utopie. Für uns war die Frankfurter Reichsverfassung schon 1849, als sie erlassen wurde, nichts andres als der letzte Beweis für die Impotenz des Föderalismus.

Eine deutsche Einheit, eine einheitliche souveräne Zentralgewalt mit der Beibehaltung von 34 verschiedenen Sondersouveränitäten – das ist der Widerspruch in sich selbst, das ist so wenig möglich, als dass ein schwarzer Rock zugleich weiß sei. Die Souveränität, wohne sie nun bei Fürst oder Volk, ist ihrer Natur nach unteilbar, so unteilbar wie die Seele eines Individuums.

Was uns also wirklich nottut, wenn von deutscher Einheit die Rede sein soll, ist, dass diese 34 selbstständigen Sondersouveränitäten aufhören und in eine einzige zusammensinken.

Dies ist auch der Grund, weshalb die Frankfurter Reichsverfassung nicht einen Tag wirklich marschieren konnte. Sie ging zugrunde, nicht, wie unsre Fortschrittler glauben, an ihrem revolutionären Charakter, für welchen jene Zeit noch nicht reif gewesen wäre, sondern an ihrem reaktionären Charakter; sie ging zugrunde, nicht an dem, was sie neuerte, sondern an dem, was sie beibehielt. Sie ging zugrunde an jenem logischen Widerspruch einer einheitlichen Zentralgewalt mit 34 Souveränitäten.

Der Föderalismus ist überhaupt niemals imstande, ein einiges Volk zu erzeugen. Schon vor 50 Jahren hat einer der größten deutschen Denker, Johann Gottlieb Fichte, ausgesprochen, dass das föderalistische Band niemals ein Volksgefühl zu erzeugen vermöge; dass es für das Volk gar nicht existiere und ihm stets so äußerlich bleibe, wie auch jedes andere diplomatische Bündnis der Regierungen untereinander.

Diese Worte haben sich gerade jüngst glänzend bewährt an Amerika, welches man sonst als den Triumph des Föderalismus anzuführen pflegte. Scheinbar einig zur Zeit Washingtons, hat, statt ein Volksgefühl zu erzeugen oder wachzuhalten, die mit dem Föderalismus notwendig gegebene Vertiefung in die Partikularinteressen dort den Hass gegeneinander im Herzen des Volkes hervorgerufen und einen der blutigsten und gräuelvollsten Kriege heraufbeschworen, welche die Geschichte jemals gesehen hat. In Deutschland zumal ist es der größte innere Widerspruch, von Föderalismus und Freiheit in einem Atem reden zu wollen.

Die geistige Einheit hat sich unser Volk durch eine große, sich über die Jahrhunderte erstreckende Gesamtarbeit bereits erworben. Wir kennen keine preußische und österreichische Poesie, keine norddeutsche und süddeutsche Wissenschaft, keine österreichische und preußische Kunst etc. In allen Gebieten des geistigen Lebens haben wir die nationale Einheit, das Dasein als Deutsche, bereits wirklich erlangt; was wir somit noch verlangen und erlangen müssen, ist: dieselbe Einheit, dasselbe nationale Dasein in geschichtlicher, politischer Hinsicht. Wenn nun das Recht dieser 34 Fürsten auf ihre Kronen so groß wäre, dass es mit Fug entgegengestellt werden könnte dem Rechte des Volkes auf ein nationales Dasein, wenn dieses Recht der Fürsten, sage ich, so groß wäre, dass es mit Fug entgegengestellt werden könnte, der gesamten deutschen Nation und dieser mit Recht verbieten könnte, überhaupt als Nation dazusein –, dann wäre dieses Recht doch offenbar noch viel größer den einzelnen Stämmen gegenüber, und ich weiß nicht, mit welchem Rechte man dann nach Freiheit und nach irgendwelcher Beschränkung dieser angestammten Kronengewalt im Innern strebte!

Für uns also ist der Gedanke, die Frankfurter Reichsverfassung wiederherstellen zu wollen, nichts andres als eine reaktionäre Utopie. Utopie (frommer Wunsch) deshalb, weil jene Verfassung, um ihres inneren Widerspruches willen, in aller Zukunft ebenso unmöglich auch nur einen Tag lang marschieren könnte, wie sie es in der Vergangenheit gekonnt hat; reaktionär deshalb, weil, wenn wir wieder mit jenem verfehlten Experiment von 1849 anfangen müssten, unsre ganze Geschichte seit 1848 gar keinen Sinn und gar keine Bedeutung für uns gehabt hätte. Nach unsrer Auffassung, nach welcher der Untergang der Frankfurter Reichsverfassung nur die notwendige Folge ihres inneren Widerspruchs und der letzte Beweis für die Ohnmacht des Föderalismus war, nach dieser Auffassung hat diese vierzehnjährige Geschichte einen Sinn und einen großen Sinn, wenn auch einen teuer erkauften!

Aber nicht von meinem Standpunkte aus, sondern von seinem eignen Standpunkte aus will ich den Abgeordnetentag kritisieren.

Er hatte noch vor weniger als einem Jahre erklärt, die Frankfurter Reichsverfassung von 1849 sei unser bestehendes Recht, sie sei die Fahne, um welche sich die deutsche Nation scharen müsse.

Wenn er also auf die föderalistische Intrige des Frankfurter Fürstentages überhaupt irgendetwas erklären wollte, so hatte er von seinem Standpunkt aus eben nur einfach darauf hinzuweisen: Die Frankfurter Reichsverfassung von 1849 sei bereits die zu Recht bestehende Verfassung deutscher Nation.

Statt dessen, was hat der Frankfurter Abgeordnetentag getan? Er hat erklärt, dass er das Fürstenprojekt unter den gegenwärtigen Umständen »nicht lediglich verneinen könne!« Das Fürstenprojekt, welches in jeder Hinsicht den grellsten Widerspruch zu der Frankfurter Reichsverfassung bildet! Das Fürstenprojekt, welches, statt sich, an ein nach dem Frankfurter Reichswahlgesetz durch das allgemeine Wahlrecht gebildetes Reichsparlament zu wenden, einer Delegiertenkammer oder etwa den Kammern der einzelnen deutschen Stämme vorgelegt werden sollte und von ihnen also nur en bloc angenommen oder verworfen werden konnte, somit nirgends und in keiner Weise auch nur ein Zurückgehen auf Reichsverfassung und Reichsparlament übrig ließ.

Der Abgeordnetentag hat somit verleugnet und verraten, was er Jahre hindurch selbst für das Recht der Nation erklärt hat! Er hat die Fahne verraten, zu welcher er selbst jahrelang das Volk gerufen.

Aber freilich, die Fortschrittler hatten zu oft das Paradepferd der Frankfurter Reichsverfassung geritten, um dieselbe nun lediglich verleugnen zu können.

Der Beschluss enthält daher auch noch einen andern Passus, durch welchen wiederum darauf hingewiesen wird, dass nicht die Frankfurter Reichsverfassung, sondern, höchst diplomatisch – eine Diplomatie zum Speien! –, nur eine Verfassung wie die Frankfurter Reichsverfassung dem deutschen Volke Befriedigung bringen könne!

Aber was haben die Frankfurter Reichsverfassung und das deutsche Fürstenprojekt miteinander zu tun? Was hat das erbliche Kaisertum und das künstliche Direktorium, die Einheit und die Fünf- oder Sechsheit, das direkte allgemeine Wahlrecht und die Delegiertenkammer, die preußische Spitze und der österreichische Vorsitz miteinander gemein? Welche Einigungspunkte haben sie und wie wären so widersprechende Dinge miteinander zu verbinden?

Jener Beschluss ist daher, indem er in einem Atem ja und nein, schwarz und weiß, kalt und heiß sagt, nichts anderes als der reinste Unsinn, als der blühendste logische Widerspruch! Jedes Wort dieses Beschlusses isst das andre auf! Die Folgen sind nicht ausgeblieben. Von der einen Seite schleudert Herr v. Bismarck den Fortschrittlern den Vorwurf ins Gesicht, dass sie Preußen verraten – und von der andern Seite behaupten die großdeutschen Organe, die Fortschrittspartei verrate Deutschland an ihren geheimen Lieblingsgedanken von der preußischen Spitze! Und das merkwürdige ist, meine Herren, beide, Herr v. Bismarck und die Großdeutschen, beide haben recht! Die Fortschrittler haben eben das Unmögliche fertiggebracht: Um nach allen Seiten hin zu buhlen, haben sie alles verraten, haben alles behauptet und alles verleugnet in demselben Atem!!!

Wie unwidersprechlich dies sei, will ich Ihnen in aller Kürze dadurch beweisen, dass sogar die Fortschrittler selbst sehr gut erkannt haben und wissen, dass die Sache so steht, wie ich sie soeben geschildert. Einer von ihnen nämlich, Herr Georg Jung aus Köln, hat auf dem Abgeordnetentag in Frankfurt selbst erklärt: »Die Ausschussanträge seien ein Gewebe von Widersprüchen; fast jeder Satz hebe seinen Vordersatz auf, um seinerseits wiederum im Nachsatze aufgehoben zu werden.« (Elberfelder Zeitung v. 24. Aug.). Das sind die Worte eines Fortschrittlers selbst!

Und nichtsdestoweniger hat dieser selbe Herr Jung für diesen Beschluss gestimmt, denn er ist ja, wie die Zeitungen berichten, einstimmig gefasst worden, und er sollte und musste ja einstimmig gefasst werden, um die Einigkeit (!) der großen liberalen Partei darzutun! Die Einigkeit im Aufgeben alles menschlichen Verstandes, die Einigkeit im Unsinn und im Selbstwiderspruch – das ist die Einigkeit der großen liberalen Partei!

Zwei andre Fortschrittler, die Herren Becker und Welker, hatten dem Ausschussantrag gegenüber konsequent den Antrag gestellt, auf die Frankfurter Reichsverfassung zurückzugehen. Aber auch sie zogen ihren Antrag zurück! Freilich hatten sie selbst erklärt, sie müssten diesen Antrag stellen, weil nur in der Frankfurter Reichsverfassung das Recht der deutschen Nation gewahrt sei! Aber – der Beschluss musste ja einstimmig gefasst werden! Die Einigkeit im Aufgeben aller Prinzipien, im Verrat alles Rechts, nicht nur des objektiven, sondern auch des Rechtes, das man selbst als solches erkannt hat – das ist die sogenannte Einigkeit der großen liberalen Partei! Die Einigkeit eines Narrenhauses!

Zuletzt noch das kläglich Schauspiel, ihren Beschluss dem Fürstentage zustellen zu lassen – selbst dieses haben uns die Fortschrittler nicht erspart! Und welches Recht hatten diese Herren zu einer solchen Zustellung? Sie sind keine juristische Körperschaft, sie bestehen aus Leuten, die früher einmal Abgeordnete waren, aber es nicht mehr sind, aus andern Leuten, welche noch ein Mandat besitzen, aber nicht für eine Verfassung Deutschlands, und die überdies durch das Dreiklassenwahlgesetz gewählt sind. Welches Recht zu einer offiziellen Kommunikation maßten sich also diese Herren ohne Mandat in dieser deutschen Nationalangelegenheit an?

Wollten sie aber bloß als ein Haufen von 500 Männern eine moralische Wirkung ausüben, nun, so wäre diese ja, so weit sie überhaupt eine solche hervorzubringen vermögen, durch ihren Beschluss und dessen Veröffentlichung in den Zeitungen ganz ebenso erreicht worden, und es bedurfte dazu nicht der amtlichen Notifikation oder vielmehr der öffentlichen Anbettelei bei dem Fürstentag.

Welches ist also der wirkliche Grund dieser Reihe von Lächerlichkeiten?

Ich will Ihnen diesen Grund verraten!

Die Fortschrittler liebäugeln mit den Fürsten, um – – Herrn v. Bismarck bange zu machen! Sie hoffen ihn einzuschüchtern durch Kokettieren mit den deutschen Fürsten!

Das sind die Mittel dieser Ärmsten! – Und wenn wir Flintenschüsse mit Herrn v. Bismarck wechselten, so würde die Gerechtigkeit erfordern, noch während der Salven einzugestehn: Er ist ein Mann, jene aber sind – – alte Weiber! Und noch niemals haben alte Weiber einen Mann eingeschüchtert, auch nicht, wenn sie nach andern Seiten hin liebäugelten!

Herr v. Bismarck hat ihnen daher bereits geantwortet durch die Auflösung der Kammer.

Hierbei muss ich auf unser notwendiges Verhalten bei den bevorstehenden Wahlen eingehen.

Zunächst halten Sie Folgendes fest:

Ein prinzipielles Interesse haben wir bei den nächsten Wahlen nicht.

Wir haben kein prinzipielles Interesse 1. deshalb, weil das allgemeine Wahlrecht noch nicht existiert respektive nicht mehr existiert, welches allein für uns der Boden ist, auf welchem wir eine selbstständige und eigene Stellung einnehmen können.

Wir haben kein prinzipielles Interesse, weil 2. die Preußische Verfassung, um die gekämpft wird, keine zu Recht bestehende Verfassung ist, und noch nie auch nur einen Tag lang zu Recht bestehende Verfassung war!

Lassen Sie mich Sie erinnern an die Tatsachen, die Sie niemals auch nur einen Augenblick aus dem Gedächtnis verlieren dürfen.

Durch die Gesetze vom April 1848 bestand einerseits in Preußen das allgemeine Wahlrecht, und andrerseits war durch dieselben Gesetze bestimmt, dass der König kein neues Gesetz mehr erlassen könne ohne die Beistimmung der gesetzlich bestehenden Landesvertretung, also einer solchen, die in Gemäßheit des damals bestehenden Wahlgesetzes durch das allgemeine Wahlrecht gebildet worden.

Im Dezember 1848, wie Ihnen allen bekannt, oktroyierte der König eine Verfassung. Ich will nun sehr nachgiebig sein. Mochte er das tun. Eine definitive Gültigkeit konnte diese Verfassung aber erst dann haben, wenn sie von der gesetzlich bestehenden Volksvertretung bestätigt und angenommen worden war. Das sah der König selbst ein und berief deshalb eine Revisionskammer 1849 nach Berlin. Aber noch ehe die Sitzung zu ihrem natürlichen Schluss gelangt war, wurde die Kammer von Neuem aufgelöst und nun das Dreiklassenwahlgesetz oktroyiert. Ich will noch nachgiebiger sein. Mochte der König auch das noch tun, aber wie jene Verfassung selbst, so hatte auch dieses oktroyierte Dreiklassenwahlgesetz erst dann definitive gesetzliche Gültigkeit, wenn es bestätigt war von der zur Zeit der Oktroyierung gesetzlich bestehenden Volksvertretung. Diese war aber, wie bereits hervorgehoben, nach den damals bestehenden Gesetzen durch das allgemeine Wahlrecht zu berufen. Nur eine solche legale, aus dem allgemeinen Wahlrecht hervorgegangene gesetzgebende Versammlung hätte also – falls sich eine solche dazu hergegeben hätte – das oktroyierte Dreiklassenwahlgesetz bestätigen können. Dies ist bis zum heutigen Tage nicht geschehen, sondern dieses Dreiklassenwahlgesetz wurde bestätigt und die Verfassung angenommen von einer nach dem oktroyierten Dreiklassenwahlgesetz selbst zusammenberufenen Versammlung, die somit vollständig illegal war, keinen gesetzlichen Boden und keine juristische Existenz hatte.

Da der König selbst seit den Gesetzen vom April 1848 nicht mehr ohne Beistimmung der gesetzlich bestehenden Vertretung Gesetze, also auch kein Wahlgesetz, erlassen konnte, so konnte er auch keinen anderen dazu bevollmächtigen. Ein Recht, das ich selbst nicht habe, kann ich auch keinem andern übertragen. Der König konnte also ebenso wenig wie etwa einen General oder einen Kammerdiener, ebenso wenig auch ein paar Hundert Bourgeois zur Bestätigung dieses oktroyierten Dreiklassenwahlgesetzes bevollmächtigen.

Kein Jurist der Fortschrittspartei selbst wird dieser Deduktion widersprechen können, oder hat ihr jemals widersprochen.

Ebenso wenig ist jener Rechtsbruch vom Volke selbst jemals in irgendwelcher Weise genehmigt oder gutgeheißen worden. Denn niemals wurde das Volk in seinen Urversammlungen mit dieser Frage befasst, und überdies haben seit und infolge jenes Rechtsbruchs von 1849 niemals mehr als 25 Prozent der Wähler – also eine winzige Minorität – ihr Wahlrecht ausgeübt.

Die Preußische Verfassung hat also auch noch nicht einen einzigen Tag zu Recht bestanden!

Ebenso wenig kann hieran dadurch etwas geändert werden, dass die Verfassung einerseits vom König, andrerseits vom Landtag beschworen worden ist.

Dieser Eid ist ein nichtiger Eid, gerade so wie ein am Altar geleisteter Eid ein nichtiger ist, wenn irgendein Rechtsgrund die beschworene Ehe nichtig macht.

Und was die Kammern betrifft, so hat es überdies, wie aus dem Vorigen folgt, seit der Revisionskammer von 1849 noch niemals eine legale Volksvertretung in Preußen gegeben. Es waren illegale Usurpatorenhaufen und weiter nichts, welche um den Preis der Rechte des Volkes den Sonderfrieden der Bourgeoisie mit der Regierung abschließen wollten, und erst jetzt wieder nach dem Volke schielen, wo sie mit der Regierung um ihren Anteil an der Beute in Streit geraten sind.

Zwar werden Euch die Kammerhelden sagen: Hätten wir nicht sollen zu jenen, wenn auch freilich illegalen Kammern zusammentreten, um das, was dem Volke nun einmal an Rechten geblieben war, als eine Waffe zur Wiedererlangung weiterer Volksrechte zu verwenden?

Freilich konnten sie das, aber dann hätten sie jede Kammersession damit eröffnen müssen, zuvörderst ihre eigne illegale Existenz zu konstatieren und den noch ungesühnten Schatten des Volksrechtes heraufzubeschwören!

Indem sie dies nicht taten, niemals taten, indem sie vielmehr alle Lüfte füllen mit dem lügenhaften und heuchlerischen Geschrei von der zu Recht bestehenden Preußischen Verfassung, zeigen sie bloß, dass sie die Rechte des Volkes verraten, verleugnen und dieselben für die Sonderbeute der Bourgeoisie mit Füßen treten.

Für uns hat also die Preußische Verfassung, die bloß der Beweis und das Produkt des am Volke begangenen Rechtsbruches ist, keinen Wert und kein Interesse, ebenso wenig wie irgendeine rechtliche Existenz.

Für uns hat der Kampf der beiden Parteien kein prinzipielles Interesse, denn beide Parteien, Reaktionäre wie Fortschrittler, sind uns gleich fremd. –

Für uns hat der Kampf kein prinzipielles Interesse, weil der ganze Gegenstand des Kampfes – die Preußische Verfassung – kein solches Interesse für uns hat.

In uns kann im Gegenteil die Preußische Verfassung kein anderes Interesse hervorrufen, als das, sie so schnell wie möglich verschwinden zu machen!

Ich werde also nicht wählen, jetzt so wenig wie bisher, und an solchen Orten, wo der Sieg der Fortschrittspartei ohnehin ganz unzweifelhaft wäre, an solchen Orten ist es das Beste, wenn Ihr alle gleichfalls nicht wählt.

Wir haben uns 14 Jahre hindurch von diesen ungesetzlichen und rechtswidrigen Wahlakten ferngehalten. Man spricht von Ratten, welche das Schiff verlassen, wenn es zu sinken beginnt. Sollen wir die umgekehrten Ratten sein, welche auf das lecke Schiff der Preußischen Verfassung gerade in dem Augenblick springen, wo es untergeht?

Aber haben wir auch kein prinzipielles Interesse an der bevorstehenden Wahlschlacht, so haben wir doch ein sehr großes taktisches Interesse dabei, und dieses taktische Interesse erfordert, dass Sie überall, wo der Sieg der Fortschrittspartei nicht ohnehin unbedingt feststeht, zugunsten – lachen Sie nicht, es ist mein völliger Ernst – zugunsten der Fortschrittspartei wählen!

Die Gründe sind einfach:

Es ist unser dringendstes Interesse, dass das im Mai dieses Jahres durch die Vertagung unzeitig abgebrochene Experiment wieder aufgenommen werde und sein naturgemäßes Ende erreiche. Wir haben das dringendste Interesse, dass die Fortschrittler ihre gänzliche Unfähigkeit, diesen Konflikt zu einem siegreichen Ende zu führen, noch weiter beweisen, damit auch noch alle diejenigen, welche etwa jetzt noch an sie glauben, belehrt werden durch die Tatsachen. Es darf um keinen Preis den Fortschrittlern die Entschuldigung gelassen werden, bei den Wahlen geschlagen worden zu sein. In derselben, ja in noch größerer Anzahl als das letzte Mal müssen sie gewählt werden, um selbst den Blindesten ihre vollständige und jämmerliche Ohnmacht darzutun.

Und ferner: Solange das allgemeine Wahlrecht nicht besteht und solange wir daher keine selbsteigene Stellung einnehmen können, solange muss es unser dringendstes taktisches Interesse sein, dass dieser Kampf zwischen Reaktion und Fortschrittlern fortdauere, falls ihn nicht die Fortschrittler dadurch zu Ende bringen, dass sie mit einem neuen Kompromiss zur Regierung überlaufen, was freilich nicht unmöglich ist, was sie dann aber im Volke definitiv und rettungslos stürzen und begraben würde.

Ich sage, in unserem Interesse ist es, dass dieser Kampf fortdauere, nicht damit einer den andern, sondern damit, wie Ullrich v. Hutten diese Hoffnung aussprach, als Luther zuerst sich gegen den Papst erhob, damit sie sich gegenseitig untereinander auffressen und verschlingen!

Wir müssen also in diesem Kampfe die Schwächern unterstützen. Dafür, dass die Fortschrittsbäume nicht in den Himmel wachsen, dafür ist ohnehin gesorgt, dafür wird Herr v. Bismarck schon sorgen!

Wir unsererseits müssen also, wo es nötig ist, dafür sorgen, dass nicht die Reaktion die Fortschrittler verschlinge. Wählen Sie sie also, wählen Sie sie noch einmal und hoffentlich zum letzten Male! Aber wählen Sie sie mit dem richtigen Bewusstsein, wählen Sie sie, damit sie sich vollends blamieren und ruinieren!

Ich kehre nach dieser durch die bevorstehenden Wahlen gebotenen Abschweifung wieder zum Frankfurter Abgeordnetentag zurück. Den Schlüssel zu allen Bestrebungen der Fortschrittler und Nationalvereinler hat uns wiederum der Präsident des Nationalvereins, Herr v. Bennigsen, in der Rede gegeben, mit welcher er den Abgeordnetentag schloss; er sagt: »Die Leidenschaft der Volkspartei und die Verstocktheit der Regierenden habe schon oft zu revolutionären Umwälzungen geführt. Aber das deutsche Volk sei nicht bloß einmütig, sondern auch so gemäßigt bei seinen Ansprüchen, dass die deutsche nationale Partei, die keine Revolution wolle, und keine machen könne, keine Verantwortung dafür habe, wenn nach ihr eine Partei kommen sollte, welche, weil keine Reform mehr möglich, zu der Umwälzung greife.« (Volkszeitung vom 25. August dieses Jahres)

Ich finde es zwar sehr ungeschickt von Herrn v. Bennigsen, dass er uns beständig, auch jetzt noch, daran erinnert, dass er und seine Partei keine Revolution wollen! Da er uns aber nun einmal ohne Unterlass daran erinnert, nun wohl, so wollen wir ihm diesen Gefallen tun! Erheben wir also unsere Arme und verpflichten wir uns, wenn jemals dieser Umschwung, sei es auf diesem sei es auf jenem Wege, käme, es den Fortschrittlern und Nationalvereinlern gedenken zu wollen, dass sie bis zum letzten Augenblicke erklärt haben: Sie wollen keine Revolution!

Verpflichtet Euch dazu, hebt Eure Hände empor!

Von nicht geringerem Interesse ist die Rede, die gleichfalls in Frankfurt, bei dem auf den abgeordneten Tag natürlich notwendig folgenden obligaten Feste, Herr Schulze-Delitzsch gehalten hat.

Ich muss Euch diese Rede vorlesen, damit keiner von Euch glaube, dass ich ihm unrecht tue. Herr Schulze-Delitzsch sagt wie folgt: »Meine Herren! Es ist von Fehlern die Rede gewesen, die gemacht worden sind vonseiten der Versammlungen, in denen unser politisches Leben begonnen hat. Ich weiß darüber nichts, behaupte aber eins: Wenn je irgendwo Versammlungen der wahre Ausdruck des Volkes gewesen sind, so sind es jene von 1848 gewesen. Haben sie Fehler gemacht, so sind es die schwachen Seiten unserer Volksentwicklung selbst gewesen, Volksfehler sind in jenen Parlamentsfehlern zur Erscheinung gekommen. Verhehlen wir uns nicht, woher überhaupt das Missglücken jener durch und durch ehrlichen, tiefinnersten, auf ein durch und durch sittliches Gefühl gegründeten Arbeiten seinen Ursprung gehabt. Meine Herren! Die Strömung, die damals hineingriff in die politische Frage und der auch jene Versammlungen sich nicht entziehen konnten, war keine politische, es war die soziale, es war die Gesellschaftsfrage! Durch die soziale Frage ist die politische Bewegung des Volkes irregeleitet worden, und die Spaltung der großen liberalen Partei, welche einen Teil derselben der Reaktion in die Arme trieb, hat begonnen auf sozialem Boden. Als die Junischlacht in Paris geschlagen, war das Schicksal der liberalen Bewegung in Europa für lange Zeit entschieden. Meine Herren, verhehlen wir uns zunächst eins nicht: In dem Momente, wo die gebildeten und besitzenden Klassen sich von der politischen Bewegung scheu zurückziehen – sei nun ihre Furcht begründet oder nicht – ist entschieden, dass diese Bewegung keine dauernde, keine nachhaltige Umgestaltung der Verhältnisse zur Folge haben wird.« (Volkszeitung vom 26. August dieses Jahres)

Herr Schulze-Delitzsch ist ein Enfant terrible seiner Partei, ein Kind, welches alle Geheimnisse ausplaudert, die er im Interesse seiner Partei mit tiefster Nacht bedecken sollte! Er sagt Euch, dass die Revolution verunglückte, weil sich die Bourgeois von der politischen Bewegung zurückzogen und auf die politische Freiheit verzichteten, und zwar deshalb, weil sie sahen, dass Ihr mittelst der politischen Freiheit Eure soziale Lage ändern und verbessern wolltet! Und was sagt Euch also Herr Schulze in diesen Worten? Er sagt Euch:

1. dass die Bourgeoisie niemals in eine Verbesserung Eurer sozialen Lage willigen wird. Er sagt Euch:
2. dass sie Euch niemals auch nur die politische Freiheit das allgemeine und direkte Wahlrecht – gönnen werde. Denn durch dieses würdet Ihr jederzeit in den Stand gesetzt sein, die Verbesserung Eurer sozialen Lage in Angriff zu nehmen. Wenn nun die Bourgeoisie sogar glauben könnte, dass Ihr heute so artige Kinder seid, dies nicht zu tun, auch wenn Euch das allgemeine Wahlrecht zur Verfügung stände – welche Gewissheit hätte sie dafür, dass Ihr auch in 1, in 2, in 5 Jahren immer so artige Kinder bleiben werdet, das allgemeine Wahlrecht nicht für die Verbesserung Eurer Lage in Bewegung zu setzen? Folglich kann sie, da ihr die Garantie niemals gegeben werden kann, auch niemals wollen, dass Ihr in den Besitz des direkten allgemeinen Wahlrechts gelangt. Er sagt Euch endlich:
3. dass die Bourgeoisie aus diesem Grunde noch lieber auf ihre eigene politische Freiheit verzichtet, als dass sie Euch das allgemeine Wahlrecht gönnt.

Er sagt Euch also ganz dasselbe, was ich Euch in meinem »Arbeiterlesebuch« hierüber gesagt habe! Ich hatte dort einige Gründe und historische Beweise hierfür zusammengestellt. Wahrscheinlich glaubte Herr Schulze, dass mir noch eine Art von Beweis fehle, das offne Geständnis eines Führers der Bourgeoispartei, – und so war er denn so freundlich, mir auch noch diesen Beweis zur Verfügung zu stellen!

Herr Schulze geht darauf in seinem Toaste dazu über, Euch, den deutschen Arbeitern, ein Lob zu erteilen für Eure Haltung in sozialer Hinsicht. Er sagt: »Unsere Arbeiter haben es gezeigt, dass sie es verstehen, deutsche Männer zu sein. Sie haben jede Lockung, sich von der Partei des Fortschritts zu trennen, zurückgewiesen.«

Dieses ist nämlich uns, dem Allgemeinen Deutschen Arbeiterverein gegenüber gesagt. Haben denn aber die deutschen Arbeiter wirklich dieses Lob verdient? Seid Ihr wirklich so artige Kinder, wie Herr Schulze behauptet? Die deutschen Arbeiter haben dieses Lob nicht verdient! Welches sind die Tatsachen? In Leipzig trat das Zentralkomitee mit allen Stimmen gegen 2 unsern Prinzipien bei, und in einer großen Arbeiterversammlung daselbst wurde mit 1 300 Stimmen gegen 7 dieser Beschluss bestätigt! Auf dem Provinzial-Handwerkertag zu Köln beschloss die Majorität gleichfalls, mein Antwortschreiben zum Manifest der Bewegung zu erheben. In Frankfurt schlug ich die Fortschrittler mit über 400 Stimmen gegen 40. In Mainz mit 800 Stimmen gegen 2. In Hamburg vermögen sie unserm großen Verein gegenüber nirgends standzuhalten. Eine einzige Adresse, die aus wenigen rheinischen Städten an mich gelangte, war mit über 1 400 Unterschriften bedeckt – und Ihr wisst, welche Schwierigkeit das Sammeln von Unterschriften gerade beim Arbeiterstande hat. Eine andere Adresse ist mir soeben aus Dortmund übersandt worden.

In Gersdorf in Sachsen wurde vor Kurzem in einer großen Arbeiterversammlung mit 400 Stimmen gegen 20, in Großenhain mit 400 Stimmen gegen 30, Zustimmung und Beitrittserklärung zum Allgemeinen Deutschen Arbeiterverein beschlossen. In Ronsdorf wurde vor Kurzem eine massenhafte Arbeiterversammlung, die sich einstimmig für uns auszusprechen im Begriff, von dem fortschrittlichen Bürgermeister rechtswidrig aufgelöst. Wie groß hier in Barmen und Elberfeld unsre Zahl ist, seht ihr selbst, zwischen 2 und 3 000 Mann haben sich trotz des gräulichen Unwetters zu dieser meiner Rede eingefunden, und nur höchstens 250–300 haben, wie Ihr seht, infolge des vorhin eingetretenen Inzidenzfalles den Saal verlassen.

Das sind die Tatsachen, denen unsre Gegner damit begegnen zu können glauben, dass sie wie der Vogel Strauß die Augen vor ihnen schließen. Tatsachen, denen sie damit begegnen, dass sie, da sie allein über alle Zeitungsschwärze verfügen, sie entstellen und ableugnen. Aber freilich, wenn ich den anwesenden Bevollmächtigten fragen würde, ob alle diejenigen, welche hier diesen weiten Saal füllen und meine Worte mit ihren enthusiastischen Beifallsbezeigungen begleiten, wirklich eingeschriebene Mitglieder unsres Vereins sind, so bin ich im Voraus überzeugt, dass er mir antworten würde: Auch nicht die Hälfte!

Woher kommt es denn aber, dass Ihr, die Ihr unsre Ideen teilt, unsre Ansichten und Bestrebungen mit Eurer Sympathie begleitet, dass Ihr noch nicht eingezeichnete Mitglieder seid?

Oh, ich kenne den allbekannten Grund dieser Erscheinung wohl! Man klatscht Beifall, man sympathisiert, aber man lässt gewähren und behält sich vor, ah den Früchten der Bewegung teilzunehmen, die andre mit ihren Kräften erarbeitet haben werden! Ich aber frage Euch, ist das ein männliches, ist das ein eines Arbeiters würdiges Benehmen? Welches ist der Unterschied zwischen einem Arbeiter und einem Schmarotzer, wenn nicht der, dass letzterer von fremder Arbeit leben und da ernten will, wo er nicht selbst gesät hat? Bedenkt! Das Wort Selbsthilfe, welches unsre Gegner mit Unrecht im Munde führen – bei ihnen ist es nur eine trügerische Illusion, unser Schild und unsre Devise ist es in Wahrheit! Oder gibt es eine großartigere Selbsthilfe, als diejenige, den Staat umformen zu wollen, um dadurch auch die sozialen Verhältnisse zu ändern? Euch also, die Ihr Arbeiter sein wollt und nicht Schmarotzer, Euch, die Ihr nicht von fremder Arbeit leben wollt und da ernten, wo Ihr nicht selbst gesät, Euch, die Ihr mich mit Euerm Beifall und Akklamationen begleitet, Euch ermahne ich zur Scham! An jene Tische mit Euch und zeichnet Euch ein als unsre Mitglieder, nehmt Euern Teil an unsern Mühen und Anstrengungen!

Unsern Mitgliedern aber rufe ich Folgendes zu: Nicht auf unsre Bevollmächtigten dürft Ihr Euch für die Agitation verlassen, sondern jeder Einzelne von Euch muss diese Agitation zu seiner Aufgabe machen!

Ich will Euch ein einfaches und leichtes Mittel angeben, unsre Zahl in kürzester Frist noch zu verhundertfachen: Jeder Einzelne von Euch muss es sich zum Gesetzemachen, in jeder Woche, was ihm nicht Schwerwerden kann, mindestens ein bis zwei Mitglieder dem Allgemeinen Deutschen Arbeiterverein zu gewinnen, und jede Woche für eine verlorene halten, in welcher er sich dieser Pflicht nicht entledigt hat. Bedenket, in welcher geometrischen Progression sich unsre Reihen vervielfachen müssen, wenn jeder von Euch von dieser Gesinnung durchdrungen ist.

Ja, es muss dahin kommen, dass es für eine Art von Makel und derjenige nicht für einen vollen Arbeiter gilt, der unserm Vereine nicht beigetreten; und er ist in der Tat kein voller Arbeiter, denn es fehlt ihm entweder an Einsicht in das Lebensinteresse seiner Klasse oder an der Männlichkeit, für dieses Interesse selbst wirken zu wollen.

Und nun fordere ich Euch auf, mit mir in den Ausruf einzustimmen:

Es lebe die soziale demokratische Agitation! Es lebe der Allgemeine Deutsche Arbeiterverein!

An die Arbeiter Berlins

Eine Ansprache im Namen der Arbeiter des Allgemeinen Deutschen Arbeitervereins

Arbeiter Berlins!

Von meiner rheinischen Agitationsreise hierher zurückgekehrt, ist es meine dringendste Pflicht, Euch die Augen zu öffnen über die Lügen, welche die beiden sich ausführlicher mit Arbeiterangelegenheiten befassenden liberalen Blätter dieser Stadt, die »Volkszeitung« und die »Berliner Reform«, unter Euch verbreitet haben!

Beide Blätter haben diesmal bei Gelegenheit der großen Solinger Arbeiterversammlung, um Euer Urteil um so sicherer irrezuführen, alles überboten, was sie bisher schon an Schamlosigkeit geleistet haben!

Während in Solingen 10 000 Arbeiter den Prinzipien des Allgemeinen Deutschen Arbeitervereins zujubelten und mir, als dem Präsidenten desselben, einen in der Rheinprovinz bisher beispiellosen Triumphzug bereiteten, während ich die größte Mühe hatte, das Volk davon abzuhalten, die hinter mir herschreitenden Gendarmen zu misshandeln, weil es ihnen die Absicht zuschrieb, mich zu arretieren druckten die genannten beiden Zeitungen nur die Lügenberichte einiger rheinischen Blätter ab, nach welchen mit einer unerhört schamlosen Umkehrung der Wahrheit in ihr äußerstes Gegenteil die Gendarmen mich zu meiner Sicherheit hätten geleiten und gegen die Volkswut schützen müssen!

Und zwar druckten jene beiden hiesigen Zeitungen nur diese Lügenberichte ab, dem von dem Sekretariat des Allgemeinen Deutschen Arbeitervereins ausgegangenen völlig wahrheitsgetreuen Bericht verweigert die »Berliner Reform« wie die »Volkszeitung« – bis auf ein einziges Wort – die Aufnahme. Sie, die nicht am Schauplatz waren, sie, die somit nicht wissen konnten, auf welcher Seite die Wahrheit stehe, sie beide allein unter allen Zeitungen Deutschlands unterdrückten den diesseitigen Bericht, damit die wahre Darstellung der Sache Euch nicht einmal vor Augen komme und Ihr Euch so kein Urteil darüber solltet bilden können, auf welcher Seite die innere Glaubwürdigkeit stehe!

Indem die »Volkszeitung«, ein Blatt noch dazu, das vorzugsweise vor andern ein Arbeiterblatt sein will – so handelte, hat sie an Schamlosigkeit alles überboten, was bisher die Geschichte kennt!

Es ist leider wahr, dass nur zu häufig in den Parteikämpfen die Wahrheit hintenangesetzt und zu dem stets unsittlichen und kläglichen Mittel der Entstellungen gegriffen wird. –

Aber wo wäre es bisher in den englischen oder französischen Klassenkämpfen vorgekommen, dass, wenn die englischen Chartisten oder die französischen revolutionären Arbeiter eine großartige Manifestation ihrer Gesinnungen vorgenommen, die liberalen Zeitungen Englands oder Frankreichs versucht hätten, eine solche Kundgebung in ihr Gegenteil umzulügen.

Sie bedauerten und beklagten dann eine angebliche Verblendung dieser Volksmasse, aber dem Volk, das aus so vielen Tausenden von Kehlen eine Viertelstunde lang und ohne die Pause einer Minute gerufen hatte »Hoch«, in den Mund zu lügen, dass es gerufen habe »Nieder« – die Ehre dieser Erfindung verbleibt der deutschen liberalen Presse und ist charakteristisch für ihr Verhalten zum Volke!

Ja, Arbeiter, die Ehre dieser Erfindung gebührt der deutschen liberalen Presse! So ist noch nicht gelogen worden, seitdem die Welt steht!

Und ihrerseits haben wieder die »Volkszeitung« und die »Berliner Reform« noch die gesamte deutsche liberale Presse weit übertroffen.

Selbst das größte liberale Blatt der Rheinprovinz, die »Kölnische Zeitung« – ein mir durchaus feindliches Blatt –, hat bei Gelegenheit der Solinger Versammlung nur den vom Sekretariat des Allgemeinen Deutschen Arbeitervereins erlassenen Bericht in voller Ausführlichkeit mitgeteilt. Von dem Lügenberichte der »Elberfelder Zeitung« brachte sie nur einzelne Teile, die größten Lügen derselben – diese vor allem, dass mich das Volk mit seinen Verwünschungen begleitet hätte und die Gendarmen mich hätten schützen müssen – sorgfältig fortlassend. Warum tat sie dies? Weil der seitens des Arbeitervereins erlassene Bericht den inneren Beweis der Wahrheit ebenso sehr in sich selbst trug, wie der Bericht der »Elberfelder« und »Barmer Zeitung« durch ihre Innern Widersprüche den Beweis der Lüge und weil die »Kölnische Zeitung« als ein großes Blatt es nicht geraten fand, sich durch Behauptungen zu kompromittieren, deren empörende Lügenhaftigkeit 10 000 anwesenden Zeugen bekannt war!

Die andern Blätter, selbst so hämische und feindselige Blätter wie die »Rheinische Zeitung«, setzten wenigstens den Lügenberichten der »Elberfelder« und »Barmer Zeitung« in gleichfalls vollständiger Mitteilung den vom Allgemeinen Deutschen Arbeiterverein ausgegangenen Bericht entgegen, ihren Lesern so überlassend, welche Meinung sie sich über den Hergang bilden wollten.

Selbst ein mir so feindseliges Blatt wie die »Berliner Nationalzeitung« veröffentlichte wenigstens den größern Teil des vom Arbeiterverein erlassenen Berichts, weil sie sich sagte, dass ihr Leserpublikum – die wohlhabende Klasse – auch andre als Berliner Zeitungen lese und sie vor demselben daher nicht unterdrücken wollte, was es anderweitig her erfahren musste.

Die »Volkszeitung« und die »Berliner Reform« allein grade die Arbeiterblätter Berlins – haben die Schamlosigkeit soweit getrieben, nur den Lügenbericht mitzuteilen und den Bericht des Arbeitervereins Euch zu unterschlagen – die

»Reform« gänzlich, die »Volkszeitung« ein einziges Wort aus demselben spottend anführend!

Warum handelten grade diese Blätter so?

Aus keinem andern Grunde, als weil sie wissen, dass sie vorzugsweise von Euch, den Arbeitern gelesen werden!

Aus keinem andern Grunde, als weil sie selbst die Wahrhaftigkeit des Arbeiterberichts erkannten! Aus keinem andern Grunde, als weil sie einsahen, dass ihr die Wahrheit dieses Berichts ebenso gut herauserkennen würdet, wenn er Euch erst zu Gesicht käme! Aus keinem andern Grunde, als weil sie fürchteten, dass, wenn Ihr erst von der Begeisterung der rheinischen Arbeiter erführet, diese auch Euch ergreifen und anstecken würde. Denn die Begeisterung, diese höchste Gesundheitswärme des Geistes – sie ist glücklicherweise noch viel ansteckender im Volk, als irgendeine Krankheit des Körpers!

Zwar habe ich auch so diese elenden Lügner zu beschämen und die Wahrheit siegreich darzutun gewusst. Ich habe sofort in der mit meiner Namensunterschrift in den Zeitungen veröffentlichten »Öffentlichen Aufforderung« den Solinger Bevollmächtigten des Allgemeinen Deutschen Arbeitervereins beauftragt, 500 Unterschriften von Solinger Bürgern aller Stände aufzubringen, welche die Wahrheit meiner Darstellung bestätigen.

Diese von mir unter meinem Namen erlassene »Öffentliche Aufforderung« musste die Volkszeitung freilich aufnehmen, weil sie wusste, dass ich als persönlich Angegriffener das gesetzliche Recht hatte, die Aufnahme meiner persönlichen Erklärung zu erzwingen, und weil ich diese Aufnahme außerdem unter allen Umständen als bezahltes Inserat sofort veranlassen konnte.

Durch diese meine »Öffentliche Aufforderung« allein ist aber bereits die Wahrheit meiner Darstellung schlagend bewiesen. Denn wie konnte ich meinen eignen Anhängern, wie konnte ich vielen Tausend gegenwärtig gewesenen Arbeitern ins Gesicht hinein diese Erklärung abgeben, wenn sie eine Lüge war?

Ich hätte mich dann bei meinen eignen Anhängern, bei allen jenen Tausenden von Arbeitern, die meine Partei bilden und bilden sollen, für immer vernichtet und als den verächtlichsten Lügner hingestellt!

So handelt kein Parteiführer, selbst wenn er verworfen genug dazu wäre! So handelt er schon aus Klugheit nicht, wo er unter seinem eigenen Namen auftritt.

Und ferner: Woher nahm ich die Sicherheit, die Aufnahme von nicht weniger als 500 Unterschriften anordnen und diese Anordnung sofort im Voraus veröffentlichen zu können, wenn die Erklärung, deren Bestätigung ich forderte, nicht eben wahr war? Hätte ich dann nicht fürchten müssen, dass diese Unterschriften natürlich niemals würden zusammengebracht werden können und ich also vor ganz Deutschland als beschämter und enthüllter Lügner würde dastehen müssen?

Überdies endlich, diese 500 Unterschriften, sie sind, indem ich dies schreibe, bereits erfolgt, lithografiert und den Zeitungen zugesendet worden, welche die Zusendung auch bereits bescheinigen mussten! In weniger als 6 Tagen hat sie – lernt hier die Organisation, die energische Disziplin unseres Vereins, die rastlose hingebende Tätigkeit wahrer Arbeiter kennen – unser Solinger Bevollmächtigter, der Schwertarbeiter Willms, zusammengebracht.

Emanzipiert Euch endlich, Arbeiter Berlins, von dem freiheitsfeindlichen Einflusse, welchen dieses elende Blatt auf so viele unter Euch noch ausübt!

Mit Staunen und Unwillen muss es jeden Demokraten erfüllen, dass so viele von Euch noch immer unter der geistigen Herrschaft dieses Blattes stehen!

Wie, Arbeiter Berlins, ist Euer Gedächtnis zu kurz? Erinnert Ihr Euch nicht, dass die »Volkszeitung« das Blatt war, welches zuerst im Jahre 1858 den Namen Demokratie abschwor und erklärte, die Demokratie müsse in die konstitutionelle Partei aufgehen?

Erinnert Ihr Euch nicht, dass die »Volkszeitung« das erste Blatt war, welches 1859 die Losung ausgab: Man müsse sich von der Forderung des allgemeinen Wahlrechts – Eurer notwendigen Fahne – lossagen und mindestens auf eine unbestimmte Zukunft hinaus an dem Euer gleiches Recht kränkenden und Euren Stand herabsetzenden Dreiklassenwahlgesetz festhalten?

Erinnert Ihr Euch nicht, dass die »Volkszeitung« es war, welche 1858 das lügenhafte Geschrei von der »Neuen Ära« erfand und durch diese feige Täuschung der alten Demokratie den Todesstoß gab?

Erinnert Ihr Euch nicht, dass 1859, als selbst die »Berliner Nationalzeitung« sich der Forderung des Provisoriums für die Armee unter dem richtigen Nachweis, dass aus der provisorischen Armeeorganisation eine definitive sich ergeben müsse, hartnäckig widersetzte, die »Volkszeitung« es war, welche ebenso hartnäckig in langen Leitartikeln unter der breitgedruckten Überschrift »Ehrenmänner« nachwies, dass man solchen Ehrenmännern wie Schwerin und Patow jene Millionen unmöglich abschlagen dürfe? Dass die »Volkszeitung« es war, welche die Kammer durch ihren Einfluss dazu bestimmte, jene Millionen der Regierung zu bewilligen und dass es die »Volkszeitung« somit ist, welche die ganze jetzige Lage der Dinge verschuldet hat? Und wie unendlich könnte ich nicht diesen Anklageakt noch verlängern, wenn die hier angeführten Todsünden gegen die politische Freiheit des Landes und die demokratischen Prinzipien nicht mehr genügten und wenn es mich nicht drängte, auf den unmittelbaren Anlass dieser meiner Ansprache an Euch zurückzukommen!

Noch in anderer Hinsicht, Arbeiter Berlins, hat man versucht, Euer Urteil über die rheinischen Vorgänge irrezuleiten und zu täuschen. In einem hiesigen Arbeiterverein hat man versucht, gleichsam mir selbst die Solinger Messerstiche zur Last zu legen und ich weiß nicht welche Entrüstung in Euch über die rheinischen Arbeiter entzünden zu wollen! Mir jene Messerstiche zur Last legen zu wollen, die am äußersten Ende einer langen, 5 000 Personen fassenden Halle fielen, an deren oberstem Ende ich sprach, Messerstiche, von denen ich nicht eher erfuhr, bis der Gendarm aufgrund derselben die Versammlung für aufgelöst erklärte und die ich sogar dann noch für eine Polizeierfindung hielt – mir diese Messerstiche zur Last legen zu wollen – das ist der Gipfel lächerlicher Parteiwut!

Ebenso wenig aber dürft ihr Euch, Arbeiter Berlins, durch das Geschrei über diese Messerstiche zu irgendwelchem einseitigen Urteil über die rheinischen Arbeiter hinreißen lassen!

Diese Messerstiche – ich bedaure und beklage sie so gut wie andere. Ich beklage sie als eine das notwendige Maß gerechter Abwehr überschreitende Handlung.

Aber wie steht der Fall und wer trägt an diesen Messerstichen die erste und wahrhafte Schuld?

In Barmen wie in Solingen waren nicht allgemeine Volksversammlungen, sondern lediglich Versammlungen des Allgemeinen Deutschen Arbeitervereins ausgeschrieben worden. In Barmen erschienen unter 3 000 Arbeitern etwa 250 fortschrittliche Fabrikanten – einige mit verborgen gehaltenen kleinen Pfeifen ausgerüstet – und versuchten wiederholt durch Pfeifen und Lärmen, endlich dadurch, dass sie sich anschickten, ein »Hoch« auf Herrn Schulze-Delitzsch auszubringen, die Versammlung dieser mit Leidenschaft den Prinzipien des Allgemeinen Deutschen Arbeitervereins ergebenen Arbeiter zu stören. Da warfen sich diese auf die Störer und brachten dieselben zwar nicht ohne Gewalttätigkeiten, aber doch ohne jede Verletzung in einer Minute zum Saal hinaus, worauf mein Vortrag ruhig zu Ende geführt wurde.

In Solingen waren in der von ungefähr 5 000 Arbeitern gefüllten großen Schützenhalle, vor welcher noch ebenso viele Tausende dicht gedrängt standen, ungefähr 100 fortschrittliche Fabrikanten erschienen.

Gleicher Versuch, sofort am Beginn meiner Rede durch Scharren und Lärmen dieselbe abzuschneiden. Sofort werden die Fabrikanten von den Arbeitern mit Blitzesschnelle und noch ohne weitere Gewalttätigkeit hinausgebracht. Die Saaltür konnte aber nicht geschlossen werden, weil auch die draußen stehenden Volksmassen soviel wie möglich von der Rede vernehmen wollten. Diesen Umstand benutzend, versuchen die Fabrikanten dreiviertel Stunden später, indem sie den Ruf »Schulze-Delitzsch hoch!« durch die offene Saaltür schallen lassen, die Rede zu unterbrechen.

Jetzt waren die zunächststehenden Volksmassen bei so absichtlicher und hartnäckiger Herausforderung ihres Zornes nicht mehr Meister. Sie werfen sich auf die Fabrikanten, bedecken sie mit Misshandlungen und hierbei erhalten einzelne von ihnen auch die Messerstiche, auf deren Grund die Polizei rechtswidrig die Versammlung auflöste.

Wie also, Arbeiter Berlins, steht der Fall?

Zunächst: Was haben die Fortschrittler in den Versammlungen des Allgemeinen Deutschen Arbeitervereins zu schaffen? Offenbar ebenso wenig, wie ich in den ihrigen zu schaffen haben würde. Die Zeit der Diskussionen ist zwischen uns vorüber! Ehe der Allgemeine Deutsche Arbeiterverein konstituiert war, ging ich – aber auch nur auf die ausdrückliche Aufforderung der Fortschrittler selbst – unter sie nach Frankfurt am Main und schlug sie mit der Armee selbst, die sie mir entgegenstellen wollten. Seitdem ist der Allgemeine Deutsche Arbeiterverein konstituiert worden und von dieser Stunde an hatten wir mit den Fortschrittlern nichts mehr zu schaffen. Wir sind selbstständige und feindliche Parteien gegeneinander, die ihre selbstständigen und besonderen Wege zu gehen haben. Der Allgemeine Deutsche Arbeiterverein hat sich nicht gebildet, um seine Zeit damit zu verlieren, mit den Fortschrittlern zu diskutieren und noch weniger, um sich mit ihnen in den gegenseitigen Versammlungen durch Tumulte zu stören. Was würden die Fortschrittler sagen, wenn ich ihnen hier in ihre Versammlungen eine Handvoll Arbeiter schickte, um sie durch »Hochs« auf mich zu unterbrechen?

Und wie konnte eine so winzige Handvoll Menschen die Schamlosigkeit haben, Tausende, die sie in Einmütigkeit und Begeisterung versammelt sahen, tumultarisch und lärmend in der Erreichung des Zwecks ihrer Versammlung hindern zu wollen? Endlich aber: Woher nahm diese Handvoll Menschen den Mut zu diesem beleidigenden und provozierenden Auftreten gegen so viele Tausende von Arbeitern, in deren Mitte sie sich befanden?

Hierauf gibt es nur eine Antwort: Diese Handvoll Menschen rechnete deshalb darauf, ungestraft allen Unfug gegen jene Tausende verüben zu können, weil diese ja die Arbeiter seien, die sich in ihrer, der Arbeitsherren Abhängigkeit befänden. Auf das Abhängigkeitsverhältnis der Arbeiter zu ihnen pochten sie, auf das Hungertuch, an welchem sie diese Arbeiter hielten!

Ja, Arbeiter, wenn sich 1848 die Besitzenden darüber beschweren, von den Arbeitern terrorisiert worden zu sein, so ist es jetzt umgekehrt dahin gekommen, dass der gute Rock den Arbeiterkittel terrorisieren will! Eine Handvoll Fabrikanten wollen Tausende von Arbeitern in der freien Kundgebung ihrer politischen Gesinnungen durch tumultarischen Unfug gewaltsam hindern. Und sie glaubten dies dreist und ungestraft tun zu können, weil es ja ihre Arbeiter seien, die sich unterstehen wollten, eine ihnen unbequeme politische Ansicht an den Tag zu legen!

Aber die rheinischen Arbeiter sind nicht die Männer, sich in ihren politischen Gesinnungen durch ihre Arbeitsherren bevormunden und terrorisieren zu las«en. Dieses Gefühl grade, das Gefühl der Beleidigung und Unterdrückung, welche in jenem auf ihre Privatabhängigkeit trotzenden Versuch jener Handvoll Fortschrittler lag, war es, welches die rheinischen Arbeiter zum höchsten Zorn entflammte!

Wenn ihre Leidenschaft sie hierbei, wie leicht vorauszusehen war, zu Exzessen hinriss – wen anders trifft die erste und hauptsächlichste Schuld dieser Exzesse, als diejenigen, die sie so mutwillig, so hartnäckig und so beleidigend provozierten? Und ferner, Arbeiter Berlins, seht Ihr nicht in dieser Leidenschaft selbst, wie so oft im Leben, das Gute dicht neben dem Üblen?

Ohne Leidenschaft wird in der Geschichte kein Stein vom andern gerückt! Ohne Leidenschaft ist keine einzige jener gewaltigen Befreiungen ausgeführt worden, deren Aufeinanderfolge die Weltgeschichte bildet.

Das Aufhören aller politischen Leidenschaften im Volksherzen seit 1849, die Versumpfung und Mattigkeit, welche seitdem eingerissen, sie sind ein Hauptgrund unseres tiefen Verfalls seit 14 Jahren!

Die Fortschrittler haben seit 1858 ihren Nationalverein und ihre sogenannten Arbeiterbildungsvereine gebildet. In 5 Jahren haben diese Vereine das politische Leben im Volke nicht heißer durch seine Adern pulsieren zu machen, nicht einen Tropfen des politischen Herzblutes im Volke in raschere Bewegung zu setzen vermocht! Der Allgemeine Deutsche Arbeiterverein besteht kaum 4 Monate – und bereits stellt sich die Leidenschaft ein im Herzen des Volkes!

In dieser Leidenschaft, Arbeiter Berlins, wenn sie sich auch diesmal in ihrem Umfang und in ihrer Äußerung vergriff in dieser Leidenschaft begrüßt mit mir das freudige Zeichen, dass die politische Aufregung und mit ihr das politische Leben im Volke von Neuem zu erwachen und seinen großen Bestimmungen entgegen zu gehen beginnt!

Arbeiter Berlins! Wollt Ihr alles, was ich Euch mit meinen Worten gesagt habe, aus dem Munde meiner Gegner, der Fortschrittler, selbst vernehmen? Wollt Ihr sehen, wie sie da, wo sie unter sich selbst sprechen oder schreiben, sich alles das selbst eingestehen, was ich Euch bis jetzt gesagt habe und wovon sie wohlweislich stets dann das Gegenteil behaupten, wenn sie unter Arbeitern sprechen oder für Arbeiter schreiben? Nun wohl, ich will Euch auch noch diesen Beweis führen!

Die in Frankfurt am Main erscheinende »Süddeutsche Zeitung« ist eins der eifrigsten Organe der Fortschrittspartei, eine der wärmsten Freundinnen des Herrn Schulze-Delitzsch. Sie ist daher von Anfang an bis auf den heutigen Tag eine meiner leidenschaftlichsten Gegnerinnen gewesen. Und gleichwohl brachte dieses Blatt – welches so gut wie gar nicht von Arbeitern gelesen wird und in welchem daher meine Gegner schon eher sich gelegentlich auch die Wahrheit eingestehen zu können glaubten – neulich unmittelbar nach der von mir abgehaltenen Arbeiterversammlung zu Barmen folgenden Leitartikel über dieselbe (in ihrer Nr. 486 vom 25. September), den ich hier wörtlich einrücke:

»Die Arbeiterbewegung in Rheinpreußen«

»Vom Niederrhein, 23. September. Unter allen Momenten der immer breiter und großartiger sich entwickelnden Krisis unseres Staatslebens ist die Arbeiterbewegung bisher das mindest beachtete und zugleich in einem Grade, welchen wenige ahnen, das wichtigste und das gefährlichste. Die beiden mächtigen Parteien, die kleine, welche mit den Insignien der Monarchie ohne Rücksicht auf deren Gebrechlichkeit dreinschlägt, und die große, welche sich im Gefühl behaglicher Sicherheit auf den breiten Rücken der Bourgeoisie lehnt und wartet, bis der Strom der Reaktion abgelaufen ist, sie haben beide den größten Fehler durch ihr Verhalten gegenüber der Arbeiterbewegung begangen.

Es darf wohl als feststehend betrachtet werden, dass eine einfältigere Gesellschaft noch nie hinter den Kulissen der politischen Bühne gestanden hat als die gegenwärtige Generation unserer feudalen Ultras. Ihr jetziges Gebaren könnte man nur dann einigermaßen respektieren, wenn man annehmen wollte, dass sie ihre Sache absolut verloren geben und in ritterlicher Hochherzigkeit die Festung samt dem Feinde in die Luft sprengen wollen. Daran ist aber gar nicht zu denken. Die Herren hoffen noch recht lange sich in dem bekannten Hause an der Leipziger Straße vergnügt und gemütlich zu unterhalten, daheim behaglich Rüben zu bauen und ihr Gesinde zu regieren. An Abtreten denken sie noch gar nicht. Sie bilden sich ein, ganz sicher und ungestraft die unterste Schicht der Bevölkerung ein wenig gegen die reichen Bürger und den übermütigen Mittelstand aufhetzen zu können, um nur den verhassten ›Fortschritt‹ loszuwerden. Wenn aber schon die Allianz mit Panse eine Dummheit genannt werden durfte, so ist die heimliche und offene Begünstigung Lassalles und seiner Umsturzbestrebungen dem Verfahren des Schildbürgers zu vergleichen, der den Ast absägt, auf dem er sitzt. Oder ist es vielleicht eine petitio principii, wenn wir von den Umsturzbestrebungen Lassalles sprechen? Sollen wir die fade Behauptung erst widerlegen, dass dieser Mann ein Werkzeug der Reaktion sei, wohl gar ein ›blindes‹? Wer die Augen nicht auftun will, dem können wir nicht zum Sehen verhelfen. Dagegen möchte ein Wörtchen aus der Erfahrung für diejenigen an der Stelle sein, die über Lassalle sich damit beruhigen, dass seine ›längst durch die Erfahrung widerlegten‹ Fantasien bei der ungeheuren Mehrzahl der Arbeiter keinen Boden finden. Man hat das lange gesagt und sagt es immerfort, während die Zahl der Anhänger Lassalles in beständigem Wachsen ist. Bemerkenswerter noch ist der Fanatismus dieser Anhänger. Wer die Art und Weise dieser Jüngerschaft beobachtet, findet in ihr ein ganz anderes Wesen als in der stillen und harmlosen Anhänglichkeit der Genossenschaftsmitglieder an Schulze-Delitzsch. Die Bierseidel, welche am vergangenen Sonntag in Barmen auf die abziehenden Fortschrittsmänner geworfen wurden, sind nicht die Waffen gewöhnlicher Rohheit gewesen und wenn Lassalle sein Auftreten als eine ›Heerschau‹ bezeichnete, so darf man dies Wort nicht als eitle Übertreibung betrachten. Von Solingen, einem Orte, dessen Arbeiterbevölkerung von jeher einen aufbrausenden Charakter gehabt hat, erfahren wir, dass man sich für kommenden Sonntag auf ganz ähnliche, wo nicht schlimmere Szenen gefasst macht. Wir könnten Äußerungen von Arbeitern mitteilen, die ungleich ernsthafter klingen, als wenn der behäbige Philister beim Zweckessen ›Gut und Blut‹ für die gemeinsame Sache zu lassen verspricht.

Die Konsumvereine, welche sich von Tag zu Tag vermehren, bilden keinen genügenden Damm gegen diese Stimmung. Sehr häufig findet man sogar unter den Begründern derselben, soweit sie dem Arbeiterstande angehören, die Ansicht, dass sich nun eben für den Augenblick nichts anderes tun lasse. Aus Achtung vor den gebildeten Männern, welche meist an der Spitze dieser Vereine stehen, lässt sich der Arbeiter von weiteren Schritten abhalten; aber wenn man glaubt, in ihnen einen festen und ausdauernden Kern für eine Gegenpartei unter den Arbeitern selbst zu besitzen, so täuscht man sich. Schulze-Delitzsch hat einen großen und begeisterten Anhang unter dem Handwerkerstande. Seit er in so schroffem Gegensatz zu Lassalle steht, verehren ihn auch die Kaufleute und Fabrikanten, die noch vor wenigen Jahren nicht viel von ihm wissen wollten. Die Fabrikarbeiter und Tagelöhner hören aber deswegen seinen Namen fast immer mit einigem Misstrauen, weil er ihnen so geflissentlich gepredigt wird und weil sie sehen, dass die Handwerker und Kaufleute ihn hochhalten.

Diese Stimmung wird nun von den ›Konservativen‹ geschürt. Man kann das Mitleid kaum unterdrücken, wenn man verschrobene Geistliche, ehrgeizige Beamte und heimtückische Schleicher auf Geheiß der Zentralbehörden des feudalen Staats im Staate den Arbeitern schmeicheln sieht, um ein paar armselige Wahlmannsstimmen zu gewinnen. Weise Zeitungsartikel suchen Lassalle wohl zu belehren, dass ja doch durch die wenigen Stimmen der Arbeiter niemals ein Abgeordnetenhaus werde erzielt werden, welches die Arbeiterfrage zur Hauptfrage mache. Man trage doch nicht Eulen nach Athen! Was den Arbeiterstand politisch so bedeutend macht, sind die derben Fäuste, der hungrige Magen, die Beweglichkeit, die Entschlossenheit. Wir wissen nicht, ob wir jemals ein Heer von Turnern und Schützen werden für die Verfassung ins Feld rücken sehen; aber das wissen wir, dass ein Lassallesches Arbeiterheer, wenn man die Dinge soweit kommen lässt, von der gegenwärtigen Verfassung Deutschlands kein Stück beim Alten lassen würde, am wenigsten Zepter, Krone, Stern und andere Spielsachen. Lassalles ›Theorie der erworbenen Rechte‹ – beiläufig gesagt nach meiner Ansicht eines der bedeutendsten Bücher der rechtsphilosophischen Literatur – enthält alle Momente, aus welchen eine Praxis der entzogenen Rechte hervorgehen kann, für den Verständigen ganz klar dargelegt. Noch hat Lassalle in Berlin den Boden nicht, den er in einem großen Teil der Rheinlande gewonnen hat. Die Reaktion arbeitet daran, das Feld zu bestellen, wo die Revolution ernten wird. Sie arbeitet Lassalle in die Hände;

nicht umgekehrt. Wir stehen, dank der Torheit unsrer Regierung und der beschränkten Schwäche, welche sich vielfach in der Leitung der liberalen Sache kundgibt, am Vorabend einer großen sozialen Umwälzung. Es ist uns längst so vorgekommen, als ob die gepachteten Intelligenzen der offiziösen und feudalen Presse dies grade so gut wüssten wie wir und mit vergnügter Bosheit an ihren Brotherren die Rolle des Mephisto probierten.

Der Augenblick, in welchem die Gefahr, die wir signalisieren, näher tritt, wird ein ganz bestimmtes Kennzeichen tragen. Der Fortschrittspartei ist schon jetzt, trotz der sechs neuen Punkte, durch das ratlose Auseinandergehen nach dem Schlusse des Landtags, durch die Untätigkeit der Führer während des ›Interregnums‹, durch die beispiellose Mattigkeit der Produkte des Pressvereins ein bedenklicher Stempel aufgeprägt. Man schrickt vor dem Kampf mit der Krone zurück, der doch der Angelpunkt des ganzen Konflikts ist. Dies Haltung muss über kurz oder lang dazu führen, dass auch auf dem rein politischen Gebiet neue Bestrebungen und Parteien hervortreten. Man denke sich eine jahrelange Fortsetzung des passiven Widerstandes der letzten Monate und berechne die Folgen davon! Preußen ist nicht Kurhessen, und das Wählen allein hat noch nie ein Volk freigemacht. Nun entsteht die einfache Frage: Wird dann vorwärtsdrängende Entschlossenheit in gewissen Elementen der Fortschrittspartei, in der Kammer, unter den bekannten Führern einen Anhaltspunkt finden oder nicht? Bleibt die Fortschrittspartei in ihrer viel gerühmten Geschlossenheit, wo die besten Elemente sich gegenseitig neutralisieren; geht man nach sechswöchentlichem Reden nochmals nach Hause, um die Hände in den Schoß zu legen und wenn es hochkommt, wieder ein Fest zu feiern; zieht dann der Pressverein nochmals einen neuen Taler ein, um wieder alten Kohl aufzutischen – dann halten wir es für sehr wahrscheinlich, dass der eigentliche ›Fortschritt‹ sich von der Sache dieser Partei trennt und sich einer Allgemeinen Deutschen Arbeiterbewegung in die Arme wirft. Die Elemente dazu sind vorhanden.« Und der Verfasser dieses Artikels erklärt nun, dass die einzige Rettung dagegen in einer energischen Fortentwicklung der Fortschrittspartei bestehen würde. Seht Ihr, Arbeiter? Die Zahl der Anhänger des Allgemeinen Deutschen Arbeitervereins, ihre Begeisterung, ihr stetiges Wachstum, der Widerwille, mit welchem die Herren Fabrikanten und Kaufleute früher Herrn Schulze-Delitzsch betrachtet haben, den sie erst jetzt, wo er bei Euch als Gegengift gegen mich dienen soll, als Mittel, Euch von der energischen Verfolgung Eurer Interessen, von mir und dem Allgemeinen Deutschen Arbeiterverein fernzuhalten, bekränzen – alles ist hier mit dürren Worten eingestanden!

Die Lächerlichkeit der Erfindung, dass ich der Reaktion diene (!!), die Furcht, dass umgekehrt der Allgemeine Deutsche Arbeiterverein den Ast abzusägen drohte, auf welchem Fortschrittler und Reaktion gemeinsam sitzen – das alles und noch vieles andere wird ebenso wie der wirkliche Charakter der rheinischen Versammlungen hier von unsern Gegnern selbst, wie Ihr seht, in einem

Blatte, das ja die Arbeiter nicht lesen, hier, wo sie nur untereinander und nicht vor Euch zu sprechen glauben, offen eingeräumt! Ja, der Verfasser des Artikels, der offenbar zu den entschiedensten Elementen der Fortschrittspartei gehört, gesteht zuletzt schon, dass diesen entschiedneren Elementen nichts übrig bleiben werde, als sich der Arbeiterbewegung anzuschließen!

Und die Redaktion der »Süddeutschen Zeitung« macht folgende Anmerkung zu diesem Leitartikel ihres Korrespondenten:

»Die nachstehende Darstellung scheint uns zwar nicht ganz gesichert gegen den Vorwurf, örtliche Erscheinungen allzu rasch zu verallgemeinern; allein die örtlichen Erscheinungen selbst haben an unserm Herrn Korrespondenten von jeher einen sorgsamen und unbefangenen Beobachter gehabt, sodass wir dessen ungeachtet keinen Anstand nehmen, ihn auch diesmal unverkürzt zu Worte kommen zu lassen.«

Der Verfasser jenes Artikels ist also ein langjähriger und vielerprobter Korrespondent der »Süddeutschen Zeitung«. Und während so bereits Bestürzung und Verwirrung in den Reihen unserer Gegner herrscht, steht Ihr, Arbeiter Berlins, noch unschlüssig und zaudernd, nicht wissend, welche Partei Ihr ergreifen sollt?

Habt Ihr denn nicht in der letzten Zeit wieder eifriger denn je von der »Volkszeitung« und der »Berliner Reform« die Behauptung verbreiten hören, dass ich der Reaktion diene – und könnt Ihr nicht schon aus dieser elenden und plumpen Verleumdung allein am besten entnehmen, wie entsetzlich der Betrug ist, der gegen Euch verübt werden soll?

Wie, Arbeiter Berlins? Glaubt Ihr wirklich, der rheinische Arbeiterstand, der in geistiger wie materieller Hinsicht am weitesten vorgeschrittene Arbeiterstand Deutschlands – materiell am weitesten entwickelt durch die dort herrschende große Industrie, politisch und geistig am weitesten entwickelt sowohl durch die unausbleiblichen Folgen derselben als durch die ständige Berührung mit französischen und englischen Elementen – glaubt Ihr wirklich, der rheinische Arbeiterstand, dieser politisch radikalste Arbeiterstand Deutschlands, diese Avantgarde des deutschen Arbeiterstandes, würde einem Reaktionär zujauchzen?

Nichts hat mehr dazu gedient, die Flamme der Erbitterung in dem rheinischen Arbeiterstande anzufachen und den Anhang des Allgemeinen Deutschen Arbeitervereins zu vermehren, als die beständig wiederholte Verleumdung der Fortschrittler, dass ich der Reaktion diene!

Denn der rheinische Arbeiterstand kennt mich auf das Genaueste! Zehn Jahre habe ich mit ihm und unter ihm verlebt. Die Zeiten der Revolution und der Reaktion habe ich mit ihm verbracht!

Kaum war von den Fortschrittlern die Parole ausgegeben worden, dass ich der Reaktion diene, als der rheinische Arbeiterstand hieraus allein schon erkannte, wie namenlos plump das Volk betrogen werden sollte und sich da selbst solche Elemente unserer Bewegung anschlossen, welche bis dahin noch unschlüssig gewesen waren:

Ich will Euch den Grund dieses Betruges enthüllen, Arbeiter Berlins!

Ich will Euch hier wiederholen, was ich schon in meiner Frankfurter Rede – dem »Arbeiterlesebuch« – nachgewiesen habe.

Die Fortschrittsbourgeois hassen mich und feinden mich an, nicht weil sie Reaktion, sondern umgekehrt, weil sie Revolution von mir befürchten! Nicht, weil ich ihnen reaktionär, sondern weil ich ihnen revolutionär erscheine! Und die tatsächlichste Wahrheit dieses Vorwurfes – ich habe sie in der Wahrheit meines Wesens hundertmal zugegeben, wo immer auch er mir gemacht wurde, ich habe sie zugegeben vor der Öffentlichkeit, in meinen Werken, meinen Reden, ja zu den wiederholten Malen selbst vor den Gerichten!

Ich habe sie zugegeben wie 1849, vor 14 Jahren in meiner Assisen-Rede in meinem Hochverratsprozess vor den rheinischen Geschwornen, in welchem es sich um meine ganze Existenz handelte, so noch im Januar dieses Jahres vor dem Berliner Kriminalgericht in meiner Rede »Die Wissenschaft und die Arbeiter«, so noch vor zwei Tagen vor dem Königlichen Kammergericht hierselbst in einem Prozess, in welchem es sich um meine persönliche Freiheit handelte! Auch haben bis zu meinem »Antwortschreiben« die Fortschrittler mich immer nur als einen extremen Revolutionär behandelt und das Grauen, das sie gerade aus diesem Grunde vor mir empfanden, nie verborgen. Seit meinem »Antwortschreiben« erst haben sie unter Euch die Losung ausgegeben, dass ich der Reaktion diene!

Und welchen Anlass hatten sie hierzu in meinem »Antwortschreiben«? Erteilte ich daselbst den Arbeitern den Rat, sich um Politik nicht zu kümmern und von ihr zurückzuhalten?

Ich erkläre im Gegenteil daselbst (p. 4): »Es ist gradezu vollständig beschränkt, zu glauben, dass den Arbeitern die politische Bewegung und Entwicklung nicht zu kümmern habe. Ganz im Gegenteil kann der Arbeiter die Erfüllung seiner legitimen Interessen nur von der politischen Freiheit erwarten usw. usw.« Oder greife ich die Fortschrittspartei vielleicht deshalb an, weil sie zu weit gehe gegen die Regierung? Ich greife sie vielmehr (siehe p. 4–7 meines »Antwortschreibens«) nur deshalb und auf das Äußerste an, weil sie nicht weit genug gehe, weil sie von einer Schwäche und Energielosigkeit ohnegleichen sei, weil sie bewiesen habe, dass es ihrer kläglichen Mattheit nie gelingen würde, einer entschlossenen Regierung gegenüber die Interessen der Freiheit zum Siege zu führen! Erklärte ich, dass man die Regierung der Fortschrittspartei gegenüber stützen müsse? Ich erkläre vielmehr daselbst (p. 7), dass man die Fortschrittspartei der Regierung gegenüber in solchen Punkten, wo das Interesse ein gemeinschaftliches sei, unterstützen und sie zu zwingen suchen müsse, »sich vorwärts zu entwickeln und das Fortschrittsniveau zu übersteigen«, wie ich noch in meiner letzten Rheinischen Rede (p. 27) die Parole ausgab, bei den bevorstehenden Wahlen aus den daselbst entwickelten Gründen für die Fortschrittler gegen die Regierung zu wählen!

Noch einmal also, warum erklären die Fortschrittler nicht einfach wahrheitsgemäß, dass sie mich, ihrem Verfassungsboden zuliebe, als Revolutionär hassen und bekämpfen? Warum geben sie statt dessen umgekehrt die verleumderische Parole vor Euch aus, dass ich der Reaktion diene?

Der Grund ist einfach; ebenso einfach als nichtswürdig und entrüstend! –

Vor Euch können mir die Fortschrittler diesen Vorwurf nicht machen: ein Revolutionär zu sein. Vor Euch würde, wie sie wissen, dieser Vorwurf, der den wirklichen Grund ihrer Wut gegen mich bildet, nur die Wirkung haben, Eure Massen um so sicherer zu meinen Anhängern zu machen – und darum kehren diese Heuchler den Spieß um und beschuldigen mich vor Euch, der Reaktion zu dienen, weil sie mich als Revolutionär hassen!

Arbeiter Berlins! Wollt Ihr wissen, ob ich ein Reaktionär bin? Lest meine Rheinische Rede, lest meine Rede »Die Wissenschaft und die Arbeiter«, lest alle meine Reden und Vorträge, und Ihr werdet sehen, dass die Fortschrittler insgesamt nicht einmal den Mut haben würden, sie zu halten!

Erinnert Euch, Arbeiter Berlins, wie oben die »Süddeutsche Zeitung« die »fade Behauptung« belacht, dass ich der Reaktion diene!

Aber Euch, Arbeiter Berlins, halten die Fortschrittler immer noch für dumm genug, um Euch sogar diese »fade Behauptung«, die sie selbst belachen, aufzubinden!

Folgt also dem Beispiel der rheinischen Arbeiter! Erkennt an dem Beispiel dieses einen elenden Betrugs, wie plump Ihr in jeder Hinsicht von der Fortschrittspresse, von der »Volkszeitung« und den Fortschrittlern überhaupt belogen werdet!

Was sollte Euch abhalten können, Arbeiter Berlins, in die Reihen des Allgemeinen Deutschen Arbeitervereins einzutreten? Unsere Fahne ist zunächst das allgemeine und direkte Wahlrecht und diese Fahne, sie ist die notwendige und zugeborene Fahne eines jeden Mitgliedes Eures Standes! Sogar diejenigen von Euch, die so betört sein sollten, eine Verbesserung Eurer sozialen Lage nicht zu wollen, sie sind wie jeder, welcher, gleichviel welchem Stande er angehört, das allgemeine und direkte Wahlrecht aufrichtig will, genötigt, in unsere Reihen zu treten.

Denn ist das allgemeine und direkte Wahlrecht erlangt, so würden deshalb ja die sozialen Prinzipien des Allgemeinen Deutschen Arbeitervereins noch nicht zur Geltung kommen können, sofern sie nicht die Majorität des aus den allgemeinen und direkten Wahlen hervorgegangenen gesetzgebenden Körpers für sich haben.

Und umgekehrt: Haben sie diese Majorität für sich – nun, so muss sich jeder, welcher das allgemeine und direkte Wahlrecht aufrichtig will, geduldig auch den sozialen Veränderungen unterwerfen, welche dasselbe durch die Beschlüsse der Volksvertreter im Lande hervorrufen kann!

Jeder also, der nur ein aufrichtiger Anhänger des allgemeinen und direkten Wahlrechts ist, ist, wenn er nicht Euch oder sich selbst täuschen will, genötigt, in die Reihen unseres großen Vereins zu treten, welcher diese Agitation zu seinem nächsten politischen Ziele gemacht hat und durch diesen Beitritt unsere Agitation zu verstärken.

Was dagegen könnt Ihr mit den Fortschrittlern zu schaffen haben, was kann Euch mit ihnen verbinden?

Während wir für das allgemeine und direkte Wahlrecht agitieren, agitieren die Fortschrittler – für die Aufrechterhaltung der Preußischen Verfassung!

Die Preußische Verfassung aber hat, wie ich Euch in meiner Rheinischen Rede ausführlich bewiesen habe, noch niemals auch nur einen Tag lang zu Recht bestanden!

Die Preußische Verfassung ist, wie ich Euch daselbst bewiesen habe, nur das Produkt und Resultat des am Volke verübten Rechtsbruches, des in illegaler Weise aufgehobenen allgemeinen Wahlrechts, das durch das Gesetz vom 8. April 1848 bestand.

Die Preußische Verfassung ist, wie ich Euch daselbst nachgewiesen habe, nur der Kompromiss der Bourgeoisie mit der Regierung, für welchen die Bourgeoisie im Interesse ihrer alleinigen Beute das gesetzlich bestehende Recht des Volkes preisgab.

Die Preußische Verfassung schließt das Dreiklassenwahlgesetz in sich ein, welches einen wesentlichen Teil von ihr bildet und auch alle ihre anderen Bestimmungen mit seinem Geiste durchdringt.

Die Preußische Verfassung schließt das allgemeine und direkte Wahlrecht aus, welches nicht eintreten kann, insofern diese Verfassung nicht beseitigt ist!

Jeder somit, der für die Aufrechterhaltung der Verfassung agitiert, ist als ein Feind der Volkspartei zu betrachten, die für die Einführung des direkten und allgemeinen Wahlrechts agitieren muss.

Wie also, Arbeiter Berlins, könntet Ihr, statt Euch um das notwendige Banner Eurer Klasse, um das Banner, der gesamten Demokratie, das allgemeine und direkte Wahlrecht zu scharen, hinter den Fortschrittlern herlaufen?

Wollt Ihr einen Beweis mehr für die gänzliche Unfähigkeit und Nichtigkeit dieser Männer?

Ich will Euch einen ganz frischen Beweis erbringen, einen Beweis, hergenommen aus ihrem Verhalten zu der wichtigsten Frage, die Deutschland bewegt, zu der großen nationalen Frage und der Reformakte der deutschen Fürsten: einen Beweis, bei dem man sich des Lachens kaum enthalten kann! Auf dem Frankfurter Abgeordnetentag am 21. August dieses Jahres ließen die Herren Schulze-Delitzsch und v. Unruh den Ausschussantrag beschließen, dass man sich zu der Reformakte der deutschen Fürsten »nicht lediglich verneinend verhalten« dürfe; sie ließen ferner folgenden Satz beschließen: »Ob der Abgeordnetentag in dieser Tatsache (der Reformakte) zugleich die Bürgschaft sehen darf, dass das gute Recht des deutschen Volkes auf eine seiner würdige Verfassung nach wiederholten unfruchtbaren Verheißungen endlich zur Erfüllung komme, das wird zunächst von dem weiteren Entgegenkommen der deutschen Fürsten und Regierungen abhängen.«

Es war in Frankfurt von Herrn Welker ein Antrag gestellt worden, der Reformakte der Fürsten gegenüber zu erklären, dass an der deutschen Reichsverfassung von 1849 als dem bestehenden Rechte der Nation festgehalten werden müsse.

Die Herren Schulze-Delitzsch und v. Unruh brachten es durch ihren Einfluss auf den Abgeordnetentag dahin, dass dieser Antrag zurückgezogen werden musste. Sie sprachen beide auf das Entschiedenste für den oben gedachten, einstimmig angenommenen Ausschussantrag! Herr Schulze-Delitzsch ging von der Ansicht aus, dass es sehr unschlau sein würde, die Reformakte ganz von sich zu weisen; dass sich die deutschen Fürsten in einer Falle gefangen hätten und man sie darin festhalten müsse.

Gut! Das war also im August! – Ich ließ mir diese Gelegenheit nicht entgehen und wies in meiner Rheinischen Rede den Fortschrittlern nach, dass sie durch diesen Beschluss sogar ihren eigenen Standpunkt verraten hätten, dass sie von ihrem Standpunkt aus nichts anderes hätten tun dürfen, als einfach an der Reichsverfassung von 1849 festzuhalten – eine Verfassung, welche zwar, wie ich daselbst weiter nachwies, eine vollständige Unmöglichkeit für Deutschland, aber nichtsdestoweniger – oder eigentlich gerade deshalb der notwendige Standpunkt der Fortschrittler sei.

War es mir wirklich gegeben, sogar die Fortschrittler durch diese Rede zu überzeugen oder haben sie auf irgendeinem andern Wege die Entdeckung gemacht, dass sie in Frankfurt eine einfache Verwechslung begangen und für künstliche Schlauheit gehalten haben, was bloß natürliche Dummheit gewesen – genug, jetzt vor zwei Tagen, am 12. Oktober, halten dieselben Herren v. Unruh und Schulze-Delitzsch eine Versammlung des Nationalvereins im Arnimschen Saale hierselbst ab, in welcher sie beide im Gegensatz zu ihrem Frankfurter Beschluss die Reformakte weit von sich weisen, sie auf das Vollständigste vernichten, sie als ein Ding behandeln, an das in keiner Weise angeknüpft werden kann und beschließen lassen, dass »der Fürsten-Reformakte gegenüber an der Reichsverfassung von 1849 festgehalten werden muss«.

Ja, Herr Schulze-Delitzsch erklärt hierbei in seiner Rede wörtlich Folgendes (siehe Nationalzeitung, Abendausgabe vom 14. Oktober): »Wie steht nun die deutsche Nation zu der Reformakte? Sie gewinnt nichts an Macht nach außen, nichts an Recht nach innen, sie gäbe dazu das Recht auf, jemals mehr fordern zu dürfen und sie verdiente nicht mehr zu erlangen.«(!!!)

Das alles – und sogar, dass die Nation nicht mehr zu erlangen verdiente, wenn sie sich auf diese Reformakte einließe, finden jetzt die Herren v. Unruh und Schulze-Delitzsch von derselben Reformakte, von der sie im August in Frankfurt beschließen ließen, dass sich die Nation darauf einlassen müsse!

Arbeiter! Ihr, die Ihr Männer seid, deren ja, ja und deren nein, nein ist, was wollt Ihr mit so prinzipienlosen Wetterfahnen anfangen? Was wollt Ihr mit Männern anfangen, die in Frankfurt, wo man großdeutsch ist, für und in Berlin, wo man preußisch ist, gegen die Reformakte sind? Mit Seiltänzern, die im August schwarzgelb und im Oktober schwarz-weiß einhergehen? Mit Männern schlimmer als Wetterfahnen, da sie ihre Richtung ändern, selbst ohne Windstoß! Denn noch hat sich seit dem August in der Lage der deutschen Frage seitens der deutschen Fürsten nichts geändert! Es ist seitens derselben nicht einmal der geringste neue Vorgang eingetreten, der auch nur zum dürftigsten Vorwand für diese Änderung der Richtung genommen werden könnte!

Was wollt Ihr mit Männern, die nicht einmal in der wichtigsten nationalen Frage wissen, was sie selber wollen und Euch also noch viel weniger sagen können, was Ihr wollen sollt?! Was wollt Ihr mit Männern, die nicht einmal in der unsere ganze Existenz als Nation betreffenden Frage auf dem Boden eines Prinzips einherschreiten? Was wollt Ihr mit politischen Kindern, die wie Kinder gern Große nachäffen! Volkspolitik und Fürstendiplomatie verwechselnd, nach diplomatischer Schlauheit haschen und dabei, wie natürlich, das Unglück haben, im Oktober selbst finden zu müssen, dass herzlich dumm war, was sie im August für gründlich schlau hielten, auf die Gefahr hin, im Januar wieder zu finden, dass nach einer andern Seite hin die Schlauheit vom Oktober der Dummheit vom August in nichts nachsteht?!

Wie könntet Ihr hoffen, Arbeiter, mit so kleingeistigen, prinzipienlosen Männern jemals die großen Interessen der Freiheit erkämpfen und die Hindernisse besiegen zu können, die nur der ersten Konsequenz der Prinzipien weichen?

Was also sollte Euch abhalten können, in unsere Reihen einzutreten?

Und seid Ihr, Arbeiter Berlins, nicht überdies hierzu genötigt durch unser soziales Programm: die Verbesserung Eurer sozialen Lage?

Wer von Euch, Arbeiter, sollte so beschränkt und so blind gegen sein eigenes Interesse sein, nicht die tiefe Ungerechtigkeit Eurer Klassenlage und die Notwendigkeit ihrer Verbesserung zu empfinden?

Oder ist es vielleicht das täuschende Wort »Selbsthilfe«, der falsche und heuchlerische Gegensatz, den man zwischen dieser und der von mir vorgeschlagenen Hilfe durch die Gesetzgebung macht, durch welchen man Euch zurückhält?

Arme, betrogene Masse, die man durch den Köder eines Wortes verführt!

Wo gibt es eine großartigere »soziale Selbsthilfe« als diejenige, welche darin besteht: den Staat umzuformen und hierdurch die sozialen Verhältnisse zu ändern?

Im Privatleben helfen sich die einzelnen jeder, mit seinen isolierten Kräften so gut es geht.

Die Völker und Klassen helfen sich stets nur und haben sich seit je nur geholfen durch die Gesetzgebung!

Die Selbsthilfe der Völker und Klassen – das ist die Änderung der Gesetzgebung, die Einführung jener großen allgemeinen Institutionen, welche das gesamte soziale Leben bedingen! Und habe ich Euch denn eine solche Staatshilfe vorgeschlagen, wie sie neulich in Brüssel verlangt wurde, dass nämlich die Arbeiter vom Staate pensioniert werden sollten?

Ich weise einen solchen Gedanken, der wiederum auf ein Almosen hinauslaufen und Eure Selbstständigkeit und Unabhängigkeit gefährden würde, weit von mir.

Ich habe nichts mehr und nichts weniger verlangt, als das der zukünftige Staat, der durch die Einführung des direkten und allgemeinen Stimmrechts wiedergeborene demokratische Staat durch eine ihm sehr leichtfallende Kreditoperation Euch die Kapitalvorschüsse beschaffe, welche den Arbeitern für die Bildung von Produktiv-Assoziationen erforderlich sind!

Diese Staatshilfe, sie ist kein Gegensatz zur Selbsthilfe. Sie gewährt Euch im Gegenteil nur die Möglichkeit der Selbsthilfe! Sie gewährt Euch erst die Möglichkeit, Eure Lage durch Selbsthilfe zu verbessern, durch Eure eigenen Unternehmungen Euch selbst zu helfen, die Früchte Eurer Arbeitskraft für Euch selbst zu ernten! Heißt es, die Selbsthilfe aufheben, wenn man Euch die wirkliche Möglichkeit derselben gewährt?

Wird der Gewinn, den Ihr aus Euren Unternehmungen beziehen werdet, nicht das Resultat Eurer eigenen Tat- und Arbeitskraft sein – mit dem einzigen Unterschied, dass die Früchte derselben Euch dann zufließen, während sie jetzt ausschließlich in die Tasche des Unternehmers wandern, der Euch mit der magern Lebensnotdurft in der Form des Arbeitslohnes abspeist?

Der Arbeitslohn selbst, den ihr zum Beispiel in den Werkstätten der Unternehmer an und mit den Maschinen und Arbeitsinstrumenten derselben aller Art – diesen verkörperten Kapitalien – verdient, ist er darum weniger das Resultat Eurer Selbsthilfe, weil er von Euch an Maschinen und Arbeitsinstrumenten und also an Kapitalien erarbeitet wird, die Euch nicht gehören?

Arbeitet der Setzer im Atelier des Unternehmers nicht mit den Lettern desselben? Der Weber, sei es in der Unternehmerwerkstatt, sei es bei sich zu Haus, nicht an dem ihm eingehändigten Rohstoff desselben usw.? Ist der Arbeitslohn, den sie hieran verdienen, nicht Resultat ihrer Selbsthilfe, weil ihnen Arbeitsinstrument oder Rohstoff nicht gehören?

Oder ist dieser Arbeitsertrag nur solange Resultat der Selbsthilfe, als er auf den Arbeitslohn – das heißt auf den durch die Konkurrenz, die sich die Arbeiter heutzutage machen müssen, bestimmten notdürftigen Lebensunterhalt – beschränkt bleibt und den Überfluss als Gewinn in die Tasche der Unternehmer fallen lässt? Und hört dieser Arbeitslohn dann auf, Resultat der »Selbsthilfe« zu sein, wenn er steigt und den gesamten Arbeitsertrag, also auch den Geschäftsgewinn umfasst?

Arbeiter Berlins merkt Ihr noch nicht die grobe und plumpe Täuschung, die man Euch vorspiegelt?

Es wäre, um über Euch zu lachen und sich kalt und gleichgültig von Eurer Sache zurückzuziehen, wenn es nicht grade um so mehr Mitgefühl und Unwillen in einem warmen Herzen erwecken müsste, Eure Ehrlichkeit durch einen so schnöden Betrug gemißbraucht zu sehen!

Und hat Herr Schulze-Delitzsch nicht selbst diese Täuschung eingestehen müssen, indem er Euch in der Sitzung des Arbeitervereins vom 21. Juni dieses Jahres verkündete (siehe die Volkszeitung vom 23. Juni), dass er selbst bei den Besitzenden 100 000 Taler aufgebracht habe, um den Produktiv-Assoziationen, die er jetzt bilden wolle, den erforderlichen Vorschuss zu gewähren?

Er selbst ist also jetzt nach meiner Agitation und unter dem Drucke derselben nicht nur dazu übergegangen, Produktiv-Assoziationen bilden zu wollen, auf die ich Euch in meinem »Antwortschreiben« hinwies, sondern er hat auch selbst eingestanden, dass Euch die Kapitalvorschüsse zur Produktion, wenn von Produktiv-Assoziationen unter Euch die Rede sein soll, von andern gewährt werden müssen; dass sie erforderlich sind, weil sie sich in Euren Taschen nicht finden und ohne sie nicht produziert werden kann!

Er hat also selbst eingestanden, dass die Selbsthilfe dadurch nicht aufgehoben wird, dass Euch die Kapitalvorschüsse respektive Kredite zur Produktion von außen her gewährt werden?

Und ist es dann nicht zunächst dasselbe, ob sie Euch von einzelnen Reichen oder vom gesamten Volke in seiner einheitlichen Zusammenfassung als Staat durch den gesetzgebenden Körper gewährt werden?

Oder vielmehr: von einzelnen Reichen gewährt, bleiben sie ein Almosen, das Euch erniedrigt! Ein Almosen, das Euch in die fortdauernde Abhängigkeit von dem guten Willen jener einzelnen Personen bringt! Dagegen von der gesamten Nation in ihrer einheitlichen Zusammenfassung als Staat gewährt, bilden sie

Euer fortdauerndes gesetzliches Recht, für das Ihr in keines Menschen Abhängigkeit seid und keinem Menschen zu danken habt.

Derselbe Unterschied wie beim Charakter dieser Hilfe zeigte sich bei ihrem Umfang. Von den einzelnen Reichen gewährt, können sich diese Vorschüsse nur etwa auf hunderttausend oder höchstens Hunderttausende von Talern erstrecken, also auf Summen, so klein, dass sie im besten Falle nur einer Handvoll einzelner von Euch helfen und sie über Eure Klasse emporsteigen machen können. Dies aber, einige einzelne unter Euch über Eure Klasse emporsteigen zu machen – dies ist nicht das Interesse Eurer Klasse, sondern das Gegenteil davon! Um aber Eure Klasse, um nicht bloß einzelne wenige Arbeiter, sondern die Arbeit selbst zu befreien – die Millionen und Millionen von Talern, deren es dazu bedarf, kann nur Staat und Gesetzgebung gewähren.

Noch einmal also, Arbeiter! Jene Kreditvorschüsse durch den Staat gewähren Euch, statt Eure Selbsthilfe aufzuheben, grade erst die wirkliche Möglichkeit dieser Selbsthilfe! Wisset Ihr nicht, dass sogar Hunderte von Bourgeois schon hundertmal ihr Geschäft hätten schließen müssen, wenn sie nicht durch Staatsbanken in der Form von Wechseldiskontierungen ähnliche Kreditvorschüsse erhielten? Und habt Ihr deshalb jemals gehört, dass diese Bourgeois deshalb abhängig sind und von Staatshilfe leben?

Arbeiter Berlins! In welcher tiefen Nacht müsstet Ihr Euch befinden, wenn Ihr nicht den interessierten Grund dieses heuchlerischen und trügerischen Gegensatzes, den man zwischen der Selbsthilfe und jenen von mir verlangten Kreditvorschüssen macht, einsehen solltet! Grade ohne diese Kreditvorschüsse werdet Ihr niemals zur Produktiv-Assoziation, niemals zur Selbsthilfe gelangen. Sie würde ein ewig täuschendes leeres Wort für Euch bleiben, durch das man Euch narrt! Und grade nur in der Institution dieser Kreditvorschüsse für Arbeiter-Assoziationen habt Ihr die reale Möglichkeit zur Selbsthilfe!

Allen Einzelnen aber durch die großen Gesamteinrichtungen des Staats in einer den jedesmaligen Zeitbedürfnissen entsprechenden Weise die reale Möglichkeit zur Selbsthilfe und Selbstentwicklung zu gewähren – das ist grade der innerste Sinn der Freiheit, das ist der wahre Inhalt aller gesellschaftlichen Ordnung; da – und nicht der bloße Polizeizweck, Verbrechen abzuwehren – ist der letzte Grund und Zweck des Staats, der nicht den Ministern oder dem Könige gehört, sondern durch alle und für alle da ist! Das ist grade der wahrhafte Grund, weshalb Staaten überhaupt bestehen und die Menschen nicht ohne geselligen Verband herumlaufen auf ihre Kräfte als Einzelne beschränkt, gleich den Tieren!

Endlich aber, Arbeiter Berlins, habe ich Euch denn auf den gegenwärtigen Staat, auf den Polizeistaat hingewiesen? Ich habe Euch für diese Hilfe hingewiesen auf den zukünftigen, unter der Herrschaft des allgemeinen und direkten Wahlrechts gestellten Staat. Auf den Staat also, der die höchste Entfaltung der Freiheit sein und unter der Herrschaft des gesamten Volkes stehen wird!

Um Euch, Arbeiter Berlins, aufzuklären über diese ganze Reihe von Täuschungen hat der Allgemeine Deutsche Arbeiterverein beschlossen, dass ich diese Ansprache an Euch richte und in 10 000 Exemplaren unentgeldlich unter Euch verbreite!

Arbeiter Berlins! Der zu Euch spricht, führt vor Euch nicht seine Sache, sondern Eure eigne! Der zu Euch spricht, spricht nicht zu Euch als ein einzelner Mann, sondern als der Repräsentant vieler Tausende von Arbeitern und mit dem ganzen Ansehen, das es ihm bei Euch geben muss, so viele Tausende Eurer Klasse vor Euch zu verkörpern!

Durch meinen Mund sprechen zu Euch Eure Brüder vom Rhein und vom Main, von der Elbe und der Nordsee. Sie strecken Euch die schwieligen Fäuste hin und verlangen, dass Ihr einschlaget in ihre Bruderhand!

Sie rufen Euch zu: Erwachet aus Eurer Teilnahmslosigkeit und tretet ein in unsern Bruderbund!

Sie rufen Euch zu: Wie könntet Ihr hinter den Fortschrittlern herlaufen oder in trägem Indifferentismus verharren, hier, wo es sich um die politische Freiheit, um die Wiedererhebung der Demokratie und um die materiellen Interessen Eurer Klasse, um die Befreiung der Arbeit von dem Tribut an das Kapital überhaupt handelt?

Sie rufen Euch zu: Denket Eurer großen Toten vom März 1848! Wollet Ihr, die Söhne und Brüder jener, welche mit die Ersten waren in der Bewegung von damals, die Letzten sein in der Bewegung von heute?

Und damals handelte es sich bloß um die politische Freiheit! Heute handelt es sich um die politische Freiheit und um die Arbeitsinteressen zugleich.

Und damals handelte es sich darum, Barrikaden zu bauen – heute handelt es sich zunächst nur darum, durch den gesetzlich vollkommen erlaubten Eintritt in unsern Verein, durch eine imposante Entfaltung unserer Zahl und Einmütigkeit eine Stellung einzunehmen, welche einen immensen Druck auf Regierung wie Fortschrittler zugleich ausüben und eine neue Wendung in der Entwicklung unseres Volkes herbeiführen muss!

Auf also, Arbeiter Berlins! Zeichnet Euch ein in die Listen des Allgemeinen Deutschen Arbeitervereins! Am Ende dieser Schrift sind Euch die Namen und Wohnungen der Männer angegeben, bei welchen Ihr diese Einzeichnung bewerkstelligen und die Mitgliederkarten und Statuten in Empfang nehmen könnt. Bedenket, was ich Euch in meiner Rheinischen Rede zurufe: Kein Arbeiter ist als ein voller Arbeiter zu betrachten, wenn er nicht in den Allgemeinen Deutschen Arbeiterverein eintritt. Denn es fehlt ihm entweder an Einsicht in das Lebensinteresse seiner Klasse oder an der Männlichkeit, selbst für dieses Interesse wirken zu wollen!

Bedenkt die Verantwortlichkeit, Arbeiter Berlins, die Ihr durch fortgesetztes Zaudern vor Euren Brüdern, vor Euch selbst, vor der gesamten Geschichte auf Euch laden würdet! Die wichtigsten Zentren Deutschlands sind gewonnen. Leipzig und die Fabrikgegenden Sachsens sind für uns. Hamburg und Frankfurt am Main marschieren unter unsrer Fahne. Das preußische Rheinland geht bereits im vollen Sturmschritt voran!

Mit Berlin wird die Bewegung unwiderstehlich!

Wollt Ihr, Arbeiter Berlins, die Verantwortung auf Euch laden, durch Eure Haltung diese große deutsche Bewegung, den Triumph Eurer gemeinsamen Sache zurückgeworfen zu haben? Wollt Ihr, die Arbeiter der Hauptstadt, welche die Verpflichtung hätten, allen voran zu marschieren, den Vorwurf auf Euch laden, die Letzten gewesen zu sein, die sich der Bewegung anschlossen?

Bedenkt die auseinanderreißenden Folgen, die es für Euren eignen Stand haben muss, wenn Ihr Euch feindlich oder teilnahmslos verhaltet gegen eine Bewegung, welche den Arbeiterstand in so vielen deutschen Städten und Provinzen mit Begeisterung und Enthusiasmus ergriffen hat!

Die Uneinigkeit der deutschen Fürsten und Stämme, dieser traurige Charakterzug unserer bisherigen Geschichte – soll sie sich sogar noch im deutschen Arbeiterstande wiederfinden und unsre nationale Entwicklung vereiteln?

Fern sei das von Euch! Fern von mir, es zu glauben!

Also, Arbeiter Berlins – erwachet und – die Besten von Euch voran – zeichnet Euch ein in die Listen unseres Vereins!

Im Namen des Allgemeinen Deutschen Arbeitervereins Berlin, den 14. Oktober 1863

Der Präsident *Ferdinand Lassalle*

Ronsdorfer Rede

Die Agitation des Allgemeinen Deutschen Arbeitervereins und das Versprechen des Königs von Preußen

Rede am Stiftungsfest des ADAV

22. Mai 1864

Freunde!

Wir feiern heut das Stiftungsfest des Allgemeinen Deutschen Arbeitervereins! Vor Kurzem – im März – ist es ein Jahr geworden, dass infolge des Erlasses meines »Antwortschreibens« an das Leipziger Zentralkomitee diese Agitation begonnen hat; heute ist es ein Jahr, das wir in Leipzig den Allgemeinen Deutschen Arbeiterverein gestiftet haben, eine Stiftung, zu deren Feier die rheinischen Gemeinden heute hier versammelt sind. Wenn je, so wird es also heut am Orte sein, einen Rückblick auf das verflossene Jahr, seine Resultate und Erfolge zu werfen. Und selten ist ein Verein in der Lage gewesen, einen Rückblick zu werfen, der so geeignet wäre, die erhebendsten und freudigsten Gefühle in aller Brust zu erwecken! Um recht zu würdigen, wie beispiellose Erfolge wir in dieser kurzen Zeit erreicht haben, müssen wir uns vor allem die ganz ausnahmsweis große Schwierigkeit der Umstände vergegenwärtigen, unter welchen dieser Verein gegründet ward. Wir hatten die gesamte liberale Presse aller deutschen Länder gegen uns! Und diese Presse und die Fortschrittspartei, welche von ihr vertreten wurde, genoss noch dazu jenes Nimbus und jener Popularität, welche immer jeder Oppositionspartei zuzufallen pflegt! – Es war ein Mann gegen alle, welcher diese Fahne erhob! Wenn je, so hätte man also hier vermuten sollen, es sei ein tot geborenes Kind, das wir in die Welt setzten!

Ich erinnere mich einer sehr poetischen Sage des Mittelalters, welche damals Jahrhunderte hindurch den Glauben des Volkes bildete, der Sage, dass der Löwe immer tot geboren werde und erst das furchtbare Gebrüll des Löwenvaters ihn zum Leben erwecke! Wohl, wir haben im Sinne dieser Sage gehandelt! Es schien am ersten Tage vielleicht ein tot geborenes Kind, aber wir haben so furchtbar gebrüllt, dass dieser Ruf ein Echo fand in allen deutschen Landen, dass dieses Kind zum freudigsten Leben erwachte und sich eben dadurch als echter Löwe betätigt hat!

Ich werde bei diesem Überblick durchaus nicht in alle Details eingehen, weil das Material dann die Grenzen eines jeden Vortrags bei Weitem überschreiten würde. Nur die hauptsächlichsten Gesichtspunkte will ich hervorheben, nur in den flüchtigsten und kürzesten Umrissen die Erfolge schildern, auf welche ich den meisten Wert lege.

Ich will damit beginnen, dass wir von allen Vereinen, welche seit 1848 entstanden sind, meines Wissens der erste Verein sind, welcher auch in Österreich eine Gemeinde erlangt hat. Es ist dies, soviel ich weiß, weder dem Nationalverein, noch irgendeinem fortschrittlichen Vereine jemals geglückt. Es war dieses auch ganz natürlich; ihr wisst, fortschrittlich oder liberal ist gleichbedeutend mit kleindeutsch. Diese Partei ging seit je darauf aus, die österreichischen Territorien aus Deutschland auszustoßen und zu diesem Zwecke zuvörderst die Deutschheit der österreichischen Territorien aus dem Bewusstsein der Nation auszutilgen. Und beinahe hatte sie diesen letzteren Zweck bereits erreicht! Wir, der Allgemeine Deutsche Arbeiterverein, wir sind, was stets einen der Titel unseres Ruhmes und unseres Stolzes bilden wird, der erste Verein, der diese künstliche und unnatürliche Trennung wiederum durchbrochen und in Österreich seine Fahne aufgepflanzt hat, wie in den andern deutschen Ländern. Und zwar ist dies geschehen trotz der besonderen Schwierigkeiten, mit denen man in Österreich zu kämpfen hat, weil dort kein Vereinsgesetz besteht und daher zur Gründung eines dortigen Vereins die besondere Erlaubnis der Regierung nötig wäre. Nichtsdestoweniger hat die brave Gemeinde zu Asch die Initiative ergriffen, sie hat sich gebildet, ich habe selbst deshalb an die Statthalterschaft zu Prag geschrieben, und es ist nicht zu zweifeln, dass, wenn nicht dort geradezu mit Verboten entgegengetreten wird, die gesetzlich übrigens keineswegs begründet wären, unser Verein in den Gemeinden Österreichs sich schnell und in großem Umfange verbreiten wird.

Aber auch weit außerhalb der geografischen Grenzen Deutschlands haben unsere Grundsätze und der Glanz unserer Fahne bereits die Anerkennung gefunden, auf welche sie rechnen konnten, falls man überhaupt auf die Macht der Wahrheit und der Intelligenz in der Brust des Menschen rechnen kann. Ich will ganz kurz nur zweier Tatsachen Erwähnung tun:

Unsere schleswig-holsteinischen und unsere polnischen Resolutionen sind einstimmig von dem Deutschen Arbeiterbildungsverein in London und von den Gemeinden des republikanischen Volksbundes in der Schweiz angenommen worden.

Innerhalb unseres Vaterlandes will ich den Hauptnachdruck gar nicht einmal auf die große Anzahl unserer Gemeinden in fast allen deutschen Staaten und auf die große Mitgliederzahl legen, welcher sich viele dieser Gemeinden erfreuen, sondern hauptsächlich und vor allem darauf, dass vermöge einer gewissen generatio aequivoca, das heißt, vermöge einer gleichsam von selbst eintretenden Zeugung, an so vielen Orten Gemeinden unseres Vereins entstehen, ohne dass ich oder irgendein anderes Mitglied des Vereins persönlich dabei die Hand im Spiele hätte. Wenn irgendetwas, so ist gerade diese von selbst geschehende Fortpflanzung einer der größten Beweise für die Kraft, Wahrheit und Popularität unserer Grundsätze, für die Trieb- und Keimkraft derselben.

So, um nur an Vorgänge innerhalb der letzten zwei Monate zu erinnern, bildete sich in Augsburg, wo keiner von uns Bekannte hatte, ganz von selbst und trotz allen Wütens der liberalen Presse eine kleine Gemeinde. Es waren eben mehreren Arbeitern durch Zufall einige unserer Schriften in die Hände gefallen; sie taten sich zusammen und schrieben mir, ich möchte ihnen einen Bevollmächtigten einsetzen.

Ebenso in Duisburg, wo wir ebenso wenig irgend persönlich den Anstoß gegeben hatten. Fünf dortige Arbeiter schreiben mir eines Tages, dass ihnen mein »Arbeiterlesebuch« in die Hände geraten sei, dass sie, nachdem sie es gelesen, entschlossen seien, eine Gemeinde zu gründen und daher um Einsetzung eines Bevollmächtigten baten. Einer der Schreiber dieses Briefes, ein Maschinenwärter, wurde von mir zum Bevollmächtigten ernannt. Er hielt sofort eine öffentliche Versammlung ab, in welcher, obgleich alle Fortschrittskapazitäten jener Stadt erschienen waren, noch an demselben Abend über 50 Mitglieder sich in unsere Listen einzeichneten.

Rührend fast ist ein Hergang in Bremen gewesen. Vor Kurzem erhalte ich nämlich einen Brief aus dieser Stadt, dessen 43 Schreiber mir anzeigen, dass sie bereits seit fast zwei Monaten als eine Gemeinde auf eigne Faust bestehen, dies aber nicht eher hätten bei dem Allgemeinen Deutschen Arbeiterverein anzeigen und sich mit ihm verschmelzen wollen, bis sie doch wenigstens eine einigermaßen nennenswerte Anzahl erreicht hätten. Jetzt gäben sie von ihrer Existenz Kunde und bäten um die Einsetzung eines Bevollmächtigten. In ganz ähnlicher Weise bildete sich vor wenigen Tagen, wie ich erst während meines Aufenthalts in Düsseldorf erfuhr, eine Gemeinde in Altona.

Einer der größten Beweise unserer Erfolge und Fortschritte bietet aber Berlin selbst dar.

Berlin war, wie Ihr wisst, immer die feste Burg der Fortschrittler, das Heerlager des Herrn Schulze-Delitzsch. Und es kann Euch die Schwierigkeit, auf die wir dort stießen, nicht wundernehmen bei der beispiellos lügenhaften Presse, durch welche das Volk von Berlin irregeleitet wird. So, um Euch nur einige Beispiele zu geben, hatte die dortige Fortschrittspresse die Berliner Bevölkerung wirklich glauben machen wollen, dass mich in Solingen im vorigen September, wo mir, wie Ihr wisst – überdies sind ja viele Hunderte von Solingern unter Euch – an 10 000 Arbeiter einen im Rheinlande unerhörten Triumphzug bereiteten, die Gendarmen vor der Volkswut hätten schützen müssen.

Sie mussten mich in der Tat damals gerade so vor der Wut des Volkes schützen, wie sie mich heut vor Eurer Wut schützen müssen!

Ja, auf einem Berliner Volkstheater sang man – denn leider liegen in Berlin auch die Volkstheater in den Händen der Fortschrittler – ein Couplet, in welchem mit Beziehung auf die Solinger Vorgänge die Verse vorkamen:

»Triumphe feiern nennt's Lassalle, –
Rausschmeißen sie ihn überall,«

– gerade so nämlich, wie Ihr mich heute hinausschmeißt!

Ich habe Euch diese Beispiele angeführt, damit Ihr Euch über die Schwierigkeiten nicht wundern möget, auf welche bei einem so namenlos und planmäßig belogenen Volke unsere Bestrebungen im Anfang stoßen mussten.

Als ich also im Oktober vorigen Jahres von meiner rheinischen Agitationsreise nach Berlin zurückkehrte und Versammlungen des Allgemeinen Deutschen Arbeitervereins dort einberief, erklärte Herr Schulze-Delitzsch öffentlich in seinem Arbeiterverein – und die eigenen Blätter seiner Partei haben diese Erklärung gebracht: Von Berlin aus habe der Sozialismus sein Haupt erhoben, in Berlin müsse ihm daher entgegengetreten werden!

Was unter diesem Entgegentreten verstanden war, sollte sich bald zeigen.

Obgleich wir die Einrichtung getroffen hatten, dass nur solche zu unseren Versammlungen Zutritt hatten, welche Vereinsmitglieder waren, oder sich sofort am Eingang des Lokals zu Mitgliedern aufnehmen ließen, ja obgleich wir die Vorsicht dort so weit getrieben hatten, hierbei sogar die Unterzeichnung unserer Statuten zu fordern, eine Vorsichtsmaßregel, nach welcher kein Mann von dem geringsten Ehrgefühl in unsere Versammlung gehen konnte, wenn er nicht mit den Grundsätzen dieser von ihm unterzeichneten Statuten einverstanden war, so kam doch eine große Menge von Fortschrittlern in unsere Sitzungen, um dieselben durch Erregung von Tumult zu stören und zu verhindern. Und Ihr begreift, dass die Tumultuanten, auch wenn sie die Minderheit sind, stets leichtes Spiel haben. Denn indem die einen Tumult machen und die anderen nach Ruhe rufen, wird gerade dadurch der Tumult um so größer. In drei Sitzungen waren wir genötigt, diese Kämpfe zu bestehen, und nur durch die Anstrengung aller meiner Kräfte gelang es mir, den Tumult zu beherrschen.

Ja, in einer dieser Sitzungen trat ein Vorfall ein, der einen fast hätte irremachen können an dem Ehrgefühl des Volkes!

Nachdem sich diese Vorgänge nämlich dreimal wiederholt hatten, beschloss ich, alle Vorsichtsmaßregeln weit von mir zu werfen und den Stier gleichsam bei den Hörnern zu packen. Von den Fortschrittlern einmal zum Kampfe gezwungen, wollte ich immer lieber den Kampf im Großen als im Kleinen haben!

Ich mietete also den großen Saal des »Eldorado«, einen Saal, der weit über 2 000 Personen fasst, und kündigte Vorträge an, zu welchen ich auch alle Nichtmitglieder zuließ, gegen Eintrittskarten, die ich mit offenen Händen an jeden austeilen ließ, der ihrer begehrte. Ich wusste natürlich im Voraus, dass dies die Fortschrittler gleichsam als eine Herausforderung betrachten und sich in noch größerer Masse einfinden würden.

In der ersten dieser öffentlichen Sitzungen war es, dass jener Vorfall eintrat, von welchem ich vorhin sagte, dass er einen fast hätte irremachen können an dem Ehrgefühl des Volkes! In der ersten dieser öffentlichen Sitzungen im Eldorado war es nämlich, dass 30 Polizisten eindringend mich unter der Anklage des Hochverrates verhafteten, unter jener Euch bekannten Anklage, die ich seitdem mit der Schärfe des Schwertes vernichtet habe.

Und als die Polizisten hier mich verhafteten, brachen, ihnen selbst zur Verwunderung, die anwesenden Fortschrittler in ein stürmisches Beifallklatschen und »Hochs« auf die Polizei aus.

So stand die Sache damals in Berlin, und wie steht sie jetzt?

Ihr wisst, dass es mir ziemlich schnell gelang, mich meiner Haft zu entwinden, 3 Tage darauf ward ich gegen Kaution entlassen, und obgleich der Staatsanwalt in seinem Antrag erklärte, er behalte sich vor, sofort meine Verhaftung von Neuem zu beantragen, wenn ich in meinen Unternehmungen weiterginge, so unterließ ich dennoch nicht, noch an dem Tage meiner Freilassung eine weitere Versammlung im »Eldorado« auszuschreiben und durch die öffentlichen Blätter bekannt zu machen.

Und nun zeigte sich, dass der Widerstand der Fortschrittler sich an unserer Festigkeit gebrochen hatte, wie Wogenschaum am Felsen! Eine tiefe Scham fing an, sich des Volkes zu bemächtigen. Man wagte nie wieder, uns zu stören. Wir haben seitdem alle 8 Tage unsere Versammlungen in Berlin ohne allen Tumult abgehalten. Wir haben eine kernhafte Gemeinde in Berlin erlangt, eine Gemeinde, welche nicht durch ihre Zahl, wohl aber durch ihre Intelligenz und ihren Eifer einen hervorragenden Platz einnimmt unter den Gemeinden Deutschlands. Es ist ein Kern von Arbeitern der höchsten Tüchtigkeit. Seit mehr als 2 Monaten habe ich nicht einmal mehr nötig, selbst diesen Versammlungen beizuwohnen; ich kann sie ganz ruhig von unserem Bevollmächtigten abhalten lassen – kein Mensch, der noch wagte, sie zu stören.

Bei jenen Schreiern aber ist die größte Bekehrung eingetreten. Sie sind aus unsern leidenschaftlichen Gegnern unsere versteckten Anhänger geworden, und nur falsche Scham hält sie ab, uns offen beizutreten; eine falsche Scham, denn etwas gelernt und eine bessere Überzeugung erlangt zu haben, dessen braucht sich niemand zu schämen.

Ja, selbst diese falsche Scham fängt bereits an, überwunden zu werden. Schon nach meiner Abreise von Berlin hielt unser Verein eine öffentliche Sitzung ab, von welcher mir unser Vereinssekretär meldet: Zahlreiche Schulzeaner waren gegenwärtig und einer derselben trat nach dem Vortrag der schlesischen Weberdeputation (von der ich Euch später erzählen werde) vor und erklärte: Er sei bisher einer der leidenschaftlichsten Gegner der lassalleschen Bestrebungen gewesen, werde aber von nun an ein noch wärmerer Anhänger derselben sein, er werde sich in der nächsten Vereinssitzung einfinden, um sich zum Mitglied aufnehmen zu lassen, wenn ihn der Allgemeine Deutsche Arbeiterverein dieser Ehre für würdig halte.

Ebenso ist im Berliner Arbeiterverein des Herrn Schulze schon seit mehr als 2 Monaten eine vollständige Spaltung eingetreten; es vergeht fast keine Sitzung mehr, in welcher sich nicht Herr Schulze in seinem eigenen Verein von Mitgliedern desselben sagen lassen muss, dass sie unter der »Knechtschaft des Kapitals« ständen. Wenn ich wollte, so könnte ich jetzt sehr leicht – was aber ferne von mir sei – Herrn Schulze die Vorgänge, die bei uns spielten, in verstärktem Maße mit Zins und Zinseszinsen wiedergeben, indem ich einen Teil unserer Mitglieder in seinen Verein schickte, um die darin herrschende Stimmung zu benutzen. Das aber wäre meiner wie Eurer unwürdig.

Noch deutlicher aber springen die Erfolge unserer Agitation in die Augen, wenn wir den Blick auf die gesamte Arbeitermasse lenken. In Berlin besteht ein Verein von Buchdruckergehilfen, welcher zwischen 600 und 800 Mitglieder zählt. Dieser Buchdruckerverein hat neulich den Beschluss gefasst, eine Petition an das Staatsministerium zu richten und in diesem Beschluss Erwägungsgründe ausgesprochen, welche vollständig die Wahrheit unserer ökonomischen Prinzipien anerkennen, grade jener Prinzipien, die von uns aufgestellt, nachgewiesen und von dem Herrn Schulze und den Ökonomen seiner Sorte so hartnäckig geleugnet worden sind; Erwägungsgründe, welche, wie Ihr sofort sehen werdet, fast wörtlich herausgeschnitten sind aus meinem Euch bekannten Buche »Bastiat-Schulze«; diese Erwägungsgründe lauten:

»In Erwägung:

1. dass erfahrungsgemäß der Arbeitslohn mit den steigenden Preisen der Lebensbedürfnisse nicht Schritt hält;

2. dass das wirtschaftliche Gesetz von Angebot und Nachfrage den Arbeiter der Ware gleichstellt und ihm in seinen Konsequenzen unter Umständen nicht einmal das zur notdürftigsten Lebensfristung erforderliche Minimum von Lohn sichert.«

Ihr seht also, jenes ökonomische Gesetz, welches ich Euch zur großen Wut der Fortschrittler in meinem »Bastiat-Schulze«, wie in meinem »Arbeiterlesebuch« überall als das Hauptfundament der ökonomischen Theorie entwickelt habe, dass nämlich unter der entwürdigenden Herrschaft von Angebot und Nachfrage der Arbeiter entmenscht und ökonomisch der Ware gleichgestellt wird – dieses Gesetz wird hier von den Buchdruckern ausdrücklich bestätigt und anerkannt!

Ihr könnt Euch die Freude der Fortschrittler denken, als sie plötzlich sahen, wie schon in dem bloßen Buchdruckergewerk von 6–800 Arbeitern Berlins – denn fast einstimmig wurde dieser Beschluss in dem Buchdruckergehilfenverein gefasst – die Wahrheit unserer von der Fortschrittspartei mit solcher Erbitterung geleugneten Lehren anerkannt wurde!

Die Petition selbst läuft darauf hinaus, den Arbeitern das Koalitionsrecht zu erringen, das heißt, das Recht, sich durch gemeinschaftliche Verabredung über eine gemeinschaftliche Niederlegung der Arbeit zu vereinigen, um hierdurch höhere Lohnsätze zu erlangen. Ich meinerseits habe Euch niemals verhehlt und dies auch im »Bastiat-Schulze« in aller Kürze aufgezeigt, dass dies Recht nur in wenigen und flüchtig vorübergehenden Ausnahmefällen gewissen Arbeiterkreisen eine Erleichterung bringen, niemals aber eine wirkliche Verbesserung der Lage des Arbeiterstandes herbeiführen kann. Aber trotzdem ist diese Forderung einmal eine juristisch ganz berechtigte und zweitens eine ganz vortreffliche im Sinne der Agitation, weshalb ich es auch für meine Pflicht hielt und halte, dieselbe mit allem mir in den Arbeiterkreisen zu Gebote stehenden Einfluss zu unterstützen.

Kaum war diese Petition veröffentlicht, als ein Berliner Blatt, der »Publizist«, welcher stets ein Anhänger der ökonomischen Lehren des Herrn Schulze war, in einem Artikel darüber herfiel, aus welchem ich Euch einen Satz zur Charakterisierung dieser Leute mitteilen muss: »Die Freiheit der Assoziation ist im Prinzipe ganz gut (im Prinzipe, das heißt bloß im Prinzipe, das heißt bloß auf dem grauen Zeitungslöschpapier), wenn sie aber lediglich dazu ausgebeutet werden soll, um die Löhne zu schrauben (das heißt wenn sie irgendeinen praktischen Nutzen für den Arbeiter haben soll), während der Arbeitgeber dem Konsumenten das Produkt nicht verteuern darf, und zwar der Konkurrenz wegen, dann muss man denn doch am Ende sagen, dass jedes Ding seine Grenze haben muss, also auch die Assoziation.«

Da der »Publizist« den Buchdruckergehilfen auch noch »Massentyrannei« vorwarf, so verließ diesmal die Berliner Arbeiter die Geduld. Der Buchdruckergehilfenverein beschloss nun einstimmig, eine Broschüre zu schreiben, in 3 000 Exemplaren drucken zu lassen und unentgeltlich unter die Arbeiter zu verteilen. Es ist mir eine größere Anzahl von diesen Broschüren zur Verteilung an die Gemeinden unseres Vereins eingehändigt worden und ich werde sie Euren Bevollmächtigten nachher übergeben, damit sie hier, wie überall, in der nächsten ordentlichen Vereinssitzung verlesen und dann in die Buchdruckervereine jeder betreffenden Stadt verbreitet werde.

Diese Broschüre, meine Freunde, ist, wie Ihr finden werdet, ganz ausgezeichnet geschrieben. Nicht, dass sie von mir herrührte, oder von irgendeinem anderen Schriftsteller; sie rührt von einem einfachen Arbeiter her, aber sie ist so geschrieben, dass sich kein Schriftsteller ihrer zu schämen hätte. Aber freilich, sie ist von einem Arbeiter geschrieben, der Mitglied des Allgemeinen Deutschen Arbeitervereins zu Berlin ist.

Denn das ist ein fort und fort in allen Städten wiederkehrender Titel des gerechten Stolzes für uns, dass überall die intelligentesten Arbeiter unter unserer Fahne stehen! Die Blüte des Arbeiterstandes ist überall mit uns und in unserem Lager!

Um Euch den Geist dieser Schrift zu bezeichnen, will ich Euch nur zwei Stellen daraus verlesen, den ersten und den letzten Satz derselben.

Der erste Satz lautet: »Wennschon es eine traurige Tatsache ist, dass unter den Organen der öffentlichen Meinung gerade diejenigen, auf deren Unterstützung die Arbeiter am meisten zu rechnen den Anspruch haben, sich der Interessen derselben am wenigsten annehmen und alle Klagen von unserer Seite totschweigen, so ist es geradezu empörend, dass Zeitungen sich finden, die offen Partei gegen die Sache der Arbeiter nehmen.«

Und der letzte Satz lautet:

»Arbeiter! Tut die Augen auf und wisset, dass Ihr unter allen Berliner Blättern keins habt, welches Eure Sache so, wie es dies sein sollte, vertritt – keines!«

Ihr seht also, Arbeiter, dass jetzt auch die Berliner Arbeiter, und zwar 6-800 Arbeiter bloß aus dem Buchdruckergewerke, in den Kriegsruf gegen die liberale Presse einstimmen, den ich, damals fast noch ein einzelner Mann, heute vor einem Jahre in Leipzig für Euch erhoben habe!

Dasselbe Umsichgreifen unserer Agitation, dasselbe Wachsen unserer Erfolge will ich Euch noch durch einen andern eklatanten Vorfall belegen, der neulich in Hamburg eingetreten ist: die Arbeitseinstellung in der Lauensteinschen Wagenfabrik. In dieser Fabrik wird nämlich von früh 5 Uhr an gearbeitet, und die Arbeiter behaupten sogar, dass dies die einzige Fabrik dieses Metiers in ganz Deutschland sei, in welcher die Arbeit so früh beginne. Sie stellten nun die höchst bescheidene Forderung, die Arbeit erst um 6 Uhr morgens beginnen zu lassen. Sie erwählten zu diesem Zwecke eine Kommission und die Kommission einen Sprecher und der Sprecher war natürlich wiederum ein – Hamburger Mitglied des Allgemeinen Deutschen Arbeitervereins.

Statt aller Antwort entließ der Fabrikinhaber diesen Sprecher. Da aber war die Geduld der Arbeiter zu Ende! Tags darauf legten sie nach kurzer Beratung alle 800 die Arbeit nieder. So weit hat also bereits die Agitation unseres großen Vereins das Klassenbewusstsein des Arbeiters entwickelt, das Ehrgefühl Eures Standes gehoben! Ein Fall von dieser Ausdehnung ist mir nicht bekannt in ganz Deutschland; er war früher unmöglich! Er konnte nur eintreten seit der Existenz des Allgemeinen Deutschen Arbeitervereins und in einer Stadt, in welcher, dank unserer wackeren und zahlreichen Hamburger Gemeinde, die Prinzipien des Allgemeinen Deutschen Arbeitervereins die tonangebende Macht bilden! Jene Fabrik feiert also, und der Herr, seinerseits, entschlossen, nicht nachzugeben, will sich nun nach Berlin, Leipzig und andern Orten wenden, um Arbeiter kommen zu lassen. Sofort wendeten sich die Hamburger Arbeiter an mich, damit ich mit allen mir zu Gebote stehenden Mitteln des Einflusses die Arbeiter anderer Städte abhalten möchte, die Werbung jener Fabrik anzunehmen. Und Ihr begreift in der Tat, wie ehrlos jeder Arbeiter handeln würde, der unter solchen Umständen dorthin ginge und sich als ein

Werkzeug gegen die Interessen seiner eigenen Klasse verwenden ließe. Ich habe daher den Brief des Hamburger Arbeiters sofort in einem Berliner Blatte – Ihr begreift, in einem reaktionären Blatte, denn die Fortschrittsblätter sind natürlich ewig verschlossen für jeden Notschrei und jedes Interesse der Arbeiter – Ich habe ihn also in dem neuen allgemeinen »Volksblatt« zu Berlin veröffentlicht.

Ich bitte den Bevollmächtigten, den Artikel zu verlesen. (Dies geschieht.) Der Artikel lautet wie folgt;

Arbeiterangelegenheit.

»In Hamburg macht die Niederlegung der Arbeit seitens der 800 Arbeiter der Lauensteinschen Wagenfabrik großes Aufsehen. Man schreibt uns darüber Folgendes:

Hamburg. Am Mittwoch, den 27. April, hielten die Arbeiter der Lauensteinschen Wagenfabrik eine Versammlung im Saale des Herrn Lummert ab, ihre Krankenkasse betreffend. Nach Erledigung der Tagesordnung wurde vielseitig der Antrag gestellt und einstimmig beschlossen, die Gelegenheit, die sich durch den kürzlich stattgefundenen Übergang der Fabrik in die Hände einer Aktiengesellschaft darbot, zu benutzen, um mit Übereinstimmung des Fabrikherrn die Arbeitszeit um eine Stunde abzukürzen, indem sie anstatt wie bisher um 5, um 6 Uhr morgens anfangen sollte. Das zu diesem Zweck erwählte Komitee entwarf ein Schreiben in der höflichsten Weise an den Fabrikherrn mit dem Ersuchen, diesen Vorschlag der Arbeiter in Erwägung zu ziehen und sich auf friedlichem Wege mit ihnen darüber einigen zu wollen, da man das Einverständnis zwischen Brotherrn und Arbeiter aufrechtzuerhalten wünschte. Nachdem das Komitee die Sache noch näher mit dem Fabrikherrn besprochen, auf Menschlichkeit und Humanität hingedeutet, ihm bewiesen, dass diese Fabrik die Einzige in ganz Deutschland sei, die diese Arbeitszeit innehalte, dass ferner so mancher Arbeiter durch die Verhältnisse gezwungen sei, seinen Wohnort fern von der Fabrik aufzuschlagen, wodurch zu der Arbeitszeit noch der weite Weg nach und von derselben in Berechnung komme, entließ sie der Fabrikherr mit dem Bescheid, sich die Sache überlegen zu wollen. Das Resultat seiner Überlegung war nun, dass er den Vorsitzenden des Komitees, der im Namen seiner Mitarbeiter zu ihm gesprochen, sonnabends entließ, der infolgedessen die höchste Mühe hatte, die über diesen Schritt empörten Arbeiter von übereilten Schritten und Gewalttätigkeiten abzuhalten. – Am Montag, den 2. Mai, gingen nun sämtliche Arbeiter wie sonst um 5 Uhr an ihre Beschäftigung, hatten sich aber bis 8 Uhr darüber geeinigt, sämtlich ihre Entlassung zu fordern. Dies geschah denn auch. Die Arbeiter, die sich sonst nie über gleichgültige Dinge einigen konnten, bildeten jetzt ein feste Masse, in der nur ein Wille herrschte. Zuerst wandten die einzelnen Korporationen sich an ihre Werkführer und schickten diese mit ihrer Forderung an den Fabrikherrn, der aber ihr Begehren verweigerte und kurzweg erklärte, sich auf nichts einzulassen. Nun rückten die Arbeiter in Masse vor das Komptoir des Herrn und schickten Deputierte mit ihren Anträgen zu ihm hinein, welche er ebenfalls mit herrischem Ton abwies und ihnen befahl, sich an ihre Arbeit zu begeben. Die Arbeiter schickten nun Deputierte nach dem Stadthause ab, um die Polizei von der Sachlage in Kenntnis zu setzen. Währenddessen hatte der Fabrikherr 10 Polizisten requirieren lassen, die aber, nachdem sie die Lage der Sache eingesehen, sich nicht berufen fühlten, dem Wunsche des guten Herrn entsprechend, Arretierungen vorzunehmen. Die Arbeiter beschlossen dann, um sich durchaus nicht den Vorwurf der Rebellion zuzuziehen (den ihnen ungeachtet dessen die ›Hamburger Nachrichten‹ tags darauf machten), bis zum Freitag ruhig fortzuarbeiten, da in der Fabrik die Woche mit dem Freitag beginnt.

Wenn man bedenkt, dass bei diesen Verhältnissen und dieser Arbeitszeit der Arbeiter, der vielleicht an einem Montag die bestimmte Stunde versäumt, hierfür zu seinem Lohnverlust noch 8 Schilling Strafe zu zahlen hat, so kann man sich einen schwachen Begriff von der haarsträubenden Behandlung der Arbeiter in der Lauensteinschen Fabrik machen.

Herr Lauenstein hat bereits, um nicht in Verlegenheit wegen Arbeitskräfte zu kommen, Bevollmächtigte in anderen Gegenden beauftragt, für seine Fabrik zu werben. Mögen die Arbeiter anderer Städte ihr Interesse im Auge behalten und sich durch Werber der Lauensteinschen Aktiengesellschaft nicht in den Schlingen etwaiger falscher Vorspiegelungen fangenlassen.«

So stand die Sache, als ich meine gegenwärtige Reise unternahm. Aber schon in Köln ereilte mich die Nachricht, dass der Hamburger Fabrikbesitzer sich genötigt gesehen habe, nachzugeben, und die Arbeitszeit jetzt dort um 6 Uhr, ganz wie es die Arbeiter verlangt haben, beginnt. Seht hier den Erfolg des unter den Arbeitern durch die Agitation unsers Vereins angefachten Klassenbewusstseins!

So sehr liegen unsere Grundsätze gleichsam in der Luft, das heißt um den bestimmten Sinn dieser sonst unbestimmten Phrase anzugeben, so sehr sind unsere Grundsätze der bloße Ausdruck der tatsächlichen Verhältnisse der heutigen Gesellschaft, dass sie rein eben durch die bloße Einwirkung dieser Verhältnisse entstehen müssen und daher sogar in Arbeiterkreisen entstehen, welche nicht die geringste Kenntnis von unseren Schriften und unserem Wirken haben! Ich habe neulich einen sehr interessanten Beweis hiervon erlebt. In Wüste-Giersdorf in Schlesien besteht eine große Baumwollenspinnerei und Weberei, welche bis 1848 dem Staat gehörte, dann aber von dem liberalen Minister Herrn Hansemann, welcher es natürlich gegen die liberalen Prinzipien fand, dass der Staat Fabrikation betreibe, für einen Apfel und ein Stück Brot an Herrn Reichenheim verkauft wurde, denselben Herrn Reichenheim, welchen Ihr bereits aus meinem »Bastiat-Schulze« als Fortschrittsdeputierten und intimen Freund von Herrn Schulze-Delitzsch kennt. Die dortigen Arbeiter, welche in ihrer Petition behaupten, dass sie, solange die Fabrik Staatseigentum war, sich immer in erträglichen Verhältnissen befunden und einer humanen Behandlung teilhaftig gewesen wären, gerieten seit 1858 in eine solche Not, dass sich endlich die Verzweiflung ihrer bemächtigte und sie daher beschlossen, eine Petition an den König zu richten und damit eine Deputation nach Berlin zu senden, welche eine Audienz beim Könige erwirken sollte, um irgendeine Änderung der unerträglichen Not zu begehren.

Dieser Schritt war durchaus nicht von uns ins Leben gerufen worden. Wir hatten dort keinen Einfluss und keine Verbindung; man kannte dort unsere Schriften nicht.

Die Weberdeputation kam nach Berlin, blieb da 4 Wochen, ehe sie die Audienz erlangte, kam während dieser Zeit in die dortigen Arbeiterkreise und erhielt hier von den einen den Rat, sich an Herrn Schulze-Delitzsch, von den anderen, sich an mich zu wenden. Sie zogen vor, dem letzteren Rate nachzukommen. »Herr«, sagten diese Leute zu mir, als sie mich besuchten, »wir kennen von Ihren Schriften nichts, wir wissen von Ihnen nur, wie furchtbar in allen liberalen Blättern unserer Provinz auf Sie geschimpft worden ist, aber gerade daraus haben wir die Überzeugung gewonnen, dass Sie unser Mann sein müssten!«

»Wir sind keine Gelehrte«, fuhren diese wackeren und intelligenten Leute fort, »und kein Gelehrter hat sich unserer angenommen; aber das eine können wir Ihnen als unsere, ja als aller schlesischen Weber allgemeine und unbedingte Überzeugung aussprechen: Uns kann nicht anders geholfen werden als durch Staatshilfe; wie das anzufangen ist, wissen wir freilich nicht, das ist Sache der Gelehrten; das aber wissen wir, wenn sich der Staat nicht unserer annimmt, – in den Händen der Fabrikanten sind wir verloren!«

Sie überreichten mir darauf einen schriftlichen Auszug aus ihrer Petition an den König, den ich Euch hier zum Teil verlesen lassen will, damit Ihr die ganze Krassheit der Tatsachen, die Ihr bereits aus meiner Schrift »Die indirekten Steuern und die Lage des Arbeiterstandes« kennt, hier aus dem Munde des Volkes selbst erfahren möget.

Der verlesene Auszug lautet:

»Seit dem Jahre 1858 aber wird von den Gebrüdern Reichenheim und den benachbarten Fabrikanten Gebrüder Kauffmann ein System der Herabdrückung der Arbeitslöhne geübt, das alle Familien der Gegend zur Verzweiflung treibt und die größte Not verbreitet. Gegenwärtig verdient ein mittlerer Arbeiter bei dem größten Fleiße während 12 Stunden täglich in der Woche durchschnittlich 1 Taler 24 bis 1 Taler 27 ½ Silbergroschen.

Nur diejenigen, welche die lohnendste Arbeit haben, bringen es auf 2 Taler 23 Silbergroschen wöchentlich, die geringeren Arbeiter aber nur auf 28 Silbergroschen bis 1 Taler.

Wenn unsere Frauen nebenbei in der Fabrik arbeiten, so gibt das nur einen geringen Mehrverdienst, der bei der oft 1-2 Stunden weiten Entfernung der Wohnung von der Fabrik durch den doppelten Haushalt wieder verloren geht.«

Hier folgt die Aufführung der Preise der Wohnungen und Lebensmittel und Klage über die fehlenden Reisemittel, um anderwärts Arbeit zu suchen (die berühmte Schulzesche Freizügigkeit). Dann wird angeführt, was der Arbeiter notwendig braucht, nämlich:

»Die gewöhnliche Wohnung für die Familie täglich:	1 Sgr. 8 Pf.
für ½ Pfund Fleisch oder Speck	2 Sgr. - Pf.
Kartoffeln oder Gemüse	2 Sgr. - Pf.
Brot für 4 Personen	<u>3 Sgr. - Pf.</u>
zusammen täglich	8 Sgr. 8 Pf.
oder monatlich	8 Tlr. 20 Sgr.

Während der Arbeiter kaum 8 Taler verdient. Hier ist also von Ausgaben für Licht, Feuerung, Kleidung, Schulgeld usw. gar nicht die Rede.

Aber das nicht allein; mit der größten Rücksichtslosigkeit wird noch bei jeder Gelegenheit die Arbeitszeit geschmälert, um von dem geringen Lohne noch Abzüge zu machen.«

(Es wird nun bis zum Schlusse der Petition weiter ausgeführt, dass, wer sich erlaubt, die bescheidenste Vorstellung bei Herrn Reichenheim und dessen Beamten zu machen, sofort entlassen wird.)

Ihr werdet später noch von mir Mitteilungen der wichtigsten Art über die Audienz, welche jene Deputation begehrte, erhalten. Zuvor muss ich noch einen andern Punkt berühren.

Eines der wesentlichsten Elemente unserer Erfolge, auf das ich daher in aller Kürze zu sprechen kommen muss, ist das im März veröffentlichte Werk »Bastiat-Schulze«. Niemals, Freunde, ist es mir gelungen, Eurer Sache einen größeren Dienst zu erweisen, als durch dieses Buch. Während die konservativen Blätter von Anerkennung überflossen, beschlossen die Fortschrittsblätter freilich, das Buch totzuschweigen! Aber Ihr begreift, Freunde, zum Totschweigen war es zu spät! Wollte uns die Fortschrittspresse totschweigen, waren wir ihr nicht wichtig genug, um von uns zu sprechen, so hätte sie mit diesem Totschweigen im vorigen Jahre beginnen müssen, als wir zuerst unsere Fahne erhoben! Nachdem aber die Fortschrittspartei 9 Monate hindurch täglich in allen Blättern Deutschlands das entsetzlichste Wutgeheul gegen uns angestimmt, zeigt das jetzige Schweigen dieser theoretischen und systematischen Leistung gegenüber nur, wie wenig sie sich gewachsen fühlte, gegen den Stachel zu löcken und dieser theoretischen Tat irgendetwas Haltbares entgegen zu stellen!

Aber es ist selbst noch ein deutlicheres Zeichen hiervon hervorgetreten.

Ein einziges Fortschrittsblatt nämlich, und zwar ein solches, welches gerade von einem Ökonomen der Schulzeschen Richtung redigiert wird, die von dem Manchester-Mann Herrn Wolf redigierte »Ostseezeitung« in Stettin, hat wirklich wagen wollen, sich einer eingehenden Kritik jenes Buches in einer Reihe von Leitartikeln zu unterziehen. Und kaum hatte dieses Blatt sich hierauf eingelassen, als es sich genötigt sah, trotz alles Schimpfens und aller Wut auf mich von den merkwürdigsten Zugeständnissen überzufließen.

Ich will Euch die betreffenden Sätze jenes Artikels mit ihren eigenen Worten vorlesen:

»Vielleicht fragen unsere Leser, weshalb wir uns überhaupt mit Lassalle befassen? Aber sie würden ihm in der Tat Unrecht tun, wollten sie ihn lediglich nach jener Seite seiner literarischen Tätigkeit beurteilen. Schon früher haben wir ihm die Anerkennung großen Wissens und tiefen Denkens nicht versagen können, und auch sein neuestes Werk liefert dafür zahlreiche Beweise. Freilich um so schlimmer für ihn, dass er durch sein Wissen und seinen, Geist nicht emporgetragen ist über die Sphäre derjenigen Leute, welchen man alles, nur nicht – das Prädikat der ›Bildung‹ zugestehen kann.«

(»Bildung« hat nämlich, wie es scheint, nach den Fortschrittlern niemand, der nicht von Anerkennung für sie überfließt!)

»Allerdings scheint er selbst eine Ahnung von dem darin liegenden Widerspruche zu haben, denn in der Einleitung gibt er gleichsam zur Rechtfertigung seines Tones die Entgegnung des berühmten Philosophen Schelling auf eine gegen ihn gerichtete Rezension – ein Entgegnung, welche so recht darauf hinausgeht, die Schimpferei eines Gelehrten gegen unberufene Angriffe verteidigen zu sollen. Auch sonst ist die deutsche Literaturgeschichte an derartigen Beispielen der bewussten und absichtlichen Verletzung aller Begriffe von Anstand leider nicht arm – mehr als die Literaturgeschichte irgendeines anderen Volkes. Aber zu Nutz und Frommen unserer geistigen Entwicklung hat diese Sprache unserer großen Gelehrten wahrlich nicht gedient. (Hier wird also bereits zugestanden, dass dies die Kollektivsprache der großen Gelehrten gegen unberufene Schwätzer sei.) Und am allerwenigsten wird der Gebrauch, den Lassalle davon macht – und der Neid muss es ihm lassen, dass seine Leistung in dieser Hinsicht ohnegleichen steht – seinen Zwecken förderlich sein. Denn wir möchten den Gebildeten sehen, welcher sich nicht mit Widerwillen von Lassalles neuestem Werk abwendete.

Und doch (– und auf diesen Satz, Freunde, wegen dessen ich Euch überhaupt den Artikel vorlese, mache ich Euch besonders aufmerksam) wir, die wir mit vollster Entschiedenheit zu seinen Gegnern gehören, bedauern dies am meisten, nicht bloß, weil seine in ihren Resultaten äußerst schwachen Angriffe gegen die von uns vertretene Richtung sich schließlich selbst ins Gesicht schlagen, sondern aufrichtig gesagt, weil wir trotz alledem in seiner Streitschrift eine Fülle von positiv wertvollen Gedanken finden, mit denen wir zum Teil ganz einverstanden sind.«

Jetzt wollen die Fortschrittler also gar noch mit mir einverstanden sein!

Wie wäre das möglich? »Eine Fülle positiv wertvoller Gedanken«, »zum Teil ganz einverstanden«, und dennoch wollen sie gegen mich auch noch recht haben!

Jeder von Euch, der jenes Buch gelesen hat, begreift, dass es dabei nichts zu teilen gibt! Denn jedenfalls ist es ein ganz konsequentes Gewebe aus einem Gedanken. Man muss es entweder akzeptieren vom ersten Satz bis zum letzten oder verwerfen vom ersten Satz bis zum letzten.

Die »Ostseezeitung« versprach nun in weiteren Artikeln den Nachweis zu liefern, wie sie mit jener Fülle positiv wertvoller Gedanken ganz einverstanden sei – und dennoch gegen mich recht habe! Ihr begreift also aus den angeführten Gründen, dass ich auf nichts gespannter war, als auf diese fernern von der »Ostseezeitung« versprochenen Artikel. Aber obwohl jener Euch vorgelesene Leitartikel vom 5. März datiert ist, ist noch bis heute die Fortsetzung nicht erschienen! Mindestens lautet so die Auskunft meiner Freunde, deren ich mehrere beauftragt habe, jenes Blatt zu überwachen. Es scheint also beinahe, als habe man von der Fortschrittspartei aus dem Blatte die Weisung zukommen lassen, es läge hier einer jener Fälle vor, in welchen es nach dem Satze: Reden ist Silber, Schweigen ist Gold, sicherer sei zu – schweigen, als sich auf eingehende Erörterungen einzulassen!

Aber Ihr begreift, Freunde, dass es überhaupt ganz unmöglich war, eine solche theoretische und systematische Leistung totschweigen zu wollen, und besonders unmöglich in Deutschland, welches glücklicherweise noch immer das Vaterland der Wissenschaft und des Gedankens ist!

Von den glänzendsten Vertretern deutscher Wissenschaft – ich sage Euch dies nicht aus persönlichem Selbstgefühle, welches mich nach meiner ganzen Stellung einer solchen Bezugnahme vielmehr überheben würde, sondern ich sage es Euch, um Euch eine Garantie mehr zu geben für den unangreifbaren wissenschaftlichen Felsengrund, in welchem Eure Bestrebungen wurzeln – von den glänzendsten Vertretern deutscher Wissenschaft also ist mir mündlich und schriftlich die höchste Anerkennung und die begeistertste Sympathie für jenes Werk ausgesprochen worden. Ihr begreift, dass es gegen die Diskretion verstoßen würde, Euch Namen zu nennen oder Euch irgend Näheres darüber zu erzählen. Aber soviel kann und muss ich Euch sagen, die ruhmvollsten Namen Deutschlands haben mir seitdem, wenn ich noch einer Bestätigung bedürfte, bestätigt, dass ich recht habe in jeder Zeile und in jeder Silbe!

Ja, selten ist seitdem eine Woche vergangen, wo ich nicht von irgendeinem Bourgeois selbst – denn es gibt auch noch ernsthafte, wohlgesinnte und denkende Bourgeois bei uns auf diesem oder jenem Wege gehört hätte, der durch dies Buch überzeugt und bekehrt worden sei.

Ich will Euch aber jetzt einen Beweis vorlegen, der alles Bisherige noch bei Weitem übersteigt.

Vor Kurzem hat sich niemand anders als ein Fürst der Kirche, der Bischof von Mainz, Freiherr v. Ketteler, in seinem Gewissen gedrungen gesehen, seinerseits das Wort in der Arbeiterfrage zu ergreifen. Es ist dies ein Mann, der am Rhein fast für einen Heiligen gilt, ein Mann, der sich seit langen Jahren mit gelehrten Forschungen abgegeben. Er hat ein Buch veröffentlicht, unter dem Titel: »Die Arbeiterfrage und das Christentum«, und hier hat er sich Punkt für Punkt für alle meine ökonomischen Sätze und Thesen den Fortschrittlern gegenüber ausgesprochen! Ja, er hat dies mit solcher Schärfe und Offenherzigkeit getan, dass ich Euch wenigstens einige Beispiele davon vortragen muss.

Ihr erinnert Euch des Fundaments des ganzen Streites, jenes ehernen ökonomischen Gesetzes, wie ich es in meinem »Offenen Antwortschreiben« nannte, nach welchem der Arbeitslohn unter Angebot und Nachfrage auf die Dauer durchschnittlich nie über das Minimum des notwendigsten Lebensunterhaltes hinaussteigen kann. Ihr erinnert Euch der verhältnismäßigen Milde, mit welcher ich Euch in meinem »Antwortschreiben« zugerufen habe: Wenden Sie jedem den Rücken, der Ihnen dieses eherne Gesetz leugnet, denn entweder er versteht nichts von der ökonomischen Wissenschaft oder er will Sie betrügen. Ich war also noch milde genug, wenigstens diese Wahl zu lassen.

Ihr erinnert Euch auch noch der Wut, mit welcher, Schaum vor dem Munde, die gesamte Fortschrittspartei, die Herren Schulze, Wirth, Faucher und ähnliche Nullen, sowie die gesamte fortschrittliche Presse über mich herfielen und dieses Gesetz leugneten!

Auf die Beweise fußend, welche ich in meinem »Antwortschreiben«, in meinem »Arbeiterlesebuch« und zuletzt in systematischer Form in meinem »Bastiat-Schulze« hierüber entwickelt habe, geht nun der Bischof so weit, den Fortschrittlern nicht einmal jene Wahl mehr zwischen Unkenntnis und betrügerischer Absicht zu lassen – er fühlt sich in seinem Gewissen gedrungen, geradezu zu erklären: Jeder, der nach diesen von mir erbrachten Beweisen jenes Gesetz noch leugnet, wolle das Volk betrügen!

Ihr sollt sofort die eigenen Worte des Bischofs hören. Er sagt (p. 17 seines Buches): »Die materielle Existenz des Arbeiterstandes, die Beschaffenheit aller notwendigen Lebensbedürfnisse für den Arbeiter und seine Familie ruht nämlich mit so wenigen Ausnahmen, dass sie diese Regel nicht alterieren, auf dem Arbeiterlohn, und der Arbeiterlohn bestimmt sich in unserer Zeit nach der Lebensnotdurft im engsten Sinne, das heißt nach dem, was der Mensch unumgänglich notwendig bedarf, wenn nicht seine physische Existenz vernichtet werden soll. Die Wahrheit dieses Satzes ist durch die bekannten Kontroversen zwischen Lassalle und seinen Gegnern so evident gemacht, dass nur die Absicht, das Volk zu täuschen, sie bestreiten kann. In ihr liegt, wie mit vollem Recht behauptet wird, die ganze Arbeiterfrage; auf der einen Seite die Arbeiternot, auf der andern Seite der Probierstein für den Wert aller Vorschläge, dem Arbeiterstande zu helfen.«

Meine Freunde, ich gehöre, wie Euch bekannt ist, nicht zu den Frommen. Mit Recht aber muss ich den höchsten Wert darauf legen, dass ein Bischof trotz der Milde und Rücksichtnahme, die ihm in seiner Stellung natürlich ist, sich dennoch in seinem Gewissen genötigt sieht, sich mit derselben Schärfe, wie ich in meiner rücksichtsloseren Stellung als Volkstribun getan habe, auszusprechen und die Fortschrittspartei wegen ihrer so hartnäckigen Ableugnung des von mir nachgewiesenen ökonomischen Gesetzes gradezu des absichtlichen Betruges zu beschuldigen.

Urteilt, bis zu welcher Sonnenklarheit ich jene Beweise gebracht haben muss, um einen Kirchenfürsten zu dieser Sprache zu veranlassen!

Urteilt zugleich, welcher beispiellosen Schamlosigkeit sich die Fortschrittspartei und ihre Presse schuldig gemacht hat, indem sie so hartnäckig die Wahrheit jenes Gesetzes vor Euch leugnete!

Urteilt, wie namenlos Euch diese Leute so lange Zeit hindurch belogen haben und weiter belügen wollen!

Mit nicht weniger Bestimmtheit spricht sich der Bischof noch an anderen Stellen über die unangreifbare ökonomische Richtigkeit unserer Grundsätze und Bestrebungen aus. Er sagt zum Beispiel p. 62: »Die Partei, deren Hauptvertreter Lassalle selbst ist, hat das unbestreitbare Verdienst, die in den ersten Abschnitten geschilderte Lage des Arbeiterstandes, wonach er großenteils mit seiner ganzen Existenz auf die eigentliche Lebensnotdurft beschränkt ist, mit unerbittlicher Schärfe und Wahrheit aufgedeckt zu haben. Sie stellt daher auch mit derselben Richtigkeit als Axiom den Satz auf: dass, wer überhaupt dem Arbeiter in dieser Lage gründlich und wirksam helfen will, Mittel auffinden muss, wodurch dem Arbeiterstande eine neue und reichere Erwerbsquelle neben dem notdürftigen Arbeitslohn eröffnet wird. Die Lösung dieser Aufgabe sei der Probierstein zur Beurteilung des wahren Wertes der gemachten Vorschläge. Obwohl sie daher nicht leugnet, dass die Bestrebungen der liberalen Partei dem Arbeiterstande manche Erleichterungen gewähren können, so hat sie doch zugleich auch überzeugend bewiesen, dass dieselben nicht imstande sind, den Arbeiterstand vor dem Verfalle zu bewahren, dem er durch die allgemeine Konkurrenz, namentlich mit dem Kapitale, entgegengeht, und noch weniger, seinen Wohlstand nachhaltig und allgemein zu verbessern.«

Mit derselben Entschiedenheit legt der Bischof Zeugnis dafür ab, dass ich nachgewiesen habe, wie durch die Vorschläge des Herrn Schulze-Delitzsch und der Fortschrittspartei unmöglich die Lage der arbeitenden Klassen irgendwie verbessert werden kann. Er sagt darüber p. 57: »Die Aufgabe ist, dem Arbeiterstand, der durch die Experimente der liberalen Partei in die Lage gekommen ist, dass er mit seiner ganzen Lebensexistenz auf den Tagelohn angewiesen ist, der ihm nur die äußerste Lebensnotdurft bietet, den er sich täglich auf dem Warenmarkt der Arbeit, bei schwankendem Angebot und Nachfrage, gleichsam erbetteln muss, in dieser seiner bedrängten Lage zu helfen. Dass dazu die von der liberalen Partei als Hilfsmittel in Vorschlag gebrachten Genossenschaften im Ganzen und großen nicht ausreichen, ist in neuerer Zeit hinreichend und evident bewiesen. In dieser Hinsicht sind die Ausführungen von Lassalle unwiderlegt und unwiderleglich.«

Und alle diese Zeugnisse sind um so bedeutsamer, als der Bischof selbst natürlich nicht zu unseren Anhänger gehört. Er erhebt eine Einwendung gegen die Zweckmäßigkeit und eine Einwendung gegen die Rechtmäßigkeit unserer Bestrebungen. In Bezug auf die Zweckmäßigkeit befürchtet er nämlich Überstürzung bei der Ausführung unserer sozialen Maßregeln. Dieses Bedenken teile ich nicht, weil ich Eure Disziplin kenne, auf welche ich nachher noch zu sprechen kommen werde.

In Bezug auf die Rechtmäßigkeit unserer Bestrebungen erscheint es dem Bischof bedenklich, ob der Staat berechtigt sei, durch die von mir verlangten Mittel und Einrichtungen das Eigentum der Zukunft – denn nur von dem zukünftigen, nicht von dem gegenwärtigen erworbenen Eigentum ist bei uns die Rede – so in bestimmte, gewiesene Wege, gleichsam in gegebene Kanäle zu leiten.

Aber auch hier legt der Bischof wieder das wichtigste Zeugnis für uns ab. Er gesteht nämlich ein, dass dieses Bedenken nur bei solchen entstehen könne, welche, wie er selbst, das Privateigentum für eine göttliche Einrichtung halten; dass dagegen von dem heutzutage im Staat, in der Wissenschaft und bei der liberalen Partei geltenden Standpunkte aus, nach welchem das Privateigentum eine menschliche Einrichtung ist, die Gerechtigkeit der von mir geforderten Maßregeln gar nicht einmal bezweifelt werden könne.

Seine Worte lauten p. 77: »Vom Standpunkte der liberalen Partei und jener Wissenschaft, die im Namen der Regierung von so vielen Lehrkanzeln gelehrt wird, ist daher, was die Gerechtigkeit der von Lassalle vorgeschlagenen Maßregeln angeht, wohl sicherlich gar kein Bedenken zu erheben. Es ist vielmehr nur ein unendlich bescheidener Anfang ganz anderer Dinge, die da kommen müssen.«

Ihr begreift die unvergleichliche Wichtigkeit dieses Eingeständnisses, denn derer, welche das Privateigentum für eine göttliche Einrichtung halten, sind heute so blutwenige, dass wir, stünden uns keine anderen Gegner gegenüber, mit der leichtesten Mühe gewonnenes Spiel haben würden.

Durch diese große geistige Gesamtbewegung, die wir so in der Nation hervorgebracht haben, ist es gekommen, dass die Resultate unserer Agitation und die Überzeugung von der Wahrheit unserer Lehren und der Zeitgemäßheit unserer Forderungen bereits in die allermaßgebendsten und höchstgestellten Kreise gedrungen sind und daselbst bereits die allerwichtigsten Wirkungen zutage gefördert haben. Hierfür will ich Euch jetzt einen offiziellen Beweis von einem ganz unvergleichlichen Gewichte vorlegen, für den ich Eure ganze Aufmerksamkeit in Anspruch nehme.

Ich kehre nämlich zu jener Weberdeputation zurück, von der ich Euch erzählt habe. Zwei Tage vor meiner Abreise von Berlin hatte sie Audienz beim Könige.

Ich werde Euch jetzt einen authentischen Beweis darüber liefern, was der König in jener Audienz gesagt hat, ja, was er nicht nur gesagt hat, sondern – was fast noch wichtiger ist – auch gesagt haben will.

Über das, was vom Könige in einer Audienz gesagt worden ist, dürfen, wie Ihr leicht begreifen werdet, die offiziösen Blätter nur den Bericht geben, den sie aus dem Staatsministerium selbst erhalten. In gleicher Weise wurde den Webern nach der Audienz gesagt, sie möchten sich tags darauf im Staatsministerium einfinden, um hier schriftlich das zu erhalten, was sie über den Vorgang in der Audienz veröffentlichen dürften.

Die Arbeiter fanden sich ein und erhielten den Bürstenabzug der »Zeidlerschen Korrespondenz«, welchen ich Euch hier zeige (der Redner hält den roten Bogen hoch empor), den Bericht enthaltend, welcher im Staatsministerium selbst für die »Zeidlersche Korrespondenz« angefertigt worden war. Die Arbeiter begaben sich hierauf zu mir, legten diesen Bürstenabzug in meine Hände und autorisierten mich, zumal der Bericht ja ohnehin für die Öffentlichkeit bestimmt war, jeden beliebigen Gebrauch davon zu machen. Dieser im Staatsministerium selbst angefertigte Bericht der »Zeidlerschen Korrespondenz«, den ich Euch jetzt verlese, lautet wie folgt:

»Seine Majestät der König haben die Gnade gehabt, gestern Nachmittag eine Deputation der armen Weber des schlesischen Riesengebirges zu empfangen und eine Denk- und Bittschrift über ihre Lage aus ihren Händen entgegen zu nehmen. Die Weber haben ihre Klagen zu den Stufen des Thrones niederlegen wollen, um an dieser höchsten Zufluchtsstätte aller Untertanen eine Abhilfe für ihre Leiden zu erbitten, die durch den Lohndruck ihrer Arbeitgeber so groß geworden, dass sie nicht mehr existieren können, während ihre Mittellosigkeit ihnen doch nicht erlaubt, durch Auswanderung nach besser situierten Gegenden ihren Familien ein redliches Auskommen zu verschaffen. 300 Weber haben 3 aus ihrer Mitte deputiert, diesen Schritt zu wagen.

Wie wir hören, haben Seine Majestät der König die Deputierten sehr huldreich aufgenommen und ihnen gesagt, dass er seine Minister angewiesen habe, eine gesetzliche Abhilfe, so weit sie möglich ist, schleunig und mit allem Ernst vorzubereiten.

Seine Majestät hörten den schlichten Vortrag der Leute sehr gnädig an, erkundigten sich eingehend nach verschiedenen Punkten und erinnerten daran, dass leider schon früher (1844) ähnliche Verhältnisse traurige Folgen gehabt, denen vorgebeugt werden müsse. Als Seine Majestät vernahmen, dass bereits mehrere Weberfamilien ihrer Arbeit entlassen, weil sie sich der Bitte an den Thron angeschlossen, so sprachen Seine Majestät Ihre höchste Missbilligung über ein solches Verfahren aus. Mit dem Trost (und auf diesen Satz, Freunde, lenke ich Eure konzentrierteste Aufmerksamkeit) einer möglichst baldigen gesetzlichen Regelung der Frage und dadurch Abhilfe ihrer Not entließen Seine Majestät die Deputation. Das königliche Versprechen (hier steht Versprechen – der Redner spricht diese von ihm wiederholten Worte mit dem höchsten Nachdruck der Stimme und begleitet sie mit der eindringlichsten Handbewegung) – das königliche Versprechen wird erhebend und ermutigend in allen Tälern des Riesengebirges widerhallen und vielen Hundert duldenden redlichen Familien neue Hoffnung und neue Kraft zum mutigen Ausharren geben.«

So weit der aus dem Staatsministerium selbst stammende offiziöse Bericht der »Zeidlerschen Korrespondenz«.

In diesem Berichte sind drei Punkte von der höchsten Wichtigkeit enthalten.

1. Die Anerkennung durch den König, dass eine Regelung der Arbeiterfrage durch die Gesetzgebung notwendig sei, also die Anerkennung des Hauptgrundsatzes, zu dessen Gunsten wir unsere Agitation begannen; die Anerkennung der Notwendigkeit und Gerechtigkeit dessen, was ich Euch überall in meinem »Antwortschreiben« wie in meinem »Arbeiterlesebuch« als die Quintessenz unserer Forderungen entwickelt habe, die Anerkennung des Prinzipes, welches, gegenüber dem Grundsatz der liberalen Ökonomie, dass die Lage der Arbeiter dem Spiele der freien Konkurrenz, der Herrschaft von »Angebot und Nachfrage«, schutzlos überlassen werden müsse, der gesamten Agitation des Allgemeinen Deutschen Arbeitervereins zugrunde liegt und unsere grundsätzlichste Forderung bildet; Die Anerkennung seiner unabweisbaren Gerechtigkeit und seiner unangreifbaren Wahrheit. Wie den Bischöfen, so haben wir diese Anerkennung auch bereits dem Könige abgerungen!

2. Enthält aber jener Bericht auch bereits das Versprechen des Königs – ich sage Versprechen (der Redner betont dieses Wort wieder mit derselben Energie der Stimme wie vorher), dass diese Regelung der Arbeiterfrage und Abhilfe der Arbeiternot durch die Gesetzgebung erfolgen soll, und zwar möglichst baldig erfolgen soll! Während man 1844 gegen die Not der schlesischen Weber die

Bajonette kehrte – verspricht ihnen der König jetzt Änderung ihrer Lage durch die Gesetzgebung! Ihr seht, Freunde, dieses Versprechen ist unser Werk! Wir wollen doch sehen, ob das Königtum dieses Versprechen nicht halten, ob es dieses sein den arbeitenden Klassen verpfändetes Wort nicht einlösen wird! Mindestens begreift Ihr, dass es eine Majestätsbeleidigung wäre, daran zweifeln zu wollen! Aus diesem Versprechen erwächst aber Euch Arbeitern die Pflicht, dasselbe in allen Euren Kreisen ohne Unterlass zu verbreiten, es von Tag zu Tag und von Ort zu Ort widerzuhallen und ohne Aufhören daran zu erinnern! Ein Versprechen, an das man nicht erinnert wird, ist kaum noch ein Versprechen zu nennen. Es ist etwa wie ein Wechsel, den ich unterschrieben habe und der mir nicht zur Zahlung präsentiert wird! Aber wenn Ihr mit der gehörigen Energie dieses Versprechen in den Arbeitermassen verbreitet und ohne Unterlass mahnend daran erinnert, dann wird und muss es Euch gehalten werden! Endlich aber ist innerlich in jenem Versprechen des Königs noch ein anderes Versprechen eingeschlossen.

Der König hat, die Wahrheit unserer Lehren und die Gerechtigkeit unserer Forderungen anerkennend, eine Regelung der Arbeiterfrage und Abhilfe der Arbeiternot durch die Gesetzgebung versprochen, wie wir dies in unseren Schriften begehrt haben. Allein eine Fortschrittskammer, eine nach dem oktroyierten Dreiklassenwahlgesetz erwählte Kammer würde niemals dem Könige die zu diesem Zwecke erforderlichen Gelder bewilligen und ebenso wenig, selbst wenn die Sache ohne Geld zu machen wäre, auch nur ihre Zustimmung zu einem solchen Gesetze erteilen. Nur ein durch das allgemeine und direkte Wahlrecht erwählter gesetzgebender Körper würde einem solchen Gesetze seine Zustimmung geben. Indem also der König eine gesetzliche Regelung der Arbeiterfrage und Abhilfe der Arbeiternot versprochen hat, die Zustimmung zu einem solchen Gesetze aber nur von einem aus dem allgemeinen und direkten Wahlrecht hervorgegangenen gesetzgebenden Körper erwartet werden und erfolgen kann, so hat der König somit, wie Ihr seht, innerlich hier bereits das allgemeine und direkte Wahlrecht versprochen, das heißt jenes Grundrecht, welches allein die Garantie für Euch bietet, dass die Lösung der sozialen Frage mit jenem Ernst, jener Nachhaltigkeit, jener Intelligenz und in jenem großen Maßstabe in die Hand genommen wird, welcher allein fruchtbare Resultate herbeiführen kann, während alle Versuche im kleinen, wie ich in meinem »Bastiat-Schulze« ja ausgeführt habe, nur zu sehr dem Misslingen ausgesetzt sind und so hierdurch nur die Wirkung haben können, ungerechte und schädliche Vorurteile gegen Eure gerechte Sache zu erwecken! Also auch das allgemeine und direkte Wahlrecht, jene unumgängliche formelle Garantie für alles Weitere, jene absolute conditio sine qua non ist Euch bereits in jenem königlichen Verspechen innerlich, durch die Kraft der Logik eingeschlossen, versprochen worden!

Welcher Verein, frage ich, kann, seitdem die Welt steht, solche Erfolge als Resultate eines Jahres aufweisen?

Die Arbeiter, das Volk, die Gelehrten, die Bischöfe, den König haben wir gezwungen, Zeugnis abzulegen für die Wahrheit unserer Grundsätze!

Ein anderer höchst wesentlicher Erfolg unserer Tätigkeit ist die Bildung des Volkes. Unsere Gegner sprechen von Bildung, ohne sie zu verbreiten; wir verbreiten sie, ohne davon zu sprechen! Von welchem anderen Verein, kann ich wohl fragen, ist binnen einem Jahre eine solche Reihe von Schriften ausgegangen, die so geeignet waren, wissenschaftliche Einsicht und Bildung unter dem Volke zu verbreiten, und die so tief in die Massen eingedrungen sind?

Aber hier vergessen wir nicht, dass ich nur der erste, nicht aber der einzige gewesen bin, der die Fahne vorangetragen hat gegen die Düppeler Schanzen der preußischen Fortschrittspartei, unbekümmert, ob jemand mir nachfolgen werde. Ich sage unbekümmert, denn ich hatte das feste Vertrauen, dass mich die Träger deutschen Geistes nicht allein lassen würden in diesem ungleichen Kampfe! Und dieses Vertrauen hat mich nicht getäuscht. Eine Reihe zum Teil rühmlichst bekannter Namen hat sich erhoben, sich meinen Bestrebungen anschließend und sie durch Schriften, durch Vorträge, durch ihre Autorität und Propaganda unter Euch verbreitend und akkreditierend! So Professor Wuttke in Leipzig, so Rodbertus, Lothar Bucher, Dr. Dammer, Georg Herwegh in Zürich, Oberst Becker in Genf, den man den Alterspräsidenten aller deutschen demokratischen Flüchtlinge nennen könnte, der Schriftsteller und Advokat Dr. v. Schweitzer in Frankfurt, Moses Heß, der der Zeit nach älteste Sozialist Deutschlands, der Schriftsteller Bernhard Bekker in Frankfurt, von welchem nächstens ein gediegenes Geschichtswerk über die deutsche Revolution erscheinen wird, auf das ich Euch im Voraus aufmerksam mache, der Advokat und frühere Abgeordnete Martiny in Kaukehmen, sie haben für unsere Sache gewirkt und mir möglich gemacht, zu erreichen, was mir allein zu erreichen ebenso unmöglich gewesen wäre, wie jedem anderen einzelnen. Auf diese Männer fordere ich Euch jetzt auf, ein dreimaliges Hoch auszubringen!

Noch ein anderes höchst merkwürdiges Element unseres Erfolges habe ich zu erwähnen. Es ist dieser geschlossene Geist strengster Einheit und Disziplin, welcher in unserem Vereine herrscht! Auch in dieser Hinsicht, und in dieser Hinsicht vor allem, steht unser Verein epochemachend, und als eine ganz neue Erscheinung in der Geschichte da! Dieser große Verein, sich erstreckend über fast alle deutschen Länder, regt sich und bewegt sich mit der geschlossenen Einheit eines Individuums! In den wenigsten Gemeinden bin ich persönlich bekannt oder jemals persönlich gewesen, und dennoch habe ich vom Rhein bis zur Nordsee, und von der Elbe bis zur Donau noch niemals ein »Nein« gehört und gleichwohl ist die Autorität, die Ihr mir anvertraut habt, eine durchaus auf Eurer fortgesetzten höchsten Freiwilligkeit beruhende! Oder welches Zwangsmittel hätte ich wohl gegen Euch? Ihr habt mir diese Autorität zwar auf 5 Jahre anvertraut, allein Ihr wisst, dass ich sie von selbst niederlegen würde, wenn irgendeine Unzufriedenheit oder eine Missstimmung ausbräche, und diese, auf höchster fortgesetzter Freiwilligkeit beruhende Autorität reicht hin, um Euch alle mitsamt handeln zu lassen, wie geleitet durch einen elektrischen Funken! Wohin ich gekommen bin, überall habe ich von den Arbeitern Worte gehört, die sich in den Satz zusammenfassen: Wir müssen unser aller Willen in einen einzigen Hammer zusammenschmieden und diesen Hammer in die Hände eines Mannes legen, zu dessen Intelligenz, Charakter und guten Willen wir das nötige Zutrauen haben, damit er aufschlagen könne mit diesem Hammer! Die beiden Gegensätze, die unsere Staatsmänner bisher für unvereinbar betrachteten, deren Vereinigung sie für den Stein der Weisen hielten, Freiheit und Autorität, – die höchsten Gegensätze, sie sind auf das Innigste vereinigt in unserem Vereine, welcher so nur das Vorbild im kleinen unserer nächsten Gesellschaftsform im großen darstellt! Nicht eine Spur ist in uns von jenem nörgelnden Geiste des Liberalismus, von jener Krankheit des individuellen Meißens und Besserwissenwollens, von welcher der Körper unserer Bourgeoisie durchfressen ist! Mit Beschämung und Neid blicken, wie ich mich häufig selbst überzeugt habe, in dieser Hinsicht unsere Gegner auf uns; hin und wieder versuchen sie die sauersüße Entschuldigung, es wäre dies bei den Arbeitern freilich nur infolge ihrer Unbildung möglich! Diese Beschönigung ist von einer kläglichen Unwahrheit! Denn abgesehen davon, dass der gesunde Verstand der Arbeiter immer noch mehr wert ist als das halbe Wissen der Bourgeoisie, und abgesehen davon, dass im Arbeiter jedenfalls der Geist der Freiheit viel lebendiger ist als im Bourgeois, haben wir auch in unserm Vereine Männer genug, die ihrem Stand nach der Bourgeoisie angehören, Unternehmer, Kaufleute, Advokaten.

Ja, gerade jene Reihe von Schriftstellern und Denkern, die ich Euch vorhin nannte, ist es, die zum Teil mit jenem leuchtenden Beispiele der Disziplin vorangegangen. Diese Disziplin beruht auf keinem anderen Grunde, als auf dem Geiste unseres Vereins, auf der hellen Erkenntnis, dass nur durch die Diktatur der Einsicht, nicht durch die Krankheit des individuellen Meinens und Nörgelns, die großen, gewaltigen Übergangsarbeiten der Gesellschaft zu bewerkstelligen sind! Und nun noch ein anderes und letztes Element des Erfolges!

Dieses letzte Zeichen des Erfolges – ist die Verfolgung, die mich betroffen hat. Es ist ein politisches Naturgesetz, dass die Verfolgung wächst mit dem Erfolge. Bisher ist es mir geglückt, mich meiner Haut zu wehren. Jenen Hochverratsprozess, der mich vernichten sollte, habe ich mit der Schärfe des Schwertes vernichtet! Aber bereits bin ich in Düsseldorf in contumaciam zu 1 Jahr Gefängnis verurteilt, weil ich – es ist furchtbar zu sagen! – die liberale Presse angegriffen habe! Gleichwohl ist die Sache erklärlich genug. Während in den alten Provinzen das Volk noch zu einem großen Teile fortschrittlich und die Beamten meist reaktionär sind, ist im Rheinlande, wo alles bereits viel weiter entwickelt ist, das Volk fast ganz überwiegend demokratisch und die Beamten Fortschrittler. Wenn Anhänger der Fortschrittspartei über mich zu Gericht säßen, könnte es Euch da wundern, wenn ich verurteilt würde? Gerade gestern hat mir die Post die Nachricht gebracht, dass ich von Neuem in Berlin zu 4 Monaten Gefängnis in contumaciam verurteilt worden bin. Das Gericht hatte trotz einer ärztlichen Bescheinigung, dass mir eine Badekur unumgänglich notwendig sei – und ich befinde mich, wie Ihr wisst, grade auf der Reise in dieses Bad – ja, das Gericht hat, trotzdem geladene Schutzzeugen ausgeblieben waren, jede Vertagung verweigert und vorgezogen, mich in meiner und der Zeugen Abwesenheit zu verurteilen! Nun, ich denke, dieser beiden Verurteilungen noch Herr zu werden, wie schon so vieler anderen! Wie stark aber auch einer sei, einer gewissen Erbitterung gegenüber ist er verloren! Das kümmert mich wenig! Ich habe, wie Ihr denken könnt, dieses Banner nicht ergriffen, ohne ganz genau vorauszuwissen, dass ich dabei persönlich zugrunde gehen kann.

Die Gefühle, die mich bei dem Gedanken, dass ich persönlich beseitigt werden kann, durchdringen, kann ich nicht besser zusammenfassen, als in die Worte des römischen Dichters:

»Expriare aliquis nostris ex ossibus ultor!« zu Deutsch:

»Möge, wenn ich beseitigt werde, irgendein Rächer und Nachfolger aus meinen Gebeinen auferstehen!«

Möge mit meiner Person diese gewaltige und nationale Kulturbewegung nicht zugrunde gehen, sondern die Feuersbrunst, die ich entzündet, weiter und weiter fressen, solange ein einziger von Euch noch atmet!

Das versprecht mir und zum Zeichen dessen hebt Eure Rechte empor!

www.ingramcontent.com/pod-product-compliance
Lightning Source LLC
Chambersburg PA
CBHW030109010526
44116CB00005B/163